浙江省普通本科高校“十四五”重点教材

民法典案例研习
系 列 丛 书

民法典总则编
案例研习

陈永强　刘　斌◎主编

法律出版社 LAW PRESS · CHINA
北京

图书在版编目(CIP)数据

民法典总则编案例研习 / 陈永强，刘斌主编. -- 北京 : 法律出版社，2023
(民法典案例研习系列丛书)
ISBN 978-7-5197-7627-5

Ⅰ. ①民… Ⅱ. ①陈… ②刘… Ⅲ. ①民法-总则-案例-中国 Ⅳ. ①D923.15

中国国家版本馆 CIP 数据核字(2023)第 059966 号

民法典总则编案例研习
MINFADIAN ZONGZEBIAN ANLI YANXI

陈永强　刘　斌 主编

责任编辑 赵明霞　魏艳丽
装帧设计 汪奇峰

出版发行 法律出版社
编辑统筹 法商出版分社
责任校对 晁明慧　王　皓
责任印制 胡晓雅
经　　销 新华书店

开本 710 毫米×1000 毫米　1/16
印张 23.75　**字数** 385 千
版本 2023 年 6 月第 1 版
印次 2023 年 6 月第 1 次印刷
印刷 三河市龙大印装有限公司

地址:北京市丰台区莲花池西里 7 号(100073)
网址:www.lawpress.com.cn
投稿邮箱:info@lawpress.com.cn
举报盗版邮箱:jbwq@lawpress.com.cn

销售电话:010-83938349
客服电话:010-83938350
咨询电话:010-63939796

书号:ISBN 978-7-5197-7627-5　**定价**:78.00 元

凡购买本社图书,如有印装错误,我社负责退换。电话:010-83938349

法学教育需要什么样的教科书

从教者,必有教学材料之需。从学者,教材亦是其读书之对象。教学材料有为教学资料、有为讲稿。当下之教材,有凭学者一己之力、经年累月之讲稿修订或独立撰写而成,有集众人之力、汇纂编写而成。本书乃后者,所谓集众人智慧之成果。

编写教材乃从教者之本职,既是本职,当努力为之。但应该去编写怎样的教材呢?怎样的教材既符合教师需求,又合乎学生需求,这并不是一个容易解决的问题。从远处讲,它必然涉及法学教育到底应培养什么样的法治人才这一根本问题。

教材的编写与大学应该怎样去讲授法学知识息息相关。若法学教育以理论阐释为主,教科书所呈现的知识自然是法律之一般原理、一般规制、一般特点等一般性理论为基础的知识。若法学教育以实践运用为主,那么,教科书所呈现的知识就需要更多法律在社会中的如何运用及其效果相关的知识。前者可以称为知识哲学,后者可以称为知识社会学。就法学的学科特点来说,既有知识哲学,如法理学、法哲学,也有知识社会学,如刑法、行政法等。就部门法而言,既有民法哲学、刑法哲学等知识哲学方向的教材,也有规范刑法学、案例民法学等具体运用方向的教材。这里,并不能断言偏重理论阐释的知识哲学的教材比偏重实践层面的知识社会学的教材好,或者反过来。我们所需要区分的是著作和教材,尽管许多经典著作也都成为了经典教材,但仍然不妨碍对两者进行区分。著作更多是从完整的知识体系角度来探讨的,其侧重知识的完整性、体系性和创新性,但教材不应追求大而全,大部头的书可以成为著作但无法成为教材,因为教学的时空有限,一个学期有课时的限制,每个课时有讲课时间的限制。从这个意义上看,教材需要按教学计划而编写,需要按照教学时间而编写,教材不能脱离教学计划。故而,教材应简练,知识内容应有所取舍,不片面求全,讲课亦是如此,精深而不粗糙、宏远而不泛泛。

教材的编写还取决于人才培养定位。尽管具体课程可能不同,如刑法哲学,案例刑法学等不同角度,讲课可以从哲学角度讲,也可以从案例角度讲,但整体上大学法学教育应重在实践运用。究其原因,在于法律人才培养的实践性定位。乌尔比安说,法是公正与善良的艺术。我更愿意从技艺的角度来讲法律,法学是一门技艺之学,既有技术又有艺术,既有“道”又有“术”。只讲道而不讲术,讲课就会过于泛泛,缺乏精深而不能精微。法律人才首先要是会运用法律去解决实践问题的人才,而不是坐而论道的人才。法律人才是技术人才,只有弄懂了法律这门技术才能提升法律人才的专业能力,才能使法律人才成为专业人才。

法学教育的“术”是一种什么样的技术呢?术,指的是方法,授人以鱼不如授人以渔。方法的教授对于大学教育具有十分重要的意义。大学教育肯定不能够再以知识的传授为中心了,大学考试也一定不是以追求标准答案为核心的考试,此认识应当成为社会的共识。人们或许认为,法律技术是一种修辞技术、论辩技术、话语技术,这也没有错,但就实体法而言,法律技术是将法律运用于实践的技术,是一种法律适用的技术。试想,学了法律专业,却不知道怎样将法律运用于实践,不知道怎么去分析案例,怎样去解决案例中的法律问题,还怎么称得上法律人才呢。

法律适用技术核心是涵摄程序,将案件事实提炼为法律事实,进而考察法律条文中的构成要件,满足构成要件亦无其他排除要素,那自然可以依条文得出法律结论。故法律适用技术主要是法律条文的适用技术,其间有语义解释、体系解释、目的解释、历史解释等方法论的运用。将法律条文适用于案例并得出妥当结论,就成为实体法研习所应侧重的最关键的技术。不掌握该技术不足以自称法律专业人才。由是,法学教育的一个重要内容就是要回到法律条文的分析和运用上来,民法方法论将其称为请求权的分析方法。法律人的目光始终要在条文与案例之间游弋,不停往返,直至得出妥当结论。本系列教材即在贯彻上述理念的意义上开展编写,围绕民法典的七编制结构和核心法条,撰写各编的案例研习教材。

囿于水平有限,所撰案例研习教材有任何错漏之处,还望方家不吝指正。感谢法律出版社赵明霞老师、魏艳丽老师的辛勤工作和策划,使本系列教材撰写工作得以顺利开展。

陈永强

杭州守拙斋

2023 年 6 月 12 日

目 录

Contents

第三章

法　人

第四章

非法人组织

第五章

民事权利

第七章

代　理

第八章

民事责任

第一章

基本规定

01 诚实信用原则

——郭某香与郭某法物权确认纠纷案

学理概要

诚实信用原则被称为民法的“帝王条款”，其要求所有民事主体在从事民事活动中，都应当恪守诺言、诚实不欺。诚信原则条款在法律规范上属于辅助条款，如果法律有具体规定，必须首先适用该规定，禁止向一般条款逃避；只有法律没有规定（存在漏洞）时，则先通过类推适用等具体方法填补漏洞，最后再适用该原则。

• 核心法条

《民法典》第7条　民事主体从事民事活动，应当遵循诚信原则，秉持诚实，恪守承诺。

典型案例

郭某香与郭某法物权确认纠纷案①

案情简介：原告郭某香与被告郭某法系堂姐弟关系，原告的父亲郭某喜生前有三位妻子，肖某香是郭某喜的第三位妻子，原告是郭某喜与第二位妻子所生的女儿，郭某喜生前仅有独生女原告郭某香，无其他子女。郭某喜去世后，因郭某香不愿继续赡养继母肖某香，1982年12月，经村大队、乡公社落实，由被告郭某法与肖某香达成五保户供养协议，协议约定：由郭某法负担肖某香的生活照料，生病治疗及死后安葬事宜，肖某香所有全部家产，包含旧房屋8间、牛猪栏2间、厕所1间均由郭某法继承。签订协议后，肖某香由郭某法供养，郭某法于1987年搬进本案诉争房屋与肖某香共同生活，肖某香于1996年去世，郭某法安排其后事后居住到2000年，2000年后该房屋空置至今。2020年9月，因诉争房屋旁边的中心小学扩建，政府欲对该房屋征收补偿。郭某香得知后认为该房屋属于其父亲郭某喜所建，郭某香是房屋的所有人和继承人，因与被告郭某法协商未果，郭某香于2020年10月9日，向泰和县人民法院提起房地产登记行政确认行政诉讼，要求法院判决撤销原万安县土地利用管理局于1992年颁发给郭某法的万集建(92)字第03－060068号集体土地建设用地使用权证，并向郭某香颁发不动产权证。泰和县人民法院于2020年11月5日裁定驳回原告郭某香的起诉。后郭某香又于2021年1月7日向万安县人民法院提起民事诉讼，要求确认郭某法名下涉案房产的3/8份额归其所有。

争议焦点：遗赠扶养协议的效力问题与诚实信用原则的适用。

裁判理由与结果：万安县人民法院一审判决认为，肖某香与本案被告郭某法签订的五保户供养协议系遗赠扶养协议，属于双务、有偿合同，双方都负有对等给付义务，任何一方享有权利都是以履行相应的义务为对价。被告郭某法在签订五保户供养协议后履行了对肖某香的生养死葬的义务，其依协议享有受遗赠财产的权利。原告郭某香以不继续赡养继母肖某香义务为对价，从而放弃了其对案涉房产的继承权。原告郭某香在2020年9月得知案涉房屋即将被政府征收并能得到相

① 案例来自江西省高级人民法院发布的2021年度全省法院贯彻实施民法典十大典型案例，载江西政法网，https://jxzfw.gov.cn/2022/0110/2022011038248.html。

应补偿时,在提起行政诉讼被依法驳回后,又提起本案的民事诉讼,有违民事活动中应当遵循的诚实信用原则。因此,原告郭某香的诉讼请求不予支持,一审法院判决驳回原告的诉讼请求。郭某香上诉后,吉安市中级人民法院判决驳回上诉,维持原判。现判决已生效。

解题思路

一、请求权基础规范预选

郭某香的诉讼请求如要得到支持,则须证明肖某香与郭某法之间签订的遗赠扶养协议无效。根据《民法典》第1123条的规定,如果继承开始后,没有遗赠扶养协议、遗嘱或遗赠的,则按法定继承处理。根据《民法典》总则编第六章第三节民事法律行为的效力的相关规定,需要判定遗赠扶养协议的效力问题。如果其存在无效或者可撤销的情形,则根据《民法典》第157条的规定(参引规范),"民事法律行为无效、被撤销或者确定不发生效力后,行为人因该行为取得的财产,应当予以返还;不能返还或者没有必要返还的,应当折价补偿。有过错的一方应当赔偿对方由此所受到的损失;各方都有过错的,应当各自承担相应的责任。法律另有规定的,依照其规定"。之所以可以要求他人返还或补偿,是因为根据《民法典》第122条的规定(主要规范),因他人没有法律根据,取得不当利益,受损失的人有权请求其返还不当利益。

二、原告的请求权能否得到支持

原告的请求权能否得到支持的关键,在于被告通过遗赠扶养协议获取遗产的行为是否具有法律依据。根据《民法典》第122条与第985条的规定,此处的没有法律根据,是指缺少法定或者约定的基础,在该案件中表现为遗赠扶养协议的效力判别问题。

遗赠扶养协议是自然人与继承人之外的组织或者个人签订的有关该自然人生养死葬以及遗赠财产给相对人的协议。遗赠扶养协议是我国独特的法律制度,是在我国农村"五保"制度上形成和发展起来的。[①] 遗赠扶养协议是遗赠人和扶养人

① 参见刘春茂主编:《中国民法学·财产继承》,中国人民公安大学出版社1990年版,第491页。

之间基于意思自治而签订的协议，在性质上属于双方法律行为，需要双方意思表示一致才能成立。本案中，被告郭某法属于肖某香法定继承人以外的人，其与肖某香之间形成的遗赠扶养协议，符合双方法律行为的一般外观。除此之外，根据《民法典》第143条有关法律行为生效的要件，要求当事人的意思表示真实，且当事人具有相应的民事行为能力，协议的内容合法且不违背公序良俗原则。在该案中，郭某法与肖某香的行为满足法律行为生效的要件，所以遗赠扶养协议成立并生效。遗赠扶养协议生效后，扶养人有权在受扶养人死后取得协议中约定的财产。所以，原告的诉讼请求难以得到支持。

三、是否存在遗赠扶养协议无效的特殊情形

如果存在抗辩规范，则仍有可能支持原告的诉讼请求。在履行的过程中，如果出现特殊情况无法继续履行，可以解除协议，有约定按照约定处理；没有约定的，双方具有任意解除权。根据最高人民法院《关于适用〈中华人民共和国民法典〉继承编的解释（一）》（以下简称《民法典继承编解释（一）》）第40条规定：继承人以外的组织或者个人与自然人签订遗赠扶养协议后，无正当理由不履行，导致协议解除的，不能享有受遗赠的权利，其支付的供养费用一般不予补偿；遗赠人无正当理由不履行，导致协议解除的，则应当偿还继承人以外的组织或者个人已支付的供养费用。本案中，被告郭某法与肖某香之间的遗赠扶养协议未终止，且郭某法已经履行相关义务，不存在抗辩规范适用的空间。

四、诚信原则在该案件中的适用

诚信原则是民法最重要的基本原则之一，被称为民法的“帝王条款”。在民事法律关系成立前、成立后和终止后，均要求相关主体秉持诚实，遵守诺言。因原告郭某香与肖某香之间是继母女关系，如果双方之间无扶养关系，郭某香并不必然负有赡养义务。只有具有扶养关系的继子女才能作为法定继承人，继承被继承人的遗产。本案中，原告郭某香以不履行赡养义务为对价，自愿放弃继承权。如双方之间无扶养关系，此种权利的放弃则被法律允许。原告郭某香放弃继承权后，没有权利再要求继承肖某香的遗产。原告见到被告郭某法因征迁赔偿而欲分享部分利益，将被告告上法庭，违背了诚信原则的基本规定，应当为法律所禁止。该案中，法官运用诚信原则解释当事人的行为，属于运用诚信原则的行为准则功能和法律解

释功能，一方面旨在引导行为主体遵守民法基本原则的价值指引，另一方面则是对具体法律规范的解释适用，但该原则不能作为直接的裁判依据。

五、结论

被告郭某法在签订五保户供养协议后履行了对肖某香的生养死葬义务，其依协议享有受遗赠财产的权利。原告郭某香以不继续赡养继母肖某香义务为对价，从而放弃了其对案涉房产的继承权。原告在得知有征迁款后要求享有部分遗产的权利，违背民法的诚实信用原则，其诉讼请求无法得到支持。

知识拓展

诚信原则的个案运用及其功能

诚信原则是诚实信用原则的简称，是对民事主体之间相互关系的基本要求。诚信原则起源于罗马法上的善意（*bona fides*），要求行为人恪守承诺、诚实不欺，在民事活动中本着值得信赖、真诚和为他人着想的观念而行事，在顾及他人利益的前提下追求自己的利益。① 近代资本主义国家和地区，最初将其作为债务履行的基本原则，后来扩展到所有的民事法律行为之上。法国、德国、日本、瑞士民法等均规定了诚信原则的内容。诚信原则在法律规范属性上属于辅助规范，其主要是对主要规范的构成要件或法律效果做进一步说明。诚信原则的功能主要在于控制权利的行使以及义务的履行。在诚信原则的个案适用上，应当明确的是：如果有具体规定，必须使用该具体规定；即使法律对此没有规定（存在漏洞），首先也应通过类推适用的方式填补漏洞，诚信原则只能作为解释的依据。

诚信原则虽以法律规范的形式出现，但其与一般的法律规范所不同，其是以道德为内容的法律规范。诚信原则要求民事主体在为自己利益而行为时，要合理兼顾他方利益。基于此要求，形成了诚信原则的诸多具体功能类型。② 一是行使权利与履行义务的方法。在该功能视角下，要求权利主体禁止权利滥用。《民法典》第 132 条规定："民事主体不得滥用民事权利损害国家利益、社会公共利益

① 参见崔建远等：《民法总论》，清华大学出版社 2013 年版，第 41 页。

② 参见李永军主编：《中国民法学：总则》，中国民主法制出版社 2022 年版，第 58—61 页。

或者他人合法权益。”二是情势变更。合同基础丧失后，当事人依原有约定要求对方履行义务，因违反诚信原则而不被允许。《民法典》第 533 条规定：“合同成立后，合同的基础条件发生了当事人在订立合同时无法预见的、不属于商业风险的重大变化，继续履行合同对于当事人一方明显不公平的，受不利影响的当事人可以与对方重新协商；在合理期限内协商不成的，当事人可以请求人民法院或者仲裁机构变更或者解除合同。人民法院或者仲裁机构应当结合案件的实际情况，根据公平原则变更或者解除合同。”三是权利失效。权利人在合理期限内不行使权利，导致相对人产生合理信赖后，因抗辩权的产生，而使其重新行使权利的目的难以实现。四是附随义务。附随义务属于诚信原则对契约内容的补充。五是法律行为的解释。当事人未约定或约定不明时，可通过诚信原则进行解释、补充或评价。《民法典》第 142 条规定：“有相对人的意思表示的解释，应当按照所使用的词句，结合相关条款、行为的性质和目的、习惯以及诚信原则，确定意思表示的含义。无相对人的意思表示的解释，不能完全拘泥于所使用的词句，而应当结合相关条款、行为的性质和目的、习惯以及诚信原则，确定行为人的真实意思”。六是法律解释。诚信原则可以作为解释法律、发展法律的工具。《民法典》第 466 条第 2 款规定：“合同文本采用两种以上文字订立并约定具有同等效力的，对各文本使用的词句推定具有相同含义。各文本使用的词句不一致的，应当根据合同的相关条款、性质、目的以及诚信原则等予以解释。”七是漏洞填补。当法律应规定而未规定之际，诚信原则可以发挥漏洞填补的功能。综上所述，诚信原则的功能大致可以分为两类：一是作为裁判规范；二是作为寻找裁判规范的工具。①

延伸阅读

1. 徐国栋：《民法基本原则解释——诚信原则的历史、实务、法理研究》，北京大学出版社 2013 年版。

① 参见陈甦主编：《民法总则评注》（上册），法律出版社 2017 年版，第 48 页。

2. 李永军主编:《中国民法学:总则》,中国民主法制出版社 2022 年版。

3. 魏振瀛主编:《民法》(第 8 版),北京大学出版社 2021 年版。

4. 中国审判理论研究会民商事专业委员会编著:《〈民法总则〉条文理解与司法适用》,法律出版社 2017 年版。

5. 陈甦主编:《民法总则评注》(上册),法律出版社 2017 年版。

02 公序良俗原则

——吕晓峰诉燕山派出所公安行政登记纠纷案

学理概要

公序良俗是公共秩序和善良风俗的简称，其要求民事主体从事民事活动不得违反公共秩序和善良风俗。公序良俗原则是维护国家和社会利益的需要，是约束民事行为的最低要求，不可逾越。① 同其他基本原则一样，公序良俗原则本身具有克服成文法局限的功能。与其他基本原则所不同的是，公序良俗原则除具有一般原则的解释与漏洞填补功能外，当其作为概括性条款而存在时，能作为法官裁判的直接依据。典型如《民法典》第153条第2款规定，违背公序良俗的民事法律行为无效。除此之外，其在作为习惯的检验标准、不当得利与无因管理中的行为界定上亦具有重要作用。

① 参见魏振瀛主编：《民法》（第8版），北京大学出版社2021年版，第28页。

• 核心法条

《民法典》第 8 条　民事主体从事民事活动,不得违反法律,不得违背公序良俗。

典型案例

吕晓峰诉燕山派出所公安行政登记纠纷案(北雁云依案)①

案情简介:2009 年 1 月,吕晓峰的妻子张瑞峥产下一女,夫妻双方为女儿取名"北雁云依"。2009 年 2 月,吕晓峰到燕山派出所为女儿办理户口登记,派出所以孩子姓氏必须随父姓或母姓,即姓"吕"或姓"张",否则不能上户口为由,不予办理户口登记。吕晓峰认为公民享有姓名权,有权改变自己的姓名。自我命名权是自然人的权利,任何人不得干涉,姓名只要不存在有损国家尊严、违反民族美德等情况,皆可自由选取。请求法院确认被告拒绝以"北雁云依"为姓名办理户口登记的行为违法。

燕山派出所认为,依据法律和上级文件的规定不按"北雁云依"进行户口登记的行为是正确的。《民法通则》规定公民享有姓名权,但没有具体规定。而 2009 年 12 月 23 日最高人民法院举行新闻发布会,关于夫妻离异后子女更改姓氏问题的答复中称,《婚姻法》第 22 条是我国法律对子女姓氏问题作出的专门规定,该条规定子女可以随父姓,可以随母姓,没有规定可以随第三姓。行政机关应当依法行政,法律没有明确规定的行为,行政机关就不能实施,原告和行政机关都无权对法律作出扩大化解释,这就意味着子女只有随父姓或者随母姓两种选择。从另一个角度讲,法律确认姓名权是为了使公民能以文字符号即姓名明确区别于他人,实现自己的人格和权利。姓名权和其他权利一样,受到法律的限制而不可滥用。新生婴儿随父姓、随母姓是中华民族的传统习俗,这种习俗标志着血缘关系,随父姓或者随母姓,都是有血缘关系的,可以在很大程度上避免近亲结婚,但是姓第三姓,则与这种传统习俗、与姓的本意相违背。全国各地公安机关在执行《婚姻法》第 22 条关于

① 最高人民法院指导案例 89 号。

子女姓氏的问题上，标准都是一致的，即子女应当随父姓或者随母姓。综上所述，拒绝原告法定代理人以“北雁云依”的姓名为原告申报户口登记的行为正确，恳请人民法院依法驳回原告的诉讼请求。

争议焦点：民事主体在行使姓名权时是否受公序良俗原则约束。

裁判理由与结果：本案的焦点是原告法定代理人吕晓峰提出的理由是否符合全国人民代表大会常务委员会《关于〈中华人民共和国民法通则〉第九十九条第一款、〈中华人民共和国婚姻法〉第二十二条的解释》第2款第3项规定的“有不违反公序良俗的其他正当理由”。[①] 该项规定设定了在父母姓氏之外选取其他姓氏的两个必备要件，一是不违背公序良俗，二是存在其他正当理由。其中，不违背公序良俗是选取其他姓氏时应当满足的最低规范要求和道德义务，存在其他正当理由要求在符合上述条件的基础上，还应当具有合目的性。关于“公序良俗”对姓名的规制问题。首先，从社会管理和发展的角度，子女承袭父母姓氏有利于提高社会管理效率，便于管理机关和其他社会成员对姓氏使用人的主要社会关系进行初步判断。倘若允许随意选取姓氏甚至恣意创造姓氏，则会增加社会管理成本，无利于社会和他人，而且极易使社会管理出现混乱，增加社会管理的风险性和不确定性。其次，姓氏主要源于客观上的承袭，系先祖所传，名字则源于主观创造，为父母所授。在我国，姓氏承载了对血缘的传承、对先祖的敬重、对家庭的热爱等，而名字则承载了个人喜好、人格特征、长辈愿望等。中国人对姓氏传承的重视和尊崇，不仅体现了血缘关系、亲属关系，更承载着丰富的文化传统、伦理观念、人文情怀，符合主流价值观念，是中华民族向心力、凝聚力的载体和镜像。反之，如果任由公民仅凭个人意愿喜好，随意选取姓氏甚至自创姓氏，则会造成对文化传统和伦理观念的冲击，既违背社会善良风俗和一般道德要求，也不利于维护社会秩序和实现社会的良性管控。故，本案中“北雁云依”的父母自创姓氏的做法，不符合公序良俗对姓名的规制要求。关于“存在其他正当理由”，要求选取父母姓氏之外其他姓氏的行为，不仅不应违背社会公德、不损害社会公共利益，还应当具有合目的性。这种行为通常情况下主要存在于实际抚养关系发生变动、有利于未成年人身心健康、维护个人人格尊严等情形。本案中，原告“北雁云依”的父母自创“北雁”为姓氏、选取“北雁云

---

① 该解释的内容已被《民法典》第1015条吸收。

依”为姓名给女儿办理户口登记的理由是:“我女儿姓名‘北雁云依’四字,取自四首著名的中国古典诗词,寓意父母对女儿的美好祝愿。”此理由仅凭个人喜好愿望并创设姓氏,具有明显的随意性,不符合立法解释第2款第3项所规定的正当理由。综上,法院认为,原告“北雁云依”要求确认被告燕山派出所拒绝以“北雁云依”为姓名办理户口登记行为违法的诉讼请求于法无据,不应予以支持,历下法院判决驳回了原告“北雁云依”要求确认被告燕山派出所拒绝以“北雁云依”为姓名办理户口登记行为违法的诉讼请求。宣判后,原被告双方均未提出上诉。

解题思路

一、请求权基础规范预选

吕晓燕的诉讼请求如应得到支持,则应当证明其姓名权的行使受到干涉。《民法典》第1012条规定:“自然人享有姓名权,有权依法决定、使用、变更或者许可他人使用自己的姓名,但是不得违背公序良俗。”《民法典》第1014条规定:“任何组织或者个人不得以干涉、盗用、假冒等方式侵害他人的姓名权或者名称权。”如果根据《民法典》人格权编对姓名权的一般规定,即任何组织或者个人不得干涉他人姓名权的行使,则似乎可以初步得出结论,吕晓燕有权利要求公安机关为其出生子女登记“北雁云依”姓名。

二、防御规范分析

《民法典》虽然规定民法上的自然人享有姓名权,但并非对该权利的行使没有任何的限制。《民法典》第1012条要求自然人在行使姓名权时,不得违背公序良俗。《民法典》第1015条规定自然人在姓氏的选取上,一般当随父姓或者随母姓。只有在如下情形之中,才可以在父姓和母姓之外选取:(1)选取其他直系长辈血亲的姓氏;(2)因由法定扶养人以外的人扶养而选取扶养人姓氏;(3)有不违背公序良俗的其他正当理由。少数民族自然人的姓氏可以遵从本民族的文化传统和风俗习惯。问题的关键转化为,吕晓燕为其子女选取“北雁”作为姓氏,是否存在“有不违背公序良俗的其他正当理由”。吕晓燕对此提出的理由为“我女儿姓名‘北雁云依’四字,取自四首著名的中国古典诗词,寓意父母对女儿的美好祝愿”。在本案中,法院在相关问题的论述上比较充分,即如允许公民随意选取姓氏,则一方面不利于社会管理,另一方面又会造成对文化传统和伦理观念的冲击,既违背社会善良风俗和一般道德要求,也不利于维护社会秩序和实现社会的良性管控。所以,自然人虽然享有姓名权,但如果在行使时违背公序良俗,则其权利会受到限制。

三、结论

根据《民法典》第 1012 条规定:“自然人享有姓名权,有权依法决定、使用、变更或者许可他人使用自己的姓名,但是不得违背公序良俗。”《民法典》第 1015 条规定:“自然人应当随父姓或者母姓,但是有下列情形之一的,可以在父姓和母姓之外选取姓氏:(一)选取其他直系长辈血亲的姓氏;(二)因由法定扶养人以外的人扶养而选取扶养人姓氏;(三)有不违背公序良俗的其他正当理由。少数民族自然人的姓氏可以遵从本民族的文化传统和风俗习惯。”本案中当事人随意选取姓氏的做法,既未满足《民法典》第 1015 条规定的特殊情形,亦有违公序良俗的基本原则。因而,法院驳回吕晓燕诉讼请求的做法,符合法律规定,亦体现了公序良俗原则在个案中的具体应用。

知识拓展

公序良俗原则,是公共秩序与善良风俗的简称,是指民事主体从事民事活动不得违反公共秩序和善良风俗。学说上一般认为公共秩序是指社会一般利益,善良风俗是指社会一般道德。[①] 公共秩序更侧重对国家与社会秩序的调整,而善良风俗则旨在对最低的道德标准提出要求。但两者并未泾渭分明,在一定场合会出现重合的可能。公共秩序是国家与社会存在和发展的一般秩序。通常情况下,违反禁止性规定的,即违反公共秩序,但由于法律难以将禁止性规定列举周全,所以以公共秩序作为其补充。[②] 公共秩序与现行法律规范是不同的,不能得出不违反现行法就不违反公共秩序的结论。善良风俗作为社会存在与发展的一般道德,是在法律层面对人们道德标准的最低要求。善良风俗并非道德本身,或

---

① 参见郑玉波:《民法总则》,中国政法大学出版社 2003 年版,第 467 页。

② 参见魏振瀛主编:《民法》(第 8 版),北京大学出版社 2021 年版,第 28 页。

者说其并非道德的全部，其是社会一般道德或者社会最低伦理标准。公序良俗作为一种抽象性的概念，其具体的含义和内容并非一成不变的，而是随着社会道德观念、社会基本制度等的改变而逐渐变化的。公序良俗原则的规定，实际上是对意思自治的某种限制，为民事主体从事民事活动提出了一定的行为标准。

公序良俗原则及其相关规范的核心功能在于发挥转介功能，将民法外的规范引入民法之中。[①]《民法典》第 8 条将公序良俗的适用情境规定为“从事民事活动”，这就说明其既调整民事法律行为，亦调整诸如侵权、无因管理、不当得利等事实行为或准法律行为。由此，公序良俗在不同的调整对象中发挥着不同的功能。(1)习惯的检验标准。《民法典》第 10 条规定：“处理民事纠纷，应当依照法律；法律没有规定的，可以适用习惯，但是不得违背公序良俗。”根据该条规定，习惯在没有法律规定的前提下可以作为法源而存在，但其必须符合公序良俗。(2)否定法律行为的效力。根据《民法典》第 153 条第 2 款的规定：“违背公序良俗的民事法律行为无效。”这里的无效是指法律行为自始无效和绝对无效，自始无效是说其具有溯及既往的效力(但在劳动合同等情形中，也可能指向未来的无效)，绝对无效是指其对任何人发生无效的效果。(3)否定不法无因管理的法律效果。《民法典》第 979 条第 2 款规定：“管理事务不符合受益人真实意思的，管理人不享有前款规定的权利；但是，受益人的真实意思违反法律或者违背公序良俗的除外。”(4)姓名权行使的要求。《民法典》第 1012 条规定：“自然人享有姓名权，有权依法决定、使用、变更或者许可他人使用自己的姓名，但是不得违背公序良俗。”姓名权作为自然人所享有的具体人格权的一种，在行使时应当符合公序良俗，否则其权利将受到限制。(5)对损害他人名誉权免责规定情形之“对他人提供的严重失实内容未尽到合理核实义务”的具体解释。《民法典》第 1026 条规定“内容与公序良俗的关联性”作为前述核实义务的标准。

在公序良俗原则司法适用的类型化上，我国学者进行了研究。如梁慧星教授将其分为十类：(1)危害国家公序行为类型；(2)危害家庭关系行为类型；(3)违反性道德行为类型；(4)射幸行为类型；(5)违反人权和人格尊重的行为类

① 参见李永军主编：《中国民法学：总则》，中国民主法制出版社 2022 年版，第 64 页。

型；(6)限制经济自由的行为类型；(7)违反公平竞争的行为类型；(8)违反消费者保护的行为类型；(9)违反劳动者保护的行为类型；(10)暴利行为类型。[①] 蔡唱教授将其分为六类：(1)判断法律行为的效力；(2)认定侵权行为的违法性；(3)解决物权纠纷；(4)辅助解决人格权与身份权纠纷；(5)解决继承与婚姻纠纷；(6)认定是否解除劳动合同事由。[②] 上述有关公序良俗原则适用的类型区分，是对我国相关立法实践的经验的梳理与总结，体现了公序良俗的两大基本功能，即一方面其可以发挥法律解释与漏洞填补的功能(《民法典》第 8 条)，另一方面又可以作为直接的裁判依据(公序良俗的其他概括条款)。

延伸阅读

1. 魏振瀛主编：《民法》(第 8 版)，北京大学出版社 2021 年版。
2. 李永军主编：《中国民法学：总则》，中国民主法制出版社 2022 年版。
3. 蔡唱：《公序良俗在我国的司法适用研究》，载《中国法学》2016 年第 6 期。

---

① 参见梁慧星：《市场经济与公序良俗》，载梁慧星主编：《民商法论丛》第 1 卷，法律出版社 1994 年版。

② 参见蔡唱：《公序良俗在我国的司法适用研究》，载《中国法学》2016 年第 6 期。

03 绿色原则

——源头爱好者环境研究所等与深超光电公司环境民事公益诉讼纠纷案

学理概要

绿色原则要求民事主体在民事活动中,应当节约资源,保护生态环境,要求实现民事主体与生态环境之间的利益平衡。绿色原则是回应环境保护与生态建设的重要立法尝试,进一步丰富了民法的价值体系。绿色原则与公序良俗之间具有一定的适用重叠部分,但其更加突出对环境问题的重视。绿色原则作为一项基本原则,具有解释、补充既有规则的功能,但应当避免环境保护等强制性规范通过绿色原则过多干涉私法领域,限制民事主体的正常活动。

• 核心法条

《民法典》第9条　民事主体从事民事活动,应当有利于节约资源、保护生态环境。

典型案例

源头爱好者环境研究所等与深超光电公司环境民事公益诉讼纠纷案①

案情简介：在本案中，原告北京市丰台区源头爱好者环境研究所（以下简称原告一）、金华市绿色生态文化服务中心（以下简称原告二）诉称，被告深超光电（深圳）有限公司成立于2004年12月，是一家开发、生产销售新型平板显示器件、电子元器件、半导体和元器件专用材料的企业。其在生产中长期存在超标排放废水、废气等污染物，损害环境公共利益的行为。自2018年2月，被告因违反大气污染防治管理制度，未按照规定安装、使用大气污染物排放自动监测设备并保证监测设备正常运行，被广东省深圳市环保局罚款20万元起，在短短的一年时间里，被告因超标或超总量排污、违反限期治理制度、违反水污染防治管理制度、违反大气污染防治管理制度，反反复复被环保部门处罚了7次之多，罚款累计金额已近200万元。虽然环保部门在罚款的同时，责令其停止违法行为、限期整改，但被告屡罚屡犯，水污染、大气污染等至今没有解决，周边居民的日常生活仍然受到严重影响。以上被告存在的违规排放废水、废气等违法行为，已构成环境民事侵权。根据我国原《侵权责任法》第65条，以及最高人民法院《关于审理环境民事公益诉讼案件适用法律若干问题的解释》（以下简称《环境民事公益诉讼司法解释》）第18条的规定，因污染环境造成损害的，污染者应当承担侵权责任。虽然被告在各级政府部门的督促下正在整改，但对已经造成的环境公共利益的损害仍需承担民事法律责任。两原告是依法在民政部门注册成立的，维护社会公共利益，且从事环境保护公益活动的社会组织，依据《环境民事公益诉讼司法解释》第1条至第5条的规定，具有提起环境民事公益诉讼的主体资格。因此，两原告请求法院判令被告承担全部的侵权法律责任，支持原告的诉讼请求，维护社会公共利益。被告则认为原告不具有诉讼主体资格，并认为排放的废水、废气未损害环境，未造成环境损失和环境功能损失，因此不应承担原告所提出的环境侵权责任。

① （2019）粤03民初3509号。

争议焦点：原告是否为适格的诉讼主体、被告的行为是否属于环境侵权、被告是否应当承担环境侵权责任。

裁判理由与结果：深圳市中级人民法院生效判决认为，《民法典》第 9 条规定，民事主体从事民事活动，应当有利于节约资源、保护生态环境。但深超光电公司在正常生产，废水、废气处理设施正常运行的情况下，存在连续超标排放大气污染物及水污染物的情况，说明其对各项环保设施的日常管理与维护不力，其污染治理设施不足以处理生产产生的全部废水、废气，不能确保各类污染物长期稳定达标排放，已经造成环境损失和环境功能损失，损害社会公共利益。2021 年 1 月 27 日，判决深超光电公司立即停止侵害、消除危险，赔偿生态环境修复费用及服务功能的损失共计 1000 万元等。

解题思路

一、两原告是否具备提起环境污染民事公益诉讼的主体资格

两原告在本案中是否可以作为“专门从事环境保护公益活动”的社会组织提起本案诉讼，应从其章程规定的宗旨和业务范围是否包含维护环境公共利益、是否实际从事环境保护公益活动，以及提起环境公益诉讼所维护的环境公共利益是否与其宗旨和业务范围具有关联性等方面进行审查。

第一，关于两原告章程规定的宗旨和业务范围是否包含维护环境公共利益的问题。社会组织章程虽然未明确规定维护环境公共利益，但其工作内容包含环境要素及其生态系统多样性的保护，可以认定该社会组织的宗旨和业务范围是维护环境公共利益。原告一的章程已规定其业务范围主要为环保科普知识先进传播方法研究、中国优秀环保科普案例整理和传播、公众环保知识提升方法研究、环境污染防治方法探索、生态破坏修复方法探索等；原告二的章程已规定其业务范围主要为环保文化宣传、咨询服务、策划、承办环保相关活动，据此可以认定两原告宗旨和业务范围包含维护环境公共利益。

第二，关于两原告是否实际从事环境保护公益活动的问题。社会组织从事直接改善生态环境的行为或者从事与环境保护有关的宣传教育、研究培训、学术交流、法律援助等活动，均可以认定为实际从事环境保护公益活动。两原告提交的年

检记录及年检报告书显示两原告开展了环境保护宣传教育等环境保护公益活动，且时间已满5年，符合《环境保护法》第58条关于社会组织从事环境保护公益活动5年以上的规定。

第三，关于本案涉及的环境公共利益是否与原告的宗旨和业务范围具有关联性的问题。依照最高人民法院第75号指导案例“中国生物多样性保护与绿色发展基金会诉宁夏瑞泰科技股份有限公司环境污染公益诉讼案”的裁判规则，即使社会组织起诉事项与其宗旨和业务范围不具有对应关系，但若与其保护的环境要素或者生态系统具有一定的联系，亦应基于关联性标准确认其主体资格。本案环境民事公益诉讼系针对大气污染及水污染提起，两原告章程中“环境污染防治方法探索、生态破坏修复方法探索等”与“开展野生动植物生态保育”的业务范围与大气资源环境、水资源环境及生态系统保护具有一定关联，故可以认定本案起诉事项与其宗旨和业务范围具有关联性。

第四，原告一提交的《章程》、民办非企业单位登记证书、《2012年至2017年年检记录》、《2018年年检报告书》、无违法记录声明及原告二提交的《章程》、民办非企业单位登记证书、《2016年度至2018年度年检记录》、《2013年至2018年年检报告书》、无违法记录声明，足以证明两原告符合《环境保护法》第58条，《环境民事公益诉讼司法解释》第2条、第3条、第5条对提起环境公益诉讼社会组织的要求，两原告具备提起环境民事公益诉讼的主体资格。

二、被告排放的废水、废气是否损害环境，造成环境损失和环境功能损失

被告的生产规模较大，排放废水、废气的总量较大，无论是进入纳管排放的废水，还是通过烟囱向大气排放的废气，均应依照环境影响报告书及环境影响审查批复的要求合规达标排放，被告位于深圳市龙华区龙华街道，其连续超标排放大气污染物及水污染物，必然损害环境，造成环境损失和环境功能损失。

三、被告是否应当停止侵害、消除危险、赔礼道歉、赔偿损失

（一）关于被告是否应当停止侵害、消除危险的问题

根据《民法典》第9条的规定，民事主体从事民事活动，应当有利于节约资源、保护生态环境。本案中，被告作为主营业务为TFT－LCD（薄膜晶体管液晶显示器）面板的设计、研发、测试及制造的营利法人，从事公司经营活动应当有利于节约

资源、保护生态环境。被告在建厂之初，工程总投资125.6亿元，其中环保投资为5.4亿元，基本落实了环评及其批复文件提出的各项环境保护措施和要求，主要污染物基本达标排放，工程竣工环境保护验收合格，其应加强各项环保设施的日常管理与维护，在增产时按照合规达标排放污染物的要求增加环保投资，确保各类污染物长期稳定达标排放，保护生态环境，但被告在正常生产，废水、废气处理设施正常运行的情况下，存在连续超标排放大气污染物及水污染物的情况，说明被告之前对各项环保设施的日常管理与维护不力，其污染治理设施不足以处理生产产生的全部废水、废气，不能确保各类污染物长期稳定达标排放，应当及时增加污染治理设施及采取措施改进治理方法。《民法典》第9条所确立的绿色原则，为司法实践中进行法律适用、法律解释、法律漏洞填补以及在利益冲突时的价值判断和选择，提供了法律适用指引，法院应依法制裁污染环境的侵权行为人，责令污染环境的责任人负担较重的举证责任，依法妥善审理环境公益诉讼案件，以司法裁判彰显国家保护生态环境的信心和决心。被告近年虽已投资设置污染治理设施，但由于被告在本案中拒不提供在线监测数据，无法排除其至今仍存在超标排污情况的可能，故原告关于要求被告应停止违法排放污染物，正常运行污染物处理设施、建设环保配套设施的主张具有事实依据及现实可能性，根据《环境民事公益诉讼司法解释》第18条的规定，被告应当承担停止侵害、消除危险的民事责任，法院对两原告关于要求被告停止侵害、消除危险的诉讼请求应予以支持。

（二）关于被告是否应当赔礼道歉、赔偿损失的问题

被告连续超标排放污染物，损害环境，已经造成环境损失和环境功能损失，损害社会公共利益。根据《环境民事公益诉讼司法解释》第18条的规定，被告应当承担赔礼道歉、赔偿损失的法律责任，原告关于被告对其损害环境公共利益的行为在全国主流媒体向社会公众赔礼道歉及承担赔偿损失责任的诉讼请求于法有据，应予支持。

四、结论

根据《民法典》第9条的规定，民事主体从事民事活动，应当有利于节约资源、保护生态环境。但深超光电公司在正常生产，废水、废气处理设施正常运行的情况下，存在连续超标排放大气污染物及水污染物的情况，说明其对各项环保设施的日

常管理与维护不力，其污染治理设施不足以处理生产产生的全部废水、废气，不能确保各类污染物长期稳定达标排放，已经造成环境损失和环境功能损失，损害社会公共利益。深圳中级人民法院最终判决深超光电公司立即停止侵害、消除危险，赔偿生态环境修复费用及服务功能的损失共计1000万元等。

知识拓展

本案是全国首例适用《民法典》绿色原则裁判的环境民事公益诉讼案件。绿色原则，是指民事主体从事活动，应当遵循节约资源、保护生态环境的原则。《民法典》第9条规定："民事主体从事民事活动，应当有利于节约资源、保护生态环境。"这是我国《民法典》在回应社会发展与生态环境保护之间关系的重要体现，是《民法典》上的重要创举，丰富了我国民法"内在体系"的价值内涵。徐国栋教授在其《民法典(草案)》建议稿中，将该原则称为"绿色原则"，后来学者多用"绿色原则"指代《民法典》第9条的规定。

《民法典》上的基本原则所侧重维护的秩序或利益是有差异的，其中自愿原则、平等原则旨在保护民事主体的私权利益，倡导意思自治的价值理念；诚信原则、公平原则旨在实现民事主体之间的利益平衡；公序良俗实现的是民事主体与社会之间的利益平衡；在绿色原则上，则旨在实现民事主体与生态环境之间的利益平衡。该原则首先强调要有效率地利用资源。该原则的提出，是基于人类不断增长的现实需求与资源不断减少之间的矛盾。除此之外，绿色原则要求保护生态环境，以基本法的形式强调保护生态环境的重要性。从学者的研究成果来看，绿色原则在司法实践中至少有5种适用情形和功能：一是理解大前提，对法律规则作有利于环保的解释；二是判断小前提，对法律事实作倾斜于环保的认定；三是裁剪结论，根据环境效果回应诉讼请求，合理确定责任方式；四是补充规范，通过环境友好的解决方案填补法律漏洞；五是铺垫引申，强化扩展既定裁判的环保效果。[①] 在绿色原则的具体使用上，有学者提出应遵循四个步骤。四个步

① 参见巩固：《〈民法典〉"绿色原则"司法适用的类型与功能——基于相关判决的分析》，载《南京工业大学学报(社会科学版)》2021年第6期。

骤为:民事规范识别,即指辨别出与绿色原则价值存在冲突的某个具体的适用于案涉民事纠纷的民事法律规范;冲突价值权衡,通过价值探究、比较与衡量等方法,在绿色原则和与其冲突的民事法律规范之间,予以个案性的冲突价值之间的优先序位评判;解释方法探求,在满足前述绿色原则规范解释司法适用步骤一与步骤二的情况下,寻找一个能将绿色原则的价值导入,以重新解释原有的与绿色原则价值冲突之民事规范的思辨和司法适用过程;比例原则考量。①

绿色原则虽在回应环境保护上有所体现,但该原则究竟该如何适用,并未达成共识。该原则会导致传统的保护环境的公法多大程度地适用在私法上?两者之间适用的关系又该如何协调?但无论如何,在司法裁判过程中,不能以绿色原则作为直接的裁判依据,其与其他基本原则一样,仅仅发挥解释、补充等功能,不能充任司法三段论的大前提。应当避免该原则作为一个通道,使公法无限制地侵入私法领域,造成民事主体活动自由的限制。要通过该原则,实现民事主体民事行为自由与生态环境保护之间的利益平衡。

延伸阅读

1. 竺效:《论绿色原则的规范解释司法适用》,载《中国法学》2021 年第 4 期。

2. 巩固:《〈民法典〉“绿色原则”司法适用的类型与功能——基于相关判决的分析》,载《南京工业大学学报(社会科学版)》2021 年第 6 期。

3. 张鸣起主编:《民法总则专题讲义》,法律出版社 2019 年版。

4. 陈甦主编:《民法总则评注》(上册),法律出版社 2017 年版。

① 参见竺效:《论绿色原则的规范解释司法适用》,载《中国法学》2021 年第 4 期。

04 处理民事纠纷的依据

——石某昌诉石某雪顶盆过继纠纷案

学理概要

《民法典》第10条是民法的法源条款,是"一切得为裁判之大前提的规范的总称"。[①] 我国《民法典》规定了两类重要的法源,即法律和习惯,且二者在适用上有优先次序。如果法律有规定的,则优先适用法律的规定;法律没有规定的,才可以适用习惯,且该习惯不得违背公序良俗。该条为法官寻找具体的裁判依据做了指引,告诉法官在无法律规定时,能够以何种补充性规范进行裁判。

• 核心法条

《民法典》第10条　处理民事纠纷,应当依照法律;法律没有规定的,可以适用习惯,但是不得违背公序良俗。

① 黄茂荣:《法学方法论与现代民法》,中国政法大学出版社2001年版,第371页。

典型案例

石某昌诉石某雪顶盆过继纠纷案[①]

案情简介：1997 年 12 月 1 日，青岛市李沧区石家村居民石君某病逝，因其妻子儿女已先相继因病去世，父母和另外两个哥哥也都已经过世，故家族中的老人只能在其近亲属里找个后辈来为其“顶盆发丧”。按照习俗，若找不到人“顶盆”，死者就不能发丧。“顶盆”的本家后辈等于过继给了死者，死者的所有家产均归其继承。起初欲找死者三哥石某昌之子为其完成顶盆一事，但其两子均不愿意。后经协商，石君某的侄子即二哥之子石某雪最终被选定且同意“顶盆”。死者入土为安后，石某雪一家住进了石君某的房子，并在那里完成婚事，且于每年祭日拜祭石君某。入住后 8 年内没有第三人提及房屋产权的归属，也没有发生任何争执。但当房屋拆迁时，按照拆迁标准，该房可以领取 30 余万元拆迁款。此时，石君某三哥石某昌拿出了一份 1997 年 3 月石君某赠与其房子的公证书，主张石君某病逝之前已将该房子过户给他。石某昌说，当时是看到侄子石某雪结婚后一直没钱盖新房，于是他把房子借给石某雪一家暂住。石某昌认为，他是法律上遗产的唯一继承人。2005 年 9 月，石某昌以非法侵占为由向青岛市李沧区人民法院起诉，将石某雪告上法庭，请求依法确认自己和石君某之间的赠与合同有效，并判令被告立即腾出房屋。在诉讼中，石某雪提出了自己“顶盆”过继的事实，但这个说法被石某昌一口否认，石某昌认为“顶盆”不能作为继子。

争议焦点：石某雪能否根据习惯成为合法的继承人。

裁判理由与结果：2005 年 12 月，李沧区人民法院作出一审判决：驳回原告石某昌的诉讼请求。法院经审理认为，本案中赠与合同的权利义务相对人仅为石某昌与石君某，原告以确认该赠与合同有效作为诉讼请求，其起诉的对方当事人应为石君某。因此，原告以此起诉石某雪于法无据，法院不予支持。被告石某雪是因农村习俗，为死者石君某戴孝发丧而得以入住其遗留的房屋，至今已达 8 年之久；原告在死者去世之前已持有这份公证书，但从未向被告主张过该项权利，说明他是知道

① (2006)青民一终字 206 号。

“顶盆”发丧的事实的，因此被告并未非法侵占上述房屋。“顶盆”发丧虽然是一种民间风俗，但并不违反法律的强制性规定，所以法律不应强制地去干涉它。因此，原告提出被告立即腾房的诉讼请求法院不予支持。一审判决之后，原告石某昌不服，提出上诉。2006 年 3 月，青岛市中级人民法院对本案作出终审判决：维持原判。

解题思路

一、支持原告诉讼请求的请求权基础预选

本案中，原告石某昌系死者石君某的三哥，属于民法近亲属的范畴，且属于第二顺位的法定继承人序列。原告主张死者曾将房屋赠与其，属于遗嘱继承调整的法律关系。根据《民法典》第 1133 条的规定，只有法定继承人可以成为遗嘱继承人；根据《民法典》第 1154 条的规定，只有遗嘱继承人放弃继承的，才按照法定继承办理；根据《民法典》第 1120 条的规定，国家保护自然人的继承权。因而可以得出初步结论，如果原告石某昌与死者石君某之间的遗嘱（案件中表述为赠与合同）是有效的，则原告可以请求被告返还房屋。

二、原告诉讼请求实现的抗辩规范分析

（一）继承人是否具有放弃或丧失继承权的情形

《民法典》第 1124 条规定了继承人放弃继承的权利。其第 1 款规定“继承开始后，继承人放弃继承的，应当在遗产处理前，以书面形式作出放弃继承的表示；没有表示的，视为接受继承”。本案中，原告并未以书面形式放弃继承，故不能得出其放弃继承权。《民法典》第 1125 条规定了继承人丧失继承权的五种情形，(1) 故意杀害被继承人；(2) 为争夺遗产而杀害其他继承人；(3) 遗弃被继承人，或者虐待被继承人情节严重；(4) 伪造、篡改、隐匿或者销毁遗嘱，情节严重；(5) 以欺诈、胁迫手段迫使或者妨碍被继承人设立、变更或者撤回遗嘱，情节严重。继承人有前款第 3 项至第 5 项行为，确有悔改表现，被继承人表示宽恕或者事后在遗嘱中将其列为继承人的，该继承人不丧失继承权。受遗赠人有本条第 1 款规定行为的，丧失受遗赠权。本案中，并未提及原告存在上述行为，所以不适用该抗辩规范。

（二）是否存在继承顺次的情形

根据《民法典》第1123条的规定，“继承开始后，按照法定继承办理；有遗嘱的，按照遗嘱继承或者遗赠办理；有遗赠扶养协议的，按照协议办理”。本案的关键问题转化为，被告石某雪是否与死者之间形成遗赠扶养的法律关系。或者，被告是否可以依法获取死者的财产，是否可以对抗原告的遗嘱继承。

三、“顶盆过继”是否可以适用习惯的法源规则

根据《民法典》第10条的规定，适用习惯法源规则的前提是没有法律规定，本案中被告作为死者的侄子女，非属于法定继承人的范围，不能对抗原告的法定继承权。且无法适用遗赠扶养协议的规则处理，因为继承的死因行为，该协议应当体现死者生前的意思表示，而本案是在死者死后产生的纠纷，故不适用遗赠扶养协议。所以支持被告获得死者财产没有法律上的规定。

“顶盆过继”是否符合《民法典》第10条规定的“习惯”？该习惯严格意义来讲，应当是经法律确信的事实上的习惯，易言之，其应当是“习惯法”。“顶盆过继”习惯法本身具有两层意义：一是顶盆，即为逝者发丧；二是过继，继承逝者的宗祧、财产。[①] 该习俗是我国民间形成的通俗，对于形成良好的社会风气具有重要的意义，符合《民法典》内在体系的价值理念，且不违背公序良俗的价值标准，所以其构成习惯法。问题的关键转化为，原告一直未主张继承的权利，是否属于放弃继承的情形。根据《民法典》第1124条第1款的规定，显然需要继承人书面声明放弃才可。但在本案中，遗嘱继承是负有义务的。根据《民法典》第1144条的规定：“遗嘱继承或者遗赠附有义务的，继承人或者受遗赠人应当履行义务。没有正当理由不履行义务的，经利害关系人或者有关组织请求，人民法院可以取消其接受附义务部分遗产的权利。”原告未履行为死者丧葬的义务，所以人民法院有权取消其部分权利。除此之外，根据民间习惯，“顶盆过继”本身就是由“顶盆”者获得死者的遗产，原告对此明知且不主张反对，亦可推断其具有放弃继承权的意思。综上所述，被告获得遗产的权利可以对抗原告的法定继承。

---

① 参见彭诚信、陈吉栋：《论〈民法总则〉第10条中的习惯——以“顶盆过继案”切入》，载《华东政法大学学报》2017年第5期。

四、结论

根据《民法典》第10条的规定，结合《民法典》有关继承的相关规定，原告既没有尽到遗嘱中所附的义务，也没有在“顶盆过继”行为过程中提出反对的意见，视为其放弃继承的权利，原告的诉讼请求难以被支持。被告“顶盆过继”的行为，符合习惯法源的一般规则，即经法律确信的事实习惯，且不违背公序良俗，应当依法获得死者的遗产。

知识拓展

《民法典》第10条规定了两类民事法律纠纷的法源，一则为法律，一则为习惯。从该条规定的内容来看，只有在无法律明确规定的前提下，才能适用符合公序良俗的习惯。该规定为法官寻找具体的裁判规范，提供了规则指引。其改变了原《民法通则》以国家政策作为填补法律漏洞的做法，首次以条文的形式确认“习惯”作为裁判依据。

就法律而言，此处的“法律”应作广义解释，即其既包括法律，也包括法律解释和司法解释。对于应当适用的行政法规、地方性法规或者自治条例和单行条例，可以直接引用。就习惯而言，该习惯并非指事实上的惯习，有些习惯如果是陈规陋习，本身不足以成为此处所言之习惯。此处所言之“习惯”，通说认为应当是习惯法。① 就习惯法的构成要件，一般包括如下几个方面：其一，多年惯行的事实；其二，普通一般人确信其有法的效力；其三，不违背公序良俗。② 易言之，只有事实习惯经法律确信后，且不违背公序良俗的价值判断标准的，方可将该习惯上升到法源地位。当代德国习惯法之形成，一般需要借助法官的法律续造活动。③

《民法典》除了在第10条以一般条款规定了习惯的法源地位，在其他很多具体条款中亦规定了习惯的功能，如意思表示的解释、相邻权的纠纷依习惯解决等。习惯作为民法法源，解决了成文法本身的局限性所带来的弊病。但对于指导案例、法理等能否作为民法的法源，在理论与实务上仍存争议。

---

① 参见王泽鉴：《民法总则》，北京大学出版社2009年版，第46页。

② 参见黄立：《民法总则》，中国政法大学出版社2002年版，第47页。

③ 参见朱庆育：《民法总论》（第2版），北京大学出版社2016年版，第40页。

延伸阅读

1. 王泽鉴:《民法总则》,北京大学出版社 2009 年版。

2. 黄立:《民法总则》,中国政法大学出版社 2002 年版。

3. 朱庆育:《民法总论》(第 2 版),北京大学出版社 2016 年版。

4. 陈甦主编:《民法总则评注》(上册),法律出版社 2017 年版。

第二章

自然人

05 胎儿利益保护

——展某某与秦某某、中国人民财产保险股份有限公司北京市崇文支公司机动车交通事故责任纠纷案

学理概要

自然人的民事权利能力始于出生，胎儿尚未出生时属于母体的一部分，不能成为独立的民事主体，原则上不具有民事权利能力。但是，胎儿作为自然人出生的必经阶段，其相关利益也需要法律保护。自罗马法以来，各国民法均对胎儿的利益设有特殊保护，我国《民法典》第 16 条首次明确胎儿利益保护的一般规定，承认在涉及遗产继承、接受赠与等胎儿利益保护的，胎儿视为具有民事权利能力。但并未明确胎儿在

母体中遭受损害时是否具有民事权利能力，出生后能否享有损害赔偿请求权。

• 核心法条

《民法典》第16条　涉及遗产继承、接受赠与等胎儿利益保护的，胎儿视为具有民事权利能力。但是，胎儿娩出时为死体的，其民事权利能力自始不存在。

《民法典》第13条　自然人从出生时起到死亡时止，具有民事权利能力，依法享有民事权利，承担民事义务。

最高人民法院《关于适用〈中华人民共和国民法典〉总则编若干问题的解释》第4条　涉及遗产继承、接受赠与等胎儿利益保护，父母在胎儿娩出前作为法定代理人主张相应权利的，人民法院依法予以支持。

典型案例

展某某与秦某某、中国人民财产保险股份有限公司北京市崇文支公司机动车交通事故责任纠纷案①

案情简介：2013年12月15日，在北京市东城区南二环主路永定门桥下，秦某某驾驶机动车与周某（怀孕8个多月）乘坐的机动车发生追尾交通事故，经公安交通管理部门认定秦某某负全部责任。秦某某在事故发生后几次建议周某去医院进行检查，周某与丈夫商量之后回复秦某某：因周某并没有什么事，车辆受损不严重，由秦某某赔偿200元就可以了。后秦某某给周某夫妇200元，双方离开事故现场。

2013年12月16日晚上，周某发现胎膜已破，前往复兴医院就诊，并于12月17日3时入院进行保胎治疗，经诊断为胎膜早破，先兆早产。同年12月18日1时5分，周某娩出展某某。展某某出生后被诊断为“孕33+6周早产儿，建议转至八一儿童医院”。展某某于当日被转至军区总医院附属八一儿童医院治疗，经诊断为：早产儿、新生儿肺炎、低出生体重儿、呼吸性酸中毒、先锋头、低钙血症、新生儿黄疸。医嘱建议：精心喂养。展某某在军区总医院附属八一儿童医院住院共计22天。

① （2015）二中少民终字第03930号。

经查周某在复兴医院进行产前检查的病历材料，其中2013年12月11日的超声检查报告单显示：周某宫内晚期妊娠，单活体；超声孕周：32W4D；胎儿脐带绕颈一周。证明展某某在交通事故之前发育正常。展某某出生后病历显示系早产儿，并出现相关病症，且早产发生于交通事故后。

另查明，秦某某就事故车辆已在人保崇文支公司投保交强险、100,000元限额的商业第三者责任保险及不计免赔率。

展某某的法定代理人周某诉至法院，要求判令秦某某、人保崇文支公司赔偿展某某医疗费27,377.19元、住院伙食补助费1100元、停车费241元、婴儿用品费2079.6元、护理费9000元、营养费5000元、精神损害抚慰金8000元，并承担本案诉讼费。

争议焦点：展某某在胎儿期间因交通事故导致早产的损害赔偿请求应否得到支持？

裁判理由与结果：法院认定展某某系本案适格主体，符合法律规定。因展某某系早产儿，在成长过程中需要区别于正常新生儿的特殊喂养及照料，应当考虑展某某的特殊需要酌定的营养费及护理费数额。周某作为临近分娩的孕妇，在事故发生当时由于外力撞击而感觉身体不适时，未尽到必要的注意义务及时前往医院检查、治疗，亦是导致展某某早产的原因之一。综合上述因素认定秦某某对展某某的损失承担80%的民事赔偿责任。因秦某某所驾车辆已在人保崇文支公司投保，保险公司在保险范围内赔偿展某某医疗费、交通费、护理费、住院伙食补助费、营养费、精神损害抚慰金等，共计人民币37,561.75元。驳回上诉，维持原判。

解题思路

关于胎儿损害赔偿请求权的问题，在我国《民法典》的制定过程中一直存在争议，即便在《民法典》颁布以后，对第16条的理解和适用在理论和实践中也存在不同意见。第16条虽新增关于胎儿利益保护的规定，但并未总括承认胎儿的民事权利能力，对于胎儿在母体中遭受损害的赔偿请求是否支持并无明文规定，需从民法的精神和价值分析胎儿是否享有损害赔偿权利。

一、胎儿是否具有民事权利能力

本案交通事故发生之时，展某某尚未出生处于胎儿阶段，因母体受到伤害而引发早产，其出生后是否有权请求在胎儿期间遭受的人身损害赔偿，首先需要判断其在胎儿阶段是否具有民事权利能力。对此问题各国民法规定并不统一，纵观近代民法关于胎儿利益保护之立法模式选择主要有三种：一是总括保护主义，即凡涉及胎儿利益之保护时，视为其已经出生；二是个别保护主义，即胎儿原则上无权利能力，但于若干例外情形视为有权利能力；三是绝对否认主义，即任何情况下不承认胎儿具有权利能力。① 原《民法总则》颁布前，我国原《民法通则》并不承认胎儿具有权利能力，仅在原《继承法》第28条规定："遗产分割时，应当保留胎儿的继承份额。胎儿出生时是死体的，保留的份额按照法定继承办理。"依照这一规定，遗产分割时，胎儿的继承份额应当予以"保留"，即遗产之权利并非由胎儿时即取得，必须从出生开始才享有权利，特留份"留而不给"，实质上不承认胎儿的民事主体资格。②

随着我国进入《民法典》时代，绝对否认胎儿权利能力的立法模式已经退出历史舞台，我国《民法典》第16条既列举了具体保护事项，又以"等"字将其保护范围不予封闭。该条理解的关键在于，条文中的"等"能否被解释为具有开放性，是仅限于类推遗产继承、接受赠与等涉及胎儿财产利益的情形，还是可以扩大解释为远距离的"人身损害赔偿"情形？从民法"以人为本"的价值追求和立法精神来看，民事主体制度设立的根本目的就是将民法规定的权利义务给予特定对象，这是对人权保障和认可的基础。而人生之旅始于胎儿时期，胎儿的健康发育与自然人的成长和发展密不可分，基于对人类自身的尊重和珍视，要求赋予胎儿在人身损害方面的必要权益无可厚非。法律上不应该在人与非人之间画出一道泾渭分明的界限，有的时候需要认真对待过渡阶段。③ 赋予胎儿民事权利能力，胎儿就具有了享有民事权利的法律资格，就可以成为民事权利的主体，对于受到侵害的行为，就可以通过

① 参见尹田：《论胎儿利益的民法保护》，载《云南大学学报（法学版）》2002年第1期。

② 参见谭启平：《论民法典第16条的限缩解释——以胎儿不能成为征地补偿对象而展开》，载《东方法学》2020年第4期。

③ 参见杨代雄：《出生前生命体的民法保护——以"限制权利能力"为基点》，载《东方法学》2013年第3期。

诉讼予以救济,有利于胎儿利益的保护。

但也有学者提出,胎儿可视作母体紧密联系的部分,侵害胎儿人身权益由母亲主张损害赔偿即可。[①] 胎儿孕育之时固然与母体关系紧密,但其并非母体的组成部分,两者的权利主体和利益客体并不相同。胎儿作为单独的生命体存在,享有天然的独立权益,包括与其成长对应的生命权益及财产权益,以确保其能够顺利地被孕育直至出生。作用在母体上的侵害行为会损害胎儿身体功能的健全性,对胎儿造成的损害与母体受到的损害完全可以分离。[②] 比如,本案交通事故中,孕妇周某本身只是受到轻微冲击并未造成实质损害,且自己提出不用去医院检查,只要求赔偿200元车损"私了"。但这一事故却造成展某某早产并引发一系列早产儿疾病,住院22天产生数万元费用。类似的胎儿侵权损害赔偿纠纷,在胎儿利益保护案件中所占比例最高。因此,第16条的"等"情形,应解释为包括胎儿损害赔偿的情形,即胎儿在涉及人身损害赔偿时,视为具有民事权利能力。

二、胎儿享有民事权利能力的条件

通过上述分析可知,在涉及人身损害赔偿时,胎儿应视为具有民事权利能力。之所以采用"视为"的表述,是因为《民法典》第13条明确规定:"自然人从出生时起到死亡时止,具有民事权利能力,依法享有民事权利,承担民事义务。"胎儿毕竟尚未出生,本不具有民事权利能力,但又有必要在一定情形下赋予胎儿民事权利能力,对胎儿的利益进行保护。这也意味着,胎儿并非无条件具有民事权利能力。关于胎儿享有民事权利能力的条件,民法理论上存在两种不同的观点:

一是"法定停止条件说",认为胎儿在母亲怀胎期间,并无民事权利能力,在胎儿活着出生后,再追溯至继承开始或损害赔偿请求权成立之时取得权利能力,亦即胎儿的权利能力之取得附有停止条件。

二是"法定解除条件说",认为胎儿在母亲怀胎期间即具有民事权利能力,但是胎儿出生时为死体的,其已经取得的权利能力才溯及地消灭(自始不存在),亦即胎

① 参见李锡鹤:《胎儿不应有法律上利益——〈民法总则草案〉第16条质疑》,载《东方法学》2017年第1期。

② 参见刘召成:《胎儿的准人格构成》,载《法学家》2011年第6期。

儿的权利能力之取得附有解除条件。①

前述两种学说中，法定停止条件说不承认胎儿在涉及其利益保护的当时具有民事权利能力，亦即不承认胎儿的权利可在出生前获得，因此，其必定发生权利主体虚位的弊端。我国原《民法总则》第16条明确采用了“法定解除条件说”，依照其规定，当发生涉及胎儿利益之事项时，胎儿视为已经出生，即取得民事权利能力，可即时取得权利，胎儿的父母即可成为其法定代理人，代其行使权利。当胎儿未活着出生时，其民事权利能力溯及地消灭，其由法定代理人代为接受的利益，按不当得利的规定予以返还。这样，显然更加有利于胎儿利益的保护。

根据法定解除条件说，胎儿在母体中遭受侵害，应当区分具体情况来加以考虑：如果胎儿出生后是活体的，则可以作为主体独立请求，有权就其受到的损害独立提出赔偿请求，但可以在时效方面作出特别规定，即在出生前诉讼时效中止；如果是死体，则自始不具备民事权利能力，但可由其母亲提出请求，把对于胎儿的侵害视为对母亲的侵害，母亲可以身体健康权受到侵害为由进行主张。

三、胎儿损害赔偿的范围

综上可得出结论，胎儿在母亲怀胎期间遭受侵害，出生后可行使损害赔偿请求权，向法院提起人身伤害的侵权之诉。如在交通事故纠纷中受害人为孕妇的情况下，胎儿在其孕育过程中受到损害引发早产，以新生儿为原告向法院起诉要求赔偿，基本能得到支持。原《民法总则》实施后，类似案例“覃某1与江某某、覃某2交通事故责任纠纷案”【（2019）桂08民终234号】判决结果与本案一致，该案也是孕妇因交通事故引发早产，法院认为虽然新生儿在事故发生时尚未出生，但其在此次交通事故后出生，并因早产发生了损害后果，侵权行为发生在其出生前，而损害后果一直延续到其出生后，根据法律保护胎儿合法权益的精神，享有向侵权人主张侵权责任的请求权。

至于胎儿侵权损害赔偿的范围，从以往判例来看，《民法典》第1179条规定，人身损害赔偿的医疗费、护理费、交通费、营养费、住院伙食补助费等为治疗和康复支出的合理费用，法院基本都予以支持。但在胎儿孕育过程中其父母（其未来生活的

① 参见李永军：《我国〈民法总则〉第16条关于胎儿利益保护的质疑——基于规范的实证分析与理论研究》，载《法律科学（西北政法大学学报）》2019年第2期。

依赖者)受到人身伤害以致丧失劳动能力甚至死亡的,胎儿出生后可否作为受害人请求被扶养人生活费,司法实践中却有不同意见。

在"关某、谢某某机动车交通事故责任纠纷案"【(2014)泉民终字第1629号】中,关某在胎儿阶段父亲因交通事故死亡,关某出生后向法院起诉请求判令被扶养人生活费,法院根据原《民法通则》第9条和第119条规定认为胎儿出生前为母体的部分,加之我国民法仅对胎儿在继承、接受赠与方面的利益实行特殊保护,以此认定所诉请要求赔付被扶养人以生活费缺乏法律依据。《民法总则》实施后,"胡某女与中国人民财产保险股份有限公司福建省榕城分公司、林某峰机动车交通事故责任纠纷案"【(2019)闽01民终5342号】判决结果仍持否认态度,该案原告胡某女诉称怀孕期间因交通事故受伤导致部分丧失劳动能力,主张其所生育的黄某的被扶养人生活费,请求未能得到法院支持。法院认为,对于胎儿利益的特殊保护,现行法律实际上采取的为个别保护主义立法模式,明确将保护的范围限制在遗产继承、接受赠与等特殊范围内,尚未增加"损害赔偿请求"的内容,因此不能支持黄某的被扶养人生活费请求。但在"袁某某、顾某某等与上海铁路局南京供电段、上海铁路局高度危险责任纠纷案"【(2015)泰中民四终字第00079号】中,同样是原告在胎儿阶段父亲遭受人身侵害死亡,法院却认为,虽然在损害发生时本案中的被扶养人袁某尚未出生,但其胎儿形态已经存在,民法对其权利的保护理应向前延及至其受孕后出生前,使其在实际出生后能够得到及时和有效的司法救济。故袁某可以视为"死者生前扶养的人"而获得赔偿。

关于民事损害发生时已受孕但尚未出生的胎儿出生后应否获得扶养费赔偿的问题,关键是要正确理解和把握"死者生前扶养的人"。最高人民法院《关于审理人身损害赔偿案件适用法律若干问题的解释》第17条规定,被扶养人是指受害人依法应当承担扶养义务的未成年人或者丧失劳动能力又无其他生活来源的成年近亲属。作为人的生命的孕育过程和初始状态的胎儿并不属于这一范围,然而根据民法理论有关权利延伸保护的原理,这并不妨碍我们在必要时根据相关法律条文,为胎儿在将来出生时行使权利预留合理的空间,因为这符合我国民法公平原则的内在要求和有损害即有救济的民事裁判原则。[①] 胎儿一旦出生并为活体就成为未

① 参见汪渊智:《胎儿利益的民法保护》,载《法律科学(西北政法学院学报)》2003年第4期。

成年人，必然地与其父母形成法定的扶养关系。所以，虽然上述几个案例中的被扶养人尚未出生，但其胎儿形态已经存在，民法对其权利的保护理应向前延及至其受孕后出生前，使其在实际出生后能够得到及时和有效的司法救济，[①]故胎儿出生后理应视为“死者生前扶养的人”而获得赔偿。

知识拓展

一、关于胎儿利益保护的立法例[②]

综观域外各国家和地区关于胎儿利益保护的立法，主要采取两种模式：

一是总括保护主义，即凡涉及胎儿利益之保护时，视为其已经出生。如《瑞士民法典》第31条第2项规定：“子女，只要其出生时尚生存，出生前即具有权利能力。”《匈牙利民法典》规定：“人，如活着出生，其权利能力应从受孕时算起。”我国台湾地区“民法典”第7条规定：“胎儿以将来非死产者为限，关于其个人利益之保护，视为既已出生。”

二是个别保护主义，即胎儿原则上无权利能力，但于若干例外情形视为有权利能力。如《法国民法典》第906条规定：“胎儿在赠与时已存在者，即有承受生前赠与的能力。胎儿在遗嘱人死亡时已存在者，即有受遗赠的能力，但赠与或者遗赠仅对于婴儿出生时能生存者，发生效力。”第725条规定：“必须在继承开始时生存之人，始能继承。因此，下列人不能继承：1. 尚未受胎者；2. 出生时未成活的婴儿。”《德国民法典》第844条规定：“在受害人被害当时，第三人尚未出生的胎儿，亦发生损害赔偿义务。”第1923条规定：“在继承开始时尚未出生但已孕育的胎儿，视为在继承开始之前出生。”《日本民法典》第721条规定：“胎儿，就损害赔偿请求权，视为已出生。”《日本民法典》第886条规定：“1. 胎儿就继承，视为已出生。2. 前款规定，不适用于胎儿以死体出生情形。”《日本民法典》第965条还规定，胎儿继承能力的规定准用于受遗赠人。

---

① 参见张莉：《胎儿的准人格地位及其人格利益保护》，载《政法论坛》2007年第4期。

② 参见杨巍：《论胎儿利益的民法保护》，载《环球法律评论》2007年第4期。

二、关于胎儿利益保护立法的学说①

就胎儿利益保护应采何种立法例的问题，我国民法学者长期持有不同意见。在《民法典》起草过程中，五部具有代表性的学者建议稿都明确规定了涉及胎儿利益保护的条款，但在承认胎儿应受保护的前提下，五部草案在具体的保护方案上分歧明显。

中国法学会起草的《中华人民共和国民法典民法总则专家建议稿（征求意见稿）》第 17 条规定：涉及胎儿利益保护的，视为已出生，法律另有规定的除外。

梁慧星教授主持起草的《中国民法典建议稿》第 14 条规定：凡涉及胎儿利益保护的，胎儿视为具有民事权利能力。涉及胎儿利益保护的事项，准用本法有关监护的规定。胎儿出生时为死体的，其民事权利能力视为自始不存在。

王利明教授主持起草的《中国民法典人格权法编（草案）建议稿》第 59 条规定：胎儿的身体健康受到损害的，在其出生后，享有损害赔偿请求权。

杨立新教授主持起草的《中华人民共和国民法总则（草案）建议稿》第 24 条规定：胎儿以将来非死产者为限，关于其个人利益的保护，视为已出生。在出生前的第三百天，推定胎儿已经受孕。

徐国栋教授起草的《绿色民法典草案》第 5 条规定：出生以胎儿分离母体为准；死于母腹中的胎儿、未完全脱离母体前死亡的胎儿或分离后四十八小时内即死亡的胎儿视为未生存；胎儿出生后生存逾四十八小时的，视为生存；法律以胎儿出生为条件，承认其具有继承、接受遗赠和赠与的权利能力。

可见，我国民法典究竟采取总括保护主义抑或个别保护主义，在立法过程中意见不一。以上学者观点中采用总括保护主义的居多，理由盖因“观之德日等国，学者尚且以个别保护主义对胎儿保护不力，主张改变立法主义，采总括的保护主义，可见我国民法通则所采绝对主义之不合时宜，乃毋庸置疑。因此，建议制定民法典时采总括的保护主义，以强化对胎儿的保护，顺乎人情及民法进步之潮流”②。但两种立法模式也各有利弊：“总括保护”未对胎儿利益保护范围作具

① 参见朱晓峰：《民法典编纂视野下胎儿利益的民法规范——兼评五部民法典建议稿胎儿利益保护条款》，载《法学评论》2016 年第 1 期。

② 梁慧星：《民法总论》，法律出版社 2007 年版，第 89 页。

体限制，司法实务中不易把握尺度；而“个别保护”在保护范围上采用封闭的方式，则有可能不适应社会生活的发展变化。最终，《民法典》第16条兼采了上述两种立法模式，有效避免了两种传统模式的弊端，但给法律适用留下了较大的解释空间。

延伸阅读

1. 汪渊智：《胎儿利益的民法保护》，载《法律科学（西北政法学院学报）》2003年第4期。
2. 张莉：《胎儿的准人格地位及其人格利益保护》，载《政法论坛》2007年第4期。
3. 朱晓峰：《民法典编纂视野下胎儿利益的民法规范——兼评五部民法典建议稿胎儿利益保护条款》，载《法学评论》2016年第1期。
4. 李永军：《我国〈民法总则〉第16条关于胎儿利益保护的质疑——基于规范的实证分析与理论研究》，载《法律科学（西北政法大学学报）》2019年第2期。
5. 陈文琼、李子蔚：《我国胎儿利益保护制度的构建——以〈民法典〉第16条规定为视角》，载《河北法学》2021年第5期。

06 限制民事行为能力人
——吴某某与北京快手科技有限公司网络购物合同纠纷案

学理概要

民事行为能力，是民事主体以其行为参与民事法律关系，取得民事权利，履行民事义务和承担民事责任的资格。自然人个体在精神状态、心智水平及健康状况等方面存在较大差异，因而需要以一定标准区分不同行为能力类型，年龄界限是最为直观而清晰的区分标准。《民法典》以18周岁和8周岁两个年龄界限，将自然人的行为能力区分为完全民事行为能力、限制民事行为能力和无民事行为能力三种类型。其中限制民事行为能力的规定，采用双重机制明确了8周岁以上的未成年人可以独立实施和不能独立实施的民事法律行为。

• 核心法条

《民法典》第19条　八周岁以上的未成年人为限制民事行为能力人，实施民事法律行为由其法定代理人代理或者经其法定代理人同意、追认；但是，可以独立实施纯获利益的民事法律行为或者与其年龄、智力相适应的民事法律行为。

《民法典》第23条　无民事行为能力人、限制民事行为能力人的监护人是其法定代理人。

《民法典》第145条　限制民事行为能力人实施的纯获利益的民事法律行为或者与其年龄、智力、精神健康状况相适应的民事法律行为有效；实施的其他民事法律行为经法定代理人同意或者追认后有效。

相对人可以催告法定代理人自收到通知之日起三十日内予以追认。法定代理人未作表示的，视为拒绝追认。民事法律行为被追认前，善意相对人有撤销的权利。撤销应当以通知的方式作出。

典型案例

吴某某与北京快手科技有限公司网络购物合同纠纷案①

案情简介：原告吴某某，女，2008年11月26日生，在被告快手公司的直播平台快手APP软件注册快手账号，昵称为"蜡笔小新！1064"。原告在2017年9月1日开学后，由于需要在手机上完成老师布置的家庭作业，故使用其母亲张某的手机操作。2017年10月4日，原告父母发现原告通过其母亲张某的手机号码充值购买被告的快币，自2017年9月23日至10月3日，吴某某通过该快手公司的快手APP软件，为给昵称为"嘉杰小可爱（笑园）""农村小二哥""可爱的小毛""拉布拉多~霸道小七""五常小波哥""爱唱歌的胖丫"等主播打赏，其在快手APP软件内通过操作购买快币，共购买143次，充值98,122元。经查网络交易记录，其中140次均系每次购买698元，2次均系每次购买198元，1次购买6元；且大部分是在晚间短时间内反复充值购买，如吴某某在2017年10月3日20时27分48秒至21时04分27秒共购买快币46次，每次充值均为698元。

吴某某向法院起诉，请求判令快手公司返还全部充值金额及相当于银行贷款利率损失。

---

① （2019）苏04民终550号。

争议焦点：吴某某购买快币打赏主播的行为法律效力如何？

裁判理由与结果：吴某某在快手公司的快手APP软件专用平台内购买虚拟货币快币，双方形成网络购物合同。吴某某在不满10岁的情况下购买近人民币10万元的快币用于打赏主播，该行为事后未能得到其法定代理人同意、追认，亦非是纯获利益的民事法律行为或者与其年龄、智力相适应的民事法律行为，该合同行为无效。吴某某经常深夜十一二点仍在快手APP上打赏主播，其监护人未能履行监护责任，且未能妥善保管自己的手机及银行卡密码，监护人应当对其购买快币的民事行为承担相应的责任，法院酌定由快手公司返还吴某某购币款60,000元。驳回上诉，维持原判。

解题思路

本案适用《民法典》第19条、第23条、第145条关于限制民事行为能力人实施的民事法律行为效力的规定。分析该案首先应确定吴某某的民事行为能力状态，其次对其利用母亲手机号码充值购买快币打赏网络主播的行为效力进行分析，最后才是讨论损失的承担和责任分配问题。

一、吴某某的民事行为能力判断

（一）限制民事行为能力人的年龄界限

本案原告吴某某充值购买快币时的年龄接近10周岁，1986年《民法通则》规定的限制民事行为能力人年龄下限为10周岁，如果依此规定吴某某为无民事行为能力人，其实施的民事法律行为无效。但该案发生时原《民法总则》刚实施，将限制民事行为能力人的最低年龄下降至8周岁，依此规定吴某某为限制民事行为能力人，其实施的民事法律行为效力需考察是否与其年龄、智力相适应。

原《民法总则》下调限制民事行为能力人的年龄界限，盖因随着我国经济的快速发展，儿童成长速度已远远超过预期，生活条件的优越性、社会文化的传播性和信息交互的便利性使儿童能通过不同媒介汲取养分，因此其成长更为迅速。相比于30多年前，同龄儿童的认识能力、判断能力、行为能力都有极大提高。继续将10周岁作为限制民事行为能力人年龄起点显然已不符合客观规律，降低限制民事行为能力人最低年龄有利于鼓励儿童培养行为意识,帮助塑造其行为能力。至于将限制民事行为能力人的最低年龄下调至几岁,学者存在不同意见。原《民法总则》草案最初将限制民事行为能力人的最低年龄下调至6周岁,这种观点认为教育学界一般将4~6周岁称为学龄前期,儿童在5岁左右时脑重量可达到成人的90%,随着身体和脑部的发育,儿童语言及行为表达能力亦日趋完善,6岁左右的儿童已经基本具备控制自己行为的能力。但也有学者认为6周岁的儿童虽然有一定的学习能力,开始接受义务教育,但认知和辨识能力仍然不足,在很大程度上还不具备实施民事法律行为的能力,加之我国不同城乡区域和教育水平差异较大,儿童智力水平发展不一,建议改为8周岁为宜。最终,法律委员会经研究,按照既积极又稳妥的要求,原《民法总则》将限制民事行为能力人年龄下限修改为8周岁。

这一规定符合中国社会经济发展规律以及法律发展规律,将限制民事行为能力人最低年龄降低,不仅有利于其参与交易过程,树立行为意识,而且有利于维护交易安全。

(二)网络交易行为主体的识别

限制民事行为能力人实施的民事法律行为,原则上应由其法定代理人代理或者经其法定代理人同意、追认。① 但在网络直播中,无论是充值还是打赏,电子系统的交易环节都不得不面临一个极为重要的问题,即交易主体的识别。② 在未成年人网络直播充值打赏的案例中,绝大多数是未成年人使用家长的账户进行操作,因此,在认定未成年人直播打赏的行为能力时,首先需要证明实际使用直播账号的主体是未成年人,而非账号的注册者。司法实践中,很多涉及直播打赏的网络合同纠纷因原告证据不足或平台提出反证,无法证明打赏行为主体为未成年人而导致原告败诉。如在"李某与王某、广州华多网络科技有限公司确认合同效力纠纷案"【(2017)粤0113民初3284号】中,未成年人一方提供了未成年人使用直播软件的监控画面。但该监控画面的日期晚于打赏行为实施的期间,法院不予认可。在"齐某某与北京快手科技有限公司服务合同纠纷案"【(2018)黑0603民初1241号】中,

① 参见于程远:《论限制民事行为能力人之中性行为》,载《清华法学》2017年第1期。

② 参见程啸、樊竞合:《网络直播中未成年人充值打赏行为的法律分析》,载《经贸法律评论》2019年第3期。

法院根据该账户观看、打赏的直播内容（成年女性秀身材）、对未成年人的问询，综合判定该账户的使用习惯不符合一名9岁未成年人的使用习惯，驳回了原告的诉讼请求。在“陈某某与广州虎牙信息科技有限公司合同纠纷案”【（2017）粤0113民初10494号】中，原告仅提供了打赏消费的银行卡流水记录，法院认为证据不足，无法确认打赏为未成年人所为。在“袁某某、北京快手科技有限公司合同纠纷案”【（2018）黔04民终710号】中，原告仅提供了银行卡的交易明细，因此也没有得到法院的认可。在“戴某某与广州酷狗计算机科技有限公司网络购物合同纠纷案”【（2020）苏0891民初981号】中，法院根据直播平台所提供的账户使用者与主播之间的聊天记录节选，根据聊天的内容认定使用者为成年人，而非未成年人。

实务中，法院一般是从直播账号的实际控制、用户的行为分析、直播过程的信息记录等方面，对直播打赏行为主体是否为未成年人进行识别。在本案中，法院就是通过直播平台账户的信息（昵称）、实施打赏的时间、打赏的频率认定合同相对人为未成年人。又如，在“郑某某与北京蜜莱坞网络科技有限公司合同纠纷案”【（2018）京03民终539号】中，法院通过未成年人的个人陈述、直播平台账户的打赏记录、与监护人的微信聊天记录，认定未成年人为该直播平台账户的注册和使用者。在“吴某某与广州虎牙信息科技有限公司网络服务合同纠纷案”【（2019）粤0192民初1601号】中，法院认为该案中充值行为的时间与未成年人的学生生活高度吻合，不符合成年人的作息生活。直播平台账户上的个人信息也与处于11岁的未成年人的兴趣相符，并结合了未成年人的家庭情况（监护人长期在国外工作），推定了该账户的使用者为未成年人。在“佘某与广州虎牙信息科技有限公司网络服务合同纠纷案”【（2019）粤0192民初30976号】中，法院根据打赏的时间、账户使用者常观看的主播类型、监护人采取修改微信密码的行为，推定了充值行为人为未成年人。

二、吴某某充值打赏行为的效力

（一）行为与其年龄、智力是否相适应

判断8周岁与18周岁之间的未成年人所实施的具体的直播打赏行为，能否与其具体的年龄、智力相互适应，需要从具体的案件中对个案进行认定，法律既不可能也没有必要对其作出一个过于细目的规定。在司法实践中，往往要结合未成年

人自身的认知能力，具体的法律行为的复杂度，以及未成年人对具体的法律行为的了解，综合地进行分析。

在网络直播中，8 周岁以上的未成年人对所实施的充值、打赏行为是否具有相应行为能力，应当从未成年人是否对消费的价值有明确的认识，即从充值和打赏的数额、未成年人的经常居所地、家庭经济状况等角度综合分析。具体而言，首先，应当以与该未成年人相同或近似年龄的群体的一般消费水平为基础。若该未成年人充值、打赏的数额与该群体的平均消费水平相差不大，可初步认定为与其智力相适应，但如果明显超出了该年龄群体一般的消费水平如高额甚至是巨额的打赏，就可直接认定为与其智力不相符合。就本案而言，吴某某作为不到 10 周岁的未成年人，10 天内频繁充值打赏近 10 万元，这显然可以认为与其智力不符。其次，在此基础上，还要考虑到不同地区经济水平。实践中，有的法院就曾结合当地经济水平判断大额充值、打赏行为是否超出了未成年人的认知能力。例如，在“杨某某与吴某某、张某某合同纠纷案”【（2017）晋 0821 民初 2452 号】中，法官认为：“一个未成年人短期频繁大额充值 Q 币 6000 余元对普通农村家庭来说仍是难以想象的，这明显超出了普通群众可以接受认可的未成年人交易的范围。”最后，家庭的经济水平与消费习惯也是需要考量的因素，因为其会直接影响未成年人可供支配的财产数额。若该打赏的财产完全归限制民事行为能力人所支配且父母一贯放手由未成年人独立消费此等数额的金钱，或许更容易认定该行为与未成年人的年龄、智力状况相适应。例如，在一个较为富裕的家庭，父母每月给高中生的未成年孩子 5000 元零花钱供孩子自由支配，那么，孩子打赏数千元的行为可能就不能以“与其智力不适应”为由来撤销。

（二）行为是否经法定代理人同意、追认

在认定直播打赏行为与年龄、智力不相互适应时，直播打赏行为属于效力待定的状态。但若法定代理人在打赏行为实施当时即对未成年人作出了许诺，或是在打赏行为实施以后，对直播打赏行为进行了追认，则打赏行为不具有效力瑕疵，该未成年人的直播打赏行为有效。网络直播中未成年人巨额充值、打赏的行为若引起纠纷，法定代理人往往都不会追认其行为的效力。那么，在何种情形下可以认为法定代理人同意未成年人实施巨额充值、打赏的行为呢？在数字经济高速发展的现代信息社会，自然人的身份信息、资金账户信息、交易密码等是网络交易中最为重要的个人信息,自然人对这些信息负有妥善保管义务,一旦由于自身原因而泄露,需要自担风险。当法定代理人允许未成年人使用相关信息注册直播账号或使用银行账户消费,却不添加消费限额等限制措施时,其就应知道未成年人可能利用该信息进行网络交易。这种明知风险而为的行为,可以看作法定代理人对未成年人大额充值、打赏的默认,更容易解释出父母对未成年人充值、打赏行为的事先同意。[①] 例如,在前述郑某某与北京蜜莱坞网络科技有限公司合同纠纷中未成年少女打赏主播65万元,法院就作出了类似的认定。"刘某并未对自己未成年子女独自在国外留学的生活情况给予更多的关注,也未尽到一般账户管理人对自己的个人信息和账户内财务谨慎管理的义务,放任郑某对外无节制的网络消费。刘某对该阶段郑某的大额网络交易消费所采取的放任态度,已经构成对郑某涵交易行为的默认。"实践中还存在未成年人趁父母不备,偷拿手机与银行卡进行消费的行为。此时,需要父母具体举证自己是否尽到妥善保管手机与银行卡的义务,以及是否曾同意未成年人的巨额消费。法定代理人可以通过证明自己事先并不知情、事后也激烈反对等事实表明自己不曾同意、追认的态度。[②]

三、吴某某充值打赏行为被撤销或无效后的法律责任

(一)充值打赏行为无效后的财产返还

若认定未成年人在充值、打赏时不具备相应的民事行为能力,且确定其法定代理人未同意或追认,那么未成年人有权根据《民法典》第157条请求平台和主播返还已经支付的款项,但具体请求对象应根据不同情况分析。在充值阶段,法律关系的主体是未成年人与平台,对此并无争议;但在打赏阶段,合同相对方的主体究竟是谁?目前的网络直播实践中,由于粉丝打赏都是通过直播平台支付,平台掌握着所有的现金流并与主播分成,[③]因此在充值、打赏行为被认定无效后,负有返还财产义务的主体究竟是平台还是主播,仍需区分主播与平台之间不同的法律关系加以

---

① 参见邓青菁、郭琳:《审视与解困:未成年人直播打赏纠纷的裁判路径——以责任承担为视角》,载《北外法学》2019年第2期。

② 参见杨代雄:《〈民法典〉第145条评注——限制民事行为能力人实施的法律行为》,载《中国应用法学》2022年第3期。

③ 参见廖正:《网络直播平台与网络主播的合同争议及法律规范》,载《山东科技大学学报(社会科学版)》2019年第3期。

讨论。

在直播平台与主播构成劳动关系的情况下，主播基于其与平台之间的劳动合同进行的直播、接受打赏等行为均构成职务行为，由此产生的权利义务均由平台承受，[①]未成年人及其法定代理人直接请求平台返还充值与打赏的相应金额即可。

若主播与平台之间是服务合同等其他关系，未成年人用户充值后对主播打赏，那么应当同时起诉直播平台和主播，分别要求直播平台返还仍然剩余的充值金额，以及要求主播返还已经赠与的代币金额。

若未成年人只是单独打赏主播，则可根据赠与合同直接要求主播返还相应的虚拟礼物，并要求平台协助办理虚拟礼物对应的代币金额在账户间的转移返还。

（二）合同无效时各方当事人过错的认定

根据《民法典》第157条的规定，民事法律行为无效或者被撤销后，有过错的一方应当赔偿对方因此所受到的损失；各方都有过错的，应当各自承担相应的责任。

对于直播平台而言，应当承担包含提示告知义务与必要的防范风险交易的技术义务。目前，主要短视频平台和直播平台均上线"青少年防沉迷系统"，该系统会在使用时段、时长、功能和浏览内容等方面对未成年人的上网行为进行规范。但直播打赏纠纷大多是未成年人使用父母账号进行充值、打赏，现有平台青少年模式很难形成有效拘束力。随着使用网络文化消费的未成年人人数不断增加，平台应负有更高的注意义务和履行应有的社会责任，要通过加大技术投入，设置有效的身份识别系统（如人脸识别）来限制未成年人的充值、打赏行为。在平台明知用户为未成年人的情况下，就应当直接关闭账号的消费功能。当平台一旦发现用户为未成年人，就不应当再与其发生交易，应当自动关闭打赏选项。若平台未尽到此种义务，则对于未成年人家庭所受的经济损失也具有过错，应当承担相应的赔偿责任。

对于未成年人的法定代理人而言，需同时负有对银行账户、密码等信息妥善保管的义务，以及监管、防范未成年人进行大额不理性消费的义务。若未成年人的监护人将银行账户、密码告知子女，进而导致其高额消费，则监护人应当自担风险。在明知孩子有瞒骗父母进行消费的经历后，家长也应该及时通过设置银行卡消费

---

① 参见潘红艳、罗团：《网络直播打赏的法律性质认定及撤销权行使》，载《湖北警官学院学报》2018年第4期。

限额、更改密码等进行预防。显然,家长的教育、监管职责是减少无效交易的最直接措施。若没有尽到相应职责,父母及其他监护人应当对因未成年人充值、打赏无效给平台或主播造成的损失承担赔偿责任。

对于主播而言,在观众高额打赏的情况下,会与该观众存在更为频繁的沟通。主播一旦发现观众为未成年人,应当及时告知平台,中断该用户的充值与交易,否则对于明知之后的打赏,主播应当承担因违反警示义务而造成的损害赔偿责任。此外,当主播在明知观众为未成年人的情况下,劝诱未成年人打赏也属于明显违反先合同义务的行为。

知识拓展

对于数个标的不同的直播打赏行为,可以以“是否与年龄、智力相适应”为标准,认定部分的打赏行为有效,部分的打赏行为效力待定。而在同一个标的的直播打赏行为中,若该标的数额较大,被认定为与该限制民事行为能力人的年龄、智力不相适应,且法定代理人没有同意或者追认的表示,则该直播打赏行为不发生效力,相当于无效行为。但在网络直播充值打赏中普遍存在反复小额充值的情况,如在本案中就有2次购买198元,1次购买6元的充值行为,对于此种情形是否一律认定为不发生效力?

民法学上有所谓“无效法律行为转换”的理论,在无效行为中,若当事人的意思表示能够满足其他的法律行为构成要件,且当事人期望发生相近的法律行为,则可以将该法律行为转换为其他类似的法律行为。[①] 如未成年人在短期内连续实施多次充值、打赏行为总金额超出其认知能力,但可考虑将其转换为打赏金额在年龄、智力相适应的范围内成立有效的法律行为,认定其中一定金额限度内的打赏行为有效。对于未成年人直播打赏行为,适用“无效法律行为转换理论”的法律意义有以下三点:[②]

第一,贯彻民法上的私法自治。民法作为私法,以私法自治为原则。即便是限制民事行为能力人也需要具有一定私法自治的空间。当前我国未成年人接触

---

① 参见董迎雪:《无效法律行为效力转换制度研究及借鉴》,载《法学杂志》2014年第2期。

② 参见黄忠:《无效民事行为效力转换制度研究》,载《法商研究》2007年第2期。

网络很早，而限制民事行为能力人的年龄范围又跨越较大，动辄以法定代理人的不追认否认未成年人在网络上的法律行为，既损害未成年人意思自治的空间，实质上也不利于未成年人理性的成长。

第二，未成年人应当承担一定的法律责任。具有一定民事行为能力的未成年人，可以承担一定的法律责任。未成年人对于自己所实施的法律行为，也应当承担一定的法律责任。现实中存在未成年人明知打赏行为可能无效而实施打赏行为，试图在打赏以后再将打赏款项追回。不少未成年人又明知未成年人账户无法打赏，而盗用法定代理人的账户与名义进行打赏。在此情形下，认定其与年龄、智力相适应的价值内发生效力，既能使未成年人承担一定的法律责任，又不至于损害未成年人的利益。

第三，增加直播平台的返还意愿，促进打赏纠纷的化解。在未成年人直播打赏纠纷中，往往未成年人一方希望能够全部返还打赏价款，而直播平台作为盈利企业又不愿意全部返还打赏价款。将打赏行为进行无效行为转化，既承认了打赏行为无效，又确定了部分打赏价款有效，是对直播平台所提供的直播空间服务，主播的直播表演服务的肯定。在此规则的引导下，将有助于未成年人一方与直播平台的私下和解，为调解纠纷提供一定的理论依据，促进打赏纠纷的化解。

延伸阅读

1. 程啸、樊竞合:《网络直播中未成年人充值打赏行为的法律分析》，载《经贸法律评论》2019年第3期。
2. 罗敏、苏敏:《论网络直播打赏的法律性质》，载《人民司法》2020年第19期。
3. 瞿灵敏:《虚拟财产的概念共识与法律属性——兼论〈民法总则〉第127条的理解与适用》，载《东方法学》2017年第6期。
4. 潘红艳、罗团:《网络直播打赏的法律性质认定及撤销权行使》，载《湖北警官学院学报》2018年第4期。
5. 邓青菁、郭琳:《审视与解困:未成年人直播打赏纠纷的裁判路径——以责任承担为视角》，载《北外法学》2019年第2期。

07 监护人履行职责的原则与要求

——福建龙海农村商业银行股份有限公司与被上诉人陈某1、留某某、陈某2借款合同纠纷案

学理概要

《民法典》将最有利于被监护人的原则作为监护人履行监护职责的基础性要求。最有利于被监护人，一般而言就是要确保被监护人利益最大化，具体而言可以从四个方面进行解读：一是监护人要保障被监护人生存和发展的权利；二是监护人在履行监护职责时要充分了解被监护人自身的实际情况、采取相适应的监护措施；三是在合理范围内尊重被监护人的自主决定权；四是妥善保管、利用和处分被监护人的财产权益。就财产权益而言，除为维护被监护人利益外，监护人不得处分被监护人的财产，即便合法处分被监护人财产也要尽到审慎注意义务，对被监护人所享有的合法权益需要行使时监护人要积极行使，且应采取最有利于被监护人的方式行使。

• 核心法条

《民法典》第35条　监护人应当按照最有利于被监护人的原则履行监护职责。监护人除为维护被监护人利益外，不得处分被监护人的财产。

未成年人的监护人履行监护职责，在作出与被监护人利益有关的决定时，应当根据被监护人的年龄和智力状况，尊重被监护人的真实意愿。

成年人的监护人履行监护职责，应当最大程度地尊重被监护人的真实意愿，保障并协助被监护人实施与其智力、精神健康状况相适应的民事法律行为。对被监护人有能力独立处理的事务，监护人不得干涉。

典型案例

福建龙海农村商业银行股份有限公司（以下简称龙海农商银行）与被上诉人陈某1、留某某、陈某2借款合同纠纷案[①]

案情简介：被告陈某1、留某某系夫妻，于2003年4月2日生育儿子陈某2。2016年11月18日被告陈某1、留某某与原告龙海农商银行签订了一份《最高额抵押借款合同》并办理最高额抵押权登记，以三被告共有并依法登记的房产作抵押担保，约定自2016年11月18日至2019年11月17日止，由原告在最高贷款本金人民币520万元内，对借款人一次或分次发放贷款，借款用途为百货经营，借款按月结息，月利率5.98125‰，结息日为每月的第20日。抵押权的效力及于抵押物的孳息、从物、代位物及法律法规规定的其他财产和权利，抵押物建筑面积146.94平方米，评估价值为809.95万元。抵押担保范围包括本合同项下主债权本金、利息、罚息、违约金、损害赔偿金、实现债权的一切费用及其他应付费用。合同尾部"借款人"一栏有被告陈某1、留某某签名、捺印，其夫妻又在"抵押人"处签名、捺印，同时被告陈某1还代其子陈某2在"抵押人"处也留下签名和捺印。原告龙海农商银行依照合同向被告陈某1发放了贷款520万元，但被告从2018年3月20日起即欠缴利息，至诉讼时本息仍未结清。

---

① （2018）闽0681民初6315号。

另外，为抵押登记需要，被告陈某1、留某某夫妻于2016年11月14日和21日分别出具一份《声明书》，表明涉案房产系其夫妻出资购买，贷款款项将用于增加家庭收入，改善家庭生活条件。以该房产作银行贷款抵押担保，是为未成年孩子的利益所作出的处分，产生的债务均由其夫妻承担，今后若因贷款未清偿而导致的一切法律后果均由其夫妻承担，保证抵押行为不会损害未成年人陈某2的任何合法权益。

争议焦点：以未成年人共有房产设立的抵押担保合同是否有效？

裁判理由与结果：被告夫妻因经营公司资金需要而处置与陈某2共有的房产，显然并非纯粹为未成年人的利益，也没有证据能够证实该夫妻在共有财产处分前征得了当时已年满13周岁的陈某2的同意。原告龙海农商银行作为专业的金融机构，放贷前即明知陈某2系共有产权人，却随意接受了陈某1夫妻所提供的瑕疵抵押物，置未成年人陈某2的合法权益处于不确定的风险中，未尽到应尽的审查义务，自身存在主要过失。故原告与被告之间设立的最高额抵押合同无效，原告不能据此对涉案抵押房产享有优先受偿权。涉案合同的抵押担保部分虽为无效，但不影响其他部分的效力。被告陈某1、留某某应偿还原告龙海农商银行借款本金人民币520万元及利息、罚息。

解题思路

本案需解决的一个重要问题即监护人作为法定代理人与债权人签订抵押合同并办理登记，在未成年人所有的财产上设置抵押时，抵押合同效力如何。该问题的解决实质是对《民法典》第35条第1款规定“最有利于被监护人”的理解，具体可从以下三方面展开：一是涉案房产是否为监护人赠与未成年人的财产？二是监护人出资购置以未成年人名义登记的财产权利归属？三是如何判断监护人处分财产是否合乎未成年人利益？

一、涉案房产是否为监护人赠与未成年人的财产

未成年人能够拥有属于自己的财产，但受行为能力的限制，未成年人名下财产大多来自他人赠与。按照赠与关系的一般理论，监护人赠与财产于未成年人的，不

仅要成立赠与合同，还要进行交付行为，此二者都需未成年人以及监护人做出意思表示。当监护人赠与财产给限制民事行为能力的未成年人时，因接受赠与的行为是纯获利益的行为，故而，该未成年人可以自己独立做出接受赠与的意思表示，无须监护人代理，便不会存在自己代理的疑虑。但是在受赠人为无民事行为能力的未成年人情形，该未成年人的意思表示需由监护人代为做出，监护人自身就成为赠与合同的相对人，因此可能构成《民法典》第 168 条所禁止的自己代理。

对此，学术界存在两种观点，一种观点认为，监护人赠与不构成自己代理，因为对自己代理行为进行禁止主要是为了避免利益冲突，防范代理人厚己薄人，而监护人赠与移转财产于无民事行为能力的未成年人，于该未成年人而言是纯获利益，并不存在利害冲突，故监护人可以代理未成年人与自己完成该赠与行为。[①] 另一种观点则认为，这种情形应认定构成自己代理而禁止，如在“林某与张某 1、张某 2 等民间借贷纠纷案”【(2016)渝 01 民终 8880 号】中，法院从未成年人不能接受法定代理人之赠与的角度出发，认为此类财产仍然属于夫妻共同财产。持否定观点的理由认为，一方面因为纯获法律上利益之行为从经济角度来看有可能是不利益的，违背了保护未成年人的目的；[②]另一方面监护人无偿赠与未成年人财产，有追求脱产以达至逃避债务等非法目的的可能性，实际上借用利益第三人契约否定监护人对未成年人的赠与，目的亦在规避监护人的欺诈行为。

从现有规定来看，并没有相关法律禁止未成年人接受来自监护人的赠与，按照民法的私法属性，法不禁止皆自由，监护人当然得以赠与财产给未成年人，未成年人也当然得以取得监护人赠与财产的所有权。[③]

虽然未成年人接受监护人赠与并无法律障碍，但由于监护关系的亲密性，监护人是否存在赠与的意思表示往往难以明确，监护人出资购置以未成年人名义登记的房产是否属于监护人赠与，在司法实践和理论界存在诸多争议。[④] 本案法院认

---

① 参见汪渊智、赵搏：《论代理权行使的法定限制》，载《南海法学》2017 年第 1 期。

② 参见夏昊晗：《父母以其未成年子女房产设定抵押行为的效力——最高人民法院相关判决评析》，载《法学评论》2018 年第 5 期。

③ 参见张永：《擅自处分共有物合同的效力设计——基于司法裁判的解释论》，载《政治与法律》2015 年第 1 期。

④ 参见朱广新：《论监护人处分被监护人财产的法律效果》，载《当代法学》2020 年第 1 期。

为,从物权变动过程来看,未成年人陈某2取得涉案房产所有权是基于其监护人的法定代理及赠与行为;从登记的法律效力来看,陈某2与其父母依法共同享有涉案房产权益。在"李某2、李某1民间借贷纠纷案"【(2017)粤07民终1388号】中,法院也持此观点,认为监护人将所购财产以未成年人名义进行登记的行为意为赠与,该行为因登记手续的完成而发生法律效力,当属未成年人所有,对该财产的处分要受到未成年人利益的限制。但也有持相反意见的法院,如在"罗某荣与刘某1、刘某2等民间借贷纠纷案"【(2016)渝01民终8662号】中,法院认为,在共同生活的家庭关系中,不能简单地将父母出资购买房屋但登记在未成年子女名下的行为确定为赠与。在"高某1、高某2第三人撤销之诉案"【(2017)赣民终463号】中,法院从财产的资金来源以及实际管理和支配出发,认为该财产只是由未成年人挂名,而实乃家庭共有。因此,对父母出资以未成年人名义登记的财产权利归属,仍需进一步判断其是否存在赠与的真实意思表示。

二、监护人出资购置以未成年人名义登记的财产权利归属

监护人出资购置但以未成年人名义登记的财产是否归属未成年人所有或共有,以及对该财产的处分是否应受未成年人利益限制,在司法实践中备受争议。未成年人名下财产由监护人出资购置时,对该财产的权利归属问题,最高人民法院和江苏省高级人民法院曾表示,"纵使夫妻双方购买房屋之后将产权登记在未成年的子女名下,也不能径直按照登记情况将房屋认定为未成年子女的财产,而是应考虑当事人的真实意思表示认定房屋的权利归属,如果真实意思并不是将房屋赠与未成年子女,那么应将该房屋作为夫妻共同财产处理"。然而此处的问题在于,一般来说甚少存在监护人与未成年子女之间关于财产赠与的明确约定,因此很难查证监护人的真实意思,那么此时对该财产的权利归属应作何理解?

鉴于未成年人与监护人之间具有突出的共同生活特征,财产也是共同管理和使用,承载着共同生活的利益,因而不少法院认为,在无法查明监护人的真实意思时,不能将监护人出资购置但登记在未成年人名下的行为理解为赠与,由此也回避了处分未成年人财产的行为效力这一争议问题。例如,在"刘某、王某与回某等民间借贷纠纷案"【(2016)吉01民终2037号】中,法院认为涉案房产虽是以未成年人刘某的名义登记的,但不能否认其父母共同出资购买该房屋、为房屋缴纳各项费用

以及对房屋实际控制与管理的事实，且刘某不能举证证明父母具有赠与的意思表示，故该房屋应为其父母的夫妻共同财产。然而如果按照上述法院认定思路，鉴于一般情况下，对监护人出资购置登记在未成年人名下的财产，大多由监护人管理控制，产权证书也由监护人保管，那么纵使监护人当初有赠与的意思，日后也可以轻易地通过上述事实举证推翻。这就意味着监护人实际上能够随意撤销对未成年人的赠与，使未成年人财产权利处于一种不稳定的状态。因此，为了更好地保护未成年人的财产权，除有反证能明确监护人无赠与意思外，应认定监护人将财产登记在未成年人名下的行为属于赠与，未成年人对此类财产享有独立的权利，如本案中以父母与子女名义登记的，应认定为家庭财产共同共有。

三、监护人处分财产是否合乎未成年人利益

《民法典》第 35 条第 1 款新增了被监护人利益最佳原则，该原则要求监护人处分未成年人财产的行为应符合未成年人的最佳利益。然而在实践中常有部分监护人以此为借口“恶意抗辩”，引发诚信危机。因此认定什么是违背未成年人利益的财产处分行为，不仅能够指导司法实践，而且对规范监护权的行使和保护未成年人利益以及维护交易安全都有莫大的意义。对此问题，《民法典》第 35 条并未予以明确列举，因为每个未成年人所处的情况是复杂多样的，倘若对判断标准进行条条框框的列举，可能会使判断者忽略未成年人处境的特殊性，导致判断的结果并不一定有利于未成年人。故而，法律对该问题进行“留白”，寄希望于判断者通过对具体情况的评估，准确地确定未成年人的最佳利益。但是鉴于“利益”概念的抽象性以及个案情形的复杂性，各法院对“非为未成年人利益”的理解千差万别。①

最狭义地将此处之“利益”理解为原《民法总则》第 19 条规定的“纯获利益”，如在“赵某、安徽聚能融资担保有限公司追偿权纠纷案”【(2017)皖 15 民终 260 号】中，法院认为，监护人为赵某所有的房屋设定抵押权时，赵某系无民事行为能力人，其不可能对签订房屋抵押合同作出真实的意思表示。赵某的父亲让其承担抵押风险的行为不属于接受奖励、赠与、报酬等纯获利益的行为，且聚能公司也未提供证据证明监护人代替赵某处分权利是为未成年人的利益，故而违背了“除为维护

---

① 参见解亘：《论监护关系中不当财产管理行为的救济——兼论“利益相反”之概念的必要性》，载《比较法研究》2017 年第 1 期。

被监护人的利益外,不得处分被监护人的财产”的规定。司法实践比较一致地认为,倘若处分是直接为了未成年人的生活、求学或医疗,有利于其品德、身心、能力等素质之提高,属于合乎未成年人利益的范畴。

而对于一些能够间接改善未成年人境遇抑或有改善可能性的行为,如对因家庭利益而为的财产处分是否合乎未成年人利益,司法实践颇有争论。[①] 通常而言,处分未成年人财产用以与其无直接利益关系的家庭经营行为,难以被视为正当处分,这一观点也得到了多数判例支持。本案法院就认为,被告陈某1夫妻因经营公司资金需要而处置与陈某2共有的房产,显然并非纯粹为未成年人的利益,也没有证据能够证实该夫妻在共有财产处分前征得了当时已年满13周岁的陈某2的同意。在“易商旅(北京)投资有限公司与黄某某等确认合同无效纠纷案”【(2016)京02民终5865号】中,法院也持同样观点,认为仅从形式上来看,此种处分使未成年人财产所有权处于丧失的危险之中,因而不符合未成年人利益。

但也有判例采用相反观点,如在“中国民生银行股份有限公司苏州分行与陈某某、吴江市神力织造有限公司等金融借款合同纠纷案”【(2017)苏05民终7469号】中,法院则认为,从处分动机和处分结果来看,为未成年人成长生活的家庭增添利益就是间接改善了其成长生活的条件,属于正当处分。在“叶某某诉中国工商银行股份有限公司周宁支行等抵押权纠纷案”【(2015)沪一中民六(商)终字第7号】中,法院认为,“为被监护人利益”系一不确定法律概念,需结合案件具体情况予以认定,并不能仅依据未成年人与第三人之间无直接利益关系此单一事实,确定该处分行为损及未成年人利益。在“冯某与重庆银行股份有限公司重大支行、重庆西润铝加工有限公司等金融借款合同纠纷案”【(2018)渝01民终2220号】中,法院认为,家庭经营状况直接关涉到未成年人的成长环境,因此为家庭经营而处分其财产有利于未成年人利益,反之若放任家庭经济恶化,而不允许以未成年人财产做抵押担保,这不仅没有发挥财产的流通价值,也是纵容未成年人利益蒙受损失。

两种观点虽都有其合理性,但如若将家庭经营与未成年人的利益混同在一起,监护人可以借言家庭情况等理由随意使用未成年人的财产,实难符合“最有利于被监护人”的原则。况且家庭经营属于商事行为,将未成年人的财产置于商业风险之

---

① 参见孟令志:《未成年人财产权保护的几个基本问题研究》,载《法商研究》2007年第3期。

中,难以认定是为未成年人利益考虑的明智举措。应将未成年人视作独立的权利主体,而非简单的家庭成员来加以保护,应明确将未成年人利益与家庭利益区分开来。因此,为家庭利益之目的而处分未成年人财产的,应满足如下条件:①将对未成年人财产的处分作为维护家庭利益而迫不得已采用的最后手段,即处分要有必要性;②不能超出未成年人的承受度,不致影响未成年人的基本利益;③要尊重未成年人意见,虽然未成年人囿于各种原因(如年龄、智力、判断力、自控力等)在行为能力上有所欠缺,但具有一定能力表达自己,因此评判未成年人的最大利益势必要尊重未成年人表达本人意见的权利,并赋予相关意见应有的分量;④考虑到商业活动具有一定的风险,故而在因家庭经营目的处分未成年人财产时,除要满足前述条件外,亦要尽到合理的谨慎注意义务,审慎为之。

因此,对于监护人为家庭利益的处分行为是否违背“最有利于被监护人”利益原则的判断,不能采用“一刀切”地否定,而应考虑以上条件进行综合分析。对于以家庭利益为目的的处分,应在尊重未成年人人格独立的前提下考虑家庭互助义务,否则可以认为该处分行为具有侵害未成年人利益的危险性,监护人的处分行为无效,同时,对被监护人造成损害的,监护人应承担赔偿责任。

知识拓展

鉴于未成年人与家庭以及家庭成员之间的情感渊源,因此在具备一定条件的情况下,为了家庭利益而为处分也可以被视作符合未成年人利益。域外立法中对此持肯定态度,但也明确限制条件。[①]

一是明确监护人处分财产的合理限度。如《瑞士民法典》在第九章第一节专门确立了家庭共同体的帮助义务,第 328 条规定,生活充裕的人对于如不能得到其经济帮助就会陷入穷困的直系尊亲属和直系卑亲属有帮助的义务。但是也在第 319 条规定,父母仅在合理的限度内可以使用未成年子女财产的收益,用以家庭支出。同样的规定也出现在《德国民法典》中,基于家庭的互相帮助义务,父母可以在一定限度内使用未成年人财产的收益,用于维持自己的生计,或者是用以

① 参见朱广新:《论监护人处分被监护人财产的法律效果》,载《当代法学》2020 年第 1 期。

扶养该未成年人的未成年兄弟姐妹,并且不允许动用财产的基本部分,除非不动用基本财产会危及该未成年人的抚养。第1807条继续规定,对未成年人金钱财产的商业投资只能是投资于国内土地上可靠的土地债务,投资于联邦或州的债权、国内公共储蓄银行等风险较小的领域。从上述域外立法可以看出,因家庭利益而处分未成年人财产要受到很多限制:①限于基础财产的收益部分;②有处分的必要;③在合理的限度内进行;④如果将未成年人的财产用以商业目的,应该注意商业风险。

二是明确监护人处分财产的注意义务。如《德国民法典》第1664条规定父母在处分、照料未成年人财产或者同意未成年人处分其财产时,应尽到与管理自己财产一样的注意。《韩国民法典》第922条、《日本民法典》第827条和我国《澳门特别行政区民法典》第1752条等也要求父母尽到类似《德国民法典》规定的注意义务。我国台湾地区对此问题没有明确的法律规定,但学术界一致认为,父母在照料未成年子女财产时应像处理自己财产那样谨慎,否则要对因此减损未成年人权益的行为承担赔偿责任,并且相关主体能够据此申请宣告停止亲权。对父母以外的非亲权监护人的注意义务,《法国民法典》第450条规定监护人应以良善管理人的态度照料未成年人财产,并对不善管理造成的损失承担责任。我国台湾地区"民法"第1100条作出了同样的规定。故而从域外规定来看,对非亲权监护人的财产监护权往往会设置更多限制。

延伸阅读

1. 朱广新:《论监护人处分被监护人财产的法律效果》,载《当代法学》2020年第1期。

2. 刘建:《〈民法总则〉第31条和第35条"最有利于被监护人的原则"评析》,载《苏州大学学报(哲学社会科学版)》2019年第4期。

3. 孟令志:《未成年人财产权保护的几个基本问题研究》,载《法商研究》2007年第3期。

4. 解亘:《论监护关系中不当财产管理行为的救济——兼论"利益相反"之概念的必要性》,载《比较法研究》2017年第1期。

5. 夏吴晗:《父母以其未成年子女房产设定抵押行为的效力——最高人民法院相关判决评

析》,载《法学评论》2018 年第 5 期。

6. 夏吟兰:《民法典未成年人监护立法体例辩思》,载《法学家》2018 年第 4 期。

7. 张永:《擅自处分共有物合同的效力设计——基于司法裁判的解释论》,载《政治与法律》2015 年第 1 期。

第三章

法　人

08　法定代表人行为的法律后果

——无锡南青荡农业发展有限公司、无锡金荡投资发展有限公司等确认合同无效纠纷案

学理概要

法定代表人有权以法人名义从事民事活动，该民事活动的法律后果由法人承受；法人章程或者法人权力机构对法定代表人代表权的限制，不得对抗善意相对人。

• 核心法条

《民法典》第61条　依照法律或者法人章程的规定，代表法人从事民事活动的负责人，为法人的法定代

表人。

法定代表人以法人名义从事的民事活动,其法律后果由法人承受。

法人章程或者法人权力机构对法定代表人代表权的限制,不得对抗善意相对人。

典型案例

无锡南青荡农业发展有限公司、无锡金荡投资发展有限公司等确认合同无效纠纷案①

案情简介:无锡南青荡农业发展有限公司(以下简称南青荡公司)成立于2012年4月12日,股东为钱某为、钱某某,分别持股55%、45%,钱某为担任法定代表人、钱某某担任监事。安大公司成立于2003年6月26日,股东为钱笑某(系钱某为母亲)、钱某为,分别持股98%、2%,法定代表人为钱笑某。

2020年3月25日,安大公司、南青荡公司与无锡金荡投资发展有限公司(以下简称金荡公司)共同签订《资产转让合同》,由钱笑某、钱某为分别代表安大公司与南青荡公司签字并加盖两公司公章。合同约定安大公司、南青荡公司共同将承包的鹅湖镇青荡村集体土地上的资产转让给金荡公司,转让总价款为3303万元。

2021年8月3日,钱某某代表南青荡公司起诉,请求判令确认上述合同无效。其认为该《资产转让合同》处置了南青荡公司的大部分资产,属于公司的重大决策,应当经过南青荡公司股东会决议通过,但钱某为在未告知另一股东钱某某的情况下擅自签署该合同,该行为违反《公司法》与南青荡公司的章程因而无效;钱某为与安大公司、金荡公司存在恶意串通以明显不合理低价转让南青荡公司资产的行为,并提供了由润杰公司出具的评估报告,该报告载明南青荡公司所属各项工程的市场价值为68,440,970元。

2021年10月22日,法院组织现场勘验并询问各方出具评估报告的工作人员。现场勘验中,各方对合同中安大公司资产范围及南青荡公司的资产范围进行了确

① (2021)苏0205民初4740号。

认,对合同中土地承租事实无异议。询问得知,各方出具评估报告价格差异大的主要原因在于对一幢七层楼的勘验面积差距过大,润杰公司称其并未进行现场实地勘验测量,所出具的资产评估报告系依据钱某某单方提供的资产明细所作,所评估房屋面积均由钱某某告知。

争议焦点:《资产转让合同》是否存在无效的情形,具体为:(1)钱某为是否存在越权签署合同导致合同存在效力瑕疵?(2)三方签署合同时是否存在恶意串通?

裁判理由与结果:法院认为,钱某某提供的评估报告数据及来源存疑,不予采纳;钱某为作为南青荡公司的法定代表人有权代表南青荡公司签署涉案合同,且三方不存在恶意串通。根据《民法典》第61条、第154条,《公司法》第151条之规定,判决驳回原告诉讼请求。

解题思路

根据《民法典》第61条第1款、第2款的规定,法定代表人有权以法人名义代表法人进行民事活动,其民事活动的法律后果归于法人。本案中钱某为作为南青荡公司法定代表人,首先应当考虑其是否有权代表公司对外进行民事活动。

一、法定代表人是否有权代表公司对外进行民事活动

依据《民法典》第61条之规定,依照法律或者法人章程的规定,代表法人从事民事活动的负责人,为法人的法定代表人。因此,法定代表人的确认需要经过法定或者章程的约定确定。如《公司法》第13条规定,"公司法定代表人依照公司章程的规定,由董事长、执行董事或者经理担任,并依法登记。公司法定代表人变更,应当办理变更登记"。法人组织可以依据上述法律规定或者另行通过公司章程约定法定代表人,如果法律规定和章程的约定不一致的,则应当以章程的规定为准。可见,法定代表人往往是代表法人行使职权的负责人,是代表法人进行民事活动的自然人。

关于法定代表人在法律上的地位,依据法人的学说不同而存在不同的观点,理论上存在代表说和代理说两种,分别与关于法人本质的法人实在说和法人拟制说

相对应。[①] 代表说以法人实在说为基础，承认法人本身就是被赋予人格的实体存在而非法律拟制，认为法人的法定代表人与法人具有人格上的同一性，法定代表权或依据法律规定产生，或依据法人的章程产生，法定代表人是法人的机关，他以法人名义实施的法律行为在法律上被视为法人自身的行为，其法律后果当然归属于法人。[②] 而代理说以法人拟制说为基础，仅承认自然人的法律人格而法人的法律人格是法律拟制的结果，认为法人不具有行为能力，正如行为能力欠缺的自然人那样，法人必须通过代理人来实施法律行为，因此法定代表人是法人的代理人，应当对其适用关于代理的规则。[③] 我国主流学说长期坚持法人实在说，故我国对于法定代表人的性质通说为"代表说"，如梁慧星教授认为，"中国民法在法人本质问题上采法人实在说，故对于法定代表人与法人的关系当然持代表说；代表人与法人之间不发生法人授权问题，而代理人与法人之间必须要有法人授权"。[④] 魏振瀛教授认为，"法定代表人在执行法人职务时，是法人的代表而非独立民事主体"。[⑤] 王利明教授认为，"法定代表人代表法人执行职务，所产生的一切后果应当由法人承担"。[⑥] 但也有部分学者认为应当持代理说，如蔡立东教授认为，"拟制说与实在说的争论解决的是法人的本质问题，而代表说与代理说指向法人的对外行为，解决的是法定代表人实施行为的效力归属问题，不应将这两类不同的问题混淆，采纳法人实在说不意味着必然采纳代表说，鉴于代表说不利于法人之利益保护的弊端，因此应当摒

① 法人实在说由德国法学家基尔克提出并以其为代表。法人实在说更看重社会团体的社会实在性与精神实在性，他们视团体为超个体的生物，是社会实体。在他们看来，只要团体在社会生活中仅以一个行为单位的面目出现，且他人亦认为它们是一个行为单位，则原则是国内就可以在法律中将它们同自然人一样当作法律上的人来对待。参见李永军：《民法总则》，中国法制出版社 2018 年版，第 365 页。法人拟制说来自德国法学家萨维尼，以其主张，在罗马法传统、基督教神学、启蒙学说以及理想主义德国哲学中，仅视自然人为法律秩序的法律主体。因此，若要使超个体的社会团体像自然人一样享有同等的权利能力，则只能借助于客观法所创设的使其与自然人享有同等地位的方法，而这种同等地位并不能取代个人所固有的属性，仅仅是拟制而已。参见李永军：《民法总则》，中国法制出版社 2018 年版，第 364 页。

② 参见梁慧星主编：《中国民法典草案建议稿附理由：总则编》，法律出版社 2013 年版，第 137 页；邹海林：《公司代表越权担保的制度逻辑解析——以公司法第 16 条第 1 款为中心》，载《法学研究》2019 年第 5 期。

③ 参见迟颖：《法定代表人越权行为的效力与责任承担——〈民法典〉第 61 条第 2、3 款解释论》，载《清华法学》2021 年第 4 期。

④ 梁慧星：《民法总论》（第 5 版），法律出版社 2017 年版，第 119—139 页。

⑤ 魏振瀛：《民法》（第 7 版），北京大学出版社 2017 年版，第 89—92 页。

⑥ 王利明、杨立新等：《民法学》（第 5 版），法律出版社 2017 年版，第 91—93 页。

弃代表说，而采代理说”。[①]

由于法人无法自行进行民事活动，必须通过自然人进行，而我国《民法典》在第61条和第170条分别规定了代表和代理行为，对代表和代理在形式上进行二元区分，虽然在构成要件、价值判断以及法律效果归属上二者存在相同之处，但从我国现行法律结构看，有必要区分法定代表人的代表行为与法定代表人以外的主体的代理行为，只是在法律对代表行为无明文规定时，可以类推适用代理行为相关法律规定。根据《民法典》第61条第1款的规定，法定代表人为“代表法人从事民事活动”之负责人，该规定授予法定代表人全权代表法人实施包括法律行为在内的所有民事活动的代表权，法定代表人身份就是一个有权代表法人进行民事活动的信赖外观，无须公司特别授权即可自动享有代表公司进行民事活动的权利。上述案例中钱某为作为南青荡公司的法定代表人，当然有权代表南青荡公司依法对外进行民事活动。

二、法定代表人代表法人实施的行为是否都可以归属于法人

法定代表人是对法人组织内外部事务享有一定职权，并能对法人组织行为承担责任的自然人。因此，法定代表人具有以下特征：(1)由法律或者法人章程规定的自然人担任；(2)不需要事先获得法人组织的授权；(3)以法人名义从事的活动由法人承担民事责任。具体而言，法人虽与自然人同为法律主体，却只存在于实证的法律制度中，是法律构造物。[②] 在此观念下，法律虽认可其为具备主体资格的团体，但是具体行为的实施主体仍为自然人。建立在法人实在说基础之上的法人代表理论认为，作为自然人的法定代表人与法人具有人格上的同一性，法人本身就是被赋予人格的实体存在而非法律拟制，所以法定代表人不需要事先获得法人组织的授权。因此，法定代表人对外的职务行为即为法人行为，其后果通常由法人承担。

但是，基于法定或者章程约定而自动获得授权并不等于不受限制。虽然法定代表人属于法人的组成部分，但并不是说法定代表人实施的一切行为后果都应当由法人组织来承担。《民法典》第61条第3款前半句规定，“法人章程或者法人权力机构对法定代表人代表权的限制”，即既然法律赋予了法定代表人一定的权利能

---

① 蔡立东：《论法定代表人的法律地位》，载《法学论坛》2017年第4期。

② 参见朱庆育：《民法总论》，北京大学出版社2016年版，第418页。

力,自然亦应当对其进行相应的限制。

三、法人章程或者法人权力机构对法定代表人代表权的限制能否对抗善意相对人

法人章程是法人依法制定的,规定法人的经营活动行为与内部组织管理制度等重要事项的文件,是法人行为与组织管理的基本准则。法人章程作为法人内部的行为规范,一般难以被法人之外的第三人所知悉。因此,在确定法定代表人行为的外部效力时,要谨慎考虑对于善意相对人的权益保护问题。同样,法人权力机构亦是法人组织的意思形成机关,往往决定法人的经营方针和投资计划,决定法人组织重大事项。法人权力机构也是通过法定或者章程约定的方式授予法定代表人代表公司从事民事法律行为的。为避免法定代表人代表权滥用或者出于公司经营需要、某些政策考虑,法人章程或法人权力机构会对代表权进行一定限制,这种限制会产生内部效力和外部效力。法人章程或法人权力机构对法定代表权的限制本就是通过内部决议所作出的,当然对内部产生效力。但这种内部决议并非当然能够被外部第三人所知晓,那么对于法定代表权的内部限制的外部效力问题就值得讨论,这也涉及交易相对人的审查义务问题和表见代表问题。部分学者认为内部限制不产生外部效力,如朱广新教授认为内部限制不会对外部关系产生影响;①崔建远教授认为,公司章程不得对抗第三人,强制性地给交易相对人附加审查公司章程的义务,会极大地增加交易成本,而且也缺乏可行性操作。② 但根据《民法典》第61条第3款的规定,法人内部通过章程或决议限制法定代表人的签约权,当法定代表人的签约行为超越内部授权时,内部授权仅不能对抗善意相对人。即我国法律规定,法定代表权的内部限制是能够对外产生效力的,仅对于善意相对人不产生对抗效力。主要理由在于:一是交易相对人作为商事主体,应当负有相应的交易审查能力,故应对法人章程等对法定代表人的限制内容负有一定程度的审查义务;二是防止交易相对人明知法定代表人不具有某代表行为的权限,但出于恶意仍与法定代表人进行交易,损害法人利益;三是保护善意相对人的信赖利益。冉克平教授认为,公司章程等对于代表的限制即使登记公示也并不当然属于削弱交易相对人信

① 参见朱广新:《论法人与非法人组织制度中的善意相对人保护》,载《法治研究》2017年第3期。

② 参见崔建远、刘玲伶:《论公司对外担保的法律效力》,载《西南政法大学学报》2008年第4期。

赖的因素,相对人并无审查登记簿的强制义务,但如果根据交易性质、金额或者交易习惯等,法定代表人超越权限如此显而易见以致一个理性的相对人对此会产生合理的怀疑,那么相对人可以主张职务代理人提供公司章程或者合伙协议,并对职务代理权是否受到限制的客观情况进行形式上审查,否则相对人不能主张信赖具有合理性。[①] 故对于法定代表权的内部限制原则上仅对内产生效力,但如果交易相对人非善意,那也对其产生对抗效力。

规定法人章程或者法人权力机构对法定代表人的限制不能对抗善意相对人,其目的在于保护交易中无过错一方的权利,维护交易安全。但判断相对人是否存在"善意"也会存在一定的障碍。一般会审查相对人是否知道法人章程或者法人权力机构对法定代表人的限制事实,或者是否属于应当知悉的范畴。"知道"是一种事实状况的判断,而"应当知道"则是对当事人是否存在过错的判断。[②]

本案中,南青荡公司并未通过章程规定或通过权力机构决议限制法定代表人签订《资产转让合同》以及转让法人资产,故钱某为作为南青荡公司法定代表人与安大公司、金荡公司签订《资产转让合同》对南青荡公司资产进行转让的行为在其法定代表权范围之内。即使对法定代表权有限制,但由于涉案《资产转让合同》中不仅有法定代表人钱某为签字,亦加盖南青荡公司公章,且钱某为又是持股55%的公司股东,作为合同相对方的金荡公司是有合理理由相信钱某为签署《资产转让合同》系代表南青荡公司的真实意思表示,该内部限制也不得对抗作为善意相对人的金荡公司。

四、法定代表人与交易相对人恶意串通是否会导致合同无效

本案中钱某为作为南青荡公司法定代表人,有权代表南青荡公司与安大公司、金荡公司签署《资产转让合同》。三方签署合同时是否存在恶意串通?法定代表人代表法人与交易相对人签订合同,除考虑对代表行为的特别法律规定外,当然需要满足合同编的一般规定。根据《民法典》第154条的规定,行为人与相对人恶意串通,损害他人合法权益的民事法律行为无效。即如果法定代表人与交易相对人恶意串通,进行签约,损害法人或其他股东合法权益,那么即使法定代表人的签约行

① 参见冉克平:《论商事职务代理及其体系构造》,载《法商研究》2021年第1期。

② 参见黄薇主编:《中华人民共和国民法典释义》(上),法律出版社2020年版,第116页。

为未受到公司章程等限制，也会导致合同无效。此处《民法典》第154条中的“恶意”与《民法典》第61条中的“非善意”不是从一个角度去解释的，需要区别开，前者强调主观意图，即交易相对人与法定代表人故意合谋以损人利己；后者强调知晓情况，即交易相对人明知或应该知道法定代表人无权进行该代表行为。

本案中，原告无法提供充足证据证明被告在签署合同时与交易相对人存在恶意串通，故法院未认定钱某为作为南青荡公司法定代表人与安大公司、金荡公司签署合同时存在恶意串通。

五、结论

钱某为作为被告南青荡公司的法定代表人有权代表南青荡公司签署涉案合同，且三方之间不存在恶意串通。

知识拓展

善意相对人的判定

本条规定对法人章程的对外效力方面作了适当限制，以保护善意相对人的合法权益。所谓“善意相对人”，指对法人章程或者法人权力机构对法定代表人代表权的限制不知情或者不应当知情的权利人。法人章程或者法人权力机构对法定代表人的对外代表权限进行了限制，但该法定代表人超越了自己的权限与相对人签订了合同，或者实施了其他法律行为的，如果相对人不知道或者不应当知道该限制规定的，则法人不得以法定代表人的行为超越了其权限而主张不承担或免除其应承担的法律责任。规定法人章程或者法人权力机构对法定代表人代表权的限制，不得对抗善意相对人，旨在保护交易中无过错一方的权利，维护交易安全。这里需要指出的是，判断相对方是否为善意，不仅要考量其事实上是否知道法人章程或者法人权力机构对法定代表人代表权的限制这一情况，还要考量其是否应当知道这一情况。“知道”是一种事实状况的判定，而“应当知道”则是对当事人是否存在过错的判定。如果乙公司在订立合同之前已经拿到了甲公司章程，章程中对甲公司法定代表人的权限作了明确的限制，但因乙公司疏忽大意而没有认真查看甲公司的章程，则其就属于应当知道但因过错而没能知道，因而不是善意相对人，其与甲公司法定代表人超越权限订立的合同，对甲公司就不发生效力。①

延伸阅读

1. 冉克平：《论商事职务代理及其体系构造》，载《法商研究》2021 年第 1 期。
2. 朱庆育：《民法总论》，北京大学出版社 2016 年版。
3. 朱广新：《论法人与非法人组织制度中的善意相对人保护》，载《法治研究》2017 年第 3 期。
4. 梁慧星编：《中国民法典草案建议稿附理由：总则编》，法律出版社 2013 年版。
5. 邹海林：《公司代表越权担保的制度逻辑解析——以公司法第 16 条第 1 款为中心》，载《法学研究》2019 年第 5 期。
6. 迟颖：《法定代表人越权行为的效力与责任承担——〈民法典〉第 61 条第 2、3 款解释论》，载《清华法学》2021 年第 4 期。
7. 蔡立东：《论法定代表人的法律地位》，载《法学论坛》2017 年第 4 期。

① 黄薇主编：《中华人民共和国民法典释义》（上），法律出版社 2020 年版，第 116 页。

09 清算后法人剩余财产的处理

——招商银行股份有限公司上海金桥支行储蓄存款合同纠纷案

学理概要

法人清算期间仍为存续状态，但不得从事与清算无关的活动。清算结束后，完成法人注销登记即法人终止，但依法不需要办理注销登记的，自清算结束时即法人终止。法人清算完后有剩余财产的，可以根据法人章程或权力机构决议处理，但法律另有规定的除外。

- **核心法条**

《民法典》第 72 条　清算期间法人存续，但是不得从事与清算无关的活动。

法人清算后的剩余财产，按照法人章程的规定或者法人权力机构的决议处理。法律另有规定的，依照其规定。

清算结束并完成法人注销登记时，法人终止；依法不需要办理法人登记的，清算结束时，法人终止。

典型案例

招商银行股份有限公司上海金桥支行储蓄存款合同纠纷案[①]

案情简介：上海住日公司于2006年12月12日经批准设立，设立时股东为原告、第三人上海三原公司、案外人上海中缆公司，注册资本400万元人民币，原告、第三人上海三原公司各占股40%，上海中缆公司占股20%，经营年限为10年。经2007年10月29日、2009年6月24日两次董事会决议同意股权转让后，股东持股情况如下：上海三原公司占股60%，原告占股40%。

2016年12月12日，上海住日公司经董事会决议，经营期限到期后不再延期，同时申请注销并清算。清算期间，该公司办结所有手续，主管税务机关亦作出清税证明。2017年10月30日，该公司经核准依法注销。2017年11月，该公司清算组出具的关于清算报告的补充说明载明"最后确定的资产数（银行存款数），再按股东双方的投资比例进行分配"，"在进行最后的分配时，将按照总资产（银行存款）进行，不按所有者权益的数值进行分配"。根据清算方案，该公司于存续期间在被告招商银行股份有限公司上海金桥支行开立的A、B两账户目前剩余存款属于原告，因被告不同意支付给原告并直接划至原告境外银行账户，故原告起诉。

经审理查明，上海睿益会计师事务所于2020年6月2日出具的清算审计报告中的清算事项说明表明，上海住日公司清算结束后企业资产剩余人民币3,311,363.87元，1,986,818.32元人民币归上海三原公司，已支付；1,324,545.55元人民币归原告，尚未支付。上海三原公司于2020年7月8日出具情况说明，表明其已按股权比例收回所属资金，目前上海住日公司账户上的款项属原告。截至2020年3月20日，在被告处户名为上海住日公司的A账户内存款人民币1,275,055.25元，B账户内的存款美元8759.96元。

争议焦点：法人清算后的剩余财产该如何处理？

裁判理由与结果：法院认为上海住日公司现已清算完毕并依法注销，原告作为其股东，可以依据该公司清算中确定的剩余财产分配方案获得相关权益。根据《民

① (2020)沪0115民初93607号。

法典》第 72 条以及《公司法》第 186 条第 2 款，被告应将户名为上海住日公司的 A、B 两个账户内存款以原币种直接支付至原告境外账户中，且应将上述两账户销户。

解题思路

本案的关键在于上海住日公司是否可以根据《民法典》第 72 条第 2 款享有要求招商银行股份有限公司上海金桥支行的剩余财产分配请求权。

一、法人清算程序开启后法人人格是否消灭

我国《民法典》第 59 条规定："法人的民事权利能力和民事行为能力，从法人成立时产生，到法人终止时消灭。"同一人格说是理论界的通说，通说认为法人进入清算阶段，法人人格并不立即消灭，而是存续至法人清算完毕，如王泽鉴教授持该观点。① 综观其他国家立法也与该观点相一致：《法国民法典》第 1844 - 8 条规定，"为清算之需要公司法人资格延续至结束清算的公告"。《德国民法典》第 49 条规定，"在清算终止以前以清算为目的所必要为限社团视为继续存在"。《日本民法典》第 73 条规定，"解散的法人在清算目的范围内直至清算完结仍视为存续"。但有学者认为应当区分法人自愿解散和强制解散，对于强制解散如被吊销营业执照，清算并不是强制企业法人终止或解散的必经程序，当公司被吊销营业执照后就当然终止法人资格。

根据我国《民法典》第 68 条规定，"有下列原因之一并依法完成清算、注销登记的，法人终止：（一）法人解散……"第 72 条第 1 款前半句规定，"清算期间法人存续"，第 3 款前半句规定，"清算结束并完成法人注销登记时，法人终止"，可知我国法律支持清算期间法人资格未终止，而是要清算完毕并完成注销登记后才终止，但法律另有规定不需要完成注销登记的，清算完毕即终止。本案中上海住日公司经营期限届满不再经营，并且已经依法完成清算、注销登记，故上海住日公司已经终止，不再具有民事权利能力和民事行为能力，其名下相关银行账户在相关资产处理完毕后应予销户。

---

① 参见王泽鉴：《民法总则》（增订版），中国政法大学出版社 2001 年版，第 162 页。

二、法人清算程序中出资人是否享有剩余财产分配请求权

法人进入清算程序后，剩余财产该如何分配呢？法人解散清算后，除法律另有规定，于清偿债务后，其剩余财产之归属，应依其章程之规定，或总会之决议。[①] 也就是说，法人清算后的剩余财产，按照法人章程的规定或者法人权力机构的决议处理。

《民法典》第72条第2款规定，“法人清算后的剩余财产，按照法人章程的规定或者法人权力机构的决议处理。法律另有规定的，依照其规定”。法人清算后的剩余财产，是指法人财产在分别支付清算费用、职工的工资、社会保险费用和法定补偿金，缴纳所欠税款，清偿公司债务后的剩余财产。对法人清算后的剩余财产，一般要根据法人章程的规定或者法人权力机构的决议来处理，但是法律另有规定的，依照其规定。

法律另有规定，主要来自《公司法》对于公司清算的具体规定。我国《公司法》第186条第2款规定：“公司财产在分别支付清算费用、职工的工资、社会保险费用和法定补偿金，缴纳所欠税款，清偿公司债务后的剩余财产，有限责任公司按照股东的出资比例分配，股份有限公司按照股东持有的股份比例分配。”因此，对有限责任公司和股份有限公司法人在清算后的剩余财产的处理，要适用《公司法》的规定。此外，《民法典》第95条对为公益目的成立的非营利法人剩余财产的处理也作了专门规定：为公益目的成立的非营利法人终止时，不得向出资人、设立人或者会员分配剩余财产。剩余财产应当按照法人章程的规定或者权力机构的决议用于公益目的；无法按照法人章程的规定或者权力机构的决议处理的，由主管机关主持转给宗旨相同或者相近的法人，并向社会公告。因此，为公益目的成立的非营利法人终止时剩余财产的处理，要遵守该条的规定。

从一般意义上来看，法人清算的目的主要有两个：首先，对于债权人而言，法人组织经过清算程序可以公平地清偿债权人的债务，避免债务违约行为的出现；其次，对于出资人而言，法人组织经过清算程序可以防止公司财产流失，使其及时得到法人剩余财产的分配。

---

① 参见王泽鉴：《民法总则》，北京大学出版社2009年版，第161页。

本案中，上海住日公司现已清算完毕，且在清偿完全部公司债务后仍有剩余财产（包括上海住日公司在被告处的存款），那么作为股东的原告和上海三原公司有权请求剩余财产分配，并且原告已经完全履行出资义务，不存在妨碍其请求剩余财产分配的出资瑕疵情况。根据清算方案，最后确定的上海住日公司剩余财产，按照股东双方的投资比例进行分配，现上海住日公司清算结束后的剩余财产已按比例支付给上海三原公司，剩下存储于被告处的存款属于应当分配给原告的部分。

三、出资人在法人清算后如何取得剩余财产的分配权

上述案例中，原告是否有权向招商银行股份有限公司上海金桥支行主张剩余财产分配？取得公司剩余财产的分配权是公司股东自益权的重要内容，是公司股东的基本权利；但公司财产必须在清偿了全部公司债务后，如果还有剩余的，才能被分配给股东。而本案中，原告系上海住日公司的出资人，在出资人的剩余财产尚未分配的前提下上海住日公司作为法人已经注销其法人人格，出资人是否应当继续享有剩余财产分配请求权存在争议。一种观点认为，法人人格已经注销了，与法人相关的权利义务已经终结，出资人无法再享有剩余财产分配请求权；另一种观点认为，即便法人人格已经终结，出资人仍然享有剩余财产分配的权利。理论界多赞成第二种观点，认为从保障出资人权益的角度应当给予其充分的权利。但面临的问题是，法人人格既然已经不存在了，出资人应当向谁主张权利？

根据《民法典》第 72 条第 1 款的规定，清算期间法人存续；根据最高人民法院《关于适用〈中华人民共和国公司法〉若干问题的规定（二）》（以下简称《公司法解释二》）第 10 条第 1 款，公司依法清算结束并办理注销登记前，有关公司的民事诉讼，应当以公司的名义进行。故在上海住日公司清算结束并办理注销登记前，原告可以向该公司主张按照清算方案分配剩余财产，由该公司通过清算组将在被告处的存款支付给原告。但本案中原告行使股东剩余财产分配权时，该公司已经清算结束并办理了注销登记，根据《民法典》第 72 条第 3 款的规定，该公司已经终止，不具有民事主体资格，故原告无法再直接向该公司请求分配剩余财产，无法通过该公司将被告处的存款支付给原告，只能直接向存储该公司存款的被告请求按照清算方案所规定的分配价款支付。

此外，最高人民法院在（2019）最高法民终 612 号民事判决书中指出，“根据

《中华人民共和国公司法》第四条、第一百八十六条规定，股东享有公司剩余财产分配权，是公司注销之后权利义务的法定继受主体”。法人清算结束并办理注销登记之后，虽然法人终止，但其股东依法继受该法人的权利义务。上海住日公司将金钱存储于被告招商银行股份有限公司上海金桥支行，双方基于存款储蓄合同产生权利义务关系，关于存款储蓄合同的性质存在保管合同说、借贷合同说两种学说，这两种学说对应不同的银行存款所有权归属。保管合同说认为存款合同属于我国《民法典》合同编规定的保管合同范畴，即存款人将一定的货币资金存入银行，银行负有保管义务，必须保证其安全，并在存款人取款时负有将原存款返还给存款人的义务，在该观点下，存款所有权仍属于存款人；借贷合同说认为存款的所有权属于金融机构所有，款项一经存入金融机构，就不再是存款人的“钱”，金融机构与存款人之间形成的是债权债务关系。如果认为存款合同是保管合同，那么清算注销前上海住日公司对其存储在被告招商银行股份有限公司上海金桥支行的存款享有所有权，能够行使物权返还请求权；如果认为存款合同是借贷合同，那么清算注销前上海住日公司对其存储在被告招商银行股份有限公司上海金桥支行的存款享有债权，能够请求该银行履行义务支付存款本息。可见，不管是哪种学说，上海住日公司对其存储在被告招商银行股份有限公司上海金桥支行的存款都有请求权，而在上海住日公司清算注销后，其股东继受该请求权，有权直接向被告招商银行股份有限公司上海金桥支行主张支付该存款。

四、结论

上海住日公司现已清算完毕并依法注销，原告作为其股东，可以依据该公司清算中确定的剩余财产分配方案获得相关权益。

知识拓展

清算中的法人组织如何确定其法律属性

法人作为法律认可其主体资格的团体，[①]“是具有民事权利能力和民事行为

① 参见朱庆育：《民法总论》，北京大学出版社2016年版，第418页。

能力，依法独立享有民事权利和承担民事义务的组织”。根据《民法典》第 59 条之规定，法人的民事权利能力和民事行为能力，从法人成立时产生，到法人终止时消灭。法人是一个工具性的法律实体，并不负载伦理价值，如果不在终止之前了结财产关系，将为法人设立者（或者法人成员）滥用法人制度、损害相对人利益提供可乘之机，因此，法人终止之前必须要经过财产清理程序，即清算。通过清算，法人得以了结一切财产关系。① 清算以后，通常法人人格才会消灭。那么，法人进入清算程序就意味着法人人格被消灭吗？或者说，清算中的法人是何种法律地位？

关于清算中法人组织如何定性，在学术界主要有清算法人说、人格消灭说、同一人格说、拟制法人说等观点。清算法人说认为，法人一经解散，即为法人的终止，法人的民事主体资格消灭。但为了结债权债务，尚需进行清算，而清算时应属于另一独立的清算法人。也就是说，法人因解散事由出现而消灭其主体资格，但为避免其财产会因此而成为无主财产，法律专为法人的清算设立一种清算法人，原法人本身的主体资格因解散而消灭，不再转移给清算法人，不再享有原法人的权利能力，仅在清算范围内享有权利能力。② 人格消灭说认为，法人因解散而立即丧失法人资格，法人的财产归出资人共有，而在此期间的诉讼行为应以所有出资人为共同原告或被告。③ 同一人格说认为，法人解散后，其人格并不消灭，仍然具有权利能力和行为能力，可以从事清算事业目的范围内的事务，只是权利能力受到一定限制，须待清算终结，其人格始归消灭。清算中法人与解散事由出现以前的法人在本质上是相同的，仍然可以原法人的名义对外主张债权或承担债务，只是权利能力范围有所缩小，不再享有从事生产经营活动的能力，但在清算目的范围内仍然享有权利能力。④ 拟制法人说认为，法人一经解散，其人格本应消灭，但法人解散仍需清算，清算期间法人仍需要部分原有的能力处理事务，因此依法拟制其人格继续存在。⑤

---

① 参见朱庆育：《民法总论》，北京大学出版社 2016 年版，第 442 页。

② 参见周友苏：《新公司法论》，法律出版社 2006 年版，第 503 页。

③ 参见胡长清：《中国民法总论》，中国政法大学出版社 1997 年版，第 118 页。

④ 参见钱卫清：《公司诉讼：公司司法救济方式新论》，人民法院出版社 2004 年版，第 273 页。

⑤ 参见王利明等：《民法新论》，中国政法大学出版社 1988 年版，第 259 页。

上述诸学说，清算法人说赞成为法人进行清算而另行设立一个清算法人，否认了法人的延续性，将解散时法人的财产转移给清算法人，不仅违反了法人人格独立中的财产独立原则，而且将法人清算实务复杂化。人格消灭说将解散时的法人视为合伙，混淆了法人和合伙的区别，解散时法人的财产与出资人的财产混同，不符合法人人格独立制度。拟制法人说为法人清算的需要再拟制一个具有部分能力的人格，与法人的本质相矛盾。同一人格说则维持了法人解散前后人格的一致性，为了便于法人债权债务等法律关系的处理和了结，只是其经营能力限制在为清算的目的范围内，既符合有限责任原则和法人人格独立本质，也解决了清算中法人的诉讼地位问题，具有科学性和合理性，该说是理论界的通说。

延伸阅读

1. 朱庆育:《民法总论》，北京大学出版社 2016 年版。

2. 王泽鉴:《民法总则》，北京大学出版社 2009 年版。

3. 周友苏:《新公司法论》，法律出版社 2006 年版。

4. 王成:《公司被吊销后股东清算责任论纲》，载《北京大学学报(哲学社会科学版)》2001 年第 5 期。

5. 孙效敏:《论吊销营业执照的法律后果》，载《现代法学》2004 年第 4 期。

10 法人人格否认

——上海德力西集团有限公司诉江苏博恩世通高科有限公司、冯某等买卖合同纠纷案

学理概要

为使营利法人(公司)得以自己的名义开展营利活动、独立承担法律责任,并为降低其投资风险,鼓励投资人出资兴办实业,立法者创制了股东有限责任和法人独立责任制度,赋予了股东和法人各自不同的人格,并以独立人格、独立责任作为法人制度的核心。[①]若法人的独立人格被用于不正当目的,成为侵害债权人利益的手段,则本着权利和义务相一致的原则,在特定情形下例外地否认其独立人格,由滥用法人独立地位和出资人有限责任的出资人对法人债务承担连带责任。大陆法系将该制度称为“法人人格否认”抑或“直索责任”(Durchgriff),英美法上则称为“刺穿公司面纱”(Piercing the corporate veil)。我国于 2005 年《公

① 参见最高人民法院民法典贯彻实施工作领导小组主编:《中华人民共和国民法典总则编理解与适用》(上),人民法院出版社 2020 年版,第 423 页。

司法》修订时引入该制度,并规定于现行《公司法》第20条第3款:"公司股东滥用公司法人独立地位和股东有限责任,逃避债务,严重损害公司债权人利益的,应当对公司债务承担连带责任。"其后随着《民法典》的制定,该规则被提升到民法总则编营利法人部分,一体适用于各种营利性法人。概言之,法人人格否认制度旨在防止出资人滥用法人独立地位和有限责任逃避债务,严重损害债权人合法权益的情形发生,借此矫正有限责任制度在特定法律事实发生时对债权人保护失衡的现象。①

• 核心法条

《民法典》第83条第2款　营利法人的出资人不得滥用法人独立地位和出资人有限责任损害法人债权人的利益;滥用法人独立地位和出资人有限责任,逃避债务,严重损害法人债权人的利益的,应当对法人债务承担连带责任。

《公司法》第20条第3款　公司股东滥用公司法人独立地位和股东有限责任,逃避债务,严重损害公司债权人利益的,应当对公司债务承担连带责任。

典型案例

上海德力西集团有限公司诉江苏博恩世通高科有限公司、冯某等买卖合同纠纷案②

案情简介:2011年3月29日,上海德力西集团有限公司(以下简称德力西公司)与江苏博恩世通高科有限公司(以下简称江苏博恩公司)签订《电气电工产品买卖合同》,合同约定:(1)江苏博恩公司向德力西公司购买电气设备,合同总金额为111万元;(2)支付货款期限为合同签订7日内支付合同总额30%预付款,货到现场后10个工作日内支付合同总额50%调试款,通电验收合格后10个工作日内

① 参见最高人民法院民事审判第二庭编著:《〈全国法院民商事审判工作会议纪要〉理解与适用》,人民法院出版社2019年版,第145页。

② 案例改编自:"上海德力西集团有限公司诉江苏博恩世通高科有限公司、冯某等买卖合同纠纷案",载《最高人民法院公报》2017年第11期。

支付合同总额15%调试款,余5%质保期满后10个工作日内付清。

合同生效后,德力西公司按合同约定交付了全部设备。江苏博恩公司向德力西公司支付货款333,000元,尚欠777,000元未付。

2012年8月10日,江苏博恩公司股东上海博恩公司、冯某、陈某燕召开股东会,一致决议:(1)同意公司减资19,000万元(其中认缴额2700万元,实缴额16,300万元),其中,冯某减少19,000万元(认缴额2700万元,实缴额16,300万元)。此次减资后,公司累计注册资本为1000万元人民币;(2)冯某减资后不再具备股东资格。

2012年8月13日,江苏博恩公司在《江苏经济报》上发布了减资公告,并于2012年8月31日出具了验资报告,但并未就减资事项通知德力西公司。此次变更注册资本后,公司累计注册资本为1000万元,其中,上海博恩公司出资700万元,陈某燕出资300万元。

上述减资已办理工商变更登记,但江苏博恩公司在减资前未向德力西公司清偿前述债务。另案查明,江苏博恩公司已无财产可供执行。

争议焦点:公司减资未通知债权人时,股东应承担何种责任?

二审裁判理由与结果:公司减资时对已知或应知的债权人应履行通知义务,不能在未先行通知的情况下直接以登报公告形式代替通知义务。公司未对已知债权人进行减资通知时,该情形与股东违法抽逃出资的实质以及对债权人利益受损的影响,在本质上并无不同。因此,尽管我国法律未具体规定公司不履行减资法定程序导致债权人利益受损时股东的责任,但可比照抽逃出资的规定加以认定。由于江苏博恩公司减资行为上存在瑕疵,致使减资前形成的公司债权在减资之后清偿不能的,上海博恩公司和冯某作为江苏博恩公司股东应在公司减资数额范围内对江苏博恩公司债务不能清偿部分承担补充赔偿责任。

解题思路

一、请求权基础的确定

《公司法》第177条第2款仅以义务式的“命令”语句规定了公司减资的法定程序,但未规定违反通知义务时减资行为的法律后果,尤其是未规定相应的债权人保护规则,导致司法裁判中债权人请求权基础的法律适用呈现相当混乱的状态。[①] 就当事人请求权的对象而言,债权人德力西公司的请求权对象并非其合同相对人江苏博恩公司,而是后者的股东。因此,在按照"契无类物不侵"的顺序检视德力西公司的请求权基础时,虽然债权人和债务人公司的股东之间并无直接的合同关系,但仍要考虑是否构成合同法上的其他特定联系。

(一)合同上的请求权基础

首先需要考虑的是最高人民法院《关于适用〈中华人民共和国公司法〉若干问题的规定(三)》(以下简称《公司法解释三》)第 13 条或者第 14 条,也是国内裁判实务中用得最多的两个请求权基础。[②] 这两个条文规定:当公司资产不足以清偿其债务时,公司债权人请求未实际出资的股东在违反出资义务的范围内承担补充赔偿责任。教义学上,此种债权人请求权的法理构造在学说上存在多种主张,如第三人侵害债权说,代位权说,但是晚近以来,代位权说渐成学说[③]和裁判实务[④]上的多数说。就本案主债权债务为合同之债而言,因《公司法解释三》第 13 条或者第 14 条采债法上的代位权构造,[⑤]故仍可视为合同法上的请求权基础从而得以优先检视。问题是,未通知债权人的减资情形和虚假出资或者抽逃出资的情形,虽然都可能侵害到债权人的利益,但两者事实构成完全不同。正是基于此项考虑,法院常采

---

① 参见薛波:《公司减资违反通知义务时股东的赔偿责任——〈最高人民法院公报〉载"德力西案"评释》,载《北方法学》2019 年第 3 期;曹文兵、朱程斌:《〈公司法〉第 177 条减资规定的完善和适用研究》,载《法律适用》2019 年第 14 期。

② 这两个请求权基础的适用情形不同,但因本书不赞同其于减资案中的适用,故略其差异而不作细论。

③ 参见最高人民法院民事审判第二庭编著:《最高人民法院关于公司法解释(三)、清算纪要理解与适用》,人民法院出版社 2011 年版,第 211 页、第 230 页;胡田野:《公司法律裁判》,法律出版社 2012 年版,第 118—120 页;李小宁:《评债权人代位权在公司法中的应用——股东违反出资义务时的债权人救济》,载《河南财经政法大学学报》2013 年第 4 期。

④ 广东省广州市中级人民法院民事判决书,(2022)粤 01 民终 8389 号;山东省威海市中级人民法院民事判决书,(2021)鲁 10 民终 911 号;辽宁省沈阳市中级人民法院民事判决书,(2021)辽 01 民终 2350 号;江西省抚州市中级人民法院民事判决书,(2021)赣 10 民终 1684 号;广东省深圳市中级人民法院民事判决书,(2021)粤 03 民终 7253 号;四川省成都市中级人民法院民事判决书,(2020)川 01 民终 12126 号等。

⑤ 参见北京市第三中级人民法院:《公司类纠纷审判白皮书(2013－2020)》之案例四"某创投企业诉某投资基金公司、钱某、某置业公司等借款合同纠纷案"。不过,《公司法解释三》第 13 条或者第 14 条的代位构造有别于民法典一般代位权构造,在成立要件和行使方式等上有其特殊性,如责任的法定性、责任的补充性、责任的有限性等。

用类推适用《公司法解释三》第 13 条或第 14 条的方式确定系争案件的请求权基础。[①] 但此种类推路径并不足采，因为无论第 14 条的“抽逃出资”抑或第 13 条的“虚假出资”，究其本质，皆属于《公司法》甚至《刑法》上的违法行为，受法律的否定评价。与此相反，公司通过股东会进行减资为《公司法》所肯定。至于未通知债权人便减资的确有损债权人的利益，这实乃《公司法》第 177 条的结构缺陷所致，也即有限公司“壳”的隔断，造成公司借减资损害债权人利益，债权人却因法律未规定公司及股东的民事责任无法保护自身的合法权益，[②]但不能以此否认公司减资的效力。可见，公司因减资而降低注册资本，进而股东合法地降低各自的出资额，此时股东的出资额与其认缴的出资额“名实相副”。与此相反，“抽逃出资”和“虚假出资”违反出资义务，却存在出资到位的假象，此种情形“名实不副”。两者的利益状况不同，故并无类推适用的空间。

（二）侵权法上的请求权基础

很明显，德力西公司对江苏博恩公司的股东不存在准合同（如缔约过失）、无因管理、物权法乃至不当得利法上的请求权基础，故仅需考虑侵权法上的请求权基础即可。

有少数法院以《民法典》第 1165 条第 1 款“一般过错侵权”作为请求权基础，[③]结合资本维持原则和资本不变原则，认定股东构成一般侵权。比较法上，此种进路亦为德国法院所采。联邦德国最高法院一改“股东直索责任”这项独立的请求权基础地位，而从《德国民法典》第 826 条背俗侵权出发，构造债权人对股东的请求权基础。其理由在于，股东滥用权利损害债权，导致公司存续基础丧失，违背了善良风俗，故应对首次损害的债权人负责，此乃所谓的“存在基础丧失”理论。

与此相反，我国《公司法》已然在第 20 条第 3 款明确将法人人格否认作为独立的请求权基础，赋予债权人直接请求公司股东的权利。依据特别法优先于一般法

---

① 参见安徽新集煤电（集团）有限公司与如东县农村信用合作联社、上海恒德置地有限公司借款合同纠纷案，最高人民法院（2010）民提字第 79 号民事判决书；钟丹东等诉上海杰之能信息科技有限公司公司减资纠纷案，江苏省高级人民法院（2015）苏商终字第 00034 号民事判决书；张静与北京国安电气有限责任公司公司减资纠纷案，上海市第一中级人民法院（2015）沪一中民四（商）终字第 1901 号民事判决书；等等。

② 参见刘玉妹：《认缴资本制视野下公司减资制度的构建》，载《法律适用》2016 年第 7 期。

③ 山东省青岛市中级人民法院民事判决书，（2018）鲁 02 民终 3398 号。

的原则，仅在我国《公司法》第 20 条第 3 款的构成要件不能满足时，方可考虑《民法典》第 1165 条第 1 款意义上的一般侵权条款。

从《公司法》第 20 条第 3 款的文义可知，其规制意图亦在于解决“公司股东”以“滥用”行为损害“债权人利益”的问题。在股东未尊重法人独立地位和滥用股东有限责任的情形下，可以适用法人人格否认制度，使该违反通知义务减资而侵害公司债权人利益的股东，在减资的范围内承担连带清偿责任。但在司法实务中应当坚持审慎的原则，避免该条款适用范围的扩大化。

《民法典》第 83 条第 2 款是在《公司法》第 20 条第 3 款关于公司股东不得滥用公司法人独立地位和股东有限责任制度损害债权人利益基础上的规定，考虑到出资人滥用法人独立地位和出资人有限责任的现象并非为公司所独有，因此将该项规定进行归纳和提炼，作为对所有营利法人出资人的一般原则要求。① 因此，《公司法》第 20 条第 3 款作为在公司法上的特别规定，理应优先适用。但为《民法典》总则编“法人”一章的学习之便，本案采《民法典》第 83 条第 2 款作为请求权基础展开分析。但其具体适用与《公司法》第 20 条第 3 款并无实质性差别，特此说明。

二、请求权基础是否成立

（一）营利法人

《民法典》第 76 条规定，以取得利润并分配给股东等出资人为目的成立的法人，为营利法人。营利法人包括有限责任公司、股份有限公司和其他企业法人等。

本案中，江苏博恩公司属于有限责任公司，根据定义当然系营利法人，其股东即为出资人，得以适用《民法典》第 83 条第 2 款的规定。

（二）不能清偿其到期债务

此项要件，解释上应当限缩为公司现有资产已不足以清偿到期债务。毕竟，否认公司独立人格，由滥用公司法人独立地位和股东有限责任的股东对公司债务承担连带责任，是股东有限责任的例外情形，旨在矫正有限责任制度在特定法律事实发生时对债权人保护的失衡现象。若公司一旦不能清偿到期债务便适用法人人格否认，无疑会动摇公司法人独立地位和股东有限责任这两项现代公司法制的基石。

---

① 参见最高人民法院民法典贯彻实施工作领导小组主编：《中华人民共和国民法典总则编理解与适用》（上），人民法院出版社 2020 年版，第 421 页。

因此，解释上，仅在公司资产已不足以清偿到期债务时方可适用。案件事实表明，江苏博恩公司已无财产可供执行，故其确已不能清偿到期债务。

（三）构成法人人格否认

根据《民法典》第 83 条第 2 款规定，出资人不得滥用法人独立地位和出资人有限责任损害债权人的利益，学理上称为“法人人格否认”，由滥用法人独立地位和出资人有限责任的出资人对法人债务承担连带责任，作为出资人有限责任的例外情形。

据此款规定，营利法人人格否认的构成要件有四：（1）滥用法人独立地位和出资人有限责任；（2）严重损害债权人利益；（3）因果关系；（4）主观故意。以下逐一分析：

1. 滥用法人独立地位和出资人有限责任

应严格把握《民法典》第 83 条第 2 款的精神，只有实施了滥用法人独立地位和股东有限责任行为的股东才对公司债务承担连带清偿责任，而其他股东不应承担此责任。①

本案中，江苏博恩公司作为有限责任公司，其可能构成《民法典》第 83 条第 2 款规定的滥用行为，实践中常见的情形有人格混同、资本显著不足、过度支配与控制等。在审理案件时，需要根据查明的案件事实进行综合判断，既秉持审慎适用的原则，又当用则用。实践中存在标准把握不严而滥用这一例外制度的现象，同时存在因法律规定较为原则、抽象，适用难度大，而不善于适用、不敢于适用的现象，均应当引起高度重视。

在我国司法实践中，最高人民法院于 2019 年发布的第 9 次《全国法院民商事审判工作会议纪要》（以下简称《九民纪要》）描述了实践中常见的构成法人人格否认的情形，包括人格混同、资本显著不足、过度支配与控制等，在此需一一审查。

（1）人格混同

认定公司人格与股东人格是否存在混同，最根本的判断标准是公司是否具有独立意思和独立财产，最主要的表现是公司的财产与股东的财产是否混同且无法

---

① 参见最高人民法院民事审判第二庭编著：《〈全国法院民商事审判工作会议纪要〉理解与适用》，人民法院出版社 2019 年版，第 145 页。

区分。

本案中,没有信息显示江苏博恩公司的财产与股东的财产出现混同,不存在公司账簿与股东账簿不分,致使公司财产与股东财产无法区分的现象,故不宜认定为存在人格混同。

(2)资本显著不足

所谓资本显著不足,是指公司设立后在经营过程中,股东实际投入公司的资本数额与公司经营所隐含的风险相比明显不匹配。股东利用较少资本从事力所不及的经营,表明其没有从事公司经营的诚意,实质是恶意利用公司独立人格和股东有限责任把投资风险转嫁给债权人。

资本显著不足的判断时点,如果以注册资本判断公司是否资本显著不足,则应以公司设立时作为判断时点,判断公司设立时是否存在资本显著不足的情况;如果公司依法发生资本变更,增加或减少注册资本,则应以变更时作为判断时点,因为股东应该判断其所变更的资本能否承受变更时公司所处行业的风险和所承担的责任。① 有学者整理,在我国的司法实践中,法官支持以"资本显著不足"否认法人人格的情形主要有:①经营规模明显大于公司资本;②股东没有实缴资本,导致公司沦为"空壳公司"的;③违反国务院相关规定的;④资本显著不足且无法证明公司财产独立的。②

本案中,江苏博恩公司的股东并非一开始就存在利用较少资本从事力所不及的经营,而是在经营一段时间后再进行减资,故应明确减资后公司是否出现了资本显著不足的情形。本案中显然不存在学者总结的后三种情况,因此需判断是否属于第一种情况,即"经营规模明显大于公司资本"。结合案件事实和一般情理可知,江苏博恩公司减资后已危及其债权人利益,若本案中其与德力西公司之间的交易为行业一般的通常交易,那么此种清偿能力的欠缺,似乎一定程度上符合了所谓"实际投入公司的资本数额与公司经营所隐含的风险相比不匹配"。但此种"不匹配"是否到达"明显"之程度,是否属于"经营规模明显大于公司资本",依据现有信

① 参见苏继成、谭毅:《现行公司资本制度下法人人格否认制度的适用》,载《湖南社会科学》2019年第3期。

② 参见朱慈蕴、梁泽宇:《"资本显著不足"的适用与研判:理论、实证与规则》,载《法学评论》2021年第3期。

息实难以判断。我国有学者主张将被告公司与其所在同行业、同地区、同规模的公司资本水平相比较，进而判断公司资本是否充实。与此同时，他们建议参考美国"熟练的金融分析师"标准，重视专家证言的作用。① 亦有学者支持引入侵权法上之"汉德公式"，予以量化考察。② 然而局限于案情信息的不足，上述方法实难充分运用。最高人民法院于《九民纪要》中同样坦言："由于资本显著不足的判断标准有很大的模糊性，特别是要与公司采取'以小博大'的正常经营方式相区分，因此在适用时要十分谨慎，应当与其他因素结合起来综合判断。"故笔者认为不宜在此妄下判断，尚需结合其他因素做进一步分析。

（3）过度支配与控制

所谓"过度支配与控制"，根据《九民纪要》的描述，是指"公司控制股东对公司过度支配与控制，操纵公司的决策过程，使公司完全丧失独立性，沦为控制股东的工具或躯壳，严重损害公司债权人利益"，此时应当否认公司人格，由滥用控制权的股东对公司债务承担连带责任。

本案中，江苏博恩公司股东明知尚未清偿对德力西公司100万元货款的债务，于2012年根据股东冯某提议召开股东会，决议将注册资金由2亿元减至1000万元，并未直接通知债权人德力西公司，以向工商登记机关出具与事实情况不符的说明方式骗取变更登记。由于江苏博恩公司并无其他正当的减资事由，依据经验法则可从上述事实推断出该减资程序之目的在于降低公司债务清偿能力，从而逃避承担德力西公司的未清偿债务。法人独立主体资格制度旨在使法人得以自己名义独立开展营业活动、独立承担法律责任。法人本身作为主体而非客体，遵守法律、遵循诚实信用原则参与社会活动，与股东构成法律上不同的民事主体，股东之有限责任也以此为基础。但在本案的减资决议形成过程中，法人自身经营发展、对外交往之需要无处可寻，其间透露的仅是股东操纵公司决策损害债权人利益之恶意。此时，公司完全沦为股东任意控制的躯壳，股东会成为控制股东恶意逃避债务的工具，法人人格的独立性在该瑕疵减资程序中完全丧失。因此本案的减资程序中存

① 参见胡改蓉：《"资本显著不足"情形下公司法人格否认制度的适用》，载《法学评论》2015年第3期；陈群峰：《"资本显著不足"情形下公司法人格否认制度完善研究》，载《法学杂志》2020年第11期。

② 参见朱慈蕴、梁泽宇：《"资本显著不足"的适用与研判：理论、实证与规则》，载《法学评论》2021年第3期。

在股东过度支配与控制的现象，公司的减资行为应视为股东的行为，穿透法人主体追及幕后的股东，股东应对公司行为负责。

2. 结果要件：严重损害债权人利益

只有在出资人实施了滥用公司法人独立地位及股东有限责任的行为，且该行为严重损害了公司债权人利益的情况下，才能适用法人人格否认制度。严重损害债权人利益，主要是指公司股东滥用权利使公司财产不足以清偿公司债权人的债权。①

公司资本制是公司制度的基石，我国《公司法》严格遵循大陆法系的公司资本三原则，即资本确定、资本维持和资本不变原则。② 注册资本作为公司最基本的财产，确定和维持了公司一定数额的资本，对于奠定公司的基本债务清偿能力，确保债权人与一个具备独立人格的主体进行交易，保障债权人利益和交易安全，都具有极其重要的意义。公司减少注册资本将极大影响其资信水平和偿债能力，进而损害债权人的合法权益，故需对公司减资行为进行严格限制，③其正当性基础在于资本维持原则，《公司法》第 177 条规定了公司减资的法定程序，核心为通知债权人。

本案中，江苏博恩公司在未直接通知债权人德力西公司，亦未提前清偿债务或提供担保的情况下，直接将公司注册资本由 2 亿元减少到 1000 万元，减少了公司 95% 的责任财产，未遵循《公司法》第 177 条规定的公司减少注册资本的法定程序，该减资行为存在瑕疵。但案涉公司是否违反通知义务，该瑕疵减资行为是否有效，债权人的利益是否受到影响，仍需进一步阐明：

(1)江苏博恩公司违反通知义务

《公司法》第 177 条规定："公司需要减少注册资本时，必须编制资产负债表及财产清单。公司应当自作出减少注册资本决议之日起十日内通知债权人，并于三十日内在报纸上公告。债权人自接到通知书之日起三十日内，未接到通知书的自

① 参见最高人民法院民事审判第二庭编著：《〈全国法院民商事审判工作会议纪要〉理解与适用》，人民法院出版社 2019 年版，第 145 页。

② 参见谭书卿：《公司瑕疵减资的债权人保护——以德力西案为切入点》，载《北方金融》2020 年第 5 期。

③ 参见谭书卿：《公司瑕疵减资的债权人保护——以德力西案为切入点》，载《北方金融》2020 年第 5 期。

公告之日起四十五日内，有权要求公司清偿债务或者提供相应的担保。”依此规定，我国现行《公司法》实际上采用了德国的信息披露模式对债权人利益进行保护。

本案中，江苏博恩公司根据股东冯某提议召开股东会，决议将注册资金由2亿元减至1000万元，随后在省级报刊公告并办理工商变更登记。由此，案涉公司并非未履行通知义务，其已在报纸上进行公告。但问题在于，虽有履行通知义务之事实，但通知形式是否符合要求？换言之，能否以公告替代通知？

公司减资违反通知义务最集中的表现即为以“公告”替代“直接通知”①，《公司法》第177条第2款明文规定公司应当自作出减资决议之日起的10日内通知债权人，并于30日内在报纸上公告。文义上使用的“并”字，表明二者是并列关系，并非择一关系，公告不能替代通知。于解释上，公告和《公司法》第177条第2款所言“通知债权人”之通知（直接通知）非同一通知方式：直接通知针对的是已知且能够取得联络的债权人；公告作为对直接通知的补充和完善，是一种拟制的送达方式，只适用于不特定潜在债权人和无法直接通知的债权人，是不能实现直接通知时退而求其次的替代方式（补充的通知方式）。② 若在能够直接通知债权人时却采用公告通知方式，不仅有违债权人利益保护原则，也不符合我国《公司法》第177条的立法精神。③

---

① 参见上海市第一中级人民法院民事判决书，（2014）沪一中民四（商）终字第462号；上海市浦东新区人民法院民事判决书，（2014）浦民二（商）初字第554号；上海市浦东新区人民法院民事判决书，（2017）沪0115民初26021号；江西省南昌市东湖区人民法院民事判决书，（2016）赣0102民初4862号；上海市浦东新区人民法院民事判决书，（2012）浦民二（商）初字第3637号；湖南省湘潭市中级人民法院民事判决书，（2014）潭中民二初字第20号；湖北省武汉市中级人民法院民事判决书，（2018）鄂01民终134号；浙江省杭州市中级人民法院民事判决书，（2017）浙01民终6510号；江苏省南京市中级人民法院民事裁定书，（2017）苏01民申365号；广东省深圳市宝安区人民法院民事判决书，（2016）粤0306民初14840号；河南省信阳市中级人民法院民事判决书，（2017）豫15民终2708号；江苏省苏州市吴中区人民法院民事判决书，（2017）苏0506民初8538号；广东省广州市海珠区人民法院民事判决书，（2015）穗海法民二初字第3193号；辽宁省铁岭市中级人民法院民事判决书，（2017）辽12民初104号。转引自薛波：《公司减资违反通知义务时股东的赔偿责任——〈最高人民法院公报〉载“德力西案”评释》，载《北方法学》2019年第3期。

② 参见薛波：《公司减资违反通知义务时股东的赔偿责任——〈最高人民法院公报〉载“德力西案”评释》，载《北方法学》2019年第3期；江苏省高级人民法院民事判决书，（2015）苏商终字第00034号；刘玉妹：《认缴资本制下公司减资制度的构建》，载《法律适用》2016年第7期；丁辉：《认缴登记制下公司减资制度研究》，载《河北法学》2017年第6期。

③ 参见江苏省高级人民法院民事判决书，（2015）苏商终字第00034号；丁辉：《认缴登记制下公司减资制度研究》，载《河北法学》2017年第6期。

本案中，江苏博恩公司与德力西公司在减资之前便存在债权债务关系，理应具有相应的联系方式。江苏博恩公司直接以刊登报纸的方式进行公告，虽有履行通知义务的事实，但因现代信息社会报纸不为社会大众所熟悉，公告效果并不理想，在能联系到债权人德力西公司的情况下却不及时、有效、合理通知，难逃故意逃避通知义务之咎，使债权人无法在公司减资前要求其清偿债务或提供担保。

(2)瑕疵减资行为的效力

《公司法》第177条虽然对公司减资行为进行了严格的程序限制，但对公司瑕疵减资行为的效力认定模糊，亦未明确公司瑕疵减资的责任承担问题。对公司瑕疵减资行为的效力认定将直接影响后续的责任承担问题。

比较法上，未履行通知义务对减资行为效力的影响共分为两种立法例。其一，绝对无效，以法国、日本与韩国为代表：当公司未履行通知义务时，债权人得以自知道或应当知道之日起6个月内向公司提起减资无效之诉，通过否定公司减资的效力，令公司资本恢复至尚未减资时的状态以此保护公司债权人的利益。其二，相对无效，以我国台湾地区、我国香港特别行政区和英国为代表：未履行通知义务应当是公司减资的对抗要件，当公司减资登记完成之后，公司减资即告生效，仅对于未被通知的债权人无效，该债权人仍可以在公司减资之前的责任财产范围内对公司主张权利。① 在国内学术界两种理论争论不休：前者认为，公司相对无效过度保护减资股东，将激励未来公司不履行通知义务而减资；后者则认为，绝对无效说影响公司自治与债权人的精准保护。而在司法实践中多数法院坚持相对无效说，②依据实证分析显示，在2009年至2017年间我国所有关于公司减资的案例，法院均未判决减资无效，而是判决股东在减资范围内对公司不能清偿的公司债务承担连带责任。③

从法律规范的效力角度出发，我国有学者主张将公司减资以股东会的减资决

① 参见王绳斗：《公司减资未通知债权人的责任研究》，华东政法大学2021年硕士学位论文，第4页。

② 参见王绳斗：《公司减资未通知债权人的责任研究》，华东政法大学2021年硕士学位论文，第4页。

③ 参见余斌：《公司未通知债权人减资效力研究——基于50个案例的实证分析》，载《政治与法律》2018年第3期。

议为划分线,划分为两部分进行理解,第一部分是股东会决议减资,第二部分是公司实行减资行为的效力。前者股东会决议的效力应当按照《公司法》第 22 条的规定判断。针对后者减资行为的效力,《公司法》第 177 条虽使用“必须”“应当”等措辞,但并未损及国家或社会公众的利益,而仅涉及债权人的私法利益,因而并非效力性强制性规定;按照《公司法》的私法特性,在《公司法》本身未明文规定的情况下,应当认定为有效。[①] 另有学者主张,《公司法》第 177 条既出现“应当”“必须”“不得”等字眼,应属于强制性规范,违反强制性规定应属无效;同时,《公司法》以及原《公司登记管理条例》(现已失效)的减资规范规定了公司作为行政相对人向工商登记机关申请减资的程序性规定,公司违反行政法规,损及公法利益,应属无效。[②] 也有学者认为,法律无效制度本身用于防止当事人损害国家利益、社会公共利益,而并非针对行为本身做出否定性评价,未通知债权人减资的行为损害的是特定债权人的利益,与国家利益、社会公共利益并无关联,对行为本身并不需要进行否定性评价,重点是对行为的后果做出妥当性安排。[③] 笔者赞同此种观点,《公司法》第 177 条并非效力性强制规定,而属于对公司减资行为的程序规制,在现行法并未明文规定瑕疵减资行为的效力时,公司瑕疵减资行为仍为有效,法院可以依据其他法律规范追究公司及其股东的责任。

本案中,江苏博恩公司未遵循《公司法》第 177 条的公司减资程序规定,属于瑕疵减资行为,但因《公司法》第 177 条并非效力性强制性规定,故该瑕疵减资行为仍为有效。

(3)债权人利益严重受损

因公司减资将影响公司资信和偿债能力,《公司法》为保护债权人利益,于第 177 条规定公司减资必须编制资产负债表及财产清单并通知债权人、在报纸上公告,债权人有权在规定时间内要求公司清偿债务或提供担保。

---

① 参见谭书卿:《公司瑕疵减资的债权人保护——以德力西案为切入点》,载《北方金融》2020 年第 5 期;郑曙光:《公司减资的比较法考察》,载《四川大学学报(哲学社会科学版)》2004 年第 2 期。

② 参见余斌:《公司未通知债权人减资效力研究——基于 50 个案例的实证分析》,载《政治与法律》2018 年第 3 期;参见谭书卿:《公司瑕疵减资的债权人保护——以德力西案为切入点》,载《北方金融》2020 年第 5 期。

③ 参见王绳斗:《公司减资未通知债权人的责任研究》,华东政法大学 2021 年硕士学位论文,第 5 页;高春乾:《有限责任公司减资违反通知义务与股东责任承担》,载《人民司法》2011 年第 16 期。

有学者认为,《公司法》第177条第2款规定的债权人有权要求公司提前清偿或提供担保系法定的救济权利,该救济权利并不会因公司未履行通知义务而丧失,而只是法定救济被临时阻却,不能及时行使——提前清偿意味着将未到期的债务提前加速到期,债务届期后公司不提前清偿即构成违约,债权人可诉请强制履行或损害赔偿。[①] 笔者认为此观点值得商榷,债权人要求提前清偿债务的权利确被临时阻却,但债权人丧失了事前的选择权。换言之,债权人本有权选择要求公司清偿债务或提供相应担保。若公司在未通知债权人的情况下完成减资,因法律规定债权人可提前要求清偿,故债务无论届期与否一律加速到期,债权人要求清偿债务的权利不因公司未履行通知义务而减损,唯公司减资完成后责任财产已然减损,事前要求提供担保的权利已然丧失,债权无法得到保障,而非临时阻却。

本案中,江苏博恩公司减少注册资本,但并未通知债权人德力西公司,在该减资行为虽有瑕疵但并非无效的情形下,该行为使债权人德力西公司无法在公司减资前要求其清偿债务或者提供担保,债权丧失保障。进一步而言,案涉江苏博恩公司将注册资本从2亿元骤减至1000万元,责任财产严重减损,注册资本所显示的公司资信水平和偿债能力发生显著变化,德力西公司无法在公司减资前要求其清偿债务或提供担保的权利将极大影响其债权的实现,严重危及债权人利益。

3. 因果关系

债权人的债权受到严重损害,是因为出资人滥用法人独立地位和出资人有限责任造成的,因而得以突破法人独立地位和出资人有限责任的原则。[②]

本案中,案涉公司的两名股东实施滥用公司独立地位和股东有限责任的行为,造成债权人利益严重受损,具备因果关系。

4. 主观故意

我国的法人人格否认制度主要适用于出资人滥用法人独立地位和出资人有限

---

① 参见薛波:《公司减资违反通知义务时股东的赔偿责任——〈最高人民法院公报〉载"德力西案"评释》,载《北方法学》2019年第3期。

② 参见最高人民法院民事审判第二庭编著:《〈全国法院民商事审判工作会议纪要〉理解与适用》,人民法院出版社2019年版,第146页。

责任,逃避债务的行为。① 滥用法人独立地位和出资人有限责任的出资人,其目的是逃避债务,主观上有明显过错,具有逃避债务的主观恶意,系故意为之。②

本案中,江苏博恩公司与德力西公司签订合同后,在未履行通知义务情形下骤减公司注册资本,损害债权人德力西公司债权的实现与保障。其提议股东冯某和另一股东,不可能未明确减资决议的后果,至少满足主观放任的标准,显然出于主观故意。

综上所述,本案江苏博恩公司股东过度支配和控制公司,构成法人人格否认,请求权成立。

三、请求权是否消灭

本案并无使请求权消灭的事由。

四、请求权是否可执行

本案并无阻碍请求权执行的事由。

五、结论

德力西公司有权依据《民法典》第 83 条第 2 款请求上海博恩公司、冯某对公司债务承担连带责任。

知识拓展

一、所谓"法人人格否认"

滥用公司人格的普遍性和严重性是我国 2005 年《公司法》修订时引入"刺破公司面纱"制度的诱因,其修订的本意,是将滥觞于美国的"刺破公司面纱"判例制度以成文法的形式引入我国公司法体系文化。③ 该规则制定后很快在司法实践中得到了积极的应用,我国在理论和实践上多将此称为"法人人格否认"。④

---

① 参见最高人民法院民法典贯彻实施工作领导小组主编:《中华人民共和国民法典总则编理解与适用》(上),人民法院出版社 2020 年版,第 424 页。

② 参见最高人民法院民事审判第二庭编著:《〈全国法院民商事审判工作会议纪要〉理解与适用》,人民法院出版社 2019 年版,第 146 页。

③ 参见彭诚信主编:《民法案例百选》(第 2 版),高等教育出版社 2022 年版,第 48 页;李建伟:《关联公司法人人格否认的实证研究》,载《法商研究》2021 年第 6 期。

④ 参见彭诚信主编:《民法案例百选》(第 2 版),高等教育出版社 2022 年版,第 45—46 页。

比较法上，由英美法首先创制“刺破公司面纱”制度，大陆法系国家无此制度，后一些大陆法系国家通过判例确认了相似的制度，如德国通过判例创设了“直索制度”，即直接追索，比“法人人格否认”的概念更精准。“法人人格否认”的说法本身会招致误解，应当注意，法院否认法人独立地位并非全面、彻底、永久地否定公司的法人资格，而只是在具体个案中依据特定的法律事实、法律关系，突破股东对公司债务不承担责任的一般规则，例外地判令其承担连带责任；在纵向人格否认中，实际是将公司行为视为股东的行为，股东对公司行为负责，即在个案中否定了股东的有限责任，其既判力仅约束该诉讼的各方当事人，不当然适用于涉及该公司的其他诉讼，不影响公司独立法人资格的存续。[①] 概言之，这一制度实际上与公司的人格无关，毋宁说仅突破了公司人格的“屏障”，例外地否认了股东的有限责任，并非否定了公司的人格。[②]

二、“横向刺破”公司面纱

《公司法》第 20 条第 3 款是迄今为止“法人人格否认”的唯一成文法例，[③]是我国“刺破公司面纱”制度的实证法基础。其作为一项重要的请求权基础规范，从文义上看，请求权人为“公司债权人”，而被请求人是“公司股东”。这表明“公司法人格之滥用者应限定在公司法律关系的特定群体之中，即必须是该公司之握有实际控制能力的股东”[④]，学理上将此称为传统的“纵向刺破”情形，[⑤]亦有学者称为顺向法人人格否认规则。[⑥]

随着市场经济的发展和公司结构的日益复杂化，关联公司已然成为普遍的经济现象。关联公司之间存在的天然关联性，使得它们之间普遍存在控制从属或者交叉的关系，更容易利用关联关系逃避债务损害债权人利益。[⑦] 必须承认，

① 参见王军：《中国公司法》（第 2 版），高等教育出版社 2017 年版，第 50—54 页；最高人民法院民事审判第二庭编著：《〈全国法院民商事审判工作会议纪要〉理解与适用》，人民法院出版社 2019 年版，第 145 页。

② 参见彭诚信主编：《民法案例百选》（第 2 版），高等教育出版社 2022 年版，第 45—46 页。

③ 参见李建伟：《关联公司法人人格否认的实证研究》，载《法商研究》2021 年第 6 期。

④ 朱慈蕴：《论公司法人格否认法理的适用要件》，载《中国法学》1998 年第 5 期。

⑤ 参见彭诚信主编：《民法案例百选》（第 2 版），高等教育出版社 2022 年版，第 46 页。

⑥ 参见李建伟：《关联公司法人人格否认的实证研究》，载《法商研究》2021 年第 6 期。

⑦ 参见闻荣芝、周龙杰：《论关联公司中法人人格否认制度的适用》，载《长春理工大学学报（社会科学版）》2019 年第 4 期。

人格混同(核心是财产混同)并不仅出现在股东和公司之间,也可能存在于股东控股或者控制的多家公司之间;又或者股东对其控股的多家公司过度支配和控制,使利益集中于特定关联公司。[①] 域外法就关联公司之间的人格混同适用横向的法人人格否认制度("横向刺破公司面纱"),我国司法实践中亦不乏大量的关联公司人格混同纠纷,在过去10多年间就有不少法院在"无法可依"的背景下作出了横向法人人格否认的判决,且数量逐年攀升,[②]但囿于现行法缺乏明确的裁判依据,各级法院未能就裁判规则达成统一共识,致使司法裁判无法统一。非母公司的关联公司可否适用法人人格否认制度,其裁判依据为何,不无问题。

最高人民法院指导案例15号就此进行了有益的尝试,在判决中表明"其行为本质和危害结果与《公司法》第二十条第三款规定的情形相当,故参照《公司法》第二十条第三款的规定……承担连带清偿责任",其方法论基础在于类推适用。指导案例15号正确地否认了扩大解释《公司法》第20条第3款的裁判路径,因为关联公司适用法人人格否认制度,显然已经突破了该款的文义,进入了法律漏洞填补的范畴,[③]所以无论采取何种解释方法,都不能当然地将"关联公司"纳入第20条第3款的适用范畴。与扩大解释相区别,类推适用系在探求是否得基于"同一规范目的",类推及于其他法律未规定的事项,即允许在符合法律目的的前提下超出文义范围创制新的规范。[④] "横向刺破公司面纱"明显符合《公司法》第20条第3款的立法目的,可以参照适用该款规定作出判决,这是各级人民法院在长期的审判实践中达成的最大共识。[⑤]

此外,司法实践中亦有法院采用其他依据作出判决,如"参照适用《公司法》第20条第1款",或者"适用""参照适用"《公司法》第3条第1款。然而,无论以上述何种路径作为裁判依据都有失偏颇,前者无论作何解释或类推适用,都无法得出"关联公司应当遵守法律、行政法规和公司章程,依法行使关联公司权利,关联公司部分损害公司债权人的利益"的结论;而后者有向一般条款"逃逸"之

① 参见彭诚信主编:《民法案例百选》(第2版),高等教育出版社2022年版,第48页。
② 参见李建伟:《关联公司法人人格否认的实证研究》,载《法商研究》2021年第6期。
③ 参见彭诚信主编:《民法案例百选》(第2版),高等教育出版社2022年版,第47页。
④ 参见李建伟:《关联公司法人人格否认的实证研究》,载《法商研究》2021年第6期。
⑤ 参见李建伟:《关联公司法人人格否认的实证研究》,载《法商研究》2021年第6期。

嫌，舍近求远，多此一举。[①] 同理，适用所谓诚实信用原则和公平原则，更难以作为裁判的实质依据。

尽管《公司法》第20条第3款存在法律漏洞，但在欠缺实证法基础的情况下应参照适用《公司法》第20条第3款作为裁判依据，已然是各大法院在司法裁判中达成的最大共识，这也是15号指导案例作为横向法人人格否认的先例所起到的指导和示范效应。但15号指导案例仍然存在不少颇受质疑之处：(1)其未能清晰明确地说明为何《公司法》第20条第3款存在法律漏洞却类推适用于关联公司之间；(2)其适用的词汇“关联公司”意义极不清晰甚至过于宽泛[②]，现行法无法对此进行界定，并由此带来了适用上的问题。[③] 在制定法规范欠缺的情形下，横向否认法人人格纠纷的裁判给法官带来了巨大的技术难题，司法实践对横向法人人格否认的裁判亟待协调统一，直接规范依据的制定刻不容缓。

延伸阅读

1. 薛波：《公司减资违反通知义务时股东的赔偿责任——〈最高人民法院公报〉载“德力西案”评释》，载《北方法学》2019年第3期。
2. 曹文兵、朱程斌：《〈公司法〉第177条减资规定的完善和适用研究》，载《法律适用》2019年第14期。
3. 刘玉姝：《认缴资本制视野下公司减资制度的构建》，载《法律适用》2016年第7期。
4. 最高人民法院民法典贯彻实施工作领导小组主编：《中华人民共和国民法典总则编理解与适用》(上)，人民法院出版社2020年版。
5. 王军：《中国公司法》(第2版)，高等教育出版社2017年版。
6. 最高人民法院民事审判第二庭编著：《〈全国法院民商事审判工作会议纪要〉理解与适用》，人民法院出版社2019年版。
7. 苏继成、谭毅：《现行公司资本制度下法人人格否认制度的适用》，载《湖南社会科学》2019

---

① 参见李建伟：《关联公司法人人格否认的实证研究》，载《法商研究》2021年第6期。

② 我国《公司法》并未规定“关联公司”的定义，只是在附则中阐释了关联关系的含义。

③ 参见彭诚信主编：《民法案例百选》(第2版)，高等教育出版社2022年版，第48—49页。

年第 3 期。
8. 朱慈蕴、梁泽宇:《“资本显著不足”的适用与研判:理论、实证与规则》,载《法学评论》2021 年第 3 期。
9. 胡改蓉:《“资本显著不足”情形下公司法人格否认制度的适用》,载《法学评论》2015 年第 3 期。
10. 陈群峰:《“资本显著不足”情形下公司法人格否认制度完善研究》,载《法学杂志》2020 年第 11 期。
11. 丁辉:《认缴登记制下公司减资制度研究》,载《河北法学》2017 年第 6 期。
12. 朱慈蕴:《论公司法人格否认法理的适用要件》,载《中国法学》1998 年第 5 期。
13. 余斌:《公司未通知债权人减资效力研究——基于 50 个案例的实证分析》,载《政治与法律》2018 年第 3 期。
14. 李建伟:《关联公司法人人格否认的实证研究》,载《法商研究》2021 年第 6 期。

11　营利法人决议的撤销

——于某云与北京新宫昕源益达投资管理公司纠纷案

学理概要

营利法人的权力机构、执行机构违反法律、行政法规或者法人章程作出的决议包括两种情况：一是程序违反法律、行政法规或者法人章程；二是内容违反法人章程。就第一种情况而言，又包括两种情形：一是作出决议的会议召集程序违反法律、行政法规或者法人章程；二是作出决议的会议表决方式违反法律、行政法规或者法人章程。若上述情况出现，营利法人的出资人可以请求法院撤销该决议，但该决议与善意相对人形成的民事法律关系不受影响。

• 核心法条

《民法典》第85条　营利法人的权力机构、执行机构作出决议的会议召集程序、表决方式违反法律、行政法规、法人章程，或者决议内容违反法人章程的，营利法人的出资人可以请求人民法院撤销该决议。但是，营利法人依据该决议与善意相对人形成的民事法律关系不受影响。

典型案例

于某云与北京新宫昕源益达投资管理公司纠纷案[①]

案情简介：北京新宫昕源益达投资管理公司（以下简称昕源益达公司）是1993年3月1日登记成立的集体所有制（股份合作）企业，由新宫村经济合作社（农工商联合公司）改建而来。2007年1月29日，昕源益达公司向于某云发放股权证，于某云成为股东。2021年1月15日昕源益达公司召开第三届第五次股东代表大会决议，通过了五项决议。于某云提出异议，不认可以股东代表开会方式作出决议，不认可股东代表未充分告知且未经授权即作出表决并诉至法院，要求撤销有关决议。

争议焦点：法人的出资人是否有权请求撤销法人权力机构或者执行机构作出的相关决议？

裁判理由与结果：无论是根据旧章程还是新章程，股东代表大会都是昕源益达公司最高权力机构，其有权按照议事规则作出决议，决定公司的经营方针和投资计划、决定其他重大事项等，包括案涉五个决议。昕源益达公司股东的权利是一种相对间接的权利，并不是通过直接参会或委托代理人参会和表决的方式直接参与决策，而是通过选举代表的方式由代表参与表决作出决策。根据现行有效章程的有关规定，案涉决议均以公告方式公示，且显示有股东代表的签字，无证据显示会议程序违反章程规定，或其他法律、行政法规，亦无证据显示其内容违反章程规定。于某云所持主张，缺乏事实与法律依据，法院不予支持，驳回诉讼请求。

解题思路

《民法典》第85条在内容上可以分为两个部分：一是关于营利法人决议可撤销事由的规定；二是但书部分增设的可撤销决议的外部效力规定。关于法人决议可

① （2021）京0106民初11618号。

撤销事由的规定，最初由《公司法》(1993年、1999年)第111条加以规定，只是表明股东有权提起要求停止违法行为和侵害行为的诉讼，而尚未采用“决议可撤销”的表述。2005年的《公司法》在第22条新设决议可撤销和无效两种效力瑕疵状态，2017年《民法总则》第85条将《公司法》第22条的适用对象从“公司”扩大到“营利法人”，《民法典》第85条沿用了这一规定。也就是说，该条赋予了营利法人的出资人在法人违反《民法典》第85条的情形下可以主张决议撤销的请求权。

本案中，昕源益达公司是依法成立的集体所有制(股份合作)企业，系改制而来，根据企业性质、原告诉讼请求及双方诉辩意见，本案纠纷性质及案由应为“与企业有关的纠纷”。于某云作为昕源益达公司的股东，主要以不认可股东代表开会方式作出决议，以及不认可股东代表未充分告知且未经授权即做出表决为由诉至法院，要求撤销有关决议。对其请求权基础是否成立，双方形成了争议。

一、出资人是否享有营利法人决议撤销的请求权基础

本案原告认为被告在不召开股东大会也没得到股民授权情况下，股东代表和公司管理层自行签署股东代表会决议的行为，属于滥用资本多数决原则的行为，相应的股东代表会决议不符合法定的形成程序要求，应当撤销法人决议。出资人是否享有昕源益达公司决议撤销的请求权？我们首先需要理解营利法人合法实施民事法律行为的基本程序。在民事法律关系中，营利法人作为行为主体实施法律行为的过程可以划分为两个层次：一是营利法人内部意思形成阶段，通常表现为股东会或董事会决议；二是营利法人对外作出意思表示的阶段，通常表现为法人对外签订的合同。出于保护善意相对人和维护交易安全的考虑，在法人内部意思形成过程存在瑕疵的情况下，只要对外的表示行为不存在无效的情形，法人就应受其表示行为的制约。营利法人如何根据决议形成民事法律关系？我们需要先从其基本性质进行阐述。

(一)法人决议的性质之争

决议行为的性质争论主要包括三种学说。

1. 共同行为说

1892年德国学者孔策教授提出共同行为的概念，认为共同行为系方向相同的

两个以上意思表示合致成立的行为。[①] 日本学者将决议行为定义为由多个当事人作出的,内容和方向都相同的多个意思表示合致而成立的共同行为。[②] 我国台湾地区学者认为社团决议行为是依相平行之意思表示趋向于一致而成立的共同法律行为,[③]特征包括意思表示是向社团为之;采多数决对不同意者同样具有拘束力;[④]不能因一个投票人意思表示瑕疵而对决议为撤销之主张。[⑤]

2. 特殊多方法律行为说

该说认为决议行为系区别于共同行为的特殊多方法律行为,大陆学者多持该观点。[⑥] 主要理由有:第一,共同行为的特征在于行为人意思表示的同向性,而决议行为存在赞成与反对之对立意见。[⑦] 第二,共同行为遵循意思自治原则,经行为人同意,方对其有约束力,而决议采多数决,对未表示同意者亦有约束力。[⑧] 第三,就共同行为,法律仅关注行为人是否达成合意及合意内容,并不规制达成合意的程序;而就决议行为,法律关注程序正义,决议是否有效不取决于行为人的意思表示是否真实,取决于决议程序是否合法。[⑨]

3. 意思形成行为说

我国主要学者认为决议行为系意思形成行为,法律行为系意思表示行为,决议行为不适用法律行为理论。二者区别在于:法律行为是引起民事法律关系产生、变更、消灭的意思表示行为,而诸多决议行为仅形成社团内部意思,不形成民事法律关系。比照意思行为之构成,决议行为并非完整的意思表示行为,仅相当于形成效果意思。如公司作出为股东提供担保之决议,仅形成意欲签订担保合同之效果意

---

① 参见[德]孔策:《共同行为:一个新的法学概念》,载《奥托·米勒纪念文集》1892 年,第 27 页。转引自[德]维尔纳·弗卢梅:《法律行为论》,迟颖译,法律出版社 2013 年版,第 721 页。

② 参见[日]山本敬三:《民法讲义》,解亘译,北京大学出版社 2012 年版,第 83 页。

③ 参见刘得宽:《民法总则》,中国政法大学出版社 2006 年版,第 166 页。

④ 参见王泽鉴:《民法总则》,北京大学出版社 2009 年版,第 242 页。

⑤ 参见黄立:《民法总则》,中国政法大学出版社 2002 年版,第 198 页。

⑥ 参见龙卫球:《民法总论》,中国法制出版社 2001 年版,第 436 页;朱庆育:《民法总论》,北京大学出版社 2013 年版,第 133 页;李永军:《民法总论》(第 2 版),法律出版社 2009 年版,第 108 页。

⑦ 参见石纪虎:《关于股东大会决议效力的探讨》,载《政治与法律》2009 年第 5 期。

⑧ 参见龙卫球:《民法总论》,中国法制出版社 2001 年版,第 436 页。

⑨ 参见戴建庭、白明刚:《单方法律行为、合同、决议的瑕疵分析和责任比较》,载《东方法学》2012 年第 4 期。

思,需通过法定代表人或代理人将该意思表示于外,方构成意思表示。[①] 意思形成说的主要观点体现为:决议行为是团体意思形成行为而非意思表示行为;决议行为以民主与正当程序为其效力基础而不是遵循意思自治原则。

近年来,共同行为说逐步退出历史舞台,特殊多方法律行为说和意思形成行为说呈现分庭抗礼的态势。原《民法总则》第 134 条第 2 款首次明确了决议行为是法律行为,由此法律行为说在我国实证法上获得认可。《民法典》沿用了原《民法总则》的规定,被法律行为说的支持者们盛赞其体现了鲜明的中国元素。而持意思形成说的学者则批评第 134 条第 2 款实则与商法原理相背离。

本案中,昕源益达公司是 1993 年 3 月 1 日登记成立的集体所有制(股份合作)企业,而我国第一部《公司法》是 1994 年 7 月 1 日才正式实施的,可见,昕源益达公司当初制定公司章程非依照《公司法》之规定而设。当时公司章程载明,公司系根据《中华人民共和国企业法人登记管理条例》《北京市农村股份合作企业暂行条例》及其他有关法律、法规的规定,经由新宫村经济合作社第三届社员代表大会第七次会议决定,由新宫村经济合作社(农工商联合公司)改建而来。因此,该公司章程可以不依照《公司法》之规定设立股东大会。昕源益达公司依据公司章程的规定设立股东代表大会,无论是根据旧章程还是新章程,股东代表大会均是昕源益达公司最高权力机构,其有权按照议事规则作出决议,决定公司的经营方针和投资计划以及其他重大事项等,包括案涉五个决议。股东代表会议的决议行为是有别于共同行为的特殊法律行为,无须意思表示一致,对未投赞成票者同样具有约束力。

(二)出资人是否享有撤销法人决议行为的请求权

关于法人决议行为的撤销规定,其实早在 2017 年颁布的《民法总则》第 85 条中就对可撤销决议的情形做了具体的规定:召集程序、表决方式违反法律、行政法规和法人章程,或者决议内容违反法人章程。原《民法总则》第 85 条只规定了决议

---

① 参见陈醇:《意思形成与意思表示的区别:决议的独立性初探》,载《比较法研究》2008 年第 6 期。

可撤销的外部效力,而未涉及决议无效、不成立的情形。[①] 由此产生的争议在于原《民法总则》第85条的规定能够直接适用于决议不成立或决议无效的情形有哪些?决议作为一种法律行为,无效事由应当由原《民法总则》第153条所涵盖而无须再单独规定。《公司法》第22条规定仅内容违反法律、行政法规的决议无效,与原《民法总则》第153条的规定基本一致,决议因为内容违法而无效的,应当根据原《民法总则》第153条的规定认定决议效力。因此,《民法典》第85条也就继承了原《民法总则》第85条之原意,只规定了决议可撤销的效力。此外,原《民法总则》将《公司法》第22条的适用对象从"公司"扩大到"营利法人",《民法典》第85条继承了这一规定,赋予了营利法人的出资人在法人违反《民法典》第85条的情形下可以主张决议撤销的请求权。

本案中,原告认为被告昕源益达公司股东代表大会决议不符合法定的形成程序而要求予以撤销。原告认为昕源益达公司不召开股东大会就对应由股东代表会所议事项作出决定,明显违反《公司法》的规定。不召开股东大会即签署股东代表会决议的做法,超越了资本多数决原则的合法适用范围,属于滥用资本多数决原则的行为,将架空《公司法》对公司内部治理的制度设计。但是,昕源益达公司企业类型是集体股份合作制,经由新宫村经济合作社第三届社员代表大会第七次会议决定,由新宫村经济合作社(农工商联合公司)改建而来,非公司制企业。2019年该公司章程第32条规定公司实行股东代表大会制度,股东代表大会为公司最高权力机构。根据工商备案信息显示,昕源益达公司股东包括集体和自然人,多位股东于委托书下方签字栏签字确认选举该股东为股东代表,代理行使选举权和被选举权以及股份(合作)经营的经营、管理的参与权等股东权利。原告于某云2007年1月29日成为昕源益达公司股东。从企业的性质看,昕源益达公司系属股份合作制企

---

① 立法者给出的解释是:根据《民法总则》第143条、第153条的规定,营利法人的权力机构或执行机构作出决议的行为也是一种民事法律行为,自然受到《民法总则》第143条和第153条的约束,决议无效的事由在于内容违法,被包含在民事法律行为无效的范畴之内,无须重复规定。但决议可撤销则不同,所以单独加以规定。而决议不成立自最高人民法院《关于适用〈中华人民共和国公司法〉若干问题的规定(四)》(以下简称《公司法解释四》)中才有规定,《民法总则》在《公司法解释四》之前出台,自然没有先见之明。但后来《公司法解释四》规定了无效、可撤销事由的对外效力规定,同时创设了决议不成立这一瑕疵类型,却并未同时规定决议不成立的外部效力,而且《民法典》直接沿用了《民法总则》第85条的规定,也没有完善决议不成立的效力规则。

业法人,非公司制法人,法人内部架构并非依据《公司法》的规定执行,即法人最高权力机构不是股东会,而采用股东代表大会制度。公司章程中记载的最高权力机构的召集程序、表决方式也可以不依据《公司法》中股东会的召集程序、表决方式来执行,而采用更灵活方便的股东代表会议方式进行。据查,昕源益达公司的工商备案信息显示,公司股东包括集体和自然人,其中自然人股东名录共1520人。在股东人数较多的情况下,通过股东代表大会方式形成法人的意思表示不仅符合商事交易简便快捷之基本原则,而且符合法人之营利性特征。可见,原告认为被告昕源益达公司股东代表会决议不符合法定的形成程序是不准确的。但是,单纯从《民法典》第85条适用的条件看,2007年1月29日昕源益达公司向于某云发放股权证,于某云成为公司股东,符合出资人的主体身份。昕源益达公司章程第32条赋予股东代表会议为公司最高权力机构,其所形成的五个公司决议系营利法人的权力机构、执行机构作出,符合《民法典》第85条规定的行为条件。在双方就前述行为条件产生争议的前提下,作为出资人的原告于某云有权请求撤销法人决议。

二、出资人在何种情形下可以行使法人决议撤销的请求权

既然出资人依据《民法典》第85条有权提起营利法人决议行为的撤销请求,那么该出资人应当在何种情形下行使该权利?该条明确营利法人决议行为撤销的基本情形,即召集程序、表决方式违反法律、行政法规和法人章程,或者决议内容违反法人章程。

(一)召集程序、表决方式违反法律、行政法规和法人章程

营利法人系由出资人、管理人员、债权人等利益主体所组成的组织体。股东会不仅是出资人行使权利、保障法人决议通过多数股东意思形成的议事机构,而且是法人决议形成的具体会议。法人决议需要依托法定程序规则作出,若程序违法将导致决议撤销的后果。因为程序法存在独立的内在价值,程序违法不一定必然伤害实体正义。具体到股东大会决议,程序违法也不一定损害股东的利益。受程序违法困扰无法正常出席会议或者行使表决权的股东是自己利益的最佳判断者,其对决议程序违法的损害判断最有发言权,可以根据损害大小、救济成本高低来决定

是否行使否定决议的权利。[①] 因此,若法人决议召集程序、表决方式违法,出资人可以行使否定决议的撤销权利。法人章程系全体出资人意思表示形成的产物,对法人、出资人以及内部管理人员具有法律拘束力。法人决议召集程序、表决方式违反章程,属于情节相对轻微的后果,采用撤销决议的后果较为妥当。

(二)决议内容违反章程

法人章程是法人的行为准则,对法人的权力机构、执行机构及其成员均具有约束力。法人的权力机构、执行机构作出决议的内容违反章程,要看具体情况进行分析:若所作出决议的内容既违反了章程,同时触犯了法律、行政法规的强制性规定,可依据《民法典》第 143 条、第 153 条之规定(除该强制性规定不导致民事法律行为无效外),认定其属于无效民事法律行为;若作出决议的内容仅仅是违反了章程,而章程是法人内部运作的行为准则,凸显了法人自治的原则,当决议的内容与章程发生冲突时,只会影响法人的规范治理,不会导致决议无效,因而属于可撤销事由。[②]

本案中原告于某云认为被告昕源益达公司召集程序、表决方式违反法律、行政法规的规定,但股东代表大会作为该法人的最高权力机构,其所形成的五个公司决议系昕源益达公司权力机构——股东代表会议作出的决议,符合法人章程的规定,并不违反相应的法律法规。

三、结论

本案中股东代表大会是被告昕源益达公司的最高权力机构,其有权按照议事规则作出决议,其决议行为的召集程序、表决方式并不违反法律、行政法规和法人章程的规定,内容也不违反章程的规定。

---

① 参见李建伟:《论公司决议可撤销的适用事由——基于司法适用立场的立法解释》,载《浙江社会科学》2009 年第 8 期。

② 参见刘俊海:《股份有限公司股东权的保护》(第 2 版),法律出版社 2004 年版,第 301 页。

知识拓展

出资人对于法人决议行为撤销的外部效力

第85条在内容上可划分为两部分:一是关于营利法人决议可撤销事由的规定;二是但书部分增设的可撤销决议的外部效力规定。前者为决议的效力认定提供依据,无关营利法人与相对人在法律上的利害关系;后者为营利法人外部行为的效力认定提供思路,并通过影响外部行为的效力来调整营利法人与相对人之间的利害关系。①

一、"善意相对人"的判断

《民法典》第85条但书条款确立了决议外部效力的适用依赖于对善意相对人的判断。民法和商法对善恶意的认识和判断并非完全一致,民法善意的不当商用造成了商事法律规范下相对人善恶意判断的困境。

善意有积极观念与消极观念之分,前者要求有以他人为权利人的积极信念,后者只需不知他人为权利人即可。积极观念的要求过高,我国通说采消极观念,将善意界定为不知情,是一种推定的消极的善意,即行为人在从事某一行为时不知存在足以影响该行为效力因素的一种心理状态。② 但是《民法典》第85条主要调整营利法人内外部商事法律关系,与营利法人从事交易的相对人大多是以从事营利活动为习惯职业的商主体,追求利润最大化和交易效率。③ 民事关系无法涵盖全部的商事关系。

从民法的角度看,多数情况下相对人交易时不会去询问、不了解、不知道法人的内部决议是否撤销,只要不是特殊的必须予以注意的交易类型,没有事先明示通知其决议撤销的情形,即可推定相对人构成善意。④ 但现实中,相对人作为商主体,为避免其追求的交易目的落空,一般会就与决议相关的材料(如会议记

---

① 参见房绍坤、张泽嵩:《营利法人决议外部效力规则的体系化阐释——以〈民法典〉第85条为中心》,载《法治研究》2022年第2期。

② 参见郑立、马太建:《论民法中的善意制度》,载《法学杂志》1989年第5期。

③ 参见施天涛:《商事关系的重新发现与当今商法的使命》,载《清华法学》2017年第6期。

④ 参见王利明主编:《中华人民共和国民法总则详解》(下册),中国法制出版社2017年版,第773页。

录、股东签字等)进行审查,无论是形式审查还是实质审查,其至少需要主动询问、了解决议的基本情况(如决议时间、决议机构、表决结果等),亦即相对人应尽到合理的注意义务。因此,第85条中的善意,不能理解为相对人不知或非因过失而不知其与营利法人实施的法律行为缺少有效的决议要件,而是应界定为相对人对营利法人做出的与其形成民事法律关系相关的决议尽到了合理的审查义务。当然,如果有充分的证据显示,相对人于外观事实之外,尚知道决议的真实情况及其与外观不一致时,①无论相对人是否尽到合理的审查义务,均不能以善意为由主张其与营利法人形成的民事法律关系不受影响。

《九民纪要》第17条第三句的后半句规定"区分订立合同时债权人是否善意分别认定合同效力:债权人善意的,合同有效;反之,合同无效"。结合上下文可知,此处的善意不是指民法所指的"相对人不知道或者不应当知道法定代表人不享有单独决定对外担保权",而是指向"对授权法定代表人签订担保合同的公司决议存在事实及其有效性尽到审查义务"。第18条明确了善意的认定,"债权人主张担保合同有效,应当提供证据证明其在订立合同时对股东(大)会决议进行了审查"。因此,在决议对外效力的认识上,应当将善意的认定与相对人的主动审查义务相关联,从而认定相对人是否对决议外观产生了合理信赖。

二、"民事法律关系不受影响"的外部效力认定

1."民事法律关系不受影响"的双重含义

无论决议的效力如何,营利法人的法定代表人与善意相对人实施的外部行为的法律效果均归属于营利法人,营利法人不能以决议被否定来对抗善意相对人。② 这是"民事法律关系不受影响"的第一重含义。

决议作为一种法律行为,应适用《民法典》第155条关于法律行为被撤销效果的一般规则,即被撤销的法律行为自始没有约束力。但若按照第85条的规定,撤销决议只能使决议面向未来无效,而不能使之自始无效,即此种撤销不具

① 参见丁南:《论公信力与交易主体的善意——从民法信赖保护角度的阐释》,载《社会科学战线》2004年第2期。

② 参见朱广新:《论营利法人决议撤销时善意相对人保护的条件与方法》,载《法律适用》2021年第8期。

有溯及力。就此而言，第 85 条规定“民事法律关系不受影响”其实构成了第 155 条规定的一种例外。背后的原理是，立法基于保护善意相对人的需要，才不得已地按照外观特别是对该外观的合理信赖，赋予“民事法律关系不受影响”的特定效果。换一个角度讲，商事外观主义原则下并不保护真实的意思主体，而是保护对交易外观产生合理信赖的相对人。

“民事法律关系不受影响”的第二重含义，即外部行为的效力应根据《民法典》有关法律行为效力的一般规则进行认定。进而言之，相对人的“善意”切断了决议与外部行为之间效力的联动性，外部行为的效力不依赖决议的效力，而是应根据其自身的要件去判断。在这样的效力认定逻辑下，就算决议被否定，营利法人据此与善意相对人实施的外部行为也该有效的有效、该效力待定的效力待定、该可撤销的可撤销、该无效的无效。

2. 外部交易行为效力认定的可能路径

（1）适用诚实信用原则

内外区分，决议行为仅仅是社团内部意思的形成机制，原则上不影响外部交易行为效力。但若第三人明知社团决议存在瑕疵仍与之交易，则有违诚信原则，应当认定该外部交易行为无效。

（2）参照适用真意保留规则

类比意思表示行为，决议行为只形成社团意欲对外从事交易行为之效果意思。有学者认为，意思表示行为需要有效果意思的存在，社团在未经决议或决议无效、被撤销时对外从事交易行为，相当于缺乏效果意思，行为无效。[①] 但外部交易人通常难以查明社团内部效果意思的真实与否，绝对地认定交易无效，有损交易安全。因此，大陆法系国家设置了真意保留规则。即使决议不成立、无效、被撤销，仅在相对人知道或者应当知道决议存在瑕疵时该交易行为才无效。

（3）适用越权代表或者无权代理规则

社团依赖于法定代表人或代理人代理实施法律行为，但法定代表人、代理人应当取得授权。当法定代表人或代理人依据可撤销、无效或伪造的决议对外签

① 参见［韩］李哲松：《韩国公司法》，吴日焕译，中国政法大学出版社 2000 年版，第 349 页。

订合同时,实际未取得授权,属于实施越权代表、无权代理行为。认定上述外部交易行为对社团效力待定,未经其追认,对其不发生效力,这是多数学者的观点。

基于瑕疵决议的内容并结合越权代表、无权代理规则认定外部行为效力。第一,决议仅决定社团对外实施法律行为之效果意思,法定代表人、代理人需按此意思确定之权限对外为意思表示,因此,即使决议不成立、无效、被撤销,亦仅系法定代表人越权代表、代理人无权代理实施行为,适用越权代表、无权代理规则,认定行为对于社团效力待定。第二,《公司法》等特别法并未规定社团从事外部交易行为,都必须经内部决议,故还应基于瑕疵决议的内容认定外部行为效力。其一,若特别法并未规定社团从事某行为必须经权力机构、执行机构特别决议,此时法定代表人或委托代理人从事该行为无须特别决议授权,交易相对人有理由相信法定代表人或获得一般委托授权的代理人享有代表或代理社团从事该行为之权限,故在磋商缔约时无须要求法定代表人或委托代理人出具决议,在法定代表人或委托代理人出具决议时亦无审查其真实性、合法性之义务。故决议瑕疵原则上不影响外部交易行为效力,仅当社团证明相对人明知决议瑕疵继而明知法定代表人或委托代理人无权限时,方才认定该行为对其效力待定。其二,若特别法明确规定社团从事某行为必须经权力机构、执行机构特别决议,相对人无理由相信法定代表人或委托代理人享有代表或代理社团从事该行为之权限。相反,相对人明知法定代表人或委托代理人无特别权限,应适用无权代理规则,仅当其证明法定代表人或委托代理人在磋商缔约时出具了决议,存在特别授权之表象,且不知道亦不应当知道决议存在瑕疵,构成表见代理,行为方才对社团当然发生效力。

综上所述,应结合瑕疵决议的内容,具体认定相对人是否构成《民法典》第85条规定的善意相对人,并结合越权代表、无权代理规则认定社团与恶意相对人从事的行为效力。

延伸阅读

1.[日]我妻荣:《新订民法总则》,于敏译,中国法制出版社2008年版。

2. [日]山本敬三:《民法讲义Ⅰ·总则》,解亘译,北京大学出版社2012年版。

3. [日]近江幸治:《民法讲义Ⅰ·民法总则》(第6版)补订,渠涛等译,北京大学出版社2015年版。

4. 许中缘:《论意思表示瑕疵的共同法律行为——以社团决议撤销为研究视角》,载《中国法学》2013年第6期。

5. 陈醇:《意思形成与意思表示的区别:决议的独立性初探》,载《比较法研究》2008年第6期。

6. 李建伟:《论公司决议可撤销的适用事由——基于司法适用立场的立法解释》,载《浙江社会科学》2009年第8期。

12 捐助人的撤销权

——王某桢与江都益民医院股东会决议纠纷案

学理概要

捐助人可以请求撤销捐助法人违法或者违反章程规定的决定，具体分为两种情形：一种情况是捐助法人的决策机构、执行机构或者法定代表人作出决定的程序不符合法律、行政法规、法人章程的规定；另一种情况是捐助法人的决策机构、执行机构或者法定代表人作出决定的内容违反法人章程的规定。

• 核心法条

《民法典》第94条　捐助人有权向捐助法人查询捐助财产的使用、管理情况，并提出意见和建议，捐助法人应当及时、如实答复。

捐助法人的决策机构、执行机构或者法定代表人作出决定的程序违反法律、行政法规、法人章程，或者决定内容违反法人章程的，捐助人等利害关系人或者主管机关可以请求人民法院撤销该决定。但是，捐助法人依据该决定与善意相对人形成的民事法律关系不受影响。

典型案例

王某桢与江都益民医院股东会决议纠纷案[①]

案情简介：江都益民医院原性质为自收自支事业单位，于2002年进行产权改制。马某云于2012年8月30日将其产权67%赠与陈某雅、33%赠与王某桢，陈某雅将接受赠与的67%股权、王某桢将接受赠与的33%股权全部投入社会团体登记的江都益民医院。现江都益民医院系法人型民办非企业单位，登记管理机关为扬州市江都区民政局，业务主管单位为扬州市江都区卫生与计划生育委员会。2016年11月9日，江都益民医院召开股东（出资人）会议，形成《江都益民医院股东会（出资人）决议》，会议参加人员为陈某雅的代表马某云。王某桢认为其系江都益民医院的股东，江都益民医院在未通知其参加股东会的情况下即作出股东会（出资人）决议，其有权参照适用《公司法》的规定要求撤销股东会（出资人）决议。

争议焦点：王某桢是否有权请求撤销《江都益民医院股东会（出资人）决议》？是否有权参照适用《公司法》的规定予以撤销？

裁判理由与结果：根据《民法典》第94条第2款的规定，捐助人可行使撤销权的决定限于捐助法人的决策机构、执行机构或法定代表人作出的决定。本案中，江都益民医院的决策机构、执行机构均为院领导班子，而非股东（出资人）会，王某桢依据该条规定主张撤销案涉股东（出资人）会决议，于法无据，法院不予支持。撤销权作为形成权，应当对其行使期限做出一定限制，可以参照适用《公司法》中60日期限的规定。本案中，案涉股东（出资人）会决议形成于2016年11月9日，王某桢的起诉时间为2017年3月24日，超过了《公司法》规定的期限，人民法院应不予受理，在案件已经受理的情况下，应裁定驳回原告起诉。

解 题 思 路

《民法典》第94条的规定与第85条有诸多类似之处，许多争议也与第85条一

① (2018)苏10民终2025号。

致，包括对善意相对人的认定、对外效力的认定等，此处不再赘述。以下仅特别总结第 94 条特有的制度争议。结合本案来看，应当重点关注捐助人可以请求撤销捐助法人违法或者违反章程规定的具体情形有哪些？是否有权参照适用《公司法》的规定予以撤销？

一、王某桢是否有权请求撤销《江都益民医院股东会（出资人）决议》

根据第 94 条的规定，捐助人可以请求撤销捐助法人违法或者违反章程规定的决定有两种情况：一种是决定程序违反法律、行政法规或者法人章程，另一种是决定内容违反法人章程的规定。本案是属于哪一种呢？2016 年 11 月 9 日，江都益民医院召开股东（出资人）会议，形成《江都益民医院股东会（出资人）决议》，会议未通知股东（出资人）王某桢参加，王某桢认为股东会并非被上诉人江都益民医院的组织机构，股东会的召开没有事实和法律依据，进而所形成的股东会决议（表决通过章程修改方案、组织机构设置、选举理事成员、选举新的法定代表人）无论从程序上来说，还是从内容上来看，均违反了原章程的规定。

（一）股东（出资人）会作出决定的程序是否违反了法律、行政法规或者法人章程

《民法典》第 94 条规定，捐助法人的决策机构、执行机构或者法定代表人作出决定的程序应当符合法律、行政法规、法人章程的规定。如根据《基金会管理条例》第 21 条规定，"理事会是基金会的决策机构，依法行使章程规定的职权。理事会每年至少召开 2 次会议。理事会会议须有 2/3 以上理事出席方能召开；理事会决议须经出席理事过半数通过方为有效"。该条还规定，涉及章程的修改，选举或者罢免理事长、副理事长、秘书长，章程规定的重大募捐、投资活动，基金会的分立、合并等重要事项的决议，须经出席理事表决，2/3 以上通过方为有效。理事会会议应当制作会议记录，并由出席理事审阅、签名。如果基金会的理事会所作决定违反了这一程序性规定，捐助人等利害关系人或者主管机关可以请求人民法院撤销该决定。本案中，被上诉人江都益民医院作出决议程序是否违反了法律、行政法规或者法人章程？

1. 被上诉人江都益民医院股东（出资人）会是否有权作出决议

本案中，上诉人王某桢主张江都益民医院的法人章程第 6 条规定，"本单位的

决策机构是院领导班子，其成员由王某桢、马某星组成，任期两年，其职权包括但不限于制定和修改本单位章程，审定本单位的机构、编制设置和基础管理制定，决定其他重大事项等”。章程同时规定了议事规则为协商产生。由此得知，江都益民医院单位的决策机构为院领导班子，股东会并不是民办非企业单位的组织机构。因此，被上诉人江都益民医院于 2016 年 11 月 9 日形成的股东（出资人）会决议，其形成程序违反了原有章程和相关的法律规定。股东会并非被上诉人的组织机构，股东会的召开没有事实和法律依据，进而所形成的股东会决议从程序上违法。

被上诉人江都益民医院认为其股东会有权作出决议。首先，原章程第 6 条规定决策机构领导班子成员也无权对益民医院的相关事宜作出决策，原决策机构任期两年已经于 2014 年 11 月 26 日任期届满。其次，益民医院股东陈某雅作为占2/3股份的股东有权召集股东会议，并且该会议已经依法通知了上诉人，上诉人未参加会议视为放弃权利。最后，捐助人作为江都益民医院的出资人，其拥有法定的（股东）出资人的表决权，享有对法人重大事项的决定权。本案中，由于决策机构江都益民医院领导班子的任期已经届满，在章程规定的决策机构任期届满的前提下，股东（出资人）会有权作出《江都益民医院股东会（出资人）决议》。

2. 被上诉人江都益民医院作出决议是否程序违法

从本案来看，被上诉人江都益民医院通过股东会（出资人）作出《江都益民医院股东会（出资人）决议》，但上诉人王某桢认为程序违法主要表现在：一是认为捐助法人的决策机构是院领导班子而非股东会；二是认为召集股东（出资人）会的条件不符合，并未通知上诉人。经过庭审调查，虽然法人章程中规定法人决策机构为领导班子，但是由于其任期届满，故股东会有权形成《江都益民医院股东会（出资人）决议》。股东会召开前已经通知上诉人王某桢，但其未参加会议，召集条件符合。对于股东会决议决策相关事项已经由高邮市人民法院（2015）邮行初字第00150 号判决书依法予以认定，对于本案涉及的股东会决议以及决议的事项程序已经由高邮市人民法院（2017）苏 1084 行初 49 号以及扬州市中级人民法院（2017）苏10 行终 247 号行政判决书予以确认，程序合法。

（二）股东（出资人）会作出决议的内容是否违反了法人章程

本案中，上诉人王某桢认为被上诉人江都益民医院于 2016 年 11 月 9 日形成的股东会（出资人）决议，从内容上来看，违反了原有章程规定。根据江都益民医院法人章程第 6 条的规定，即“本单位的决策机构是院领导班子，其成员由王某桢、马某星组成，任期两年”，王某桢认为被上诉人绕开自己召集股东（出资人）会违反了章程中的上述内容。《民法典》第 94 条规定，捐助法人的决策机构、执行机构或者法定代表人作出决定的内容应当符合法人章程的规定。法人章程是设立法人的重要依据，也是法人应当遵循的基本准则，对法人的决策机构、执行机构或者法定代表人均具有拘束力。如果捐助法人的决策机构、执行机构或者法定代表人作出决定的内容违反了章程的规定，如违反了章程规定的设立该法人的宗旨，以捐助财产从事了营利性的活动，那么作为捐助人等利害关系人或者法人的主管机关有权请求人民法院撤销该决定，以维护所捐助财产的安全。结合本案事实调查，原决策机构任期两年已经于 2014 年 11 月 26 日任期届满，被上诉人益民医院股东陈某雅作为占 2/3 股份的股东有权召集股东会议，并且该会议已经依法通知了上诉人，上诉人未参加会议视为放弃权利。另外，股东会决议决策相关事项已经由高邮市人民法院（2015）邮行初字第 00150 号判决书依法予以认定。因此，江都益民医院股东（出资人）会作出决议内容并未违反法人章程。

二、上诉人王某桢主张在原《民法总则》对民办非企业召开股东会形成决议未做明确规定时，是否可以适用《公司法》的相关规定

本案中，上诉人王某桢的另一诉请是：认为其系江都益民医院的股东，被上诉人江都益民医院在未通知其参加股东会的情况下即作出股东会（出资人）决议，王某桢有权要求撤销股东会（出资人）决议，其要求撤销股东会（出资人）决议的法律依据是参照适用《公司法》。

《公司法》第 22 条第 2 款规定：“股东会或者股东大会、董事会的会议召集程序、表决方式违反法律、行政法规或者公司章程，或者决议内容违反公司章程的，股东可以自决议作出之日起六十日内，请求人民法院撤销。”这里需要注意两点：一是撤销权适用的主体问题。《公司法》对股东决议纠纷适用范围有明确规定，法人型民办非企业单位不在股东决议纠纷的适用范围内。现江都益民医院的性质为法人型民办非企业单位，故王某桢要求撤销江都益民医院于 2016 年 11 月 9 日形成的《江都益民医院股东会（出资人）决议》无法律依据。二是撤销权适用的时间问题。最高人民法院《关于适用〈中华人民共和国公司法〉若干问题的规定（一）》（以下简称《公司法解释一》)第3条规定:"原告以公司法第二十二条第二款、第七十四条第二款规定事由,向人民法院提起诉讼时,超过公司法规定期限的,人民法院不予受理。"因此,法院认为,江都益民医院作为民办非企业单位,现行法律中虽未对发起人提起决议撤销的诉讼期限作出明确的规定,但撤销权作为形成权,应当对其行使期限做出一定限制,可以参照适用《公司法》中60日期限的规定。本案中,案涉股东(出资人)会决议形成于2016年11月9日,王某桢的起诉时间为2017年3月24日,超过了公司法规定的期限,人民法院应不予受理,在案件已经受理的情况下,应裁定驳回原告起诉。

三、结论

上诉人王某桢的上诉理由没有事实与法律依据,无权请求撤销《江都益民医院股东会(出资人)决议》,王某桢超过《公司法》规定的期限起诉,在案件已经受理的情况下,裁定驳回原告起诉。

知识拓展

尽管我国法律创设了捐助法人主管机关撤销权制度,但基于其条款简略性以及主管机关撤销权行使行为特殊性,《民法典》以及其他现有法规尚未解决如下三个彼此牵连的问题:撤销权行使的主体冲突、程序不明与责任模糊。①

一、撤销权行使的主体冲突

《民法典》第94条规定的撤销权主体包括利害关系人和主管机关,利害关系人在积极行使撤销权时,可能与主管机关所保护的公共利益相冲突。利害关系人范围不确定,可能导致行使撤销权的情形时常发生,从而损害主管机关欲保护的公益目的。

捐助法人属于公益法人,兼具"自愿和公益"双重属性,即通过私法人形式来积极实现公益这一实质诉求。在这种情况下,需要平衡公益目的保护与法人自治的关系。如果宽泛地赋予利害关系人以撤销权,则很容易打破这种平衡,即便

① 参见李德健:《论捐助法人主管机关撤销权及其制度完善——以〈民法典〉第94条为切入点》,载《山东大学学报(哲学社会科学版)》2021年第3期。

利害关系人普遍为自己所预设的公益目的而积极行使该撤销权，也可能产生过分限制捐助法人内部机构成员决定的自由度与专业性进而间接损害其公益目的的反向效果。立法者可能忽视了撤销权行使本身的公益目的保护导向与利益关系人道德风险、捐助法人自治之间的内在张力。

二、撤销权行使的程序不明

利害关系人与主管机关行使撤销权是否存在先后顺序？若利害关系人不行使撤销权，主管机关是否应当行使？根据该条规定，利害关系人与主管机关是平行的主体关系，“可以”一词意在表明撤销权主体的自主决定权。第94条虽赋予私人监督者以撤销权，但其多对捐助法人并不享有经济利益，一旦撤销权行使成功，其所得利益将为捐助法人以及其他利害关系人无偿享有。这容易催生“搭便车”行为，导致私人监督者缺乏积极行使撤销权的动力。在这种情况下，主管机关是否应积极作为，行使该撤销权？抑或同样选择不予行使？另外，主管机关是否可以通过行使其常规行政监管权的方式，而不再行使该撤销权？对此，现行法缺乏明确规定。基于主管机关负有监管捐助法人内部机构成员的法定职责，其撤销权机制实际上是用民事权利这一“外衣”所包裹的公法上的监督职责，是“以私法作为公法的辅助工具”①。

另外一个问题就是，主管机关决定行使该撤销权究竟是适用一般民事诉讼程序，还是适用民事公益诉讼程序？针对该问题，其主要原因似乎可以归结为现行法忽视了主管机关撤销权行使行为构成一种特殊民事公益诉讼。首先，通过行使该撤销权，主管机关让内部机构违法行为得到纠正，从而保护该捐助法人公益目的。其次，针对捐助法人内部机构违法违规而损害其自身公益目的的行为，并未被现行法明文确定在民事公益诉讼范围之中。有别于一般民事公益诉讼（针对外部环境等公共利益的侵害），捐助法人内部机构成员如果决定不积极实现其组织章程所追求的公共利益，就需要主管机关来行使该撤销权。再次，该撤销权之行使直接用于有效保护捐助法人公益资产、规范内部机构行为，因此已经内化为捐助法人治理架构中的重要制度。最后，行权主体上，一般民事公益诉讼

① 参见苏永钦：《民事立法与公私法的接轨》，北京大学出版社2005年版，第82页。

将起诉主体限定于行政机关、检察机关与社会组织，而该撤销权相关的起诉主体是主管机关与利害关系人。

因此，第 94 条所创设的主管机关撤销权行使行为实际上具有复合属性：该行为是形式上的民事权利行使行为与实质上的公法职责执行行为，并在此基础上与主管机关常规行政监管权形成并列而非替代关系，彼此搭配发挥最优化的公益目的保护效果；该行为在学理上可纳入民事公益诉讼范畴予以把握，但作为一种特殊公益诉讼，其在具体领域、确保内部机构成员积极实现公共利益、作为捐助法人治理的组成部分以及起诉主体范围等方面又与一般民事公益诉讼大有区别。而对其复合属性的忽视则构成现行法中主管机关撤销权行使程序不明困境之理论成因。

三、撤销权行使的责任模糊

有关撤销权行使后责任的承担问题，主要集中在以下两个方面：

1. 民事责任类型模糊

《基金会管理条例》第 43 条规定，决策不当导致基金会财产受损的理事负有赔偿责任，而对于私分等非法处理所在基金会财产的行为，还需要归还财产。但这并不当然适用于社会服务机构法人等其他捐助法人类型，同时未明确是否还包括其他责任承担方式。对于内部机构成员因违反相应的规定而获得的相应收益，是否应归于捐助法人？如果应当，其采取的是何种责任方式？《民法典》第 94 条并未明确，实质原因主要在于现行法忽视了捐助法人内部机构成员作为“慈善受信人”而负有的信义责任。从学理上讲，捐助法人内部机构成员作为受信人对捐助法人负有信义义务，必须为捐助法人最优利益从事活动，并避免与减少利益冲突。信义责任是违反信义义务后所应承担的民事责任，包括赔偿损失、将所得收益“归入”捐助法人等责任承担方式。

2. 责任减免机制模糊

现行法在其民事责任承担机制方面并未考虑捐助法人内部机构成员作为慈善受信人的利他精神。捐助法人内部机构成员很多是不领取报酬的志愿者抑或因为热爱公益事业而接受较低薪酬者，这在英美法上被称为“志愿托管原则”。在大陆法系国家，如荷兰，即便并未明确该原则，在实践中很多理事会成员确实也是志愿者。在我国,《基金会管理条例》第23条也部分承认了这一点:监事与非专职理事不得从基金会获取报酬。在此背景下,如果捐助法人内部机构成员忠实履行了相关义务,尽管还存在一些瑕疵,但基于其志愿者身份或利他精神,适当减免其责任依然具有正当性。当然,对于已丧失基本利他精神的(尤其是故意)严重违法者,并不应当存在免责空间。

延伸阅读

1. 黄薇主编:《中华人民共和国民法典总则编解读》,中国法制出版社2020年版。
2. 郑功成主编:《〈中华人民共和国慈善法〉解读与应用》,人民出版社2016年版。
3. 金锦萍:《中国非营利组织法前沿问题》,社会科学文献出版社2014年版。
4. 李芳:《慈善性公益法人研究》,法律出版社2008年版。
5. 吕鑫:《慈善法之滥觞——〈慈善法史1532－1827〉评介》,载《政法论坛》2020年第2期。
6. 苏永钦:《民事立法与公私法的接轨》,北京大学出版社2005年版。
7. 李德健:《论捐助法人主管机关撤销权及其制度完善——以〈民法典〉第94条为切入点》,载《山东大学学报(哲学社会科学版)》2021年第3期。
8. 赵旭东:《论捐助法人在民法中的地位》,载《法学》1991年第6期。

第四章

非法人组织

13 非法人组织的债务承担

——西安因变创新智能科技有限公司与北京金宏来专利代理事务所西安分所、北京金宏来专利代理事务所专利合同纠纷案

学理概要

出资人或设立人对组织债务承担无限责任

• **核心法条**

《民法典》第104条　非法人组织的财产不足以清偿债务的，其出资人或者设立人承担无限责任。法律另有规定的，依照其规定。

典型案例

西安因变创新智能科技有限公司与北京金宏来专利代理事务所西安分所、北京金宏来专利代理事务所专利合同纠纷案[①]

案情简介：原告西安因变创新智能科技有限公司（以下简称因变公司）与被告北京金宏来西安分所（特殊普通合伙）（以下简称金宏来分所）于2020年11月13日签订《专利申请委托合同》，合同约定原告委托被告金宏来分所中国国防申请咨询事项共10件，前期阶段代理费用20万元，于11月25日之前支付3万元，11月30日之前支付7万元，12月底前支付10万元；后期授权阶段需支付代理费5万元。合同签订后，原告依约向被告金宏来分所支付了前两笔款项共计10万元。在原告支付第三笔款项之前，被告金宏来分所的工作人员以口头方式告知其因公司法务审核合同未通过而不能继续履行合同。原告只能另行委托其他公司代理专利申请，因此另行支出代理费1万元，且被告金宏来分所未退还其已支付的款项。原告遂起诉被告金宏来分所，并以分所作为分支机构不具有独立责任能力为由，同时起诉被告北京金宏来专利代理事务所（特殊普通合伙）（以下简称金宏来事务所）要求承担民事责任。原告诉讼请求为：(1)判令解除原告与被告金宏来分所签订的涉案合同；(2)判令两被告退还原告已支付的10万元并支付资金占用利息；(3)判令两被告向原告支付因被告金宏来分所违约给原告造成的经济损失1万元；(4)本案诉讼费由两被告承担。

诉讼中，法院查明，被告金宏来事务所注册成立于2016年10月12日，类型为特殊普通合伙企业。被告金宏来分所为其分支机构，注册成立于2019年7月8日，类型为特殊普通合伙企业分支机构。

争议焦点：两被告是否应对上述债务承担责任？

裁判理由与结果：法院认为，被告金宏来分所系被告金宏来事务所设立的分支机构，其性质属于非法人组织，故根据《民法典》第104条规定，首先应由被告金宏来分所的财产对上述债务进行清偿，不足部分由被告金宏来事务所进行清偿。遂

① (2021)陕01知民初3504号。

判决:(1)涉案合同已解除;(2)被告金宏来分所退还原告已支付的专利代理费96,000元,并赔偿资金占用利息损失;(3)被告金宏来事务所在上述债务未清偿的范围内承担给付责任。

解题思路

一、请求权是否产生

原告可能根据《民法典》第104条要求两被告承担民事责任的请求权。

(一)原告是否有权要求两被告承担民事责任

1. 特殊普通合伙系非法人组织

非法人组织是指不具有法人资格但可以以自己的名义进行民事活动的组织,亦称非法人团体。非法人组织的范围包括个人独资企业、合伙企业、不具有法人资格的专业服务机构等。依据《合伙企业法》第2条的规定,合伙企业是指自然人、法人和其他组织依照本法在中国境内设立的普通合伙企业和有限合伙企业。我国合伙企业包括普通合伙企业和有限合伙企业,《合伙企业法》在其第二章第六节“特殊的普通合伙企业”中对普通合伙人承担责任的形式进行了特别规定。本案中,被告金宏来分所属于特殊普通合伙企业,系被告金宏来事务所设立的分支机构,是非法人组织。

2. 非法人组织的财产不足以清偿债务

对于非法人组织存续期间产生的债务,除非非法人组织的设立人或负责人自愿以个人财产优先予以清偿,否则应优先以非法人组织的财产予以清偿。[①] 本案中,被告金宏来分所系被告金宏来事务所设立的分支机构,应当先以其财产在法院判决的债务范围内进行清偿。

3. 出资人或设立人对非法人组织的债务承担无限责任

非法人组织具备一定的法人特征,依法享有民事权利并承担相应的民事义务。但是,非法人组织与法人仍存在很大的差别,除表现在法人相对于非法人组织具有

---

① 参见最高人民法院民法典贯彻实施工作领导小组主编:《中华人民共和国民法典总则编理解与适用》,人民法院出版社2020年版,第524页。

更强的团体性外，最显著的表现在于它们的责任形式不同。法人一经设立便与其设立人及其他法人成员各自为独立的民事主体，各自的财产相互分离，民事责任也各自独立、互不连带。而因为非法人组织的财产因缺乏独立性或独立性较差，所以非法人组织所需要承担的是一种团体的有限责任与其成员的无限责任相结合的一种责任形式。与法人相似，非法人组织也是以自有财产对外承担责任，但如果非法人组织以自己所有的财产对外承担责任不足以进行清偿时，由其成员负连带责任或补充责任。[①] 本案中，被告金宏来分所系被告金宏来事务所设立的分支机构，其财产不足以清偿债务的部分，由被告金宏来事务所承担无限责任。

（二）两被告应承担的民事责任范围

被告金宏来分所因其方原因而无法继续履行合同，遂告知原告，原告已同意解除合同。合同解除后，双方的权利义务终止，原合同不再继续履行。对于原告已支付的10万元费用是否应予全额退还，可根据被告金宏来分所完成的具体工作量进行酌定。对于造成的原告损失，依据合同违约情况下的填平原则，损失赔偿额应当相当于因违约造成原告的实际损失，即应赔偿给原告造成的利息损失。

二、请求权是否消灭

《民法典》第104条后半句规定，“法律另有规定的，依照其规定”，即“法律另有规定的”可以消灭原告的全部或部分请求权，出资人可以不承担无限责任，如合伙企业中的有限合伙人。[②] 但是，本案不存在请求权消灭事由。

三、请求权是否可以执行

本案不存在阻碍请求权执行的事由。

四、结论

原告可以根据《民法典》第104条要求两被告对上述所有费用承担连带责任。

---

① 参见最高人民法院民法典贯彻实施工作领导小组主编：《中华人民共和国民法典总则编理解与适用》，人民法院出版社2020年版，第522页。

② 参见王利明：《民法总则》，中国人民大学出版社2017年版，第266页。

知识拓展

非法人组织的债务清偿

一、个人独资企业

根据《个人独资企业法》的规定，投资人以其个人财产对企业债务承担无限责任。个人独资企业财产不足以清偿债务的，投资人应当以其个人的其他财产予以清偿。个人独资企业投资人在申请企业设立登记时明确以其家庭共有财产作为个人出资的，应当依法以家庭共有财产对企业债务承担无限责任。①

债权人对非法人组织出资人或设立人的请求权，适用债法的一般规则以及《民法典》关于诉讼时效的规定。② 但《个人独资企业法》第28条额外对此有5年期间的规定："个人独资企业解散后，原投资人对个人独资企业存续期间的债务仍应承担偿还责任，但债权人在五年内未向债务人提出偿债请求的，该责任消灭。"

二、合伙企业

我国《合伙企业法》将合伙企业分为普通合伙与有限合伙两大类。普通合伙企业的特征是所有合伙人对所有企业债务均承担无限连带责任。"所有合伙人"强调无论出资形式、无论自己是否执行企业事务；"所有企业债务"则指无论是一般的企业债务，还是某一合伙人因故意或者重大过失引起的企业债务。有限合伙企业的特征则是"以人定责"，普通合伙人（General Partner）应当对所有的企业债务承担无限连带责任，而有限合伙人（Limited Partner）对所有的企业债务只在出资范围内承担有限责任。

普通合伙企业中有一类"特殊的普通合伙企业"（源自美国法上"有限责任合伙"，即 Limited Liability Partnership，LLP），其特殊之处在于其属于有限责任与无限连带责任的混合体，对于某一合伙人因故意或者重大过失引起的企业债务，由该合伙人承担无限责任或者无限连带责任，其他合伙人只以其在合伙企业中

① 参见黄薇主编：《中华人民共和国民法典释义及适用指南》（上），中国民主法制出版社2020年版，第331页。

② 参见李宇：《民法总则要义：规范释论与判解集注》，法律出版社2017年版，第307页。

的财产份额为限，承担有限责任；对于一般的企业债务，所有的合伙人承担无限连带责任。[①] 特殊普通合伙企业产生之初就有其适用的特定领域。它起源于20世纪80年代的美国，系为解决会计师事务所和律师事务所陷入严重的债务危机时，无过失的合伙人在诉讼中需承担巨额的连带债务的不公平现象而进行的一种制度创新。该形态主要为了以专业知识和专门技能为他人提供服务的行业而设计，包括律师、医生、会计师、建筑设计师等。这是由其执业的特殊性所决定的，专业服务机构的每项业务之间比较独立，一项业务主要由一个或若干个合伙人完成，其他合伙人不参与，合伙人之间的责任划分得很清楚。根据我国《合伙企业法》第55条的规定[②]，特殊普通合伙企业的适用范围仅锁定于"为客户提供有偿服务的专业服务机构"。由于在我国一些医生诊所、律师事务所和会计师事务所等专业服务机构不属于企业，故《合伙企业法》第107条还规定："非企业专业服务机构依据有关法律采取合伙制的，其合伙人承担责任的形式可以适用本法关于特殊的普通合伙企业合伙人承担责任的规定。"从而将非企业纳入其适用范围。[③] 在特殊普通合伙企业中，鉴于其责任分配机制的特殊性，在适用相关规定时需注意两点：第一，该种责任机制只限于合伙人在"执业活动中"造成合伙企业债务的情形；第二，该种责任机制只限于合伙人的"故意或重大过失"。除此之外，仍需要全体合伙人承担无限连带责任。[④]

此外应注意的是，对于非法人组织的民事责任问题，如其他法律另有规定，应当依其规定，而不适用《民法典》第104条的规定。鉴于此，上述有限合伙企业、特殊普通合伙企业的民事责任，应优先依据《合伙企业法》《律师法》《注册会

---

① 《合伙企业法》第57条规定："一个合伙人或者数个合伙人在执业活动中因故意或者重大过失造成合伙企业债务的，应当承担无限责任或者无限连带责任，其他合伙人以其在合伙企业中的财产份额为限承担责任。合伙人在执业活动中非因故意或者重大过失造成的合伙企业债务以及合伙企业的其他债务，由全体合伙人承担无限连带责任。"

② 《合伙企业法》第55条第1款规定："以专业知识和专门技能为客户提供有偿服务的专业服务机构，可以设立为特殊的普通合伙企业。"

③ 参见郭富青：《特殊普通合伙企业——游走在无限与有限责任之间》，载《当代法学》2009年第1期。

④ 参见施天涛：《商法学》（第5版），法律出版社2018年版，第58页。

计师法》等相关特别法进行认定。①

三、无限责任的理解

《民法典》第104条中非法人组织的出资人或设立人对组织承担的债务，既非有限责任，也非连带责任，而是无限责任。非法人组织在财产赔付完成之后只是非法人组织财产责任结束，若此时债务仍未清偿完毕，非法人组织成员仍需以其个人财产继续赔付，属于二次补充责任。同时，由于非法人组织成立时并没有法定最低限额独立财产的要求，因此，在最终承担相关责任时，法律设定其对外责任是先以非法人组织自己的财产负责，在组织财产不足以清偿时，由组织成员负无限责任。也就是说，非法人组织不能作为独立组织与其出资人或设立人相分离，其民事责任问题就形成了组织与成员互不分离、互为连带、互相转承的法律关系。②

在我国商事立法及司法实践中，"无限责任"、"无限连带责任"与"连带责任"存在混用现象。例如，在契约型合伙与组织型合伙的二分法体例下，《民法典》第973条对于契约型合伙的责任规则表述为"合伙人对合伙债务承担连带责任"，《合伙企业法》第2条对于组织型合伙的责任规则表述为"合伙人对合伙企业债务承担无限连带责任"。一种观点认为，此为根据合伙是否具有民事主体资格，合伙合同与合伙组织的承担责任的规则不同。合伙企业中的合伙人对合伙企业的债务承担"无限连带责任"，实际上是无限责任与连带责任的结合。另一种观点认为，合伙人均对合伙债务承担连带责任，连带责任解释为补充连带责任，合伙债务先以合伙财产清偿债务。③

较为合理的解释进路是将无限责任定性为法定担保责任。无限责任属于组织法责任，是成员与组织之间责任的划分标准。成员以出资额为限承担责任系有限责任；成员不以出资额为限承担责任系无限责任。对于债权人而言，有限责任以企业全部财产为限，构成担保财产；无限责任以企业全部财产作为第一序位

① 参见黄薇主编：《中华人民共和国民法典释义及适用指南》（上），中国民主法制出版社2020年版，第333页。

② 参见最高人民法院民法典贯彻实施工作领导小组主编：《中华人民共和国民法典总则编理解与适用》，人民法院出版社2020年版，第523页。

③ 参见赵玉：《民法典背景下合伙企业财产制度构造》，载《中国法学》2020年第6期。

担保财产，以全体普通合伙人财产作为第二序位担保财产，两部分担保财产彼此区隔，相互独立。将无限责任定性为法定担保责任，意味着将组织法中成员与组织之间的无限责任回归至民事主体责任的法定担保，可以更加清晰地辨析合伙企业财产独立性以及财产责任独立性。①

延伸阅读

1. 施天涛：《商法学》（第5版），法律出版社2018年版。
2. 李宇：《民法总则要义：规范释论与判解集注》，法律出版社2017年版。
3. 赵玉：《民法典背景下合伙企业财产制度构造》，载《中国法学》2020年第6期。
4. 郭富青：《特殊普通合伙企业——游走在无限与有限责任之间》，载《当代法学》2009年第1期。
5. 张晨颖：《对无限连带责任制度的再思考：谈非法人企业破产制度的确立》，载《法学杂志》2006年第5期。

① 参见赵玉：《民法典背景下合伙企业财产制度构造》，载《中国法学》2020年第6期。

第五章

民事权利

14 人身自由、人格尊严受法律保护

——宋某、平凉农村商业银行股份有限公司东大街支行与平凉农村商业银行股份有限公司南台支行人格权纠纷案

学理概要

《宪法》第37条、第38条规定了人身自由和人格尊严不受侵犯。《民法典》第109条是宪法上述内容的私法表达，将人身自由和人格尊严作为民事权益的内容进行保护。人身自由是自然人行使其他一切权利的前提和基础；人格尊严是自然人作为人的基本条件之一，也是社会文明进步的一个基本标志。我国《民

法典》不仅在第109条规定了人格权的一般条款，还将人格权独立成编，成为我国民事立法的制度创新，也体现了我国私法领域对人格权保护的重视。

• 核心法条与关联法条

核心法条：《民法典》第109条　自然人的人身自由、人格尊严受法律保护。

关联法条：《民法典》第990条　人格权是民事主体享有的生命权、身体权、健康权、姓名权、名称权、肖像权、名誉权、荣誉权、隐私权等权利。除前款规定的人格权外，自然人享有基于人身自由、人格尊严产生的其他人格权益。

典型案例

宋某、平凉农村商业银行股份有限公司东大街支行与平凉农村商业银行股份有限公司南台支行人格权纠纷案①

案情简介：宋某系崆峒区城镇居民，残疾人，按其所持的残疾人证上记载，残疾类型为体残，残疾等级为二级，表现为口齿不清、身体协调性差。

2017年4月3日下午4时30分左右，宋某在平凉农村商业银行股份有限公司东大街支行（以下简称东大街支行）领取粮食补贴款，并给其父缴纳养老保险金时，因忘记银行卡密码，遂要求东大街支行工作人员办理重置密码业务，东大街支行工作人员有意刁难，称重置密码业务需去银行卡开户行办理。为此，宋某与东大街支行工作人员发生口角，宋某辱骂东大街支行工作人员，并在柜台前与东大街支行工作人员争辩，东大街支行工作人员按响报警系统。宋某听到警铃声后，惊慌失措，随即匆忙跑出营业场所。事后无法释怀，在家挂水三天。

2017年4月9日上午11时左右，宋某到平凉农村商业银行股份有限公司南台支行（以下简称南台支行）给其父办理缴纳养老保险金业务时，宋某询问南台支行工作人员是否可以缴纳养老保险，南台支行的工作人员让宋某去峡门支行办理缴纳保险金业务。为此，宋某与南台支行的工作人员发生争执。

---

①（2018）甘08民终104号。

宋某遂向一审法院起诉,要求东大街支行及南台支行在省级媒体上向宋某赔礼道歉并赔偿宋某精神损失费40,000元。

争议焦点:东大街支行是否侵犯宋某一般人格权。

裁判理由与结果:甘肃省平凉市崆峒区人民法院经审理认为,人格尊严是民事主体作为"人"所应有的最基本社会地位、社会评价,并得到最起码尊重的权利。《民法总则》第109条(现《民法典》第109条)规定,自然人的人身自由、人格尊严受法律保护。东大街支行没有证据证实宋某在该行办理业务过程中有抢劫企图或者有危及东大街支行工作人员生命健康安全行为的迹象,仅是为办理业务事宜时,和东大街支行工作人员发生争执。宋某作为残疾人,社会适应能力差。东大街支行的行为给身为残疾人的宋某适应社会平添了心理障碍,造成精神上严重伤害。遂判决东大街支行赔偿宋某精神损害抚慰金5000元,并就使用警铃不当行为给宋某造成精神伤害作出书面赔礼道歉。甘肃省平凉市中级人民法院维持一审判决。

解 题 思 路

本案发生于《民法典》颁布之前,应适用原《民法总则》第109条等规定,但其分析结论仍然适用《民法典》第109条及相关法条,因此后文以《民法典》的法条作为分析基础。

一、请求权是否产生

宋某可能可以根据《民法典》第1165条(原《侵权责任法》第6条)结合《民法典》第1183条及第1000条要求东大街支行在省级媒体上向宋某赔礼道歉并赔偿宋某精神损失费40,000元。

(一)东大街支行对宋某的行为是否构成侵权

1. 东大街支行是否实施了加害行为

"不侵害他人"是任何一个民事主体所应遵守的普遍性义务,没有合法依据或者法律的授权,不得损害他人的民事权益,否则将承担一定的法律后果。这里的行为包括作为与不作为。通常情况下,侵害行为是指以积极作为的方式侵害他人的合法权益,但若存在法定或者约定的作为义务而不履行时,也可以是通过不作为的方式侵害他人的权利。

案例中,有争议的是,东大街支行工作人员按响报警系统是否属于实施加害行为。银行工作人员应按照相关管理规定或办法,合法合规地使用银行报警系统。在无相关管理规定的情况下,应按一般常理推断报警系统的使用场景。银行报警系统是为了防止抢劫事件或者危及银行工作人员生命健康安全的突发事件的发生,而采取的一种防范措施。宋某是一个残疾人,因身体残疾遭到歧视,在办理业务过程中,没有任何抢劫企图或者危及东大街支行工作人员生命健康安全行为的迹象,仅是在办理业务事宜时,与东大街支行工作人员发生争执后,东大街支行工作人员按响警铃。此种按响报警系统的行为,与使用报警系统的一般场景有严重出入,是为了对宋某产生恐吓或震慑的效果,属于加害行为。

2. 宋某是否存在权益遭受侵害

从我国的立法表述来看,《民法典》第 1164 条、第 1165 条不区分权利与利益,统称为民事权益,均受《民法典》侵权责任编的保护。

由于债权不具有社会典型公开性,因此,此处的权利应作目的性限缩,解释为绝对权,包括人格权、身份权、物权、知识产权、社员权、继承权等。① 从我国的法律规定来看,人格权又包括法律条文明确的具体人格权和"非典型人格法益"的兜底的一般人格权益。

一般人格权益是否为侵权责任编所保护的"人格权",理论上存在争议。我国早期的学说认为,一般人格权作为一项民事权利,是以人格尊严、人格平等、人身自由为内容,是对人格权的高度抽象和概括性的规定。② 但部分研究逐渐开始反思,《民法典》第 109 条实质上就是人格权一般条款。③ 它保护的是具体人格权外不确

① 参见程啸:《侵权责任法》(第 3 版),法律出版社 2021 年版,第 117—118 页。

② 参见梁慧星:《民法总论》,法律出版社 2011 年版,第 93 页;王利明:《人格权法研究》,中国人民大学出版社 2012 年版,第 147 页。

③ 参见尹田:《论人格权概括保护的立法模式——"一般人格权"概念的废除》,载《河南省政法管理干部学院学报》2011 年第 1 期;方金华:《一般人格权理论分析及我国的立法选择》,载《法律科学(西北政法大学学报)》2015 年第 4 期;易军:《论人格权法定、一般人格权与侵权责任构成》,载《法学》2011 年第 8 期;冉克平:《一般人格权理论的反思与我国人格权立法》,载《法学》2009 年第 8 期;薛军:《揭开"一般人格权"的面纱——兼论比较法研究中的"体系意识"》,载《比较法研究》2008 年第 5 期;熊谞龙:《权利,抑或法益?——一般人格权本质的再讨论》,载《比较法研究》2005 年第 2 期。

定的人格利益,并非真正意义上的绝对权。[①] 从立法文义上来看,《民法典》第 109 条的表述并未使用“权利”等字眼,与此相关的《民法典》第 990 条第 2 款也表达为“其他人格权益”。全国人民代表大会常务委员会法制工作委员会的立法释义书中也并未将其定性为“一般人格权”,而是谓之为“人格权益的一般条款”。[②] 从权利与利益的区分来看,权利具有确定性,利益则是不确定的。基于法律的类型化处理,权利兼有公开性和确定性的特点;利益则存在于法律理论或观念之中,其内涵、外延均缺乏明确的规定,不仅不具有法律外观,还常常游离于具体的法律之外。[③] 一般人格权的特点就是具有开放性,其内涵不确定,因此一般人格权虽然名为“权”,却不具备权利外观,权利的边界并不明确,权利的内容也不够清晰、具体,其本质是尚未形成权利的法益。[④] 有学者从比较法的角度来进行论证,认为一般人格权滥觞于德国法,而在德国法上,就将一般人格权作为绝对权进行保护。但是德国法如此规定,有其特殊的历史原因。《德国民法典》侵权保护采用三个小一般条款的方式,分别规定了基于过错侵害他人绝对权、因违反保护他人法律和故意违背善良风俗侵害他人利益的侵权类型。但《德国民法典》仅规定了几种具体人格权。具体而言,《德国民法典》第 823 条第 1 款仅规定了生命、健康、身体、自由四种类型,名誉、隐私等精神性人格权则被忽视了。这就导致此种模式保护范围狭窄、不利于受害人救济等问题。随着社会的发展,同时伴随现代科技发展和对纳粹政权的反思,有了扩张保护人格权的需要。为此,德国联邦最高法院在 1954 年的“读者来信案”中,从《德国基本法》第 1 条人的尊严和第 2 条人格自由发展进行法律解释,推导出一般人格权的存在,作为《德国民法典》第 823 条第 1 款中的“其他权利”。据此,一般人格权成为母权利,具体人格权均由基本法层面的人的尊严和人格自由发展而来。但德国联邦最高法院创设一般人格权,只是为了顺应人格扩展保护的需要,并克服三个小一般条款利益保护过窄的缺陷。所谓一般人格权被视为绝对权,只是基于解释技术的名义做法,目的在于使具有绝对效力的其他人格利益落入“其

① 参见房绍坤、曹相见:《论人格权一般条款的立法表达》,载《江汉论坛》2018 年第 1 期。

② 参见黄薇主编:《中华人民共和国民法典人格权编解读》,中国法制出版社 2020 年版,第 14 页。

③ 参见易军:《论人格权法定、一般人格权与侵权责任构成》,载《法学》2011 年第 8 期。

④ 参见熊谓龙:《权利抑或法益? ——一般人格权本质的再讨论》,载《比较法研究》2005 年第 2 期。

他权利”范围，从而受到《德国民法典》的一般保护。因此，在这一问题上，不应盲从德国法的规定。现在学者普遍认为，一般人格权与具体人格权本质上存在差异，一般人格权事实上是以一种“以不同强度给予保护的利益综合体”，是概括人格尊严、人格自由及人格平等的完整内容的一般人格利益。①

据此，一般人格权不属于侵权责任编所保护的“人格权”，但可以作为利益被侵权责任编所保护。对于《民法典》第109条所规定的一般人格权益与其他的具体人格权是否受到侵权责任编同等保护，理论上存在争议。对于权利与利益的具体保护方式，学术界存在不同的观点：一种是平等保护说，即不区分权利与利益，两者给予平等的保护；②另一种为区分保护说，认为对权利与利益进行保护时，其构成要件存在区别。③ 从比较法的角度来看，法益区分保护在各国侵权法中都存在。德国认为一般人格权作为框架性的权利，其侵权的违法性要件也要高于其他绝对权；法国法则通过过错、损害以及因果关系等进行弹性取舍。从权利与利益的内容来看，利益内容具有不确定性，行为人的行为是否被评价为侵害他人的利益需要法官个案衡量。若不区分权利与利益的保护强度，对于行为人而言无法预测自己行为的法律后果。因此，有必要区分权利与利益的保护，避免权利“泛化”现象的出现。一般人格权本质上属于利益，是以“人的尊严”和“发展人格”为宗旨、外延具有不确定性、通过个案中的利益权衡而认定的“框架权利”。综上所述，将一般人格权益与具体人格权区分保护更加合理。其区分在后文的违法性等要件判断上会有所分析。

本案中宋某是一个残疾人，在办理业务过程中，因身体残疾受到歧视，歧视行为侵犯了宋某作为人的“人格尊严”，属于侵犯了其一般人格权益。

3. 东大街支行在主观上是否存在过错

过错是行为人行为时的一种应受谴责的心理状态，正是由于这种应受谴责的心理状态，法律要对行为人所实施的行为作否定性评价，让其承担侵权责任。过错包括故意与过失。故意是指知晓并希望或者放任不法结果的发生。过失是行为人因疏忽或者轻信而使自己未履行应有的注意义务的一种心理状态。早期判断行为

① 参见王利明：《人格权法研究》，中国人民大学出版社2005年版，第160页。
② 参见黄薇主编：《中华人民共和国民法典侵权责任编释义》，法律出版社2020年版，第3页。
③ 参见杨代雄主编：《袖珍民法典评注》，中国民主法制出版社2022年版，第992页。

人是否有过失，主要考察行为人的主观状态，也叫作主观判断标准。需要分析特定行为人对自己的行为或后果的理解、判断、控制、认识等方面的状况及能力，从其意志活动来确定是否存在过错。但此种过失的证明难度较大，不利于保护受害人的利益。发展到现在，对过错的认定逐渐客观化，按照是否达到了客观主义标准来进行界定。根据注意义务违反的程度不同，过失可以分为一般过失与重大过失。一般过失，指行为人违反善良管理人的注意义务；重大过失，指行为人严重违反普通人本应具有的最起码的注意义务。

案例中，宋某作为表达能力与健康人有差异的残疾人，其口齿不清、身体协调性差，行为举止异于常人，一般人都可轻易从宋某的表现分辨出其身体存在残疾。东大街支行工作人员作为经常和各类储户接触的职员，更应该具备这种分辨能力，同时对行为也具有更高的注意义务。在明知宋某为残疾人的前提下，于宋某在东大街支行办理业务时，没有证据证明宋某存在危及东大街支行财产及工作人员安全的攻击性行为的情况下，东大街支行违规使用警铃，其主观目的就在于对宋某进行恐吓、惊吓，同时使他人相信宋某存在危及东大街支行安全的违法行为，从其行为来看，存在主观故意。

4. 造成损害

损害是侵权损害赔偿责任的成立要件，若无损害，则无赔偿。此处损害的范围较广，不仅包括现实存在的损害，也包括构成现实威胁的不利后果；既包括财产损害，也包括精神损害。[①] 财产损害通常以“差额说”进行计算，即将受害人的损害发生之前的财产状况与损害发生后的财产状况进行对比，如有差额，则有损害。而精神损害难以量化，故需要通过价值判断以适当的精神损害赔偿金抚慰受害人的精神痛苦。[②]

考虑到东大街支行工作人员使用警铃不当，致使宋某当场惊慌失措，事后，宋某对此事不能释怀，结合客观情况，可以认为此事对宋某造成了精神损害。

5. 因果关系

此处的因果关系包括两层：一是加害行为与权利侵害之间具有的因果关系，应

① 参见黄薇主编：《中华人民共和国民法典侵权责任编释义》，法律出版社 2020 年版，第 7 页。

② 参见王泽鉴：《损害赔偿》，北京大学出版社 2018 年版，第 258—264 页。

采条件说；二是权利侵害与损害结果之间存在的因果关系。责任范围的因果关系采用相当因果关系说。相当因果关系是由条件关系及相当性构成，条件关系以“若无、则不”的方式检验。相当性，指侵害行为实质上增加了损害发生的客观可能性。①

在本案中，东大街支行工作人员与宋某发生争执，并在无相关依据时不当使用银行警铃，按照常人理性，其非法使用报警系统的行为会侵犯到宋某的人格尊严。若没有东大街支行非法报警的行为，宋某必然不会受到惊吓，精神也不会遭受损害。因此，本案中加害行为与权利侵害之间、权利侵害与损害结果之间的因果关系成立。

（二）侵权损害赔偿具体方式

1. 精神损害赔偿

《民法典》第 1183 条第 1 款规定“侵害自然人人身权益造成严重精神损害的，被侵权人有权请求精神损害赔偿”。根据上述分析，东大街支行侵害了宋某的人格权益，仍需进一步检索是否造成了严重精神损害，才可以判断应否适用精神损害赔偿。

（1）是否造成严重精神损害

有学者认为，对“严重精神损害”要做“严格解释”，即限于以下两种情况：①死亡或残疾；②其他情形下造成的损害，需要被侵权人证明严重精神损害的存在。② 但有学者认为，“严重精神损害”应采用“容忍限度理论”，即超过了社会一般人的容忍限度，就被认为是严重损害。③ 但“社会一般人的容忍限度”并没有明确的标准，如此会导致法官的自由裁量限度过大。基于限制精神损害赔偿的立法立场，严格解释较为妥当。

本案中，宋某证明其被东大街支行用报警系统惊吓后，当场仓皇逃跑，事后三天于医院挂水治疗，应认为已经有足够的证据证明其存在“严重精神损害”。

（2）精神损害赔偿的范围

精神损害为没有直接财产内容或不具有财产上价值的损害。损害本身不能用

---

① 参见杨代雄主编：《袖珍民法典评注》，中国民主法制出版社 2022 年版，第 994 页。

② 参见程啸：《侵权责任法》（第 2 版），法律出版社 2015 年版，第 710—711 页。

③ 参见王利明、周友军、高圣平：《中国侵权责任法教程》，人民法院出版社 2010 年版，第 346 页。

金钱加以计算。侵权人因侵害受害人的人格利益或身份利益，给受害人或其近亲属造成精神上的损害，使其产生精神上或肉体上的痛苦，这种痛苦不能用金钱加以计算，但可以用金钱予以抚慰。因此，精神损害赔偿金在德国法中也被称为精神抚慰金。

在确定精神损害赔偿的数额时，应当综合考量诸多因素。其一，侵权人的过错程度。这主要是指侵权人在实施侵权行为时主观上是故意还是过失，是一般过失还是重大过失等。基于精神损害赔偿的抚慰功能，对于不同过错程度应适用不同的赔偿数额，以达平息被侵权人或其近亲属精神痛苦之目的。其二，侵害的手段、场合、行为方式等具体情节。其三，侵权人承担责任的经济能力。其四，受诉法院所在地平均生活水平等诸多因素。在确定精神损害抚慰金数额时考虑受诉法院所在地的平均生活水平，实质上就是要考虑各地区之间以及城乡之间的经济发展程度和人民生活水平的差异，决定符合受诉法院所在地的实际情况的精神损害抚慰金。

本案中，法院结合东大街支行工作人员的过错、宋某的损害情况等因素，将精神损害赔偿酌定为5000元，较为合理。

2. 赔礼道歉

赔礼道歉，是指侵权人当庭以口头的方式或者在报刊上以书面的方式向受害人承认错误、表示歉意。赔礼道歉只适用于侵权之诉，而不适用于违约之诉。赔礼道歉可以是公开的，也可以是私下进行；可以是口头，也可以以书面的方式进行。对于赔礼道歉适用之程度需要结合相关情形进行评判。首先，针对侵权人的过错程度。有学者认为赔礼道歉应适用于故意侵害的情况，①或者主张侵权人必须具有严重的过错，甚至恶意。② 不过，从相关案例来看，法院通常不以此为判决赔礼道歉的条件。其次，针对侵权行为发生的具体场合。通常情况下，侵权行为发生的场合越公开，手段越恶劣，对受害人造成的精神损害程度也越严重，相应地，其适用赔礼道歉之形式也应越严格。此外，赔礼道歉只适用于对受害人造成精神损害的侵权

① 参见魏振瀛：《制定侵权责任法的学理分析——侵权行为之债立法模式的借鉴与变革》，载《法学家》2009年第1期。

② 参见王利明：《侵权责任法研究》（上卷），中国人民大学出版社2011年版，第648页。

行为，即侵害死者的肖像、隐私、名誉等人格利益以及其他一些包含明显的精神利益的权利，而损害后果的严重性则不成为赔礼道歉责任适用之要件。① 需要注意的是，赔礼道歉与消除影响、恢复名誉不同。消除影响、恢复名誉是法院根据受害人的请求，责令行为人在一定范围内采取适当方式消除对受害人名誉的不良影响，以使其名誉得到恢复的一种责任方式。具体恢复名誉的方式根据造成不良影响的大小决定，如在报刊上或者网络上发表文章损害他人名誉权的，就应当在该报刊上或者网络上发表书面声明，对错误内容进行更正。可见，赔礼道歉的目的在于让受害人的精神得以抚慰、获得受害人的谅解，而消除影响、恢复名誉等目的在于改变公众对受害人的认知等。

根据《民法典》第 1000 条的规定，行为人因侵害人格权承担消除影响、恢复名誉、赔礼道歉等民事责任的，应当与行为的具体方式和造成的影响范围相当。本案的判决中认定，宋某受到的精神损害的影响范围仅限于东大街支行的营业场所，并未扩散至社会，造成重大影响，故对宋某要求东大街支行在省级媒体上赔礼道歉的方式不予支持，这一论证混淆了赔礼道歉与消除影响、恢复名誉这几种民事责任的方式。但对于赔礼道歉的具体方式，法院可以根据具体情况进行自由裁量。本案中，法院根据本案实际情况，将赔礼道歉的方式确定为书面赔礼道歉，并无不妥。

二、请求权是否消灭

本案无请求权消灭的事由。

三、请求权是否可以行使

本案无阻碍请求权行使的事由。

四、结论

宋某可以根据《民法典》第 1165 条结合第 109 条以及《民法典》第 1183 条及第 1000 条要求东大街支行支付其精神损害赔偿金 5000 元，并就使用警铃不当行为给其造成精神伤害作出书面赔礼道歉。

---

① 参见葛云松：《赔礼道歉民事责任的适用》，载《法学》2013 年第 5 期。

知识拓展

《民法典》中一般人格权的体系定位

《民法典》第109条规定自然人的人身自由、人格尊严受法律保护。同时《民法典》第990条第2款规定,除第1款规定的具体人格权外,自然人享有基于人身自由、人格尊严产生的其他人格权益。两条内容具有一定程度的重复,因此需厘清一般人格权条款即《民法典》第109条与第990条第2款之间的关系。

我国民法典编纂采"两步走"的立法策略,即先出总则,再续分编。受此影响,原《民法总则》的制定,本质上视为《民法典》总则部分的序章。从最终的《民法典》来看,《民法典》总则编基本上沿用了原《民法总则》的内容。尽管《民法典》第109条与原《民法总则》第109条在条文表述上毫无变动,但在规范功能上由于分编的制定而有所变化。最重要的原因在于,在制定原《民法总则》时,对于《民法典》是否独立成编地规定人格权,学术界存在重大分歧。在人格权编是否成型尚未可知的情形下,原《民法总则》第109条被赋予了保护"一般人格权"的规范功能。同时,结合原《民法总则》第110~112条的具体人格权益保护,形成了人格权保护体例。《民法典》出台后,人格权独立成编成为其体例创新的重要体现,《民法典》第990条第2款则正式成为我国民法上的"一般人格权"条款。从这个角度而言,《民法典》第990条第2款接替了原《民法总则》第109条保护"一般人格权"的规范功能(此亦成为"人身自由、人格尊严"作为第990条第2款中"其他人格权益"之产生基础的关键原因),而《民法典》第109条也因此摆脱了原《民法总则》第109条作为保护"一般人格权"的规范依托,转而成为更具一般意义的价值宣示。因此,从《民法典》总则编与人格权编的关系来看,"人身自由、人格尊严"成为《民法典》第990条第2款与《民法典》第109条维持从"价值理念"到"规范依托"的逻辑连结点。因此,在具体的案件适用时,应适用《民法典》第990条第2款的规定。①

关于一般人格权与具体人格权的关系,通说认为一般人格权保护的是具体

① 参见温世扬:《〈民法典〉视域下的一般人格权》,载《中国法学》2022年第4期。

人格权之外的其他全部人格利益。[①] 我国法条的表述与此观点也相一致。《民法典》第 990 条第 2 款表述为“除前款规定的人格权外”。《民法典》第 109 条规定自然人的人身自由、人格尊严受法律保护，《民法典》第 990 条第 2 款规定自然人享有基于人身自由、人格尊严而产生的其他人格权益。通过该两个条款的创设，将人格保护的范围予以开放化。其中人身自由通常被认为指身体活动的自由，但我国《民法典》第 1011 条将身体活动自由单独列出，作为人格权中生命权、身体权和健康权的内容，据此，身体活动的自由应视为具体的人格权，而不被一般人格权益所包含。因此，一般人格权中的人身自由应解释为除了身体活动自由外的意志与行为自由。[②] 人格尊严是指民事主体作为“人”所应有的最基本社会地位、社会评价，并得到最起码尊重的权利。但《民法典》第 109 条的“人格尊严”并非具体人格权的抽象描述，侵犯人格尊严的表现可能与侵犯名誉权等具体人格权类似，也可能并无具体人格权受损而仅侵犯抽象的人格尊严。本案中即仅侵犯抽象人格尊严的类型，宋某在此过程中其他的具体人格权并未受到侵害，而仅是其人格尊严受到了影响。

延伸阅读

1. 温世扬：《〈民法典〉视域下的一般人格权》，载《中国法学》2022 年第 4 期。
2. 石佳友：《人格权立法的历史演进及其趋势》，载《中国政法大学学报》2018 年第 4 期。
3. 房绍坤、曹相见：《论人格权一般条款的立法表达》，载《江汉论坛》2018 年第 1 期。
4. 易军：《论人格权法定、一般人格权与侵权责任构成》，载《法学》2011 年第 8 期。
5. 熊谓龙：《权利抑或法益？—— 一般人格权本质的再讨论》，载《比较法研究》2005 年第 2 期。

---

① 参见梁慧星：《民法总论》，法律出版社 2011 年版，第 93 页；王利明：《人格权法研究》，中国人民大学出版社 2012 年版，第 170—171 页；尹田：《论人格权概括保护的立法模式——“一般人格权”概念的废除》，载《河南省政法管理干部学院学报》2011 年第 1 期。

② 参见杨代雄主编：《袖珍民法典评注》，中国民主法制出版社 2022 年版，第 862 页。

15 个人信息受法律保护

——郭某与杭州野生动物世界有限公司服务合同纠纷案

学理概要

个人信息保护成为法律关注的问题，始于20世纪60年代信息技术的广泛适用，部分西方国家于20世纪70年代陆续出台相关法律。民法典编撰过程中，经研究认为，个人信息权利是自然人在现代信息社会享有的重要权利，明确对个人信息的保护，对于保护人格尊严，使自然人免受非法侵扰，维护正常的社会秩序有重要意义。除此以外，我国专门颁布了《个人信息保护法》对自然人的个人信息予以保护。

• 相关法条

《民法典》第111条　自然人的个人信息受法律保护。任何组织或者个人需要获取他人个人信息的，应当依法取得并确保信息安全，不得非法收集、使用、加工、传输他人个人信息，不得非法买卖、提供或者公开他人个人信息。

《民法典》第1034条　个人信息是以电子或者其

他方式记录的能够单独或者与其他信息结合识别特定自然人的各种信息，包括自然人的姓名、出生日期、身份证件号码、生物识别信息、住址、电话号码、电子邮箱、健康信息、行踪信息等。

个人信息中的私密信息，适用有关隐私权的规定；没有规定的，适用有关个人信息保护的规定。

《民法典》第1035条　处理个人信息的，应当遵循合法、正当、必要原则，不得过度处理，并符合下列条件：

（一）征得该自然人或者其监护人同意，但是法律、行政法规另有规定的除外；

（二）公开处理信息的规则；

（三）明示处理信息的目的、方式和范围；

（四）不违反法律、行政法规的规定和双方的约定。

个人信息的处理包括个人信息的收集、存储、使用、加工、传输、提供、公开等。

《个人信息保护法》第47条　有下列情形之一的，个人信息处理者应当主动删除个人信息；个人信息处理者未删除的，个人有权请求删除：

（一）处理目的已实现、无法实现或者为实现处理目的不再必要；

（二）个人信息处理者停止提供产品或者服务，或者保存期限已届满；

（三）个人撤回同意；

（四）个人信息处理者违反法律、行政法规或者违反约定处理个人信息；

（五）法律、行政法规规定的其他情形。

法律、行政法规规定的保存期限未届满，或者删除个人信息从技术上难以实现的，个人信息处理者应当停止除存储和采取必要的安全保护措施之外的处理。

典型案例

郭某与杭州野生动物世界有限公司服务合同纠纷案[①]

案情简介：2019年4月，郭某支付1360元购买杭州野生动物世界有限公司（以

① （2019）浙0111民初6971号。

下简称野生动物世界)“畅游365天”双人年卡,确定指纹识别入园方式。郭某与其妻子留存了姓名、身份证号码、电话号码等,并录入指纹、拍照。后野生动物世界将年卡客户入园方式从指纹识别调整为人脸识别,并更换了店堂告示。2019年7月、10月,野生动物世界两次向郭某发送短信,通知年卡入园识别系统更换事宜,要求激活人脸识别系统,否则将无法正常入园。

此后,双方就入园方式、退卡等相关事宜协商未果,郭某遂提起诉讼,要求确认野生动物世界店堂告示、短信通知中相关内容无效,并以野生动物世界违约且存在欺诈行为为由要求赔偿年卡卡费、交通费,删除个人信息等。

争议焦点:与本案相关的焦点在于郭某能否要求野生动物世界删除已收集的个人信息。

裁判理由与结果:法院经审理认为,本案双方因购买游园年卡而形成服务合同关系,后因入园方式变更引发纠纷,其争议焦点实为对经营者处理消费者个人信息,尤其是指纹和人脸等个人生物识别信息行为的评价和规范问题。我国法律对于个人信息在消费领域的收集、使用虽未予以禁止,但强调对个人信息处理过程中的监督和管理,即个人信息的收集要遵循“合法、正当、必要”的原则和征得当事人同意;个人信息的利用要遵循确保安全原则,不得泄露、出售或者非法向他人提供;个人信息被侵害时,经营者需承担相应的侵权责任。本案中,野生动物世界在经营活动中使用指纹识别、人脸识别等生物识别技术,其行为本身并未违反前述法律规定的原则要求。但是,野生动物世界在合同履行期间将原指纹识别入园方式变更为人脸识别方式,属于单方变更合同的违约行为,双方在办理年卡时,约定采用的是以指纹识别方式入园,野生动物世界采集郭某及其妻子的照片信息,超出了法律意义上的必要原则要求,故不具有正当性。遂根据《民法总则》第111条、第142条,《消费者权益保护法》第26条、第29条、第40条,《民事诉讼法》第64条第1款之规定判决被告野生动物世界赔偿原告郭某合同利益损失及交通费共计1038元,并删除原告郭某办理指纹年卡时提交的包括照片在内的面部特征信息。

解题思路

本案争议焦点较多，本文仅就删除个人信息这一请求进行分析。该案作为"人脸识别第一案"，两审判决明确肯定在信息处理者涉及违法或违约的情形时，信息主体可向信息处理者主张删除权，这算得上是个人信息保护司法发展历程中的一个亮点。[①] 本案发生于《个人信息保护法》施行前，由于法律具有滞后性，当时的立法无法应对此争议，需靠法官发挥主观能动性来解决此种新类型纠纷。在《个人信息保护法》出台实施以后，该案例的法律适用将会发生较大改变。因此，本案例的分析将以《个人信息保护法》为依据展开，以期为后续的类似纠纷提供参考。

《民法典》第 111 条规定了对自然人的个人信息进行保护，但未规定具体内容。与此相应，我国于 2021 年 11 月 1 日实施了《个人信息保护法》，规定了关于个人信息的知情权、决定权、删除权等。《个人信息保护法》所包含的关于个人信息的私法规则与《民法典》构成特别法与一般法的关系。《民法典》确立的个人信息性质及其在民事权利体系中的位置，是解释和适用《个人信息保护法》相关规则的基础和依据。[②] 我国《民法典》确立了人格权请求权与侵权损害赔偿请求权相分离的保护模式。[③] 同时，根据民法典编章安排体系解释和司法机关关于民事案件案由规定，人格权请求权在适用上优先于侵权请求权[④]。同时由于郭某的诉请是要求野生动物世界删除已收集的个人信息，故定位至《个人信息保护法》第 47 条所规定的删除权。

郭某或许可根据《个人信息保护法》第 47 条第 1 款规定请求野生动物世界删除其已收集的个人信息。在此，郭某的个人信息包括其提供的面部信息、指纹信息及姓名、身份证号码、电话号码等。

---

① 参见劳东燕：《"人脸识别第一案"判决的法理分析》，载《环球法律评论》2022 年第 1 期。

② 参见王利明：《论〈个人信息保护法〉与〈民法典〉的适用关系》，载《湖湘法学评论》2021 年第 1 期。

③ 参见张璐：《请求权基础下个人信息权益保护的规范体系》，载《科技与法律（中英文）》2022 年第 2 期。

④ 参见王利明：《论人格权保护的全面性和方法独特性——以〈民法典〉人格权编为分析对象》，载《财经法学》2020 年第 4 期。

一、郭某或许可根据《个人信息保护法》第47条第1款规定请求野生动物世界删除其已收集的个人信息

《个人信息保护法》第47条第1款规定了四种具体情形和兜底条款，后文将逐一检索。

（一）处理目的已实现、无法实现或者为实现处理目的不再必要

1. 野生动物世界处理个人信息的目的

2019年4月27日，郭某于野生动物世界处购买了一张有效期至2020年4月25日的野生动物世界“畅游365天”双人卡，其以微信支付方式向野生动物世界交付卡费1360元。郭某与其妻子叶某留下姓名、身份证号码，拍照并录入指纹，此外，郭某还向野生动物世界登记留存电话号码等个人信息。双方就合同价格、服务内容及期限达成一致，因此合同成立生效。

本案中，野生动物世界的客户群体分为单次购票客户和年卡客户等不同类型。年卡客户不同于单次购票用户，其在购买年卡后可以在特定时段内不限次数畅游，因此在每次入园前都应当接受身份查验，故野生动物世界对不同客户群体采用差异化的入园查验方式具有必要性和合理性。郭某在办理年卡之际，只有通过采集游客个人指纹及人脸面部信息后办理年卡一种方式，没有其他年卡办理方式。郭某在办理年卡之际，就指纹入园方式也未提出异议。综上所述，二者之间形成的就采取指纹识别方式入园的服务合同合法有效。

据此双方合意可知，野生动物世界处理个人信息的目的在于服务郭某与其之间的服务合同，识别主体，以达到入园验证身份的目的。

2. 目的是否存在已实现、无法实现或者为实现处理目的不再必要的情况

郭某与野生动物世界的合同有效期是2019年4月26日至2020年4月25日。在此合同有效期间，野生动物世界借助其收集的个人信息，可以验证身份以提供服务，实现处理个人信息的目的。但2019年7月、10月，野生动物世界两次向郭某发送短信，通知年卡入园识别系统更换事宜，要求激活人脸识别系统，否则将无法正常入园。需进一步讨论，此时郭某与野生动物世界之间的合同是否被解除，从而导致处理信息的目的无法实现。

（1）郭某是否享有解除权

《民法典》第563条规定了法定解除权，其中第2项规定，在履行期限届满前，当事人一方明确表示或以自己的行为表明不履行主要债务的，当事人可以解除合同。

首先，应考虑时间要件。案涉年卡有效期是2019年4月26日至2020年4月25日，2020年4月25日为履行期届满之日。野生动物世界是在2019年10月26日明确告知郭某不注册人脸识别将致使无法进园，即其违约行为发生在2019年10月26日。故该时间性要求满足。

其次，是否存在“明确拒绝履行主要义务”或“以自己的行为表明拒绝履行主要义务”。具体而言，“明确拒绝履行主要义务”要求在履行仍为可能的情况下，债务人无正当理由，明确、严肃、终局地表明拒绝履行合同的主要义务；而对于“以自己的行为表明拒绝履行主要义务”，即默示拒绝履行，其认定标准应严格可控，只有当债务人拒绝履行的意图已经十分明显时，债权人才得以解除合同。[①] 案例中，野生动物世界在合同履行期限内，并无单方面改变入园方式的权利。其发送短信告知郭某，未注册人脸识别将无法正常入园，在郭某上门咨询求证时，野生动物世界的工作人员明确告知其不注册人脸识别将无法入园，其行为属于以明示的方式表明不履行合同义务。

再次，需考虑是否为主要义务。《民法典》第577条采用统一性违约概念，该条所指的合同义务作广义解释，包括给付义务和附随义务。给付义务又分为主给付义务与从给付义务。主给付义务是债之关系固有的、必备的并决定债之关系类型的基本义务。[②] 从给付义务，是指除主给付以外，可以独立诉请的义务。从给付义务具有补助主给付义务的功能，确保债权人利益获得最大实现，但不决定债之关系的类型。附随义务是为履行给付义务或保护债权人人身或财产上利益，在合同发展过程中基于诚信原则而生的义务。《民法典》第563条规定的行使法定解除权的情形，则要求不履行主要义务。本案中，郭某与野生动物世界的合同中，野生动物世界的主要合同义务为让郭某进入动物园参观，从而为其提供服务。野生动物世界明确表示拒绝让郭某入园参观，属于明确拒绝履行主合同义务。

---

① 参见赵文杰：《〈合同法〉第94条（法定解除权）评注》，载《法学家》2019年第4期。

② 参见王泽鉴：《债法原理》，北京大学出版社2009年版，第28页。

最后,野生动物世界拒绝履行合同主要义务,并无正当理由。根据《民法典》第471条之规定,当事人订立合同,可以采取要约、承诺的方式。在郭某与野生动物世界已经达成采取指纹识别方式入园合意的情况下,野生动物世界在履行合同期间向郭某发送案涉两条短信,拟将原已达成的指纹识别入园方式变更为人脸识别入园方式,该行为属于单方变更合同的行为,其对郭某而言属于新的要约。根据《民法典》第478条第1项的规定,该要约因被郭某拒绝而失效。野生动物世界所张贴的人脸识别店堂告示因未成为其与郭某之间合同的条款,对郭某并不产生法律效力,该店堂告示内容并无法直接成为合同的内容。因双方未就“人脸识别”入园方式达成合意,该内容不能成为合同的组成部分。野生动物世界单方面变更合同内容,不具有法律效力。以此为理由而不履行合同义务,不属于正当理由。

(2)是否行使解除权

根据《民法典》第565条的规定,当事人一方依法主张解除合同的,应当通知对方。当事人也可以不通知对方当事人,而直接以提起诉讼或者申请仲裁的方式依法主张解除合同。采用司法解除方式的,该合同自起诉状副本或者仲裁申请书副本送达对方时解除。本案中郭某提起的诉请包括退还年卡费用等,通过其诉请进行意思表示解释,可认为其已经表达了解除合同的意愿。

由于合同已经解除,处理个人信息的目的即识别用户,验证身份从而入园参观的目的,已经无法实现。

3. 结论

郭某可以根据《个人信息保护法》第47条第1款第1项的规定,主张删除个人信息。

(二)个人信息处理者停止提供产品或服务,或者保存期限届满。

本案中因野生动物世界一直正常提供服务,且保存期限未届满。因此不符合该种情形。换言之,郭某不得依据《个人信息保护法》第47条第1款第2项,主张删除个人信息。

(三)个人撤回同意

《个人信息保护法》紧紧围绕规范个人信息处理活动、保障个人信息权益,构建了以“告知—同意”为核心的个人信息处理规则。若自然人撤回同意,则其可以要求删除其个人信息。

1. 郭某之前是否同意野生动物世界处理其个人信息

根据《个人信息保护法》第13条的规定，处理个人信息合法性依据有二：其一，告知并取得个人同意；其二，基于法定理由。本案需探讨第一种合法理由，也即该法第13条第1款第1项所述“取得个人的同意”。结合《个人信息保护法》第14条的规定可知，个人同意的有效要件为：①同意人具备同意能力；②同意人充分知情；③同意人的同意是真实自愿及明确具体的。

（1）郭某是否具备同意能力

只有当同意人具备同意能力时，其作出的同意方有效。而同意能力又区别于民事行为能力，它是自然人对其决定的性质、程度以及可能产生后果的理解能力。根据《个人信息保护法》第31条第1款之规定可知，在一般情况下，年满14周岁的人具有同意能力。故郭某具备同意能力。

（2）郭某是否充分知情

同意者在充分知情的情况下作出的同意才为有效的，这也就要求个人信息处理者需要向个人告知相关内容。需结合《民法典》第1035条第1款第3项、第4项规定的个人信息处理条件以及《个人信息保护法》第17条规定，确定个人信息处理者应告知的内容与方式。

在郭某办理年卡之际，野生动物世界的店堂告示以醒目的文字告知购卡者需要提供包括指纹在内的个人信息，且明示指纹识别信息用于入园验证。郭某已明确知晓野生动物世界采集其照片及指纹，也明确其采集信息的用途在于身份验证。由于野生动物世界是否告知郭某其他应告知的内容，于案件事实中未明确阐述，案例分析暂以要件满足展开。

（3）郭某是否作出同意表示

一方面，需考虑同意是否真实、自愿。此处需要探究的问题是，野生动物世界就“指纹识别方式入园”是否构成《民法典》第148条规定的欺诈。欺诈，是指一方当事人故意告知对方虚假情况，或者故意隐瞒真实情况，诱使对方当事人作出错误意思表示的行为。欺诈的构成要件有五：一是行为人须有欺诈的故意；二是行为人须有欺诈的行为；三是受欺诈人因行为人的欺诈行为陷入错误判断；四是受欺诈人基于错误判断作出意思表示；五是受欺诈人之撤销权未消灭。本案中，野生动物世界的客户群体分为单次购票客户和年卡客户等不同类型。年卡客户不同于单次购票用户，其在购买年卡后可以在特定时段内不限次数畅游，因此在每次入园前都应当接受身份查验，故野生动物世界对不同客户群体采用差异化的入园查验方式具有必要性和合理性。郭某作为年卡用户，在办卡时即明知将采集指纹信息作为入园识别的依据，并自愿订立该服务合同，主动录入指纹等个人生物信息。并无证据证明野生动物世界在办理年卡时存在任何欺诈行为，因此。郭某的同意是真实、自愿的。

另一方面，需考虑同意是否符合法定的要件。由于一般个人信息与敏感个人信息对于自然人的影响有所不同，因此其同意的要件也有所不同。根据《个人信息保护法》第 28 条第 1 款的规定，敏感个人信息是一旦泄露或者非法使用，容易导致自然人的人格尊严受到侵害或者人身、财产安全受到危害的个人信息，该款列举了包括生物识别信息、宗教信仰在内的多项敏感个人信息。本案中收集的信息既包括一般个人信息，也包括指纹、人脸等生物识别信息。最高人民法院《关于审理使用人脸识别技术处理个人信息相关民事案件适用法律若干问题的规定》第 1 条第 3 款规定，本规定所称人脸信息属于《民法典》第 1034 条规定的“生物识别信息”；《网络安全标准实践指南——网络数据分类分级指引》中也明确指纹、人脸等为个人生物识别信息。

案例中涉及一般个人信息与敏感个人信息。对于一般个人信息，自然人作出同意仅需自愿、明确即可。本案中，郭某与野生动物世界之间存在合法有效的服务合同，在了解合同基本内容的基础上，郭某主动提供姓名、身份证号码、电话号码等一般个人信息，其行为可以明确表明愿意让个人信息处理者处理其信息。但对于敏感个人信息，根据《个人信息保护法》第 29 条的规定，应取得个人单独的同意。在案例中，并未交代野生动物世界对于指纹、人脸生物识别信息的处理，是否已征得郭某的单独同意。尽管野生动物世界在“年卡办理流程”中规定“至年卡中心拍照”，但郭某的拍照行为，不能认为取得郭某的单独同意。因此，对于此信息的收集，不能认为郭某作出符合法定形式的同意。

此外，根据《个人信息保护法》第 14 条的规定，若个人信息的处理目的、处理方式和处理个人信息种类发生变化的，应当重新取得个人同意。本案中，原本以指纹识别作为入园验证依据，但后来野生动物世界改变生物识别的标准，改用人脸作为入园验证依据，对此野生动物世界并未重新取得郭某的同意。此时，也不符合法律规定的同意要件。

(4)小结

对于姓名、身份证号码、电话号码等一般个人信息,郭某已经作出同意表示。对于指纹、人脸等敏感个人信息,郭某并未作出符合法律规定的同意表示,且野生动物世界在变更个人信息处理用途时,即将指纹识别变更为人脸识别时,也未重新取得郭某同意。

2. 是否符合撤回同意的要件

《个人信息保护法》第 15 条规定,个人有权撤回其同意。该撤回权的行使并未附加任何要件。同意的撤回权属于自然人的形成权,单方面行使即可,无须相对人同意。因此案涉情形下,郭某可以随时撤回其同意。

3. 郭某是否撤回其同意

撤回权与解除权相同,只要通知相对人即可。参考解除权的规则,可以通过司法途径通知个人信息处理者。本案中郭某诉请删除其个人信息,通过其诉请可以意思表示解释,认为其已经表达了撤回同意的意思。

4. 结论

郭某可以根据《个人信息保护法》第 47 条第 1 款第 3 项的规定,主张删除其一般个人信息;敏感个人信息因自始未取得同意,而无须撤回。

(四)个人信息处理者违反法律、行政法规或者违反约定处理个人信息

1. 野生动物世界是否违反个人信息处理的基本原则

《个人信息保护法》第 5 条、《民法典》第 1035 条以及《消费者权益保护法》第 29 条等法律皆规定了个人信息处理活动应当遵循合法、正当、必要原则。合法原则,是指个人信息处理者在对个人信息进行处理时,应当严格遵循法律的规定,采取合法的方式,不得违法处理个人信息;正当原则,是指处理个人信息的行为必须是正当的,处理者不应当通过不公正的方法处理个人信息;必要原则,是指处理个人信息的活动都应当是对于实现个人信息处理目的而言是必要的,凡是不必要的个人信息处理活动都不应当开展。[①] 同时,《个人信息保护法》第 6 条也对处理个人信息的合法性、正当性、必要性进行了解释,即处理个人信息应当具有明确、合理

① 参见程啸:《个人信息保护法理解与适用》,中国法制出版社 2021 年版,第 79—81 页。

的目的,并应当与处理目的直接相关,采取对个人权益影响最小的方式。收集个人信息,应当限于实现处理目的的最小范围,不得过度收集个人信息。这一规则又被称为目的限定与必要原则。[①]

本案中,野生动物世界处理郭某等人的个人信息,目的在于更好地履行双方的服务合同,通过生物信息识别的方式达到身份验证,快速入园。但在合同约定指纹入园的情形下,野生动物世界收集郭某及其妻子的面部特征信息,显然超出了必要原则,不具有正当性。综上所述,野生动物世界违反了个人信息处理的基本原则,收集人脸等生物识别信息超过了处理目的的正当性、必要性。

2. 野生动物世界是否违反"同意"规则

根据《个人信息保护法》第 14 条第 2 款的规定,变更个人信息处理目的、处理方式等,需重新取得同意;《个人信息保护法》第 29 条规定,对于敏感个人信息需单独同意。本案中,对于指纹、人脸等敏感个人信息,郭某并未作出符合法律规定的单独同意表示,且野生动物世界在变更个人信息处理用途时,即将指纹识别变更为人脸识别,也未重新取得郭某同意。

3. 小结

郭某可以根据《个人信息保护法》第 47 条第 1 款第 4 项的规定,主张删除敏感个人信息。

二、是否存在不得行使删除权的情形

《个人信息保护法》第 47 条第 2 款规定了两种不得删除的情形:其一,法律、行政法规规定的保存期限未届满,即删除个人信息存在法律上的不能;其二,删除个人信息从技术上难以实现,即客观不能。就第一种情形而言,即便已经符合《个人信息保护法》第 47 条第 1 款的情形,但因法律、行政法规规定的保存期限未届满,个人信息处理者不能删除个人信息,但个人信息处理者必须停止除存储之外的处理活动。第二种情形是指现有的技术下根本无法删除个人信息或者在现有的技术条件下需要付出不合理成本才能删除。[②] 郭某与野生动物世界之间的个人信息处

---

① 参见王义坤、刘金祥:《被遗忘权本土化的路径选择与规范重塑——以〈个人信息保护法〉第 47 条为中心》,载《财经法学》2022 年第 3 期。

② 参见程啸:《论〈个人信息保护法〉中的删除权》,载《社会科学辑刊》2022 年第 1 期。

理，是为了履行双方之间的服务合同，法律、行政法规并未规定此种情形下的保存期限。根据《个人信息保护法》第 19 条的规定可知，在法律、行政法规没有另外规定的情况下，个人信息的保存期限为实现处理目的所必要的最短时间。本案中，郭某在野生动物世界处购买的年卡，有效期至 2020 年 4 月 25 日，在没有法定保存期限要求的情况下，根据目的限制原则，其保存期限也应至该时间。因此，案涉情形并不存在第一种情形，也无涉第二种情形。

因此，本案并不存在不得行使删除权的情形。

三、结论

郭某可根据《个人信息保护法》第 47 条第 1 款规定的第 1 种情形，请求野生动物世界删除所有的个人信息；根据《个人信息保护法》第 47 条第 1 款规定的第 3 种情形，请求野生动物世界删除其一般个人信息；根据《个人信息保护法》第 47 条第 4 款规定的第 3 种情形，请求野生动物世界删除其敏感个人信息。

知识拓展

自然人对其个人信息所享有的权益性质

根据《民法典》第 1034 条第 2 款之规定，个人信息是以电子或者其他方式记录的能够单独或者与其他信息结合识别特定自然人的各种信息，包括自然人的姓名、出生日期、身份证件号码、生物识别信息、住址、电话号码、电子邮箱、健康信息、行踪信息等。对于个人信息的定义，理论上存在关联说、隐私权说及识别说。从我国的立法条文来看，我国《民法典》第 1034 条第 2 款采用识别说，《个人信息保护法》第 4 条也与此相应。任何信息如果不是与已识别或者可识别的自然人有关的信息，如进行了匿名化处理后，就不属于个人信息。识别说目前为各国的主流学说，为欧盟、日本、韩国等所采，识别说的优点在于突出了“识别性”作为个人信息的核心要件，具有清晰、明了的特点。

个人信息保护需平衡一个自然人需要通过对其个人信息的控制来防止遭受人身财产权益的危险或避免损害的利益需求，与其他主体希望获取和利用个人信息达致各种目的(提高行政效率,追求商业利润等)的利益需求。[①] 可以认为个人信息是由一般人格权发展而来,随着科学技术的发展而呈现的一类具体的人格权益。从作为个人信息主体的自然人这一方来说,其主要的利益是一种防御性利益,即自然人针对个人信息享有的防止因个人信息被非法处理而致人身财产权益遭受侵害,甚至人格尊严与人格自由受到侵害或损害的利益。[②] 与此同时,个人信息的相关权能,如删除权等,也可以作为人格请求权的一种,主动行使。因此,个人信息民法权益的实现主要依赖两条路径——人格权规则与侵权责任规则。[③]

自然人对其个人信息享有的是法益抑或权利这一问题,理论界存在三种不同的看法,分别为法益说、近似人格权说以及人格权说。法益说认为,《民法典》第 111 条并未使用个人信息权这一表述,意味着立法机关并未将之视为一项具体人格权利。[④] 同时,这也为未来个人信息如何在利益上兼顾财产化,以及与经济发展的关系配合预留了一定的解释空间,也有利于保持《民法典》的稳定性。[⑤] 近似人格权说则认为,《民法典》第 111 条虽未直接规定自然人享有个人信息权,但是,对其而言,本条既为民事权利的宣示性规定,也为确权性的规定。[⑥] 人格权说认为,自然人对个人信息享有的是民事权利,即个人信息权。[⑦] 笔者支持第三种学说,应认定个人信息为一种具体的人格权。从立法上来看,《消费者权益保护法》于 2013 年修改后,在第 14 条中明确消费者"享有个人信息依法得到保护的权利"。《刑法》第 253 条之一规定的侵犯公民个人信息罪是放在分则第四章侵犯公民人身权利、民主权利罪中,表明该罪侵犯的就是公民的人身权利,而刑

---

① 参见程啸:《论我国民法典中个人信息权益的性质》,载《政治与法律》2020 年第 8 期。

② 参见程啸:《论大数据时代的个人数据权利》,载《中国社会科学》2018 年第 3 期。

③ 参见林传琳、宋宗宇:《个人信息保护的民法定位与路径选择》,载《甘肃社会科学》2021 年第 4 期。

④ 参见王利明主编:《中华人民共和国民法总则详解》(上),中国法制出版社 2017 年版,第 465 页。

⑤ 参见龙卫球、刘保玉主编:《中华人民共和国民法总则释义与适用指导》,中国法制出版社 2017 年版,第 404 页。

⑥ 参见陈甦主编:《民法总则评注》(下册),法律出版社 2017 年版,第 785 页。

⑦ 参见杨立新:《个人信息:法益抑或民事权利——对〈民法总则〉第 111 条规定的"个人信息"之解读》,载《法学论坛》2018 年第 1 期。

法理论上也倾向于认为该罪保护的是个体权利，尽管对权利指向的内容存在不同的解读。《民法典》第 111 条虽只规定“自然人的个人信息受法律保护”，没有明确个人信息属于权利，但个人信息是与隐私权放在同一专章规定的。对此，合理的解读理应是，既然与隐私权相并行，个人信息也属于一种权利，它与隐私权存在密切关联，同时具有超越隐私权的一面。① 权利与利益的区分在于是否有确定性。我国为保护个人信息，专门制定了《个人信息保护法》，在该法中，明确了个人信息权的内涵，并规定了对个人信息的处理有知情权、决定权、删除权等具体内涵。个人信息权的内容具有确定性，符合权利的本质属性，应认定为权利。

延伸阅读

1. 程啸：《论我国民法典中个人信息权益的性质》，载《政治与法律》2020 年第 8 期。
2. 程啸：《论〈个人信息保护法〉中的删除权》，载《社会科学辑刊》2022 年第 1 期。
3. 王利明：《论人格权请求权与侵权损害赔偿请求权的分离》，载《中国法学》2019 年第 1 期。
4. 吴香香：《请求权基础视角下〈民法典〉人格权的规范体系》，载《中国高校社会科学》2021 年第 4 期。
5. 劳东燕：《“人脸识别第一案”判决的法理分析》，载《环球法律评论》2022 年第 1 期。

① 参见劳东燕：《“人脸识别第一案”判决的法理分析》，载《环球法律评论》2022 年第 1 期。

16 无因管理
——三里屯街道办事处诉何某无因管理纠纷案

学理概要

无因管理是指没有法定的或者约定的义务，为了避免他人利益受损失而自愿管理他人事务的行为。基于无因管理产生的无因管理之债是法定之债，债权债务由法律直接规定。无因管理制度的基本功能旨在实现“禁止干涉他人事务”与“鼓励人们互助”两者之间的一种平衡。无因管理规定产生两方面的基本法律效果：一是阻却违法性，使无因管理成为合法行为，以排除对他人事务干涉的侵权性；二是在管理人与本人之间产生法定的债权债务关系，管理人可基于适法的无因管理请求受益人支付由此支出的必要的费用和损失补偿。无因管理的事务可以是事实行为，也可以是法律行为。

- **核心法条**

《民法典》第121条　没有法定的或者约定的义务，为避免他人利益受损失而进行管理的人，有权请求受益人偿还由此支出的必要费用。

典型案例

三里屯街道办事处诉何某无因管理纠纷案①

案情简介:1992年4月何某某与王某登记结婚,于1992年10月生育何某。1996年7月何某某与王某经调解协议离婚,双方协议如下:双方所生之子何某由何某某负责抚育,王某自1996年7月起每月付抚育费500元至何某18周岁止。2016年5月,何某某突发中风疾病。因家中无人护送就医,三里屯街道办事处立即联系何某处置,但何某不予理会。后三里屯街道办事处迅速将何某某送至医院治疗,并为此垫付医疗费、护理费等4万余元。后三里屯街道办事处请求何某偿付为治疗何某某疾病所垫付的上述费用,未果,诉至法院。何某辩称,三里屯街道办事处的行为系履行社会救助的法定职责,该救助行为的实际受益人是何某某,费用应由何某某承担责任。

争议焦点:(1)三里屯街道办事处的紧急救助行为能否构成无因管理;(2)违背本人意愿能否构成无因管理。

裁判理由和结果:对于争议焦点(1),一审法院经审理认为,三里屯街道办事处的紧急救助可以构成无因管理。三里屯街道办事处的紧急救助行为并非法定义务。根据《社会救助暂行办法》的规定,符合法定条件的老年人可以申请特困人员供养,并且特困人员供养的申请、审批有着严格的法律程序,同时,特困供养人员不再符合供养条件的,村委会、居委会或者供养服务机构应告知乡镇政府、街道办事处,由乡镇政府、街道办事处审核并报县级政府民政部门核准后,终止供养并予以公示。具体到本案,老人何某某独居在家突发中风,作为赡养义务人的何某却不予理会,三里屯街道办事处将老人何某某送至医院,并为此垫付医疗费、护理费,该行为是基层政府有所担当的具体表现,值得称赞。在老人何某某存在法定赡养义务人,且未按照社会救助程序办理手续的情况下,三里屯街道办事处的紧急救助行为并不是法律意义上的社会救助,何某主张街道办事处系履行法定职责,缺乏依据。

对于争议焦点(2),法院认为,三里屯街道办事处的救助行为使赡养义务人免

---

① 北京市第三中级人民法院判决书,(2017)京03民终201号。

受法律上的否定性评价,应认定为赡养义务人的利益而管理。从无因管理的构成要件上看,无因管理的管理人须为他人的利益而为管理事务。一般而言,管理人的管理行为和本人的意思是一致的,但并不是所有违反本人意思的管理都不构成无因管理。若管理事务为本人应尽的法定义务,虽违背本人的意思,仍属无因管理。赡养义务是法定义务,负有赡养义务而拒绝赡养的,需承担相应的法律责任,情节严重的还可能负刑事责任。本案中,作为赡养义务人的何某未履行法定义务,三里屯街道办事处及时将何某某送医治疗,避免了何某某因无人赡养发生其他后果,从而使何某免受公序良俗的"负面评价"或在社会名誉上遭受更大损失,避免了何某承担不利于自己的法律后果的可能性。三里屯街道办事处的行为属于为何某的利益而管理,符合无因管理的构成要件。因此三里屯街道办事处垫付医疗费用后,有权要求赡养义务人偿还。根据《民法通则》第 93 条(现《民法典》第 121 条)的规定以及最高人民法院《关于贯彻执行〈中华人民共和国民法通则〉若干问题的意见(试行)》第 132 条(现《民法典》第 979 条第 1 款)的规定,北京市朝阳区人民法院判决支持了原告三里屯街道办事处的诉讼请求。判决后,何某不服向北京市第三中级人民法院提起上诉。北京市第三中级人民法院经审理后判决驳回上诉,维持原判。

解题思路

三里屯街道办事处以无因管理为由请求何某偿还垫付的医疗费和护理费。如果其主张的无因管理成立,则三里屯街道办事处可根据《民法通则》第 93 条(现《民法典》第 121 条)并结合最高人民法院《关于贯彻执行〈中华人民共和国民法通则〉若干问题的意见(试行)》第 132 条(现《民法典》第 979 条第 1 款)的规定向何某主张偿还所垫付的医疗费和支付的护理费。以下对其请求权基础进行具体分析。

一、三里屯街道办事处的紧急救助行为是否构成无因管理

根据《民法通则》第 93 条(现《民法典》第 121 条)的规定,管理人的管理行为要构成无因管理,须具备以下要件:其一,没有法定或者约定的义务而进行管理;其

二，管理他人事务；其三，管理意思，即管理人为他人利益进行的管理，具有将管理的利益归属于本人的意思。

（一）没有法定的义务或者约定的义务

无论是法定的义务还是约定的义务，只要管理人与受益人之间存在法律意义上的义务，管理人的管理行为就是"有因"，此种情形下因不符合法定要件而不能构成无因管理。本案中，何某主张三里屯街道办事处的救助行为是履行其法定义务，以此拒绝偿还医药费和护理费。所以，三里屯街道办事处的救助行为是否构成无因管理，首先要分析的问题是其对何某某的救助是否具有法律意义上的原因。

"法定义务"，是指有法律明文规定的义务，既包括私法上的义务，也包括公法上的义务。例如，父母对未成年子女的教养义务，成年子女对父母的赡养义务，夫妻之间的扶养义务，故而无论是父母为未成年子女支付的医疗费用还是成年子女为父母支付的医疗费用、夫妻一方为另一方支付的医疗费用都不构成无因管理。又如，消防队从事的救火行为、警察的对遇难人的救助行为都是履行特定职业的法定义务而不构成无因管理。所谓"约定的义务"，是指双方基于意思自治通过合同约定而产生义务，如基于委托合同而对他人事务的管理。

本案中，何某主张三里屯街道办事处不构成无因管理，依据之一是三里屯街道办事处的管理行为属于履行法律规定的社会救助职责行为，但从查明的事实来看，何某的母亲未满足社会救助条件，也未通过一定程序申请成为救助对象，故三里屯街道办事处对何某的母亲没有法律上的社会救助义务。另外，三里屯街道办事处对何某之间显然不存在基于约定而发生的对何某某进行救助的合同义务。

由上，三里屯街道办事处的紧急救助行为是在无法定义务和约定义务的情形下进行的管理他人事务的行为。

（二）管理他人事务

他人事务，通常在客观上依据事务在法律上的权利归属加以判断，如修缮他人享有所有权的房屋、救助受伤的路人。若事务本身系属中性，无法依其在法律上的权利归属来判断究竟属于何人的，如购买演唱会入场券、承租房屋等，客观上无法判断该事务是否属他人，应依据管理人的主观意思定之，因管理人有为他人管理的意思而成为他人事务。[①]

另外,无因管理内在要求是管理人不得违反本人的意思而进行管理。这里的"真实意思"既指本人明示的意思表示,又包括可推知的意思,如邻居家着火,邻居大喊"救火"就是实际的意思表达,倘若邻居在火场昏迷无法呼喊,依据一般人的生活经验,希望他人实施救助为其可推知的意思。但这也并不意味着违反受益人明示或可推知的意思的管理行为就一定排除无因管理之适用。

根据现行《民法典》第979条第2款"违反法律或者违背公序良俗的除外"之但书规定,特定情况下出于维护公共利益或者公序良俗的需要,即使管理人违反了受益人的意思而进行事务管理,在满足其他要件下仍可构成无因管理。这里的"法律",兼指公法及私法上为促进公益目的之规定。例如,宁波市鄞州润兴服饰有限责任公司(以下简称润兴公司)与郑某华返还垫付款纠纷上诉案[②],郑某华为润兴公司垫付税款要求润兴公司返还,但润兴公司以并没有委托郑某华垫付为由拒绝返还,对于双方的争议,法院认为,交付税款是润兴公司应尽的法定义务,郑某华垫付的行为构成无因管理。

本案中,作为赡养义务人的何某在三里屯街道办事处如实向何某转达其母亲中风一事后,何某未予理睬,未履行法定赡养义务,三里屯街道办事处及时将何某母亲送医治疗,虽然违背何某可推知的真实意思,但因何某的意思违反民法上关于赡养老人的基本义务,违反了公序良俗,故三里屯街道办事处的紧急救助行为对其仍可构成无因管理。

(三)存在管理意思

无因管理中,管理人须是为"他人利益"进行管理。"为他人利益"要求管理人主观上应同时具备两种要素:一是认识因素,二是意愿因素。前者指管理人认识到其管理涉及他人利益,后者指管理人具有使管理利益归属于他人(本人)并服从本人指示的意思。[③] 在认识因素方面,只要认识到是他人的事务即可,无须知道本人是谁,[④]即使对他人有认识错误,管理人仍可与真正的受益人(本人)成立无因管理

① 参见王泽鉴:《债法原理》(第1册),中国政法大学出版社2001年版,第333页。

② 参见宁波市中级人民法院民事判决书,(2009)浙甬商终字第1054号。

③ 参见金可可:《〈民法典〉无因管理规定的解释论方案》,载《法学》2020年第8期。

④ 参见崔建远:《债法总论》,法律出版社2013年版,第323页。

关系。在意愿因素方面，需强调管理人为他人利益进行管理，误认他人事务为自己事务而进行的管理，不构成无因管理，而对于明知是他人事务而为自己利益进行管理，为违法管理，亦不构成无因管理。对于客观的他人事务，通常可以通过具体情形判断管理人有无为他人利益进行管理的意思。在事务本身系属中性，管理人认为是为他人管理即主观的他人事务情形下，管理人应就其有为他人管理事务之意思负举证责任。

本案中，三里屯街道办事处的救助行为既防止了何某母亲的病情恶化，又为何某尽了赡养义务，防止其可能承担社会上的负面评价，属于为他人利益进行管理的行为。无因管理的本人，可为多数人。本案中，三里屯街道办事处对何某某的紧急救助行为，通常可认为有为何某某及其儿子何某管理事务的意思，对何某及何某某均可以成立无因管理，故何某否认对自己构成无因管理之抗辩不成立。

综上所述，三里屯街道办事的救助行为符合无因管理的全部构成要件，构成无因管理，其请求权成立且持续存续。

二、三里屯街道办事处能否依据无因管理请求何某偿还垫付医药费、护理费

根据《民法通则》第 93 条（现《民法典》第 121 条）的规定以及最高人民法院《关于贯彻执行〈中华人民共和国民法通则〉若干问题的意见（试行）》第 132 条（现《民法典》第 979 条第 1 款）的规定，管理人的行为一旦构成无因管理后，管理人与本人之间的债权债务关系依法发生，管理人可以请求受益人偿付由此而支出的必要费用，进一步可区分为管理活动中直接支出的费用，以及在该活动中受到的实际损失。

（一）必要费用

费用是否为必要，通说以支出时为准。必要性有无，有主张客观标准，费用须事实上为必要；①也有主张主观标准，管理人合理信赖为必要之费用得求偿，以鼓励利他行为、避免管理人的后顾之忧。② 相对而言，后一观点似乎更为妥当。管理人可否就费用请求支付利息，我国多采肯定说，允许就费用请求支付利息，以此来鼓

① 参见王泽鉴：《债法原理》（第 1 册），中国政法大学出版社 2001 年版，第 347 页。
② 参见金可可：《〈民法典〉无因管理规定的解释论方案》，载《法学》2020 年第 8 期。

励无因管理行为。但应注意的是,无因管理中的必要费用不应包括管理人的报酬,否则不啻变相让本人接受有偿劳务,既有悖于意思自治,又有违无因管理制度鼓励利他行为之宗旨。①

本案中,三里屯街道办事处将何某某送至医院治疗,并为此垫付医疗费、护理费等4万余元,是其为何某事务进行管理中所直接支出的必要费用,也有证据加以佐证,故可以依法请求本人偿付。若三里屯街道办事处主张所支付费用利息,该请求亦能成立。

(二)所受损失

管理人管理事务过程中造成的自身损失,依据公平原则,受益人应适当补偿。所受损失,从最高人民法院《关于贯彻执行〈中华人民共和国民法通则〉若干问题的意见(试行)》第132条(现《民法典》第979条第1款)的文句逻辑来看,是指管理人除去支付必要费用之外的损失,一般限于因管理行为而造成的管理人实际损失,如救溺水之人来不及摘掉的手表,因救火而受伤等。概念体系上,我国将必要费用与所受损失进行区分,具有实益:首先,费用乃自愿之支出,而损害乃非自愿之财产减损,财产之减损,一为必然,二为盖然,明显有别;其次,必要费用的请求范围以必要合理为限,而损害补偿的请求范围,不以管理人对管理事务中危险的辨识为前提,只要在管理中危险实现而受损害都可求偿,属损害填补之范畴,故损害补充具有独立于费用偿还之意义,体现某种"风险归责"的思想。② 另外,关于"适当补偿"的理解,有观点认为,管理人仅获得部分补偿,如限于积极利益(现有财产之减少),不包括消极利益(应得利益之未获得)。③ 也有观点认为,"适当"乃指符合可补偿损害的判定标准,若管理人因事务管理可识别之典型危险而受损害,则可求偿。④

本案中,三里屯街道办事处在管理活动中为救治何某直接支付了医疗费、护理费,是因救治何某某而自愿支出的必要费用,不存在因管理事务可识别的典型风险所造成的损失。

---

① 参见王利明:《债法总则研究》,中国人民大学出版社2018年版,第373页。

② 参见王泽鉴:《民法学说与判例研究》(第5册),北京大学出版社2009年版,第189页。

③ 参见崔建远:《债法总论》,法律出版社2013年版,第330页。

④ 参见金可可:《〈民法典〉无因管理规定的解释论方案》,载《法学》2020年第8期。

综上所述,三里屯街道办事处的紧急救助行为构成无因管理,且三里屯街道办事处主张的医疗费和护理费均属于管理活动中支出的必要费用,故三里屯街道办事处根据《民法通则》第 93 条(现《民法典》第 121 条)的规定以及最高人民法院《关于贯彻执行〈中华人民共和国民法通则〉若干问题的意见(试行)》第 132 条(现《民法典》第 979 条第 1 款)的规定请求何某偿还因此垫付的医药费、护理费的请求权成立。

知识拓展

管理意思的认定标准

原《民法通则》第 93 条、原《民法总则》第 121 条以及《民法典》第 979 条均规定,管理人须"为避免他人利益受损失"而管理他人事务。对此,或可认为本条系限定无因管理之"他人事务"于"避免他人利益受损失的事务"之内,而不包括"增进他人利益的事务"。但此种解释有失周延,因在特定情形中,积极增进他人利益,亦可构成无因管理,故应属无因管理之事务范围。[①] 故解释论上,"为避免他人利益受损失"宜解释为"为他人管理事务之意思",即"管理意思"要件,而非限定事务之范围。[②] "管理意思"指管理人认识所管理事务为他人事务并具有使管理利益归属于该他人(本人)之意思。

管理意思是无因管理制度正当性的来源。由于"管理意思"是一种事实意思,它不需要管理人的外在表示,也不需要本人的受领,此特点使管理意思的认定存在诸多困难。对于管理意思的认定,理论界存在经验说与规范说。经验说认为管理意思的认定需依赖他人事务类型的帮助,当管理对象为客观他人事务时,可直接推定管理人的管理意思或者只需在最低限度内证实管理意思存在即可;当管理对象为客观中性事务时,则不能直接推定管理意思的存在,需特定的指示或外部表现才能确定管理意思,即需要管理人举证证明来确定管理意思的

① 参见叶知年:《无因管理制度研究》,法律出版社 2015 年版,第 61 页。

② 参见金可可:《〈民法典〉无因管理规定的解释论方案》,载《法学》2020 年第 8 期。

存在，此为德国法通说。然而，经验说之认定标准不能将管理意思从不确定性的风险中解脱，客观他人事务、客观中性事务、客观自己事务均能成为无因管理的管理范畴，实践中客观他人事务中管理意思的推定规则也导致事务范围的泛滥。针对经验说之不足，规范说则主张无须借助他人事务类型来认定管理意思，应以统一的规范性管理意思决定事务管理的归属效果，依据社会活动表象以及管理人行为的社会意义来判断管理意思的有无。该学说下，管理意思被塑造为一种规范的、需要评价的主观事实。[①] 这意味着管理意思的判断无须借助他人事务的辅助，而在某些情形下，基于整体利益的考虑，管理意思的规范性判断还可能会突破管理人的真实意思，例如，管理人是否发生本人的识别错误，不影响管理意思存在的认定。又如，在混合事务中本人的直接得利可能导致管理意思的存在，而无论管理人是否有此意思。管理意思的规范性判断使基于团体利益的互助理念得以弹性介入，以此维护无因管理制度鼓励互助的立法初衷，在最大限度内协调不同构成事实、不同适用情形。当然，以通常社会意义来认定管理意思，未免过于宽泛，必然造成个案中可操作标准的缺失，因而如何塑造管理意思的“规范性”，值得进一步讨论。

比较案例

王某飞诉吴某云等无因管理纠纷案[②]

案情简介：王某飞带其女儿到邓州市文渠镇某百货门市部购买篮球，门市部张某才到街上借用打气筒，其母亲贾某荣在门市部。其间，王某飞发现门市部厨房液化气泄漏，于是手持手机进入门市部北边，关闭液化气，拧动液化气灶盘开关后液化气突然爆炸，将王某飞及其女儿和贾某荣炸伤，并造成门市部内财产受损。王某飞主张自己是无因管理并以此要求赔偿，被告吴某云以自己的亲属阻止了王某飞进屋关闭液化气并且方法不当产生爆炸为由拒绝赔偿，一审法院最终支持了王某

① 参见訾强龙：《无因管理中管理意思的认定》，载《法学》2021 年第 2 期。
② 河南省邓州市人民法院民事判决书，(2021)豫 1381 民初 18 号。

飞无因管理的主张并确定了赔偿范围。

延伸阅读

1. 王泽鉴:《债法原理》(第2版),北京大学出版社2013年版,第308—333页。
2. 黄茂荣:《债法通则之四:无因管理与不当得利》,厦门大学出版社2014年版,第10—13页。
3. 金可可:《〈民法典〉无因管理规定的解释论方案》,载《法学》2020年第8期。
4. 昝强龙:《无因管理中管理意思的认定》,载《法学》2021年第2期。

17 不当得利

——盐城市天孜食品有限公司诉盐城市自来水有限公司供用水合同纠纷案

学理概要

不当得利返还请求权的功能在于使不正当的财产移转恢复原状，服务于矫正正义。《民法典》第122条及第985条以下规定了不当得利制度。第122条因位于总则部分，处于民事权利章，体系上为确权和定义条款。第985条以下除规定不当得利返还请求权的一般条款外，另设三项不予返还的例外情形，并对得利人善恶意不同情形下之返还范围予以区别对待，还对第三人直索责任予以补全，成为具体案件的请求权基础。《民法典》通过5个条文，系统地构建了我国不当得利请求权基础的规范体系。

• 核心法条与关联法条

核心法条：《民法典》第122条　因他人没有法律根据，取得不当得利，受损失的人有权请求其返还不当利益。

关联法条:《民法典》第985条　得利人没有法律根据取得不当利益的,受损失的人可以请求得利人返还取得的利益,但是有下列情形之一的除外:

(一)为履行道德义务进行的给付;

(二)债务到期之前的清偿;

(三)明知无给付义务而进行的债务清偿。

《民法典》第986条　得利人不知道且不应当知道取得的利益没有法律根据,取得的利益已经不存在的,不承担返还该利益的义务。

《民法典》第987条　得利人知道或者应当知道取得的利益没有法律根据的,受损失的人可以请求得利人返还其取得的利益并依法赔偿损失。

《民法典》第988条　得利人已经将取得的利益无偿转让给第三人的,受损失的人可以请求第三人在相应范围内承担返还义务。

典型案例

盐城市天孜食品有限公司诉盐城市自来水有限公司供用水合同纠纷案①

案情简介:自2008年起,盐城市老周豆制品有限公司(以下简称老周豆制品公司,其后将有关权利转让给盐城市天孜食品有限公司)与盐城市汇津水务有限公司(后更名为自来水有限公司,以下简称自来水公司)发生供水往来。

2014年11月,被告公司组织人员对老周豆制品公司的水表进行了更换,在该水表使用过程中原告公司发现水表显示用水量异常增大。后被告于城东水厂对水表进行了检测,检测结果为合格。

2017年9月7日,被告公司更换争议水表,并拿走自行委托检测。更换后的水表用水量明显减少。

在更换水表后一个月内,原告多次就多收的水费返还问题与被告交涉,但协商未果,故诉请判令被告返还多收的水费780,901元。

① (2019)苏09民终904号。

就此案法院经一审查明，被告于2015年3月20日委托检测的盐城水流量检测中心不具有国家相关部门统一颁发的与案涉项目相关的检验检测资格证。后被告自行委托争议水表的生产商福州真兰水表有限公司检测，检测结果表明水表确实存在问题。原告盐城市天孜食品有限公司（以下简称天孜食品公司）于2017年4月与被告公司签订《供水合同》，其中明确规定了计量器具需经技术鉴定部门检定，送检的全过程需供水人和用水人共同参加以及由于供水人抄错表，计量器具、计量不准等原因，多收的水费应当足额予以退还。

2018年11月27日，法院判决被告自来水公司返还原告天孜食品公司多支付的水费725,795元。

一审宣判后，自来水公司不服，提起上诉。

二审确认了一审查明的事实，判决驳回上诉，维持原判。

争议焦点：多支付的水费能否以不当得利请求返还。

裁判理由与结果：二审法院认为，自来水公司单方面将争议水表送检，违反了双方的合同约定，且自来水公司未能提供充分的证据证明争议水表计量合格这一主张。根据《民法总则》第122条的规定，自来水公司应当返还天孜食品公司多支付的水费，遂判决支持原告诉请。

解题思路

一、请求权是否产生

天孜食品公司可能根据《民法典》第985条的规定，享有要求自来水公司返还多支付的水费的请求权。

该案件发生在《民法典》颁布之前。民总时代由于不存在其他的请求权基础，原《民法总则》第122条无奈作为不当得利返还请求权基础；但民法典时代，随着合同编不当得利相关条款的颁布，《民法典》第985条被认为是不当得利的请求权基础，而《民法典》第122条，因其处于民事权利章，体系上更像是确权和定义条款，而不认为是其请求权基础。因此《民法典》之后，请求权基础从第122条变为第985条。

不当得利所涉各种类型是否具有统一的构成要件，理论上存在“统一说”与

"非统一说"两种观点。统一说认为,一切不当得利的基础应当有共同的概念,因而所谓无法律上的原因,应具有统一的意义。① 非统一说认为,各种不当得利各有其基础,不能要求其统一,因而对不当得利成立的要件难以作统一的说明,而应就各种不当得利分别判断。② 虽然我国相关的条文表述对不当得利规定了统一的构成要件及法律效果,但由于非统一说下能够更好地运用于司法实践,学术界通说认为,我国采非统一说,区分"给付型不当得利"与"非给付型不当得利"③。甚至有学者通过法条解释,认为《民法典》第 122 条所规定的是侵权型不当得利;第 985 条规定的是给付型不当得利。④ 一般而言,不当得利返还请求权有四个构成要件:无法律上原因、一方获得利益、他方受到损害、获利与受损之间具有因果关系。⑤ 具体到给付型不当得利受利益,上述要件发生具体转化,无法律上的原因转化为给付目的欠缺;因果关系转化为存在给付关系。

(一)自来水公司受有利益

不当得利以一方当事人受有利益为要件。在给付型不当得利中,当事人所受利益实际上是一方当事人自他方当事人所受领的给付,如财产权的取得、占有或登记的取得、取得劳务或物的使用利益等,其既可以表现为积极财产的增加,也可以表现为本应减少的财产并未减少。利益的取得,应通过个别给付行为予以识别,无须就债务人的整体财产状态加以计算。

本案中,自来水公司因天孜食品公司的给付行为增加财产 725,795 元,受有利益,该要件满足。

(二)自来水公司得利无法律上原因

法律上原因是指变动财产利益之归属的法律上的依据⑥,对此理解存在"客观说"与"主观说"。客观说认为,一方当事人受有利益是否具有法律上原因,应以有

---

① 参见叶名怡:《不当得利法的希尔伯特问题》,载《中外法学》2022 年第 4 期。

② 参见王泽鉴:《不当得利类型论与不当得利法的发展——建构一个可操作的规范模式》(上),载《甘肃政法学院学报》2015 年第 5 期。

③ 参见陈甦主编:《民法总则评注》(下册),法律出版社 2017 年版,第 850 页;李宇:《民法总则要义:规范释论与判解集注》,法律出版社 2017 年版,第 382—393 页;杨代雄主编:《袖珍民法典评注》,中国民主法制出版社 2022 年版,第 839 页;等等。

④ 参见王洪亮:《〈民法典〉中得利返还请求权基础的体系与适用》,载《法学家》2021 年第 3 期。

⑤ 参见王利明:《债法总则研究》(第 2 版),中国人民大学出版社 2018 年版,第 413 页以下。

⑥ 参见黄茂荣:《债法通则之四:无因管理与不当得利》,厦门大学出版社 2004 年版,第 49 页。

无债之关系作为判断标准；主观说认为，应以给付目的是否欠缺作为法律上的原因的判断，给付型不当得利以补救“失败的交易”为目标，以给付目的为标准，更符合给付型不当得利的价值与功能。给付型不当得利返还请求权的特征在于给付，而给付是有目的或原因的，为给付的一方当事人通过确定给付目的，将给付行为和特定的债务联系起来，给付目的体现当事人借助给付行为想要实施的目标，是行为人意思的载体，是其实现意思自治的工具，所以它才是赋予行为以意义的决定性因素。① 依照全国人民代表大会常务委员会法制工作委员会的解读，没有法律根据是指欠缺给付目的，法律根据的内容就是给付目的的内容，是给付所关联的债的关系及其缘由；而所谓缘由，是指给付人欲将其给付与哪个债的关系发生关联的缘由，主要指履行目的。② 在原因丧失或目的丧失的情况下，就会产生不当得利返还请求权。③ 给付包含客观要素与主观要素两个方面，客观要素为给予行为，即“增加他人财产的行为”；主观要素为行为人有意愿、有目的地增加他人财产。因此在给付中存在“双重目的性”，其一，有意愿增加他人财产的目的；其二，增加他人财产时出于一定的给付目的。一般而言，给付目的主要有两类：清偿债务或直接创设一种债的关系。后者如无义务而为他人修缮房屋，以成立无因管理。当事人一方基于一定的目的而为给付时，其目的在客观上即为给付行为的原因，从而给付如欠缺其原因者，他方当事人受领给付即无法律上原因，应成立不当得利。④ 欠缺给付目的又可以分为自始无给付目的、给付目的嗣后不存在、给付目的不达。给付目的不存在、目的没有达到或者目的消灭了，财产变动自然就失去了法律上的原因。⑤

本案中天孜食品公司与自然水公司之间达成了供水合同，合同签订双方即天孜食品公司与自来水公司都具有独立的法人资格，签订合同出于双方真实意思表示，不符合合同无效的情形，因此，合同有效。根据《供水合同》的约定，自来水公司应提供准确计量的水表，天孜食品公司应按照准确计量的水表支付水费。2014 年

---

① 参见赵文杰：《给付概念和不当得利返还》，载《政治与法律》2012 年第 6 期。

② 参见黄薇主编：《中华人民共和国民法典合同编解读》（下册），中国法制出版社 2020 年版，第 1578 页。

③ 参见傅广宇：《萨维尼的不当得利理论及其渊源与影响》，载王洪亮等主编：《中德私法研究》第 8 卷，北京大学出版社 2012 年版，第 60 页。

④ 参见王泽鉴：《不当得利》，北京大学出版社 2009 年版，第 43 页。

⑤ 参见赵良剑、王纯强：《不当得利在非债清偿中的构成》，载《人民司法》2021 年第 29 期。

11 月，自来水公司对天孜食品公司的水表进行了更换，在使用该水表后，天孜食品公司的水表的吨位数迅速增多，超过了以往的用水量，所交付的水费也增多。直至 2017 年 9 月 7 日，自来水公司为天孜食品公司又更换了新的水表后，吨位数才恢复正常，所交水费也恢复到以往的数量。在此期间，自然水公司提供的水表存在较大问题，水表吨位数偏大，以此为依据计算的水费较正常值严重偏大。天孜食品公司以该有问题的水表计数为标准，向自来水公司给付水费 725，795 元，客观上存在给付行为。主观上，一方面，天孜食品公司有增加自然水公司财产的意愿；另一方面，天孜食品公司支付水费 725，795 元的目的在于清偿《供水合同》下的债务。但事实上，该笔 725，795 元的水费是基于自来水公司安装的有问题的水表所产生的，若按照计数准确的水表，天孜食品公司并无相关的给付义务。因此，天孜食品公司清偿《供水合同》下的 725，795 元债务的给付目的自始客观不存在。也就是说，按照正常的水表计费，天孜食品公司无须支付 725，795 元。因此，725，795 元水费的给付自始欠缺给付目的。

（三）天孜食品公司受损失

有学者认为，使他人受损，是指一方当事人遭受财产上损失。① 这样的界定过于宽泛，受到侵害的不当得利债权人未必存在损害。不当得利返还请求权主要解决得利债务人得利的问题，而非得利债权人受损的问题，如此界定受损，无法与侵权损害赔偿中的损害区分开来。② 不当得利与侵权损害赔偿上的利益受到损害的理解存在不同。损害赔偿上，损害致权益受到侵害时所生的不利益。损害发生前的状态与损害发生后的状态相比，被害人所受的不利益为损害之所在。不当得利的功能并不在于填补损害，而是在于受领人返还其无法律上原因而受的利益。具体到给付型不当得利中，只要一方当事人因他方当事人为给付而受有利益，即为他方的损害。③

在案例中，自来水公司因水表问题而获得了天孜食品公司多支付的水费，自来水公司因此获益，天孜食品公司因给付而减少财产，存在损失。

---

① 参见王利明：《债法总则研究》（第 2 版），中国人民大学出版社 2018 年版，第 420 页。

② 参见王洪亮：《〈民法典〉中得利返还请求权基础的体系与适用》，载《法学家》2021 年第 3 期。

③ 参见王泽鉴：《不当得利》，北京大学出版社 2009 年版，第 35 页。

（四）自来水公司取得的利益与天孜食品公司利益损失之间有因果联系

一方受利益，他方受损害，两者之间存在一定的因果关系，其功能在于决定不当得利请求权的范围。这一因果关系的要素也体现在《民法典》第122条的措辞之中。[①] 理论上对于此因果关系有直接因果关系说[②]、非直接因果关系说[③]与相当因果关系说[④]。直接因果关系说认为需基于同一原因事实的损益变动，但此说无法解释间接经由第三人的情形。例如，甲误取乙的水泥修缮丙的房子，甲取乙的水泥，并未获得其水泥的所有权，丙因添附获得水泥的所有权，直接来自乙的利益，乙得依不当得利的规定向丙请求返还。非直接因果关系说，又称为"社会观念说"，即运用社会观念中的公平理念进行调整。但此种学说会导致不当得利衡平化。相当因果关系源于侵权法，是否具有相当因果关系具有价值判断的性质。对于上述的三种学说，王泽鉴老师指出，在给付型不当得利中，可以直接以给付关系取代直接因果关系。采用此标准，可以为对谁得向谁主张不当得利请求权提供较为明确的判断标准。[⑤] 因此，有学者谓之为因果关系的非必要性。[⑥]

案例中，天孜食品公司向自来水公司支付水费725,795元，自来水公司与天孜食品公司存在给付关系，该要件满足。

（五）不存在排除事由

《民法典》第985条规定了排除不当得利返还请求权的事由：（1）为履行道德义务进行的给付；（2）债务到期之前的清偿；（3）明知无给付义务而进行的债务清偿。履行道德义务之所以排除不当得利，在于调和法律与道德，使法律规定符合一般道德观念；履行到期之前的清偿之所以排除不当得利，在于此时存在债务，债权人受领给付将导致债务消灭并未受有利益；明知无给付义务而为给付之所以排除不当得利，在于维护诚实信用原则，禁止当事人出尔反尔。

本案中天孜食品公司向自来水公司支付水费725,795元，并无相关道德义务，

---

① 参见[德]方旭天：《〈民法典〉中的准合同：无因管理合不当得利》，徐博翰译，载宋晓主编：《中德法学论坛》（第18辑下卷），南京大学出版社2022年版，第32—52页。

② 参见胡长清：《中国民法总论》，中国政法大学出版社1997年版，第98页。

③ 参见史尚宽：《债法总论》，中国政法大学出版社2000年版，第72页。

④ 参见1984年台上字第4477号判决。

⑤ 参见王泽鉴：《不当得利》（第2版），北京大学出版社2015年版，第66页。

⑥ 参见王洪亮：《〈民法典〉中得利返还请求权基础的体系与适用》，载《法学家》2021年第3期。

也非履行未到期债务，而其之所以支付该笔水费是基于自来水公司安装的有问题的水表，让其误以为其存在相应的债务，因而支付该笔费用以清偿合同义务。因此，天孜食品公司也不存在“明知无给付义务”。

（六）小结

天孜食品公司多支付的水费 725,795 元满足不当得利的要件，其享有《民法典》第 122 条规定的返还请求权。

二、请求权是否消灭

本案无请求权消灭事由。

三、请求权是否可以行使

本案无阻碍请求权行使的事由。

四、结论

天孜食品公司可以根据《民法典》第 122 条要求自来水公司返还多支付的水费 725,795 元。

知识拓展

不当得利与其他请求权之间的关系

传统理论认为，关于不当得利制度的属性有两种学说，即辅助说和竞合说。“辅助说”又称为辅助性请求权说。具体而言，当有其他请求权存在时，不当得利请求权因构成要件不具备而不发生。只有当事人不能依据其他请求权得到完全满足时才能够行使。[①] “辅助说”为法国、瑞士的通说。“竞合说”又称为独立请求权说，该说认为不当得利是具有独立性的法律制度，不当得利请求权与其他请求权可以自由竞合，并非处于后位补充地位。[②] 德国学术界采此通说，认为在不当得利返还请求权与其他请求权竞合时，允许当事人选择行使。[③] 我国台湾地区

① 参见王泽鉴：《不当得利》（第 2 版），北京大学出版社 2015 年版，第 291—292 页。

② 参见郑玉波：《民法债编总论》，陈荣隆修订，中国政法大学出版社 2004 年版，第 113 页。

③ 参见崔建远：《不当得利规则的细化及其解释》，载《现代法学》2020 年第 3 期。

学者也多持此说，认为不当得利作为一项独立的制度，是否产生不当得利请求权应就其独立的构成要件进行检索，辅助说的目的是防止不当得利请求权范围过分扩大，但不当得利请求权的要件，如“无法律上的原因”等，可以有效规范其适用范围，不会导致“法律秩序”混乱。笔者认为，不当得利与其他请求权的关系应区分各种不同的情形，不能一概而论。关于不当得利与其他请求权的关系，主要争议集中在以下几种情形：

给付型不当得利往往会与“合同失败”情形下的返还关系存在交叉。第一种典型的“合同失败”的情形为民事法律行为无效、被撤销或确定不发生效力。此时，随着民事法律行为失去效力，当事人给付法律上的原因也消灭。此时的返还关系可以解释为给付型不当得利，属于《民法典》第 985 条的统辖范围。[①] 不当得利法为无效合同清算回转的工具。也有学者提出不同观点，认为合同责任排除不当得利。[②] 合同无效清算返还适用特别规范而非不当得利法。其背后逻辑在于，与合同解除清算返还不应适用得利丧失抗辩一样，合同无效清算返还亦同。[③] 若细化分析，由于我国物权变动采用有因性，当债权无效时，物权变动也归于无效。该标的物的所有权未因给付而发生转移，仍归给付人享有。[④] 此时，并不存在所有权层面的不当得利问题。在给付为动产的情况下，给付人可以根据《民法典》第 235 条主张所有物返还请求权。而在给付标的物为不动产但没有登记，而只是交付的情况下，给付人仍可以基于所有物返还请求权返还；如果标的物为不动产且进行了登记，那么就应该首先基于排除妨碍请求权注销登记，并回复登记给给付人，同时援引所有物返还请求权，请求受领人返还对物的占有。对于金钱和劳务给付，则得基于不当得利返还。[⑤]

---

① 参见李永军：《“准合同”概念之外延考——对我国〈民法典〉第 985 条的理论与实证分析》，载《政治与法律》2022 年第 5 期。

② 参见叶名怡：《不当得利法的希尔伯特问题》，载《中外法学》2022 年第 4 期。

③ 参见[日]近江幸治：《民法讲义Ⅵ：事务管理 · 不当利益 · 不法行为》，成文堂 2018 年版，第 62 页。

④ 参见崔建远：《不当得利规则的细化及其解释》，载《现代法学》2020 年第 3 期。

⑤ 参见王利明主编：《中华人民共和国民法总则详解》（下册），中国法制出版社 2017 年版，第 690 页；陈甦主编：《民法总则评注》（下册），法律出版社 2017 年版；娄爱华：《不当得利“没有合法根据”之概念澄清——基于“给付”概念的中国法重释》，载《法律科学（西北政法大学学报）》2012 年第 6 期。

第二种典型的“合同失败”的情形为合同解除。我国《民法典》第566条第1款规定了合同解除的返还。关于合同解除的理解，有直接效果说①、间接效果说、折中说②和清算关系转化说③四种不同学说。传统理论采直接效果说，近来学者多赞同清算关系转化说。合同解除之后，合同之债就转化为清算关系，并未产生新的返还债之关系，由此解释一系列的解除后的法律效果更加合理、统一。如此，合同解除下的返还是依据转化的清算关系，与不当得利返还有别。《民法典》第566条第1款优先于不当得利条款。

侵害型不当得利往往会与侵权责任存在交叉。但不当得利相较于侵权而言，有其优势，一者，侵权往往以过错为构成要件，需要受害人进行举证；二者，在侵害他人精神性人格权场合，财产损失常难以估算，因此不当得利救济路径有独特优势。此种情形下，不当得利与侵权构成竞合关系，当事人可以自由选择请求权基础。

延伸阅读

1. 王泽鉴：《不当得利》，北京大学出版社2015年版。

2. 叶名怡：《不当得利法的希尔伯特问题》，载《中外法学》2022年第4期。

3. 崔建远：《不当得利规则的细化及其解释》，载《现代法学》2020年第3期。

4. 王泽鉴：《不当得利类型论与不当得利法的发展——建构一个可操作性的规范模式》，载《甘肃政法学院学报》2015年第5期。

5. 赵文杰：《给付概念和不当得利返还》，载《政治与法律》2012年第6期。

---

① 参见崔建远主编：《合同法》，法律出版社2010年版，第258页。

② 参见韩世远：《合同法总论》，法律出版社2011年版，第526页。

③ 参见申海恩：《论解除权效力之法理构成》，载《政法论丛》2010年第2期。

18　数据、网络虚拟财产的保护

——宋某艳与刘某营民间借贷纠纷案

学理概要

网络虚拟财产是互联网时代新型的民事权利客体，应当依法予以保护，这并无异议，但对于网络虚拟财产的权利性质的认识存在争议。在传统法学理论框架下，网络虚拟财产因其“虚拟性”而属于无形财产之一种，但并不属于知识产权类型。网络虚拟财产的类型非常丰富，如QQ账号、微信公众号、游戏装备、虚拟货币等，实践中此类网络虚拟财产的价值的认定以及交易效果等问题争议很大。本节围绕一则比特币交易的案例探讨比特币交易的效力及其法律后果问题。

• 核心法条

《民法典》第127条　法律对数据、网络虚拟财产的保护有规定的，依照其规定。

典型案例

宋某艳与刘某营民间借贷纠纷案①

案情简介:2019年10月16日,原告宋某艳通过火币网转入被告刘某营在满星云网络平台账号2.52个比特币,用于刘某营理财投资,刘某营定期用微信转入宋某艳名下一定量人民币。

2019年12月1日,刘某营向宋某艳出具借据一份,内容为"刘某营因生产经营需要资金周转,今借宋某艳2.52个比特币(人民币187,000元),借期为6个月。注:如果借期到比特币涨钱,宋某艳只需要回本金187,000元即可;借期到比特币如果跌钱,宋某艳只要2.52个比特币"。另添加备注:"未在规定的日期内归还,比特币涨,按照涨的实际价格收取,比特币跌,止损金额是168,000元收取;所有比特币价格均以火币网价格为准。"

刘某营经宋某艳多次催要未归还比特币,也未偿还欠款。2020年6月2日,宋某艳诉请刘某营归还欠款187,000元。

争议焦点:(1)本案成立何种性质的合同;(2)合同是否生效;(3)宋某艳是否有权主张返还比特币或欠款;(4)刘某营应当如何返还?

裁判理由与结果:法院认为,被告因在满星云网络平台理财,向原告借2.52个比特币,尽管比特币存在于网络虚拟空间,但在占有支配以及权利变动公示方法等方面存在特殊性,并不妨碍其成为交付的客体。比特币不是法定货币,但具有财产属性,能为人力所支配和控制,具有经济价值并可用人民币来表现,应该受到法律保护。至本案开庭之日即2020年6月3日,宋某艳、刘某营均认可每个比特币兑换人民币66,961元(比2019年12月1日有所下降),2.519个比特币折合人民币168,674.76元。因此,法院支持宋某艳诉请刘某营偿还2.519个比特币人民币价款168,674.76元的请求。现判决已生效。

① (2020)鲁1723民初1096号。

解题思路

本案的争议核心在于双方就比特币达成的交易是否有效以及成立的合同应属于何种性质的合同,被告应以何种方式进行返还。

一、本案成立何种性质的合同

合同成立的一般要件包括有双方或多方当事人、当事人就合同主要条款达成合意。[①]《民法典》仅在第470条规定合同的一般条款,而未对主要条款作详细规定。虽相关司法解释[②]已失效,但仍有参考意义,即合同主要条款包括当事人、标的和数量。本案双方当事人就合同标的和数量达成一致,满足一般构成要件。根据《民法典》第471条的规定,当事人订立合同,可以采取要约、承诺方式或者其他方式。根据本案事实,刘某营通过案涉借据发出希望与宋某艳订立合同的意思表示,宋某艳就借据表明的要约内容予以承诺。根据《民法典》第483条的规定,承诺生效时合同成立。本案双方当事人就借比特币之事实已经达成意思表示一致,并签订书面借据,合同显已成立。

需要进一步明确的是,本案成立的是何种性质的合同。本案原审法院确定案由为"民间借贷纠纷",依照借款合同规定审理。也有判例认为,当事人双方就借比特币的行为成立借用关系。[③] 本案宋某艳转入刘某营的比特币用于理财投资,刘某营定期转给宋某艳一定数额的人民币,带有委托投资理财性质。本案中,借据约定"涨价返还人民币,跌价返还比特币"的内容,具有射幸性质。由于比特币非属法定货币,与以法定货币为标的的借贷合同不完全相同,但具有相似性。从合同类型上看,比特币交易合同属于新型的合同类型,为无名合同。在法无明文的情况下,其不属于要物合同类型,无须践行一定的形式要件。在法律适用上可以依据《民法典》第467条第1款的规定,参照适用合同编或者其他法律最相类似合同的规定。

---

① 参见韩世远:《合同法总论》(第4版),法律出版社2018年版,第100—105页。

② 最高人民法院《关于适用〈中华人民共和国合同法〉若干问题的解释(二)》(法释〔2009〕5号)(已失效)第1条。

③ 徐某咪诉陈某波返还原物纠纷案,江西省万载县人民法院(2019)赣0922民初1113号民事判决书。

二、合同是否生效

根据《民法典》第 502 条的规定，依法成立的合同，自成立时生效。合同的有效要件规定于《民法典》第 143 条，《民法典》第 153 条（原《合同法》第 52 条）则规定了合同无效的两种主要情形。认定合同有效的要件有三个：第一，当事人具有相应的民事行为能力；第二，意思表示真实；第三，不违反法律、行政法规的强制性规定，不违背公序良俗。本案中，双方当事人均为完全民事行为能力人，双方的意思表示并不存在虚假、欺诈、胁迫等情形，属于真实意思表示。这两个要件没有异议，但对于第三个要件，即是否违反法律、行政法规的强制性规定或者是否违反公序良俗，则存在争议。

（一）本案合同是否违反法律、行政法规的强制性规定

比特币的交易行为是否违反法律、行政法规的强制性规定呢？通说认为，《民法典》第 153 条是一个引致规范[①]，也就是说，需有一个法律或行政法规明文规定比特币交易为其所限制或禁止。从现有法律来看，尚未有行政法规以上层级的规范对比特币之交易作出限制或禁止。但金融监管部门的行政规章则有明确禁止性规定。2013 年 12 月 3 日中国人民银行、工业和信息化部、原中国银行业监督管理委员会、中国证券监督管理委员会、原中国保险监督管理委员会联合发布的《关于防范比特币风险的通知》（银发〔2013〕289 号），2017 年 9 月 4 日中国人民银行等部门联合发布的《关于防范代币发行融资风险的公告》，以及 2021 年 9 月 15 日中国人民银行、中央网信办、最高人民法院、最高人民检察院、工业和信息化部、公安部、市场监管总局、银保监会、证监会、外汇局联合发布的《关于进一步防范和处置虚拟货币交易炒作风险的通知》（银发〔2021〕237 号），均规定，比特币发行、融资、投资、交易、炒作行为是被禁止的。但从法律层级上看，这些都不属于《民法典》第 153 条所称之法律、行政法规的强制性规定，显然不能以这些行政规章之禁止性规定作为合同无效之理由。也有观点认为，《民法典》第 127 条是授权其他法律对虚拟财产的

---

① 参见最高人民法院民法典贯彻实施工作领导小组主编：《中华人民共和国民法典总则编理解与适用》，人民法院出版社 2020 年版，第 755 页；崔文星：《民法典视野下强制性规范和公序良俗条款的适用规则》，载《法学杂志》2022 年第 2 期；冉克平：《论效力性强制规范与私法自治——兼析〈民法总则〉第 153 条第 1 款》，载《山东大学学报（哲学社会科学版）》2019 年第 1 期。

保护作出特别规定，而第127条中的"法律"应作广义解释，即可以包括行政规章。我们认为，这个解释是不能成立的。在法源意义上，"法律"不包括行政规章。《民法典》第10条规定"处理民事纠纷，应当依照法律；法律没有规定的，可以适用习惯，但是不得违背公序良俗"。解释论上，第10条之"法律"包括法律、行政法规、地方性法规、自治条例、单行条例和司法解释。[1] 第127条之"法律"应作相同解释。同时应当强调的是，第127条所授出的权限是其他法律可以保护虚拟财产，而未授权其他法律可以规定不予保护，这里的授权是一种积极的授权，而非授予作出禁止的权限。

（二）本案合同是否违背公序良俗

应该说，比特币之交易在现有法律框架下，尚不能被认为违反法律、行政法规之强制性规定，这个结论是确定的。但有观点认为，即便比特币之交易不违反法律、行政法规之强制性规定，其也构成违反公序良俗，从而适用《民法典》第153条之第2款规定而无效。在《关于进一步防范和处置虚拟货币交易炒作风险的通知》（银发〔2021〕237号）中，明确规定"任何法人、非法人组织和自然人投资虚拟货币及相关衍生品，违背公序良俗的，相关民事法律行为无效，由此引发的损失由其自行承担"。这个规定明确将炒币行为界定为无效行为，因其违反公序良俗。《九民纪要》第31条规定，"违反规章一般情况下不影响合同效力，但该规章的内容涉及金融安全、市场秩序、国家宏观政策等公序良俗的，应当认定合同无效。人民法院在认定规章是否涉及公序良俗时，要在考察规范对象基础上，兼顾监管强度、交易安全保护以及社会影响等方面进行慎重考量，并在裁判文书中进行充分说理"。依据该规定，本案之比特币交易是否有效，取决于是否违反公序良俗。而什么是公序良俗，该条进行了列举，如金融安全、市场秩序、国家宏观政策等，那么本案出借比特币的行为是否能够因为违反规章，从而直接构成违反规章所保护的金融安全、市场秩序或国家宏观政策等呢？

《民法典》第153条第1款已经排除了法律、行政法规以下的规章，规章即便有禁止性规定也不能导致合同无效，在这个解释语境下，规章还能不能通过第153条

① 参见杨代雄主编：《袖珍民法典评注》，中国民主法制出版社2022年版，第9页。

第 2 款的公序良俗来加以适用从而否定合同效力呢?[①] 从司法实践来看,存在这样的适用路径。[②] 但应当谨慎适用公序良俗作为转介条款认定违反规章的行为效力。一方面是因为,通过违反规章认定违反公序良俗在一定程度上突破位阶规范;另一方面是出于公法管制与私法自治的平衡,应当避免金融领域的强监管理念过分干预私法自治;[③]再一方面是应当注意,行政规章保护的法益与过度抽象的公序良俗始终有别。[④]《九民纪要》第 31 条也规定,规章的违反到公序良俗的违反并非直接关系,而仍需要就监管强度、交易安全等方面因素进行综合考虑,才能作出判断,法官负有论证义务。公序良俗毕竟是一个原则性条款,法院在适用时并无明确的构成要件可供把握,[⑤]需要避免向一般条款逃避。本案中,出借比特币以及约定如何返还的约定,很难说违反了公序良俗,本案限于双方当事人之间的比特币交易行为并不会直接导致系统性金融风险。故而,原审法院并未判决该合同无效。

结论:合同有效。

三、宋某艳是否有权要求返还比特币或欠款

合同有效意味着双方当事人需要按照合同约定来履行,依据《民法典》第 509 条第 1 款的规定,当事人应当按照约定全面履行自己的义务。本案双方当事人对于借期满如何返还作了明确约定,被告理当按照约定返还比特币或相应价值。比特币是一种虚拟财产,性质上不属于国家认可的货币,但具有与货币相似的性质,具有网络上的一般等价物的交易功能,在法律适用上,合同可以依据《民法典》第 467 条第 1 款的规定,适用合同总则的规定以及参照适用最相类似的合同规定。根据双方当事人约定的意思,双方意思的核心是"借"与"还",这一点上,与借款合同最相类似,可以参照借款合同的相关规定来处理本案。在"还"的规则上,双方约定

---

① 参见陈永强:《社会公共利益原则的合同法适用》,载《杭州师范大学学报(社会科学版)》2013 年第 3 期。

② 参见北京市第三中级人民法院民事判决书,(2021)京 03 民终 18277 号;北京市第三中级人民法院民事判决书,(2021)京 03 民终 14106 号;广东省深圳市中级人民法院民事判决书,(2019)粤 03 民终 35061 号;云南省大关县人民法院民事判决书,(2021)云 0624 民初 1136 号等。

③ 参见杜一华、尹鑫鹏:《金融监管规章影响合同效力的公序良俗通道研究》,载《河北法学》2020 年第 11 期。

④ 参见李建伟:《行政规章影响商事合同效力的司法进路》,载《法学》2019 年第 9 期。

⑤ 参见朱庆育:《民法总论》(第 2 版),北京大学出版社 2016 年版,第 303 页。

了涨跌规则和止损规则,这个约定又类似投资性质,有个保底的价值返还。如果参照借款合同来适用,返还时就需要审查利息问题,依据《民法典》第 680 条的规定,高利贷是被禁止的,但本案并无高利贷情形。因而,原告有权请求被告按照双方约定来进行返还。此外,对于本案标的物比特币的所有权是否发生转移,比特币为类似货币的虚拟财产,应依占有转移而发生所有权转移。因而,本案不能适用物权返还请求权之规则,即原告无权依据《民法典》第 235 条请求物权的返还。原告可以依据合同约定请求返还比特币,其性质属债权请求权。

结论:宋某艳有权要求返还比特币或欠款。

四、刘某营应当如何返还

本案宋某艳要求刘某营返还欠款即 2.52 个比特币本金人民币 187,000 元,不再要求返还比特币。需要分析的是,能否按照案涉合同约定的火币网价格计算返还金额;若能,以哪一日火币网价格为计算标准?

金融监管部门发布相关公告和通知后,我国比特币交易平台大量关闭,有法院认为“当案涉网站并非国家认可的虚拟币交易价格信息发布平台时,不能将案涉网站上比特币的交易价格数据作为损失的认定标准”①。笔者认为,比特币交易市场虽不为我国所认可,但仍有网站通过海外运营方式继续开放,②其公布的价格数据可以视为市场价格,作为返还金额计算的参考。即使不支持按照火币网价格计算,而由双方当事人协商确定,双方也会参考比特币交易网站公布的价格估算。故应当支持按照案涉合同约定的火币网价格计算返还金额。

具体以哪一日价格作为计算标准,实务中有三种处理方式:其一,依照“合同标准”确定参照日,如合同履行期限届满之日③;其二,依照“判决标准”确定参照日,如判决生效之日④或判决确定的履行期届满之日;其三,分别计算前述合同参照日和判决参照日下的折价金额,“择一高价”补偿⑤。均是以合同到期后的某一日作为参考日。本案双方就本案开庭之日即 2020 年 6 月 3 日的比特币价格达成共识,

① 上海市第一中级人民法院民事判决书,(2019)沪 01 民终 13689 号。

② 如币安网、火币网、okcoin 交易所等。

③ 参见广东省深圳市福田区人民法院民事判决书,(2019)粤 0304 民初 51230 号。

④ 参见湖北省武汉市江岸区人民法院民事判决书,(2020)鄂 0102 民初 1574 号。

⑤ 参见江西省万载县人民法院民事判决书,(2019)赣 0922 民初 1113 号。

每个比特币兑换人民币 66,961 元,应当予以认可。故刘某营应当返还宋某艳 2.519 个比特币兑换人民币价款 168,674.76 元。

结论:刘某营应当返还宋某艳 168,674.76 元人民币。

知识拓展

比特币的法律属性大致可分为货币说和非货币财产说。对于比特币是否属于法律意义上的货币,我国金融监管部门持否定态度。从 2013 年发布的《关于防范比特币风险的通知》,到 2017 年发布的《关于防范代币发行融资风险的公告》,再到 2021 年发布的《关于进一步防范和处置虚拟货币交易炒作风险的通知》,均否定了比特币的货币属性,明确比特币"不应且不能作为货币在市场上流通使用"。这些规定也影响了法院对比特币的属性认定,一些判例认为,以比特币为标的的民事法律行为形成的债务为非法债务,如"刘某与陈某英委托理财合同纠纷案",法院根据上述规章认定虚拟货币不具有与法定货币等同的法律地位,所形成的非法债务不受法律保护。① 不同的观点则认为,比特币虽不具有法定货币性质,但比特币交易行为的效力是被认可的,这些判例中,法院也否定了比特币的货币性质,但认为其作为网络虚拟财产或商品,法律应予以保护。②

学术界对此的观点也有争议。部分学者认可比特币的货币属性,如杨延超认为,比特币具备货币作为记账符号的首要特征,并且符合货币能够实现信用建构、具备普遍认可效力的本质。③ 肯定的观点认为,比特币在具有"货币认同"的特定主体之间可以等同于货币,可以依照货币规则处理当事人之间的权利义务

---

① 参见湖南省郴州市中级人民法院民事判决书,(2022)湘 10 民终 310 号。类似裁判观点参见江苏省连云港市海州区人民法院民事判决书,(2021)苏 0706 民初 3640 号;山东省日照市东港区人民法院民事判决书,(2021)鲁 1102 民初 9592 号。

② 参见上海市徐汇区人民法院民事判决书,(2021)沪 0104 民初 19401 号;河南省洛阳市中级人民法院民事判决书,(2020)豫 03 民终 6700 号;浙江省温州市中级人民法院民事判决书,(2020)浙 03 民终 347 号。

③ 参见杨延超:《论数字货币的法律属性》,载《中国社会科学》2020 年第 1 期。该文聚焦于比特币这种新型数字货币的法律属性。

关系。[①] 反对比特币具有货币属性的观点认为,在比特币的流通性得到广泛认可以前,不应将其认定为货币。冯洁语认为,比特币不具有货币的法偿性,无法赋予比特币作为法定支付手段的效力,如果认定比特币同样属于货币,那么其与其他货币的关系成为新的问题。[②]

对于比特币是否属于法律意义上的财产,甚至能否进一步归属于《民法典》第127条保护的数据或网络虚拟财产,理论界众说纷纭。有学者持"数据说",认为比特币本质属性是一种电磁记录,是可随电子计算机系统实现价值转移和流通的数据。[③] 但反对"数据说"的学者认为,比特币的财产价值源于群体共识,与数据价值源于其本身不同,[④]数据只是比特币的基本表达方式和存储介质,无法通过对数据的储存、整合、管理体现其价值。[⑤]

比特币是否为网络虚拟财产?有学者认为,比特币价格波动大,波动毫无规律性,因而不属于网络虚拟财产,[⑥]持"网络虚拟财产说"的观点认为,否定比特币为虚拟财产"这一观点混淆了虚拟货币的经济属性和法律属性"。[⑦] 当前在民商事领域,实务界也更倾向于"网络虚拟财产说"。例如,"吴某健与上海耀志网络科技有限公司、浙江淘宝网络有限公司网络侵权责任纠纷案"中,法院认为,比特币具有价值性、稀缺性、可支配性或排他性的特征,符合虚拟财产的构成要件,具备财产属性。[⑧] 学理通说认为"网络虚拟财产是指虚拟的网络本身以及存在

---

① 参见赵磊:《论比特币的法律属性——从 HashFast 管理人诉 Marc Lowe 案谈起》,载《法学》2018 年第 4 期。

② 参见冯洁语:《论私法中数字货币的规范体系》,载《政治与法律》2021 年第 7 期。

③ 参见罗勇:《论数字货币的私法性质——以日本 Bitcoin. Cafe 数字货币交易所破产案为中心》,载《重庆大学学报(社会科学版)》2020 年第 2 期。

④ 参见齐爱民、张哲:《论数字货币的概念与法律性质》,载《法律科学(西北政法大学学报)》2021 年第 2 期。该文中将比特币这种非法定数字货币简称为数字货币。

⑤ 参见谭佐财:《虚拟货币流通的法律关系与私法保护》,载《中国流通经济》2021 年第 3 期。

⑥ 参见谭佐财:《虚拟货币流通的法律关系与私法保护》,载《中国流通经济》2021 年第 3 期。

⑦ 参见齐爱民、张哲:《政策与司法背景下虚拟货币法律属性的实证分析》,载《求是学刊》2022 年第 2 期。

⑧ 参见杭州互联网法院民事判决书,(2019)浙 0192 民初 1626 号。类似裁判观点参见上海市宝山区人民法院民事判决书,(2020)沪 0113 民初 23704 号;成都铁路运输第一法院民事判决书,(2021)川 7101 民初 1920 号;天津市河北区人民法院民事判决书,(2021)津 0105 民初 2374 号;北京市第三中级人民法院民事判决书,(2021)京 03 民终 10254 号;江苏省句容市人民法院民事判决书,(2020)苏 1183 民初 3825 号等。

于网络上的具有财产性的电磁记录，是一种能够用现有的度量标准度量其价值的数字化的新型财产”①，最高人民法院也采通说观点②。从该定义来看，比特币在区块链网络空间中交易，具有一定财产价值，为其纳入网络虚拟财产留有空间，将比特币认定为《民法典》第127条的网络虚拟财产是合适的。

但《民法典》第127条并未对网络虚拟财产的性质作明确规定。在原《民法总则》制定过程中，草案一审稿曾将网络虚拟财产和数据分开规定，于第104条规定“物包括不动产和动产。法律规定具体权利或者网络虚拟财产作为物权客体的，依照其规定”，后因其概念范畴、保护范围、权利属性等存在较大争议未能通过。③ 关于网络虚拟财产的法律属性，有物权说、债权说、知识产权说、新型财产权说等不同学说，且大多基于网络账号、网络店铺、游戏货币、游戏装备等某一类虚拟财产进行分析。《民法典》第127条仅强调网络虚拟财产是民事权利的客体，应当依法予以保护，方法论上，可以采自治原则与公序良俗原则之间权衡关系来判定合同效力及其后果问题。

延伸阅读

1. 林旭霞：《虚拟财产权研究》，法律出版社2010年版。

2. 江波：《虚拟财产司法保护研究》，北京大学出版社2015年版。

3. 杨立新：《民法总则规定网络虚拟财产的含义及重要价值》，载《东方法学》2017年第3期。

4. 孙山：《网络虚拟财产权保护中的请求权配置》，载《河南社会科学》2019年第3期。

5. 李岩：《“虚拟财产权”的证立与体系安排——兼评〈民法总则〉第127条》，载《法学》2017年第9期。

6. 杨延超：《论数字货币的法律属性》，载《中国社会科学》2020年第1期。

7. 齐爱民、张哲：《论数字货币的概念与法律性质》，载《法律科学（西北政法大学学报）》2021

① 杨立新主编：《民法总则重大疑难问题研究》，中国法制出版社2011版，第292页；杨立新：《中华人民共和国民法典条文要义》，中国法制出版社2020年版，第96页。

② 参见最高人民法院民法典贯彻实施工作领导小组主编：《中华人民共和国民法典总则编理解与适用》，人民法院出版社2020年版，第655—656页。

③ 参见黄薇主编：《中华人民共和国民法典总则编释义》，法律出版社2020年版，第334—335页。

年第 2 期。

8. 冯洁语:《论私法中数字货币的规范体系》,载《政治与法律》2021 年第 7 期。

9. 陈永强:《社会公共利益原则的合同法适用》,载《杭州师范大学学报(社会科学版)》2013 年第 3 期。

10. 陈永强:《私法的自然法方法》,北京大学出版社 2016 年版。

第六章

民事法律行为

19 法律行为的形式

——舟山群岛国际邮轮港有限公司诉上海大昂天海邮轮旅游有限公司定金合同纠纷案

学理概要

按照法律的规定,必须要采取一定形式的法律行为被称为要式行为。现代民法的一般立法例都最大限度地赋予当事人选择法律行为形式的自由,这既符合私法自治原则,也可以使当事人最方便快捷地实现经济活动,从而有效地降低交易之成本。因此财产行为以不要式行为为原则,要式行为为例外。反之,因涉及身份关系重大,为了确保当事人慎重行事,身份及身份相关的行为则以要式行为为原则,不要式行为为例外。

特定形式多为书面形式及登记形式。其他的形式除实践中当事人习惯上常约定的口头形式外，在法律上所规定的特定形式还包括公证、录音及录像、行政批准或审批。此外，《关于适用〈中华人民共和国民法典〉总则编若干问题的解释》（以下简称《〈民法典〉总则编司法解释》）第 18 条规定，当事人未采用书面形式或者口头形式，但是实施的行为本身表明已经作出相应意思表示，并符合民事法律行为成立条件的，人民法院可以认定为《民法典》第 135 条规定的采用其他形式实施的民事法律行为。

书面形式的具体含义可参考《民法典》第 469 条第 2 款、第 3 款的规定。书面形式一般体现为要式合同，典型如通过招标、拍卖、协议等出让方式设立建设用地使用权的，当事人应当订立书面的建设用地使用权出让合同（《民法典》第 348 条第 1 款）。单方法律行为较为典型的如一般保证中的保证人放弃先诉抗辩权（《民法典》第 687 条第 2 款第 4 项）。共同行为应当采用书面形式的规定多见于团体组织法当中，如《公司法》第 37 条规定的股东以书面形式同意股东会行使该条所规定的职权范围内之事项。

登记作为法律行为成立的要件主要适用于身份行为，如包括结婚以及协议登记离婚在内的婚姻行为以及收养行为。《民法典》第 1105 条第 1 款第 2 句规定收养关系自登记之日起成立。

遗嘱作为一种死因法律行为，在遗嘱人死亡（继承发生）时生效，因此为了确保其真实性，从而能尽可能完整反映遗嘱人的意思，法律对其进行了最为严格和特殊的形式性规定。作为遗嘱一般形式的自书遗嘱不仅要求遗嘱人亲笔书写，还必须签名并注明年、月、日（《民法典》第 1134 条）。代书遗嘱、打印遗嘱、录音录像遗嘱、口头遗嘱法律还规定了见证人等更为严格的形式要求（《民法典》第 1135—1138 条）。

法定或者当事人约定的要式行为，在未满足形式要件时，一般来说不成立。但按照法律规定，一方已经履行了主要义务，且对方接受时，该要件瑕疵因履行而被治愈，该合同仍然成立（《民法典》第 490 条）[①]。

---

① 有关立法沿革等可参看黄薇主编：《中华人民共和国民法典总则编释义》，法律出版社 2020 年版，第 356—359 页。

• 核心法条与关联法条

核心法条:《民法典》第135条　民事法律行为可以采用书面形式、口头形式或者其他形式;法律、行政法规规定或者当事人约定采用特定形式的,应当采用特定形式。

关联法条:《民法典》第348、354、367、373、400、427、469、490、491、668、685、707、762、789、796、851、863、938、1049、1065、1076、1105、1124、1133、1134、1135、1136、1137、1138、1139条

《电子签名法》(2019年修正)第3条

《农村土地承包法》(2018年修正)第22条

《劳动法》(2018年修正)第19条

《商业银行法》(2015年修正)第37条

《保险法》(2015年修正)第13条

《信托法》第8条

最高人民法院《关于适用〈中华人民共和国民法典〉总则编若干问题的解释》第18条

最高人民法院《关于适用〈中华人民共和国民法典〉继承编的解释(一)》第33、34条

最高人民法院《关于审理买卖合同纠纷案件适用法律问题的解释》(2020年修正)第1条

《城市房地产开发经营管理条例》第27条

《物业管理条例》(2018年修订)第34条

典型案例

舟山群岛国际邮轮港有限公司诉上海大昂天海邮轮旅游有限公司定金合同纠纷案[①]

案情简介:2015年1月9日,浙江舟山群岛国际邮轮港有限公司(原告)与上

① 上海海事法院民事判决书,(2018)沪72民初3653号。

海大昂天海邮轮旅游有限公司(被告)签署了《邮轮舱房供应协议》。在该协议中双方约定,在2015年6月9日至6月20日,原告向被告采购每航次为886间舱房的总共3个航次。之后因为客观原因双方未按协议履约,且原告有亏损。履约期间,原告与第三方某旅行社在2015年1月20日至2016年3月17日共向被告支付了1400余万元。其中2016年3月17日的付款金额为417余万元。这笔金额即原告、被告在2016年3月的电子邮件往来中所指称的"欠款金额"或"余款"(以下统称遗留款项)。

针对该笔遗留款项的具体用途,原告、被告双方在电子邮件中进行了磋商。原告希望将遗留款项的全款金额作为其下一步包船的预付"订金"。但被告在电子邮件回复中拒绝了这一提议,仅同意将遗留款项全款金额的50%作为下一步包船合作的"定金",并要求原告于2016年3月11日之前付清所有包船的欠款。3月11日,原告以电子邮件的方式回复并同意了被告这一提议:"我方付清合同余款后,贵方将书面确认其中的50%作为贵我双方下一步合作包船,我方预付贵方之订金。贵我双方口头约定,扣除订金部分后剩余之50%,贵方会在下一步合作中一并优惠补助。"被告也在同一日的电子邮件回复称:"我们同意将欠款金额的50%作为贵公司下一步包船合作定金,而贵公司应于3月18日之前将所有包船欠款付清。"3月16日,原告回复称其将于3月18日前结清所有包船的欠款。

2017年7月,原告、被告因为价款以及路线等各种原因并未就被告的"新世纪"号邮轮达成合作协议。之后,原告选择与"大西洋"号邮轮进行合作。2017年7月21日,原告致被告电子邮件,并在其中提及2015年原告预付给被告的包船定金200余万元是否可以兑现。2018年3月,原告、被告通过各种方式对此进行了协商,但未果。由被告所经营的"新世纪"号邮轮,已经确定于2018年8月29日终止经营。

争议焦点:(1)双方是否成立了定金合同;(2)是否可以适用定金罚则。

裁判理由与结果:法院经审理认为,在双方的往来邮件中虽然用词不一致(原告用词为"订金",被告用词为"定金"),但不影响双方均将其理解为定金。因此,该案系一起邮轮包船定金合同纠纷,且具体为立约定金。根据双方来往邮件表述及相关事实,包船定金合同成立,自原告支付之日起生效。该案中,定金所担保的主合同即双方当事人的后续包船合同。但是,双方对后续包船的邮轮航线、时间期间、舱房数量、舱房价格等重要的合同条件均未作出具体约定。虽然双方就包船的各项事宜进行了多次协商，但最终未能达成后续包船合同。双方对此均无过错。因此，法院判决该案因不可归责于当事人双方的事由，导致包船合同未能订立，不适用定金罚则；被告应当将 208 万元包船定金返还给原告。

一审宣判后，原告、被告均未提起上诉，该案判决现已生效。

解题思路

《民法典》第 135 条并非请求权基础（Anspruchsgrundlage）条款，亦即并非主要规范，其前半句属于辅助规范，而后半句属于防御规范①。因此，《民法典》第 135 条的适用需要结合《民法典》分编的相关规定进行。有关该条的典型案例解题，侧重的并非请求权基础的鉴定分析（Gutachten），而是结合分编具体的请求权基础分析着重介绍其作为辅助及防御规范的意义和作用。

一、请求权是否产生

原告可能可以根据《民法典》第 587 条的规定享有要求被告双倍返还定金的请求权。因为按照《民法典》第 587 条的规定，收受定金的一方不履行债务或者履行债务不符合约定，致使不能实现合同目的的，应当双倍返还定金。但其首要的前提条件在于双方成立了一个定金合同。

（一）定金合同的成立

1. 双方意思表示的一致

合同的订立需要双方作出一致的意思表示。在该案中，虽然原告与被告在邮件往来中使用了不同的词汇，即“订金”与“定金”。但在后面的庭审中，根据意思解释，双方都认为之前这笔余款的实际用途为法律意义上的定金。因此，可以认为原被告双方已经就订立定金合同达成了意思表示一致。

2. 定金合同成立的特殊要件

按照《民法典》第 135 条的规定，法律、行政法规规定了法律行为特定形式的，

① 参见吴香香编：《民法典请求权基础检索手册》，中国法制出版社 2021 年版，第 22 页。

那么法律行为的成立应当采用特定形式。而《民法典》第586条第1款是关于定金合同成立的规定，定金合同自实际交付定金时成立。因此，在这一点上定金合同一般被认为是非要式的实践性合同。其成立的解释便与非要式合同成立之解释紧密关联了。

另外，由于定金合同的性质为从合同，并且目的在于担保主债权，因此具有一定的附属性。但是，本案中的定金目的在于后续的立约，属于立约定金合同，是为了担保主合同的订立而签订的合同。所以立约定金合同的成立以及生效与否和主合同的成立与否并无关联。因此，立约定金合同又具有一定的独立性。在双方意思表示一致的前提下，只要实际交付了定金，那么定金合同即成立。本案中，原告已于2016年3月17日实际交付了417余万元款项，并在之后和被告协商约定其中的50%作为立约定金之用。因此，该定金合同的法定形式要件已经满足。

因此，原告、被告双方之间成立立约定金合同，且并不因后续包船合同未成立而无效。

（二）《民法典》第587条所规定的定金罚则适用事由——被告违约

按照《民法典》第587条的规定，给付定金的一方不履行债务或者履行债务不符合约定，致使不能实现合同目的的，无权请求返还定金；收受定金的一方不履行债务或者履行债务不符合约定，致使不能实现合同目的的，应当双倍返还定金。这就是所谓的定金罚则。因此原告主张双倍返还定金的另一个前提条件在于被告违约。

但是到底如何认定立约定金合同中被告是否违约，这在我国的司法实践中其实存在一定争议。事实上由于该合同的目的在于保障后续的合同的订立，即所谓立约。但是作为私法自治（Privatautonomie）最重要表现之一的合同自由，要求当事人之间可以以自己的意思自由订立合同。但除此之外，合同能否订立还受到诸多客观因素的影响，比如双方在报价上是否一致，市场行情，实际履行条件等。因此，不能将所有定约不成功都归责于正在磋商的双方中的某一方。因此，在判断该立约定金合同中被告是否违约，除后续合同没有订立这一客观事实之外，更重要的是当事人主观上的过错程度如何。在此应当类推适用缔约过失的判断标准，即一般过错还不足以构成违约，只有当一方当事人无正当理由拒绝订立后续的合同或者假借订立后续合同之名进行恶意磋商的情况下，才能认定在立约定金合同中违约，并进而适用定金罚则。

在本案中，双方最终没有订立合同的原因在于双方对后续包船的邮轮航线、时间期间、舱房的数量，尤其是舱房的价格等重要合同条件均没有具体约定，并且经过多次协商也没有达成一致意见，这才最终导致未能达成后续包船合同。所以，双方当事人都善意地履行了有关合同磋商的义务，未达成合意的事由均不可归责于双方。因此，法院也作出裁判，认定该案系因不可归责于双方当事人的事由而导致后续包船合同未能订立，双方均不违约，不适用定金罚则。

（三）结论

综上所述，原告根据《民法典》第 587 条的规定享有要求被告双倍返还定金的请求权不成立。

二、请求权是否消灭

本案不存在请求权消灭事由。

三、请求权是否可以执行

本案不存在阻碍请求权执行的事由。

四、结论

原告无法根据《民法典》第 587 条的规定请求被告双倍返还定金。已支付的定金 208 万元应由被告返还给原告。

知识拓展

现实有疑问的是，有关法律行为形式的法律规定到底属于什么性质的法律，而这个问题有可能会与法律行为之后所产生的法律效力有密切联系。

在财产性法律行为领域，情形较为明确，而且主要是有关合同这一类型的法律行为。按照前述《民法典》第 490 条的规定，虽然不具备法定或者约定形式的合同并不成立，但如果当事人按照合同正常成立的情况去履行，并且合同主要义务履行之后双方对此也无异议的，那么就会起到补正先前形式上不足的效力，此时合同视为仍然成立。

而在身份性法律行为或者与身份相关的法律行为领域，即在婚姻家庭法以及继承法当中，因为这些法律领域的封闭性，须逐个针对具体的行为进行检讨。若有关婚姻、收养等身份关系的法律行为未经登记，从相关规定的解释来看，会导致婚姻关系不成立（《民法典》第 1049 条）、离婚亦不发生效力（《民法典》第 1076 条），收养关系不成立（《民法典》第 1105 条）的法律后果。《民法典》第 1143 条有关遗嘱无效的情形并未涉及遗嘱的形式，但是根据有关遗嘱形式的规定，应当解释为，若遗嘱不符合法律所规定之形式，导致遗嘱本身之不成立①。

正因为法律行为不符合法定或者约定的形式并不必然导致法律行为不成立，并且即使有相应的法律后果也仅涉及法律行为的成立与否，而无关乎法律行为的效力问题。因此从学理上看，有关法律行为形式的相关规定不应认定为关涉法律行为效力的强制性规定②。

延伸阅读

1. 黄薇主编：《中华人民共和国民法典总则编释义》，法律出版社 2020 年版，第 356—359 页。
2. 李宇：《民法总则要义：规范释论与判解集注》，法律出版社 2017 年版，第 441—445 页。
3. 吴香香编：《民法典请求权基础检索手册》，中国法制出版社 2021 年版，第 173 页，第 251 页。
4. 马强：《论决议行为适用意思表示瑕疵的规则——以公司决议中表决人意思瑕疵为考察重点》，载《华东政法大学学报》2021 年第 1 期。
5. 高印立、石伟：《“沉默”在建设工程结算中的法律责任的类型化分析——兼论〈民法总则〉第 140 条》，载《北京仲裁》2019 年第 2 期。
6. 朱晓喆：《论民事法律行为的形式——〈民法总则〉第 135 条评释》，载《法治现代化研究》2018 年第 2 期。

① 参见李宇：《民法总则要义：规范释论与判解集注》，法律出版社 2017 年版，第 443 页。
② 参见李宇：《民法总则要义：规范释论与判解集注》，法律出版社 2017 年版，第 444 页。

20 意思表示的解释

——武某毛与上海钧正网络科技有限公司服务合同纠纷案

学理概要

意思表示的解释,就是指因意思表示不清楚或者不明确发生争议时,由人民法院或者仲裁机构对意思表示进行的解释。解释的目标有二:一是确定是否存在意思表示;二是探求法律上具有决定性的意思表示内容为何,明确意思表示的真实含义。[①] 意思表示解释的对象是当事人已经表示出来的、确定的意思,而非深藏于当事人内心的意思。意思表示解释的主体是人民法院或者仲裁机构,并非任何机构或者个人都可以对意思表示做出有权解释。人民法院或者仲裁机构对意思表示的解释必须遵循解释意思表示的方法而并非任意的主观解释。

① 参见[德]耶尔格·诺伊尔:《何为意思表示?》,纪海龙译,载《华东政法大学学报》2014 年第 5 期。

• **核心法条**

《民法典》第142条　有相对人的意思表示的解释，应当按照所使用的词句，结合相关条款、行为的性质和目的、习惯以及诚信原则，确定意思表示的含义。

无相对人的意思表示的解释，不能完全拘泥于所使用的词句，而应当结合相关条款、行为的性质和目的、习惯以及诚信原则，确定行为人的真实意思。

典型案例

武某毛与上海钧正网络科技有限公司服务合同纠纷案①

案情简介：“哈啰单车”系由上海钧正网络科技有限公司（以下简称钧正公司）运营的共享单车。用户在注册使用哈啰单车时，需确认同意《哈啰单车信息服务协议》方能使用。《哈啰单车信息服务协议》第1条第3款规定：“本公司通过‘哈啰单车’软件发布的法律声明、计费标准、使用规则等其他规定均属于本协议的补充，与本协议不可分割且具有同等法律效力。”

哈啰App单车计费规则显示，调度费分为“超区调度费”、“禁停区调度费”与“违规停车调度费”。根据使用规则说明，在用户使用前，系统会提示用户勿在服务区外还车，如用户在服务区外还车，会产生相应的调度费，还会显示服务区划分及规划的详细解释。用户骑行前扫码后，会再次弹出相应的规则，包括骑行费用标准、超区规则、服务区、禁停区等，在计费规则中显示调度费说明，其中，超区调度费：蓝色区域为服务区，服务区内开锁骑行至服务区外还车将收取调度费20元，服务区外开锁骑行至服务区外还车将收取调度费10元。“服务区相关问题解惑”说明服务区是哈啰在城市投车并运营的区域，车辆的调度、维护将在服务区内进行，由服务区内骑至服务区外，将扣费。

《哈啰单车信息服务协议》第5条第3款规定：“如存在下列违约情形之一，本公司可立即对用户中止或终止服务，并要求用户赔偿损失……用户违反本协议规定的使用规则……”第8条第1款规定：“如果本公司发现或收到他人举报您有或

① (2020)沪01民终7157号。

涉嫌有违反本协议约定的……并且公司有权根据调查结果自押金中暂停、冻结或扣除应赔偿部分金额……”

2019年11月30日，武某毛从大场镇地铁站出来后于19时19分使用了编号为2100688136的哈啰单车，骑行至××路××弄小区门口锁车。因该处为服务区外，钧正公司收取武某毛调度费10元。后当天19时54分武某毛将该车辆骑回服务区内并于20时01分上锁还车锁车。武某毛对10元调度费的收取表示认可，但认为自己在24小时内将车辆骑回服务区内，钧正公司没有实际产生调度的事实，故应将调度费退还。此前，武某毛于2019年1月26日、6月22日及9月8日多次产生超区行为，联系哈啰客服后，均退回其调度费并被告知规则。

武某毛起诉，请求判令钧正公司退还调度费用10元、交通费20元，共计30元，并赔礼道歉。钧正公司认为武某毛将车辆骑出服务区，违反了单车使用规则，其向武某毛收取的该笔调度费属于违约金，不同意武某毛的诉讼请求。

争议焦点：系争调度费的性质。

裁判理由与结果：二审法院认为，调度费系违约金。武某毛将涉案哈啰单车骑行至服务区外上锁停放构成违约，钧正公司收取系争调度费具有相应的事实和法律依据。遂判决驳回原告诉讼请求。

解题思路

武某毛是否有权请求钧正公司退还调度费，取决于钧正公司是否就调度费享有对武某毛的给付请求权，而对此问题的判断与“调度费”的性质直接相关。若案涉调度费是违反单车使用规则产生的违约金，违约金条款有效且武某毛存在违约行为，则钧正公司有权基于该协议向武某毛收取违约金。若案涉调度费是钧正公司实施实际调度行为而产生的调度费用支出，而本案钧正公司对案涉单车并无实际调度行为，则因费用给付条件未成就，钧正公司无权向武某毛收取违约金。

一、案涉“调度费”是违约金还是以调度行为存在为条件的费用补偿

钧正公司与武某毛之间基于《哈啰单车信息服务协议》（以下简称《服务协议》），成立服务合同关系。该协议包括单车使用规则和计费标准，其中均有关于

“调度费”的内容。上述协议、规则和标准均为钧正公司事先制定,为钧正公司向不特定用车人发出的要约,其意思表示属于有相对人的意思表示。

《民法典》第 142 条的意思表示解释规则区分了有相对人的意思表示和无相对人的意思表示。以是否需要受领为标准,意思表示可分为需要受领的意思表示与无须受领的意思表示,前者需要向他人作出,又称有相对人的意思表示。后者不针对他人作出,又称无相对人的意思表示。[①]《民法典》第 138 条规定无相对人的意思表示,表示完成时生效。典型的无相对人的意思表示包括遗嘱、抛弃所有物、悬赏广告等。[②]《民法典》第 137 条规定了有相对人的意思表示生效时间。有相对人的意思表示,需要有意思表示的受领人,意思表示必须到达受领人或者为受领人所了解才能发生效力。要约和绝大多数的承诺都属于典型的有相对人的意思表示。有相对人的意思表示一旦为相对人所受领,相对人就会对此产生合理信赖,如果出现表意人的内心真实意思和外在表示出来的意思不一致的情况,就需要平衡保护相对人的信赖利益与保护表意人的内心真实意思,还需要考虑相对人对意思表示的理解能力。故对有相对人的意思表示的解释以客观情况为主,需要按照意思表示所使用的词句进行解释。而无相对人的意思表示不需要意思表示的受领人,则不存在意思表示需要到达某人或者为某人所了解才能发生效力。无相对人的意思表示,因不存在受领人,就没有受领人信赖利益保护的问题,也无须考虑受领人的理解能力。对无相对人的意思表示解释主要探究表意人的内心真实意思,采主观解释主义,对客观情况考虑较少。故对无相对人的意思表示解释不能完全拘泥于所使用的词句,需综合运用所使用的词句、相关条款、行为的性质和目的、习惯以及诚实信用原则探究表意人的内心真实意思。[③]

本案二审法院认为,“钧正公司在制定哈啰单车计费规则时,并无特定的相对人,属于无相对人的意思表示”,这个结论是值得怀疑的。无相对人的意思表示与无特定相对人的意思表示并不等同。要约是需要受领的意思表示,也即有相对人

---

① 参见朱庆育:《民法总论》(第 2 版),北京大学出版社 2016 年版,第 199 页。

② 悬赏广告的性质有争议,主要有“要约说”和“单方行为说”两种,本文基于无民事行为能力人和未考虑到悬赏广告之人的利益保护的考量,赞同单方行为说,进而将悬赏广告归于无须受领的意思表示或者无相对人的意思表示。

③ 参见黄薇主编:《中华人民共和国民法典总则编释义》,法律出版社 2020 年版,第 371—375 页。

的意思表示，要约多针对特定相对人发出，但也有要约是针对不特定相对人发出，比如自助售卖机所陈列的商品就是针对不特定相对人的要约。由此可知，有相对人的意思表示可以是无特定相对人的意思表示。无特定相对人的意思表示仍然是需要相对人受领的意思表示，只是受领的相对人并非特定之人。

本案中《服务协议》以及使用规则、计费标准属于钧正公司向不特定用车人发出的要约，属于有相对人的意思表示。对其中“调度费”的含义和属性可做如下解释。①

首先，文义解释，即按照意思表示所使用的词句进行解释。文义解释是意思表示解释的出发点。特别是有相对人的意思表示，因其涉及对相对人信赖利益的保护，故必须借助词句追求一个合理的人在通常情况下对有争议的意思表示所能理解的含义，不得绕开词句对意思表示进行主观理解。对于无相对人的意思表示解释，虽然其旨在更加强调表意人的内心真意，不完全拘泥于所使用的词句，但不是完全抛开对所使用词句的解释，否则，可能导致解释者自由裁量权过大。本案所涉意思表示属于有相对人的意思表示，应当首先进行文义解释。本案中，从“调度”一词的文义看，《现代汉语词典》(2002 年增补本)对“调度”含义的解释是：“1. 管理并安排(工作、人员、车辆等)；2. 指做调度工作的人。”《新华词典》(2001 年修订版)对“调度”含义的解释是：“指挥调派人力、工作、车辆等，也指担负此种工作的人。”也就是说，不仅车辆的安排属于“调度”，对此事的管理行为本身也属于调度。

其次，体系解释，即结合上下文和相关条款，根据不同条款之间的关联性对意思表示进行分析判断，而不是孤立地去看某个词句。本案中，对于调度费的含义应当从体系上做相同的解释和理解。从计费规则规定的调度费的种类看，调度费包括“超区调度费”、“禁停区调度费”与“违规停车调度费”，指向的具体行为不一，存在多种会被收取调度费的不同情形，但都包含“于不应停车处停车”这一条件，也即调度费产生的前提是单车用户将单车停放在不应该停放的地方，这违反了使用

① 意思表示的解释与合同解释并无不同，合同解释在本质上都是意思表示解释。我国《民法典》未区分合同解释和意思表示解释，而是将合同解释纳入意思表示解释之中，第 466 条第 1 款规定：“当事人对合同条款的理解有争议的，应当依据本法第一百四十二条第一款的规定，确定争议条款的含义。”因此，本案例分析中也不予区分。

规则。

再次，目的解释，是指在对有争议的意思表示进行解释时，应当根据当事人作出该意思表示所追求的目的来进行解释。因意思表示是行为人实现自己目的的手段，意思表示表达的是当事人意志，当文义解释结果与当事人意志不符时，应舍文义而取目的。[①] 原《合同法》第 125 条第 2 款就曾规定，各文本适用的词句不一致的，应当根据合同的目的予以解释。特别是对无相对人的意思表示的解释，因其不存在受领人及受领人信赖利益保护的问题，较少需要考虑客观情况，而更加强调对表意人的目的探究。本案中，从设立超区调度费的目的看，“服务区相关问题解惑”表明用户将单车由服务区内骑至服务区外，将扣费。换言之，为了约束哈啰单车用户能够按照规定在服务区域内骑行，钧正公司会向不履行或不能完全按照使用规则履行的用户扣收调度费，哈啰单车计费规则所规定的调度费实质上是对用户违反使用规则后需要承担的后果进行事先约定。

另外，《服务协议》明确规定了违约责任，其中用户的违约情形包括违反协议规定的使用规则，而使用规则中包括勿在服务区外还车。钧正公司在合同中界定了违约责任的范围，对于用户而言，需要收取调度费的情形具体、明确，用户也可知晓违反使用规则后所应承担的责任大小及形式。表意人钧正公司设置调度费的目的是对用户形成确保依使用规则使用单车的压力，若用户不履行勿在服务区外还车的义务，则发生调度费的给付。因此，从表意人意思表示的目的来看，案涉调度费确属关于违约责任的约定，系具有保证依约履行和违约惩罚功能的违约金。

最后，习惯解释，是指在意思表示发生争议以后，应当根据当事人所知悉的生活和交易习惯来对意思表示进行解释。在意思表示解释中，习惯与其说是一种方法，不如说是在交易中起到关键作用的一种事实要素，对意思表示的解释具有重要参考意义。本案中，共享单车用户应当在服务区内使用单车，若将所使用的单车停放于服务区外，除正常支付使用费外，还须支付额外的费用，这符合共享单车服务业的交易习惯；反之，则有违交易惯例。

除上述解释方法外，《民法典》第 142 条还规定了依据诚实信用解释意思表示的方法，诚实信用原则本身较为抽象，只有在依据意思表示的词句、相关条款、目的

---

① 参见朱庆育：《民法总论》（第 2 版），北京大学出版社 2016 年版，第 228 页。

或者性质、习惯等具体的解释方法无法对意思表示进行解释时，才可以适用诚信原则进行解释，以防止裁量权的滥用。值得一提的是，这些解释方法并不构成对解释者的强制性约束，解释方法的目的是探求意思表示者的真意，只要能实现此目的，具体运用上述何种方法并不重要，忽略某一种或者多种解释规则也不属于适用法律错误。①

结论：综合运用文义解释、体系解释、目的解释、习惯解释等意思表示的解释方法，可知本案《服务协议》、使用规则、计费标准中的“调度费”，当属钧正公司做出的关于用户未按规定停车之违约金的意思表示，而非以调动行为为条件的费用补偿。

确定“调度费”的属性是违约金之后，要判断钧正公司是否有权收取系争调度费还需要解决以下两个问题：钧正公司相关意思表示是否有效以及武某毛是否存在违约行为。

二、钧正公司关于超区还车收取调度费的意思表示是否有效

《服务协议》以及相关使用规则、计费标准都属于钧正公司为重复使用而预先拟定，并在订立时未与对方协商的格式条款。依据《民法典》第 497 条的规定，有下列情形之一的，该格式条款无效：(1)具有本法第一编第六章第三节和本法第 506 条规定的无效情形；(2)提供格式条款一方不合理地免除或者减轻其责任、加重对方责任、限制对方主要权利；(3)提供格式条款一方排除对方主要权利。《民法典》第一编第六章第三节规定的民事法律行为无效的情形包括：无民事行为能力人实施的民事法律行为，通谋虚伪表示实施的民事法律行为，违反法律、行政法规的强制性规定的民事法律行为，违背公序良俗的民事法律行为，恶意串通损害他人合法权益的民事法律行为。《民法典》第 506 条规定，造成对方人身损害的和因故意或者重大过失造成对方财产损失的合同免责条款无效。案涉关于超区还车收取调度费的协议条款并不存在上述导致民事法律行为无效的情况。

首先，钧正公司通过划定服务区，与用户约定骑行和停放区域以及规定违反使用规则需要承担调度费的方式约束用户的使用行为，不违背公序良俗，不违反法

---

① 参见朱庆育：《民法总论》(第 2 版)，北京大学出版社 2016 年版，第 230—231 页。

律、法规之强制性规定，超区还车调度费的协议条款并不存在《民法典》第一编第六章第三节规定的民事法律行为无效的情形。关于调度费的规则也无钧正公司免除己方责任的内容，不属于《民法典》第506条规定的无效情形。

其次，钧正公司关于超区还车调度费的协议条款设置，其目的和效果在于通过划定服务区约束用户单车骑行和停放的区域，以减轻单车随意停放给社会管理和城市治理带来的压力，也降低钧正公司的管理和调度成本，具有合理性。不属于不合理地免除或者减轻其责任、加重对方责任、限制对方主要权利的情形。该协议也无排除用户主要权利的内容。

最后，该条款也不存在重大误解、欺诈、胁迫以及乘人之危以致显失公平的可能导致民事法律行为效力瑕疵的情况。

综上所述，案涉《服务协议》中关于单车使用人超区还车收取调度费的条款合法有效。

三、武某毛是否存在违约行为

《民法典》第577条（原《合同法》第107条）规定，当事人一方不履行合同义务或者履行合同义务不符合约定的，应当承担违约责任。支付违约金是承担违约责任的一种方式，其适用以当事人一方违约为前提。本案中，钧正公司提供的哈啰共享单车服务，在用户使用前以及开锁后骑行前，均会对服务区、超区调度费等以多种方式提示并进行说明。此外，本案之前武某毛多次使用哈啰单车骑行，甚至曾因多次违反使用规则被扣调度费后又收到退费并被告知使用规则，理应知晓服务区外还车会被收取调度费的使用规则。武某毛也未举证证明其与钧正公司之间存在骑行者在24小时之内把车骑回服务区会自动退回收取的调度费的约定。因此，武某毛将哈啰单车骑出服务区外还车，违反了其与钧正公司《服务协议》关于使用规则的约定，构成违约，根据《服务协议》第5条第3款和第8条第1款的规定，钧正公司有权向武某毛收取约定的违约金，即调度费。

注意，根据哈啰单车计费规则，用户在服务区内开锁骑行至服务区外还车，钧正公司有权收取调度费20元，但钧正公司在本案之前未向武某毛收取超区调度费，以及本案中仅向武某毛收取超区调度费10元，系钧正公司对自身权利的处分，于法不悖。

四、结论

案涉超区调度费的性质是违反单车使用规则产生的违约金，该违约金条款合法有效，武某毛存在超区骑行还车违反使用规则的违约行为，钧正公司收取系争调度费具有相应的事实和法律依据，钧正公司有权按照《服务协议》的约定收取调度费且无须退还。

知识拓展

意思表示解释的原则

意思表示解释的原则一直存在一元论和二元论的争议。一元论是单以意思主义或者表示主义为解释意思表示的基本原则。其中意思主义原则，也称主观主义，主张意思表示解释的目标是探究表意人的内在意思，发生效力的是当事人内心意志，外部表示不过是用以认知内心意志的手段而已，二者若偶然相错，自以内心意志为准。主观主义一元论的代表人物是萨维尼，该原则在19世纪末影响巨大，《德国民法典》第133条即为该理论的产物。意思主义有其不足之处，因过于强调表意人的内心意思，而忽视了相对人的信赖利益。这集中表现在错误法领域，按照意思主义原则，如果表意人因可归因于自己的原因而做出错误表示，则该意思表示无效，这使意思表示受领人的信赖利益受损，不仅有损交易安全和秩序，也使得受领人被迫承担他人错误之后果。基于对意思主义的质疑，意思表示解释的表示主义原则兴起。表示主义原则，也称客观主义，认为意思表示解释与内在意思无关，而应当探究一般理性之人处于受领人之地位将作何理解，学理上也称为规范性意思。① 表示主义一元论的代表人物包括耶林、贝尔等，但该学说在意思主义的另一面走得太远，始终未取得主导地位。表示主义也有可被质疑之处，因为表意人想要获得何种法律效果，当属其意思自治范畴，如果单纯依据表意人表达的外在符号，则即便受领人明知表意人有错误，仍然可以主

---

① 参见[德]迪特尔·梅迪库斯：《德国民法总论》，邵建东译，法律出版社2000年版，第238页。

张错误表达的效力，将导致表意人承受其本无意追求甚至拒绝的法律效果，强加限制于他人于民法而言更难以接受。

鉴于意思主义的一元论和表示主义的一元论各有瑕疵，以拉伦茨为代表的更多学者尝试对一元论进行修正。当代德国意思表示解释理论的通说认为，对于意思表示解释，真正有意义的不在于区分意思表示的解释和合同解释，[①]而在于区分无须受领与需受领的意思表示，或者说是无须考量信赖利益或者需要考量信赖利益的意思表示，以根据利益格局合理分配风险。表示主义解释原则适用于需受领的意思表示，意思主义解释原则主要适用于无须受领的意思表示，但在解释需受领的意思表示时，主观意思并非毫无意义，这典型地体现于"误载无害真意"规则。[②] 拉伦茨首创意思表示解释的效力主义理论，主张意思表示并非单纯表达事实或想法的行为，而是一种效力表示，外部表示也并非只是证明内心意志的标记，而是引发法律效果的基础，表意人之所以要对外在表示负责，原因在于该表示可归因于表意人，因此，针对需受领的意思表示的解释，应当探求可适用于表意人与受领人双方的客观规范意义，以兼顾双方的意志。[③]

我国《民法典》第 142 条亦采用意思表示解释的二元论，区分有相对人的意思表示和无相对人的意思表示，对比该条第 1 款与第 2 款之规定，第 2 款规定无相对人的意思表示解释旨在"确定行为人的真实意思"，且"不能完全拘泥于所使用的词句"，明显采用意思主义或主观主义的解释原则；而第 1 款以"确定意思表示的含义"为目标，并未强调要探究表意人的真实意思，而且要求"应当按照所使用的词句"解释意思表示，可见第 1 款针对有相对人的意思表示的解释则并非采用主观主义解释原则。至此，可知我国民法典针对有相对人的意思表示的解释并非采主观主义，但还需进一步探究第 142 条第 1 款究竟是表示主义的一元

① 德国学界旧说认为《德国民法典》第 133 条和第 157 条分别规定了意思表示解释与合同解释，这一区分被许多学者质疑，认为这两条规定的是各种意思表示解释的共同规则，在实践中意思表示解释与合同解释并无本质区别。参见杨代熊：《民法典第 142 条中意思表示解释的边界》，载《东方法学》2020 年第 5 期，第 99 页。

② 误载无害真意是指即便在法律行为之时表意人意思与表示不一致，若受领人认识到表意人的真实意思，误载则因真意一致而被排除在意思表示瑕疵领域之外。

③ 转引自朱庆育：《民法总论》（第 2 版），北京大学出版社 2016 年版，第 225 页。

论还是主客观结合的二元论。

有学者赞同表示主义一元论的立场,[①]认为第 1 款所规定的有相对人意思表示的解释倾向于文本主义的解释方法,强调受领人对于意思表示的理解可能性,以客观表示作为认定意思表示内容的准据。[②] 也有学者主张第 1 款采主客观解释结合的二元论,认为有相对人的意思表示,虽然解释目标是查知表示的客观含义,但绝非不考虑表意人的内心意思。如果理解失误的原因并不处于表意人的控制范围内,则不可将这些风险归由表意人承担,使意思表示按其客观意义理解。[③] 相比较而言,将《民法典》第 142 条第 1 款理解为采主客观相结合的二元论更为妥当,此观点也于立法者对该条的释义中得以确认。理由是,该条款规定意思表示解释的目标是确定意思表示的含义,而意思表示的含义既包括表意符号的客观意义,也包括表意人所理解的意义,即主观意义。既然意思表示本身含主客观之内容,则其解释也应采主客观之标准。意思表示解释原则的多元化是比较法上的发展趋势。再者,从第 142 条第 1 款与第 2 款的对比看来,也只能排除第 1 款未采意思主义的一元论,却无法排除其采主客观结合的二元论。此外,第 1 款中表述的"词句""习惯以及诚实信用原则"的解释方法,虽强调优先考虑表意符号的客观意义,但其实为意思表示所通用之解释方法,既可以据其探究表意符号的客观意义也可用于探究表意人的真实意思,并不能得出该条款采表示主义一元论之结论。对于有相对人的意思表示而言,在特定情况下,与表意符号的客观意义相冲突的表意人的主观意义也可能作为意思表示的内容。[④] 比如,相对人也知道表意符号的主观意义的"误载无害真意"规则,此时意思表示的解释采主观意思而非客观意思。

---

① 参见崔建远:《合同解释辨》,载《财经法学》2018 年第 4 期。

② 参见沈德咏主编:《〈中华人民共和国民法总则〉条文理解与适用》,人民法院出版社 2017 年版,第 950 页。

③ 参见朱晓喆:《意思表示的解释标准——〈民法总则〉第 142 条评释》,载《法治研究》2017 年第 3 期。

④ 参见杨代雄:《意思表示解释的原则》,载《法学》2020 年第 7 期。

延伸阅读

1. 黄薇主编:《中华人民共和国民法典总则编释义》,法律出版社 2020 年版,第 371—375 页。
2. 朱庆育:《民法总论》(第 2 版),北京大学出版社 2016 年版,第 214—233 页。
3. [德]卡尔·拉伦茨:《法律行为解释之方法——兼论意思表示理论》,范雪飞、吴训祥译,法律出版社 2018 年版。
4. 朱晓喆:《意思表示的解释标准——〈民法总则〉第 142 条评释》,载《法治研究》2017 年第 3 期。
5. 杨代雄:《意思表示解释的原则》,载《法学》2020 年第 7 期。
6. 杨代熊:《民法典第 142 条中意思表示解释的边界》,载《东方法学》2020 年第 5 期。
7. 崔建远:《合同解释辨》,载《财经法学》2018 年第 4 期。
8. [德]耶尔格·诺伊尔:《何为意思表示?》,纪海龙译,载《华东政法大学学报》2014 年第 5 期。

21 民事法律行为有效的条件

——云南福运物流有限公司与中国人寿财产保险股份公司曲靖中心支公司财产损失保险合同纠纷案

学理概要

《民法典》第143条所规定的民事法律行为有效要件，是关于民事法律行为生效的一般要件。民事法律行为有效(生效)要件可分为一般要件与特别要件，前者是法律行为生效所应具备的共通性要件，后者是指法律行为生效除具备一般要件外，尚需依照法律规定或者当事人约定应具备的其他要件。民事法律行为有效一般要件的规定体现了国家对法律行为的总体评价和控制。一般要件的完全满足与否直接影响到民事法律行为的效力状态（有效、无效、可撤销、效力待定）。一般要件的规定为民事法律行为效力的总纲性规定。基于法律行为效力状态的多样性及具体条文对欠缺一般有效要件后果明确而清晰的规定，民事法律行为有效之一般要件规定仅可作为判定民事法律行为有效的依据，而不能作为判定民事法律行为无效的依据。①

- **核心法条**

《民法典》第 143 条　具备下列条件的民事法律行为有效：（一）行为人具有相应的民事行为能力；（二）意思表示真实；（三）不违反法律、行政法规的强制性规定，不违背公序良俗。

典型案例

云南福运物流有限公司与中国人寿财产保险股份公司曲靖中心支公司财产损失保险合同纠纷案②

案情简介：云南福运物流有限公司（以下简称福运公司）于 2011 年 8 月 16 日下午通过电话方式要求与中国人寿财产保险股份公司曲靖中心支公司（以下简称曲靖公司）订立保险合同，双方就投保的品名、数量、单价及金额等部分内容达成合意，但对于具体的相关交付保险费，开始承担保险责任时间等其他内容并没有达成合意。8 月 16 日晚相关货物毁损灭失，损失额达 2,372,007 元。福运公司于 8 月 17 日支付了保险费用，填写了投保单并就其他相关权利义务内容进行协议，同时对投保单上条款“投保人应当在保险合同成立时交付保险费。保险费未交清前发生的保险事故，曲靖公司不承担保险责任”盖章加以确认。2011 年 8 月 18 日，曲靖公司向福运公司出具了保单尾号为 16 的国内公路运输货物保险单，且该保险单中亦有相同上述内容的特别约定。2011 年 8 月 30 日，福运公司与曲靖公司自愿协商后签署了《货运险赔偿确认书》《赔偿协议书》，曲靖公司赔偿了 498,800 元。

后福运公司起诉曲靖公司，以《货运险赔偿确认书》《赔偿协议书》是在违背其真实意思情况下所订立，内容显失公平为由主张撤销《货运险赔偿确认书》《赔偿协议书》，其认为曲靖公司对剩余 1,873,207 元的财产损失也应当进行赔付。曲靖公司以福运公司假意接受《赔偿协议书》为由，骗取与其签订国内公路运输货物保

---

① 参见李宇：《民法总则要义：规范释论与判解集注》，法律出版社 2017 年版，第 520 页。

② 最高人民法院民事判决书，（2013）民申字第 1567 号。

险合同已构成欺诈为由提起反诉,要求撤销《货运险赔偿确认书》《赔偿协议书》并要求退还已赔偿的498,800元。一审认为《货运险赔偿确认书》《赔偿协议书》系双方自愿协商达成的,双方均无足够证据证明存在欺诈或重大误解,故驳回福运公司诉求,并驳回曲靖公司反诉请求。后福运公司、曲靖公司对一审裁判不满,均向云南省高级人民法院提起上诉。二审维持原判后,福运公司又向最高人民法院申请再审。

争议焦点:(1)双方签订的《货运险赔偿确认书》《赔偿协议书》是否可撤销;(2)曲靖公司是否应赔偿福运公司的其余货物损失1,873,207元。

裁判理由与结果:对于争议焦点(1),再审法院认为一审、二审法院驳回双方当事人要求撤销《赔偿协议书》及《货运险赔偿确认书》的请求并无不当。《赔偿协议书》及《货运险赔偿确认书》是双方对财产损害赔偿金额自认基础上达成的协议,是有效的民事法律行为,从成立时起具有法律约束力,行为人非依法律规定或者取得对方同意,不得擅自变更或解除。因双方均未对可撤销的理由提出相关证据,故双方签订的《赔偿协议书》及《货运险赔偿确认书》依法应受法律保护,双方当事人应受该协议的约束。

对于争议焦点(2),曲靖公司不应赔偿福运公司的其余货物损失1,873,207元。首先,当事人之间的保险合同关系成立且有效。其次,依据《保险法》第13条第3款关于投保人和保险人可以对合同的效力约定附条件或者附期限之规定,福运公司向曲靖公司投保所提交的国内货物运输保险投保单上关于“投保人应当在保险合同成立时交付保险费,保险费未交清前发生的保险事故,保险公司不承担责任”的约定,属于附生效要件的合同,由于本案保险合同约定于交纳保险费后保险责任才开始发生,故曲靖公司对福运公司保险费交纳前所发生的货物损失不承担赔偿责任,福运公司无权要求曲靖公司承担其余的货物损失1,873,207元。

解题思路

本案中,鉴于福运公司与曲靖公司间存在签有保险合同这一事实,福运公司若要依据保险合同主张曲靖公司继续承担其余货物损失赔偿,则以存在有效的保险合同为前提,并能够证明曲靖公司存在违约行为且不存在免责事由,以下对此进行分析。

一、是否存在有效的保险合同

本案中双方订立保险合同的行为在性质上属于双方民事法律行为，需要双方对交易内容达成合意，合同才成立。关于合同是否有效，依《民法典》第 143 条关于法律行为有效的一般规定，行为人在具有相应的民事行为能力、意思表示真实、不违反法律、行政法规的强制性规定及不违背公序良俗下，民事法律行为有效。这一规定在承继《民法通则》第 55 条①（上案审理时所援用，现该法已废止）基础上发展而来。应注意的是，该条规定是认定法律行为有效的一般性要件，是否对当事人确定发生法律约束力，还有待考察是否存在法律规定或当事人约定的特别生效要件，以及这些特别要件是否得到满足。

本案中，福运公司与曲靖公司均为法人单位，双方经过要约、承诺就保险合同成立必备的基本条款（投保物品的品名、数量、单价及金额等关系保险标的、保险费用等的条款）达成合意，合同依法成立。关于该合同是否有效的认定，从法律行为有效一般要件考察，首先，作为法人，双方能够对外独立开展民事活动并承担相应的民事责任，具有从事交易的民事行为能力，能够独立对外订立保险合同。其次，双方的意思表示真实。对于保险合同而言，本案中，双方于 2011 年 8 月 17 日最终完成保险合同基本条款及相关内容的合意，且为双方真实的意思表示。最后，双方所订立的保险合同，是合法的交易，内容上不存在违反法律、行政法规的强制性规定或者公序良俗。

值得注意的是，一项民事法律行为除符合法律行为有效的一般要件外，特定情形下，合同的生效还须具备法定或当事人约定的其他特别条件，即通常所说的特别有效（生效）要件。该特别要件，或者基于相关法律的特定规定而存在，或者基于当事人的特别约定而产生。本案中，投保单及保险单上标注有“投保人应当在保险合同成立时交付保险费。保险费未交清前发生的保险事故，保险公司不承担责任”条款，且投保时福运公司对此进行了确认，由此可知该保险合同为附生效条件的民事法律行为，根据《合同法》第 45 条第 1 款（现行《民法典》第 502 条第 1 款）关于当事

① 原《民法通则》第 55 条规定，民事法律行为应当具备下列条件：（1）行为人具有相应的民事行为能力；（2）意思表示真实；（3）不违反法律或者社会公共利益。

人对合同的效力可以另有约定之规定，以及《保险法》第 13 条第 3 款关于依法成立的保险合同自成立时生效，投保人和保险人可以对合同的效力约定附条件或者附期限之规定，双方保险合同于 8 月 17 日福运公司交付保险费后生效。因此，福运公司与曲靖公司的保险合同于 2011 年 8 月 17 日正式生效。

由上可见，福运公司与曲靖公司之间存在有效的保险合同，该保险合同自 2011 年 8 月 17 日起开始生效。

二、曲靖公司有无违反合同约定的行为及能否免责

《合同法》第 60 条第 1 款（现行《民法典》第 509 条第 1 款）规定，债务人应按照合同约定全面履行自己的义务。另外，《合同法》第 107 条（现行《民法典》第 577 条）规定，当事人一方不履行合同义务或者履行合同义务不符合约定的，应当承担继续履行、采取补救措施或者赔偿损失等违约责任。该条是违反给付义务时违约责任承担的规范基础。违约形态包括不履行合同义务和履行合同义务不符合约定两种类型。本案中，曲靖公司在保险合同中的义务主要是对福运公司于保险合同生效期间所遭受的损失按约定进行保险赔偿。结合本案，曲靖公司有义务对 8 月 17 日后福运公司的损失按合同约定进行赔偿。在该案中，所涉货物损失是在合同生效前即 8 月 10 日晚发生，不属于保险赔偿范围，而 8 月 17 日后福运公司并无存在货物损失事宜，因此曲靖公司无须承担保险赔偿的合同义务，也即曲靖公司在该案中不存在违反义务的行为，无须承担任何违约责任，进而也就无所谓能否免责的问题。本案中，福运公司与曲靖公司在自愿的基础上就非保险范围的标的损失达成的《赔偿协议书》及《货运险赔偿确认书》，可以被认为是在保险合同之外双方达成的一份新的协议，是双方真实意思表示，是有效的民事法律行为，且曲靖公司按照约定履行了给付义务，亦不存在任何违约行为，无须承担继续履行赔偿剩余财产损失的违约责任。

综上所述，福运公司与曲靖公司之间存在有效的保险合同，且已经生效，但是曲靖公司不存在违反合同义务的行为，所以无须承担继续赔偿剩余财产损失的责任。

知识拓展

民事法律行为要件的认定

所谓民事法律行为，是指当事人基于意思表示，设立、变更、终止民事法律关系的行为。民事法律行为只有具备《民法典》第143条规定的条件才能具有法律效力，从而产生行为人所预期的法律效果。① 民事法律行为有效或生效要件可分为一般要件与特别要件，前者是一般法律行为生效所应具备的共通性要件，后者是指法律行为生效除具备一般要件外，尚需依照法律规定或者当事人约定应具备的其他要件。《民法典》第143条的规定，是对法律行为有效一般要件的规定。一项民事法律行为若要发生当事人所希望的法律效果，则首先应满足第143条的要求，即行为人具有相应的民事行为能力，意思表示真实，不违反法律、行政法规的强制性规定和不违背公序良俗。

1. 行为人具有相应民事行为能力

行为能力是指行为人能够以自己的独立行为参与民事法律关系，享有民事权利和承担民事义务的资格。由于民事法律行为的实施需要当事人真实的意思表示，这就对表意人的行为能力提出了一定要求，即表意人需正确理解法律行为的性质和后果，并需要正确将内心意思表示于外部，因此当事人需要具备与从事法律行为相应的行为能力。出于对缺乏行为能力者的保护，法律将行为能力缺乏的自然人进一步分为无民事行为能力人和限制民事行为能力人，由于限制民事行为能力人具有一定的判断与理解能力，法律允许其实施与其精神、智力、年龄相适应的民事法律行为。至于其实施的民事法律行为是否与其精神、智力、年龄相适应，司法实践中通常从本人精神智力能否理解该行为，行为与本人日常生活相关联的程度以及数额等方面进行综合考量。此外，限制行为能力人可独立实施纯获利益的行为。所谓纯获利益行为是指只享有权利而不负担义务的行为，如果该限制民事行为能力人虽获利但同时也承担了义务，则不能称为纯获利益行为。对于无民事行为能力人，其法律行为则由其法定代理人代理实施，依据

① 参见王利明主编:《中国民法典释评——总则编》，中国人民大学出版社2020年版，第526页。

《民法典》第 144 条的规定，无民事行为能力人实施的民事法律行为无效。有的人认为无民事行为能力人实施的纯获利的民事法律行为也无效，[①]但该观点值得进一步探讨，例如，八周岁以下的无民事行为能力人在校期间所获得的小金额的赠与、奖励，是否也应认定为无效？鉴于行为能力划分的目的在于保护无民事行为能力人的利益，对无民事行为能力人独立实施的纯获利益行为的效力应作肯定。

最高人民法院《关于贯彻执行〈中华人民共和国民法通则〉若干问题的意见（试行）》第 6 条对此也有相关规定："无民事行为能力人、限制民事行为能力人接受奖励、赠与、报酬，他人不得以行为人无民事行为能力、限制民事行为能力为由，主张以上行为无效。"虽然最高人民法院《关于贯彻执行〈中华人民共和国民法通则〉若干问题的意见》随着《民法通则》的废止而被废止，但该条保护无民事行为能力人的立法指导思想仍值得承继。

2. 意思表示真实

意思表示真实是指行为人内心意思应当真实表示于外部。通常行为人的外部表示能真实表达其内心真实意志，但有时行为人作出的意思表示与其内心真实意思并不相符，即意思表示具有一定的瑕疵而导致民事法律行为可能不生效。意思表示存在瑕疵通常表现为两类形态：一类是意思表示不自由，另一类是意思表示不一致。前者如因欺诈、胁迫等情形导致的意思表示不真实，此类法律行为因此可被相关权利人撤销，之所以赋予相关方撤销权而不是直接认定为无效，是因为该种民事法律行为的损害通常存在于双方当事人之间，若受损害方对损害结果不予追究或予以事后承认的话，则属于当事人意思自治的范围，该法律行为可继续有效。意思表示不一致是指当事人内心意思与外在的表达不一致，如通谋的虚伪表示，法律规定通谋的虚伪表示的民事法律行为应为无效，因为该行为通常损害他人或社会的利益，而在通谋的意思表示下若另有被掩盖的其他法律行为，则应另行判断被掩盖的法律行为的有效性。由此可见，民法通过探求当事人的内心真意，对社会中各种法律关系作出妥当的秩序安排。

---

① 参见李适时主编：《中华人民共和国民法总则释义》，法律出版社 2017 年版，第 450 页。

3. 不违反法律、行政法规的强制性规定或不违背公序良俗

对其的适用应注意两点。其一，其对所应遵守的规范位阶作出了规定，即不应违反的是全国人民代表大会及其常务委员会制定的狭义的法律和国务院制定的行政法规，不包括地方性法规、政府规章及其他规范性文件等效力位阶较低的规范，其目的是避免纷繁复杂的行政命令对当事人的私法自治造成过度干预，妨碍社会交易的顺利进行。值得注意的是，一项民事法律行为违反位阶较低的规范时是否导致该行为无效，还应结合公序良俗条款谨慎认定。对此，2019 年最高人民法院发布的《九民纪要》第 31 条指出：违反规章一般情况下不影响合同效力，但该规章的内容涉及金融安全、市场秩序、国家宏观政策等公序良俗的，应当认定合同无效。不过，《九民纪要》第 31 条与公序良俗条款的存在或许会导致法官自由裁量权的滥用，原因在于凡是规章或其他规范文件，只要能够颁布适用，其条款多被解释成涉及金融安全、市场秩序、国家政策等公序良俗，因此法官可将被违反了的规章内容解读为公序良俗来认定民事法律行为为无效，此种情形值得警惕。其二，民事法律行为不应违反的是强制性规范。法律、行政法规中的规范可以分为任意性规范和强制性规范，其中任意性规范可以通过当事人的自由意志排除，而强制性规范是指当事人必须遵守，不得自由改变的规范。由于民法中的强制性规范多规定有违反后的私法上的效果，因此违反后直接适用所对应的法条即可，而公法如行政法、刑法通常未规定违反该强制性规定后的私法上效果，因此该部分规范的目的便是将公法中的禁止性规范引入民法之中。

值得注意的是，为避免公法上的管理规定不当影响私法交易行为，现行《民法典》第 153 条在承继《关于适用〈中华人民共和国合同法〉若干问题的解释》[以下简称《合同法司法解释(二)》]第 14 条规定的基础上明确只有违反效力性强制性规定的民事法律行为才是无效。学理和司法实践中通常以效力性强制规定和管理强制性规定对强制性规定进行细分，违反效力性强制性规定的法律行为无效，违反管理性强制性规定的法律行为有效。然而，区分某项强制性规定是效力性强制规定还是管理性强制规定是个难题。《九民纪要》通过举例、分类的方式，使得两者的划分相对清晰。《九民纪要》第 30 条强调要在考量强制性规定所保护的法益类型、违法行为的法律后果以及交易安全保护等因素的基础上认

定强制性规定的性质，在裁判文书中充分说明理由。并且，该条以类型化的方式对效力性强制规定和管理性强制规定进行具体列举，规定涉及金融安全、市场秩序、国家宏观政策等公序良俗的、交易标的禁止买卖的（如禁止人体器官、毒品、枪支等买卖）、违反特许经营规定的（如场外配资合同）、交易方式严重违法的（如违反招投标等竞争性缔约方式订立的合同）、交易场所违法的（如在批准的交易场所之外进行期货交易）等强制性规定为效力性强制规定，而关于经营范围、交易时间、交易数量等行政管理的强制性规定，一般应当认定为管理性强制性规定。《九民纪要》对强制性规范区分的类型化列举，较之以往笼统模糊的规定有进步之处，对推进法律适用的统一具有促进作用。

延伸阅读

1. 王泽鉴：《民法总则》，北京大学出版社 2009 年版。
2. 董安生：《民事法律行为》，中国人民大学出版社 2016 年版。
3. 谭启平主编：《中国民法学》（第 3 版），法律出版社 2021 年版。
4. 王利明：《民法总则研究》，中国人民大学出版社 2012 年版。

22 限制民事行为能力人实施的民事法律行为的效力

——刘某诉某科技公司合同纠纷案

学理概要

《民法典》第145条规定分为两款。第1款关于限制民事行为能力人所实施的民事法律行为的效力。第2款则有关法定代理人对该民事法律行为的追认以及民事法律行为相对人知悉实情后有向法定代理人催告的权利。

自然人的民事行为能力划分为完全民事行为能力、限制民事行为能力以及无民事行为能力三大类,划分标准首先是年龄,其次是智力、精神健康恢复的状况等。限制民事行为能力人是指八周岁以上的未成年人(《民法典》第19条)以及不能完全辨认自己行为的成年人(《民法典》第22条)。不过鉴于《民法典》第18条第2款的例外规定,即十六周岁以上的未成年人若以自己的劳动收入为主要生活来源,也被视为完全民事行为能力人,限制民事行为能力人中也不包括这一类未成年人。具有完全民事行为能力的自然人可以独立实施法律行为(《民法典》第18条第1款),而无民事行为能力的自然人则由其法定代理人代理实施法律行为(《民法典》第 20 条)。作为处于中间这一划分阶段的限制民事行为能力人,则可以自己独立实施部分法律行为。

因此,《民法典》第 145 条第 1 款前半句将限制民事行为能力人可以独立实施的部分法律行为分为两类。第一类是纯获利益的法律行为,因为此类法律行为并不会损害限制民事行为能力人的利益。第二类则是与其年龄、智力、精神健康状况相适应的法律行为,也就是符合其受限制之行为能力的范围的,自然可以由其独立为之①。

这两类可由限制民事行为能力人独立实施的法律行为类型,均需进行一定的解释和界定才可适用。

法律行为的"纯获利益"并不是指纯获经济利益,而是指纯获法律利益②,从法律上来说只获得权益,而不承担法律义务,也不会使自身的法律权益受到减少③。是否存在单纯的法律上的利益要根据法律行为在法律上的效果,而非经济结果来判断。因此涉及利益互换的双务合同(如买卖、互换、租赁),即使从经济角度考虑非常有利(如所谓"超低价购买因而很划算的买卖"),但因为限制民事行为能力人在其中无论如何都会负担义务,故而均会被排除出"纯获利益"的范围之外。从这个意义上来说,此处涉及一种限缩性解释。

与其年龄、智力、精神健康状况相适应的法律行为又可再分为两类。与年龄、智力相适应的法律行为是指因未成年而行为能力受限制。而与其精神健康状况相适应是指因精神、智力疾病等原因导致不能完全辨认自己行为的成年限制行为能力人。肯定属于这类法律行为的一般是和日常生活相符合的低消费行为。至于其他哪些法律行为也属于其中,只能根据限制行为能力人自身状况、家庭情形、当地的经济、消费水平等所有情形在个案中进行整体权衡(Gesamtabwägung der Umstände des Einzelfalls)后再行判断。

---

① 对此可参见《民法典》第 19 条后半句相类似但有一些区别的表述:"但是,可以独立实施纯获利益的民事法律行为或者与其年龄、智力相适应的民事法律行为。"

② 《德国民法典》(BGB)第 107 条的表述较为精准,即"纯(仅)获法律上的利益",相应德文为"lediglich einen rechtlichen Vorteil erlangt",可供参考。

③ 参见李宇:《民法总则要义:规范释论与判解集注》,法律出版社 2017 年版,第 524 页。

除上述两类法律行为之外，限制行为能力人实施其他法律行为须经过法定代理人的同意(einwilligung，事前同意)或者追认(genehmigung，事后追认)才有效。否则即使这类法律行为成立了，也是处于效力待定(schwebend unwiksam，暂时不生效)状态。事前的同意必须针对个别具体的法律行为进行特定的同意，不得进行概括同意，否则此条规定的保护意义将会落空。而事后的追认，除法定代理人之外，通说一般认为，若限制民事行为能力人获得或者恢复完全行为能力，也可自己追认或者确认(Bestätigung)此前的处于效力待定状态的法律行为。

一旦法定代理人追认了，对限制行为能力人和法律行为相对人来说，效力待定的法律行为成为自始有效的法律行为，否则，效力待定的法律行为因拒绝被追认而变为自始确定的无效(nichtig)。此外，《民法典总则编司法解释》第29条的规定，法定代理人、被代理人依据《民法典》第145条、第171条的规定向相对人作出追认的意思表示的，人民法院应当依据《民法典》第137条的规定确认其追认意思表示的生效时间。这意味着法定代理人追认的意思表示生效时间，仍应以作出意思表示采取对话方式与否来进行区分。

但是为了顾及相对人的利益和交易安全，在《民法典》第145条第2款中，法律还赋予相对人进行催告的权利。催告(Mahnung，提醒，催促)是一种性质为准法律行为的意思通知。根据第2款第1句可以反推催告期限至少为三十日，以便法定代理人进行追认。若催告期限不足三十日的，可视为三十日。催告期限届满，法定代理人若未作表示的，视为拒绝追认。同时为了保护善意相对人，在相对人知情后，法定代理人追认前，相对人有权以通知的形式撤销[应理解为撤回(Wiederruf)针对未生效的法律行为而言]之前所作出的法律行为①。

• 核心法条与关联法条

核心法条：《民法典》第145条　限制民事行为能力人实施的纯获利益的民事法律行为或者与其年龄、智力、精神健康状况相适应的民事法律行为有效；实施的其他民事法律行为经法定代理人同意或者追认后有效。

① 相关立法沿革和具体解释等也可参见黄薇主编：《中华人民共和国民法典总则编释义》，法律出版社2020年版，第381—385页。

相对人可以催告法定代理人自收到通知之日起三十日内予以追认。法定代理人未作表示的,视为拒绝追认。民事法律行为被追认前,善意相对人有撤销的权利。撤销应当以通知的方式作出。

关联法条:《民法典》第18、19、22、23、24、1143条

最高人民法院《关于适用〈中华人民共和国民法典〉总则编若干问题的解释》第29条

典型案例

刘某诉某科技公司合同纠纷案①

案情简介:刘某生于2002年,初中辍学。2018年10月23日至2019年1月5日,刘某使用父母用于生意资金流转的银行卡,多次向某科技公司账户转账用于打赏直播平台主播,打赏金额高达近160万元。刘某父母得知后,希望某科技公司能退还全部打赏金额,遭到该公司拒绝。后刘某诉至法院要求某科技公司返还上述款项。

争议焦点:刘某及父母是否可以要求退还刘某所打赏的全部金额。

裁判理由与结果:法院在审理该案中,多次组织双方当事人调解,最终当事双方达成庭外和解,刘某申请撤回起诉,某科技公司自愿返还近160万元打赏款项并已经履行完毕。

最高人民法院从未成年人保护的角度出发,认为该起案件是一起典型的未成年人参与直播打赏案例。在司法实践中涉及网络打赏、网络游戏纠纷的人,多数是作为8周岁以上未成年人的限制行为能力人。这些人在进行网络游戏或者打赏时,金额非常之高,甚至常有几千元、几万元的打赏或者游戏充值金额出现。这无论在我国哪个地区,无论根据何种经济状况,都显然与这些限制行为能力人的年龄和智力水平不相适应。因此,在未得到法定代理人追认的情况下,这种行为按照

---

①　最高人民法院发布的2021年未成年人司法保护典型案例之一。案件情况及相关结果均转引自最高人民法院所发布的典型案例及中国法院网相关新闻报道,参见https://www.chinacourt.org/article/detail/2021/03/id/5906958.shtml,2022年8月8日访问。

《民法典》第19条、第145条的规定,依法自然是无效的。现实中更多出现的问题是无效之后如何处理的问题,换言之,如何在司法实践中进行操作。为此,最高人民法院于2020年5月15日公布,自公布之日起施行的《关于依法妥善审理涉新冠肺炎疫情民事案件若干问题的指导意见(二)》对未成年人参与网络付费游戏和网络打赏纠纷提供了更为明确的规则指引。该意见明确规定,限制民事行为能力人未经其监护人同意,通过网络付费游戏或者网络直播平台"打赏"等方式支出与其年龄、智力不相适应的款项,监护人请求网络服务提供者返还该款项的,人民法院应予支持。可以看出,"该规定更多地考量了对未成年人合法权益的保护,同时引导网络公司进一步强化社会责任,为未成年人健康成长创造良好网络环境"。

解题思路

《民法典》第145条并非请求权基础(Anspruchsgrundlage)条款,亦即并非主要规范,其第1款属于防御规范,其第2款第1句及第2句属于辅助规范,而第2款第3句、第4句属于防御规范[①]。因此,《民法典》第145条需要结合《民法典》分编,尤其是合同编的相关规定来进行相应的适用。有关该条的典型案例解题,侧重的并非请求权基础的鉴定分析(Gutachten),而是结合分编具体的请求权基础分析着重介绍其作为辅助及防御规范的意义和作用。

一、请求权是否产生

刘某可能可以根据《民法典》第122条、第985条[②]的规定要求某科技公司返还不当得利近160万元。然而不当得利的产生必须是因为得利人没有法律根据取得不当得利。

---

① 参见吴香香编:《民法典请求权基础检索手册》,中国法制出版社2021年版,第23页。

② 有学者认为《民法典》第157条即包含独立的不当得利请求权基础,参见叶名怡:《〈民法典〉第157条(法律行为无效之法律后果)评注》,载《法学家》2022年第1期;但学界通说认为,该条仅为参引性规范,并不属于独立的请求权基础,参见吴香香编:《民法典请求权基础检索手册》,中国法制出版社2021年版,第25页。

（一）打赏行为的成立及效力

1. 打赏的行为属性

实际上，现实中有关打赏行为的性质本身就存在争议。若认为直播平台提供的是一种服务，那么打赏显然可以当作一种对服务消费的对价，打赏行为是支付服务对价的意思表示，符合网络服务合同等价有偿的基本模式。但是司法实践中也有判决认定打赏行为属于赠与行为，与一般的商品、服务消费的交易行为有区别。理由在于一般直播平台中，打赏一般来说不受对象与额度限制，其中也并不存在严格的价值交换，因为直播平台的直播活动往往并不收费。因此，似乎将打赏行为认定为赠与更为恰当。

2. 打赏行为的成立

按照《民法典》第 657 条有关赠与合同的规定，赠与合同是指赠与人将自己的财产无偿给予受赠人，受赠人表示接受赠与的合同。事实上，只要刘某作出了打赏的行为，而直播平台的主播予以接受，打赏行为作为赠与合同就成立了。毋宁说，此时具体的打赏行为本身实际上就是赠与人将自己的财产无偿给予受赠人的一种表示。

3. 打赏行为成立但效力待定

刘某生于 2002 年，初中辍学。因此在 2018 年 10 月 23 日至 2019 年 1 月 5 日作出这一系列打赏行为期间，刘某属于未满十八周岁的未成年人，且不属于已经满十六周岁但以自己的劳动收入为主要生活来源的未成年人，因而可以被视为完全民事行为能力人（《民法典》第 18 条第 2 款）。因此，刘某属于限制民事行为能力人（《民法典》第 19 条）。按照《民法典》第 19 条、第 145 条的规定，由于刘某是限制行为能力人，打赏近 160 万元显然与其年龄和智力水平不相适应，因此虽然赠与合同成立，但属于效力待定状态，必须得到其法定代理人的事后追认或者拒绝追认才能终局性地确定其效力。根据已知的案件事实，在刘某的家长得知此事后，希望某科技公司能退还全部打赏金额，但遭到该公司拒绝，由此可视为作为法定代理人的刘某父母拒绝对这一效力待定的打赏行为进行追认。最终打赏行为作为赠与行为变为自始确定无效。

（二）近 160 万元为某科技公司的不当得利

因赠与合同从效力待定变为自始无效，当赠与的标的物为某一物品时，那么即使赠与人事实上将该物的占有让与了受赠人，但行为能力的限制也影响物权移转的行为，故而受赠人并没有取得该物所有权，属于无权占有。此时赠与人仅按照原物返还请求权请求返还即可（《民法典》第 235 条）。然而金钱的特殊性在于占有即所有。因此，在打赏的情况下，即使法定代理人拒绝追认，限制行为能力人的打赏行为也发生了移转这些打赏金钱所有权的效力。本案中，近 160 万元此时已经属于某科技公司所有，但因赠与合同自始无效，因此可视为某科技公司取得给付不当得利。

（三）结论

综上所述，刘某针对某科技公司的不当得利请求权成立。

二、请求权是否消灭

本案不存在请求权消灭事由。

三、请求权是否可以执行

本案不存在阻碍请求权执行的事由。

四、结论

根据《民法典》第 122 条、第 985 条的规定，刘某对某科技公司享有返还不当得利的请求权，某科技公司应当退还近 160 万元。

知识拓展

有关可适用《民法典》第 145 条关于限制行为能力人所为法律行为发生效力待定之规定的法律行为类型问题，一般认为，不包括身份行为以及诸如遗嘱这样的死因处分行为。因为这一类行为均和具体利益无关，反而属于具有高度人身性（Höchstpersönlichkeit）的行为。甚至这类行为必须得本人亲自为之，而不能通过代理人，因此更加不适合成为需要法定代理人同意的效力待定法律行为。另一个适用《民法典》第 145 条与否的法律行为类型问题则是是否包括单方行为。一些立法例会单独规定限制行为能力人所为单方法律行为不经法定代理人同意则无效。[①] 因为单方法律行为一旦作出即生效,故而只能事前同意,无法事后追认。所以虽然《民法典》第 145 条并未单独规定是否可以适用单方法律行为,但通说认为单方法律行为若不经法定代理人同意则不生效[②]。此外,有观点认为,因为准法律行为的核心亦为意思,故而本条的相关规定一般也可对此类推适用,唯有感情表示因涉及高度人身性,属于需排除之例外[③]。

延伸阅读

1. 黄薇主编:《中华人民共和国民法典总则编释义》,法律出版社 2020 年版。
2. 李宇:《民法总则要义:规范释论与判解集注》,法律出版社 2017 年版。
3. 吴香香编:《民法典请求权基础检索手册》,中国法制出版社 2021 年版。
4. 杨代雄:《〈民法典〉第 145 条评注——限制民事行为能力人实施的法律行为》,载《中国应用法学》2022 年第 3 期。
5. 陈嘉白:《民法典体系下协助决定与替代决定的择优实现》,载《当代法学》2021 年第 3 期。
6. 石冠彬:《论出卖人返还财产请求权的属性及限制——以合同被撤销为切入点》,载《政治与法律》2021 年第 1 期。
7. 武腾:《无效、可撤销民事法律行为与善意第三人保护》,载《清华法学》2018 年第 1 期。

---

① 比如《德国民法典》第 111 条第 1 句,此即所谓区分主义立法例。

② 有不同观点认为,对《民法典》第 145 条不应强行作区分主义的解释,在债务免除或者合同解除上,单方法律行为在现实生活中很多情况下于限制行为能力人本身亦有很大用处(如日常消费中未成年人自行退货),不应仅因法定代理人没有事前同意而一概无效,一定程度上可以适当放宽从而也适用效力待定。参见李宇:《民法总则要义:规范释论与判解集注》,法律出版社 2017 年版,第 526—527 页。

③ 参见李宇:《民法总则要义:规范释论与判解集注》,法律出版社 2017 年版,第 527 页。

23 基于重大误解实施的民事法律行为的效力

——赵某圳诉芭莎珠宝(深圳)有限公司网络购物合同纠纷案

学理概要

《民法典》第 147 条规定行为人因重大误解实施了法律行为,可以请求法院或者仲裁机构予以撤销(Anfechtung)。因此,本条与受欺诈、受胁迫、乘人之危(《民法典》第 148 条至第 151 条)一起作为因意思表示瑕疵而导致法律行为可撤销之典型情形。

但是,与民法总则有关意思表示的一般性的规定一样,在适用领域方面一般也排除身份行为,尤其是结婚行为。盖因立法者为了贯彻及保护一定的价值(对婚姻之保护,容易被滥用造成法秩序不稳定等),因而有意识地在婚姻家庭编中对婚姻可撤销事由进行了穷尽式(abschließend)的列举规定。因此,除法律明确规定的欺诈、被非法限制人身自由以及一方婚前隐瞒重大疾病(《民法典》第 1052 条至第 1053 条)这三种情形外,其他所谓婚姻缔结时的重大误解(包括很容易出现的结婚动机错误,如误以为对方为富豪遂嫁与之)均无法直接适用本条规定而可以进行婚姻撤销。

另外在术语的使用上,本条中的“重大误解”为民法通则和合同法以来我国民法领域一直沿袭的法律概念。从其字面意思来看,更加倾向于被理解为一种行为人主观上的错误认识(误解)与行为本身客观上的重要性(重大)之结合。与之相比,传统大陆法系民法理论则使用“错误”(Irrtum)的概念。“错误”这一概念侧重于表意人所作出的意思表示在客观上(非故意地)存在意思与表示不一致的问题,因而可以根据意思表示的结构本身分为或是意思形成阶段出现了错误,或者是意思表达阶段发生了错误[①]。因此,“重大误解”和“错误”这两个概念之间到底是何关系,在我国学界一直以来存在争论。有观点认为,“重大误解”是我国一种独立的有关意思表示瑕疵的规定,其在范围上涵盖了“错误”理论,但远比之要广泛,具体的外延须在司法裁判的类型细分中进行体系重构[②]。有观点认为,“重大误解”实为“错误”不够精准的表达,应径直参照传统大陆法系有关“错误”的概念适用[③]。不过按照一直以来的司法解释传统,以及 2022 年 3 月 1 日起施行的《〈民法典〉总则编司法解释》第 19 条的规定,“重大误解”核心领域的内涵已经和传统大陆法系中的“错误”基本相当。至于随着法律行为理论和司法实践的发展是否会有新的“重大误解”类型出现从而导致其内涵发生重大变化,则完全可以交给司法裁判,这实质上是一种法学方法论当中法律续造的解释问题[④]。

具体来说,构成“重大误解”的要件为:表意人所作出的意思表示中,内心效果意思与表示行为动作不一致,且表意人自己不知道这种不一致。因此,在表意人形成内心效果意思时出现的对行为的性质,标的物的品种、质量、规格、价格、数量等产生错误认识,并且按通常理解若表意人认识到该错误即不会做出相应意思表示时,应认定重大误解即所谓表示内容错误,(《〈民法典〉总则编司法解释》第 19 条

---

① 对此可以参照《德国民法典》第 119 条有关意思表示“错误”的规定:“在表意人所作出的意思表示内容有错误,或者是表意人根本无意进行这种内容的意思表示的情况下,如果能够认定,表意人若认识到这一事实状况,并合理地考虑自身情况,就不会作出此项意思表示的话,表意人可以撤销其意思表示。”

② 参见韩世远:《重大误解解释论纲》,载《中外法学》2017 年第 3 期。

③ 参见李宇:《民法总则要义:规范释论与判解集注》,法律出版社 2017 年版,第 542—543 页。

④ 参见黄薇主编:《中华人民共和国民法典总则编释义》,法律出版社 2020 年版,第 390 页。

第1款)。此外,表意人在表达内心意思的动作上出现错误(表达错误),也属于重大误解,如误写、误说、误打字(网络交易、电子支付中常出现的“手滑”“误输入”)、误指、误拿、误放等。而表意人之传达人(信使)的转达错误也等同于表意人自身之错误(应为表达错误),因而属于表意人可撤销之重大误解(《〈民法典〉总则编司法解释》第20条)。

而动机错误,除例外情况之外,均不属于重大误解。所谓动机是指表意人想要作出意思表示的内心原因或理由①,而重大误解所要解决的则是表意人客观上想要实施的法律行为本身出现了问题②。动机错误之所以不构成重大误解,原因主要在于动机一般不显露于外,不构成意思表示的要素,无法探究,也不好证明,无法合理期待法律行为相对人的认可,因而也不符合交易安全保护之要求③。但两种例外情况下,动机错误可以构成撤销之理由。第一种情况就是动机被表露于外,行为双方甚至对此作了约定。实际上这种情况下动机已经成为法律行为之一部分,很有可能就是附(解除)条件的法律行为,而且本身也符合私法自治,自无不可。第二种情况则是行为人对当事人资格和物品性质的错误认识。事实上,如果当事人资格(如约定此项目负责人必须为A律所高级合伙人之一)和物品性质(所购置金首饰须达到9999足金等)本已经成为意思表示内容之一,发生错误之时可直接认为是意思表示内容错误而被归为重大误解当中。但在司法实践中,若该资格或者性质在交易上被认为具有非常重要之意义时,也可等同于重大误解④,典型的如材质和价值十分悬殊的家具买卖中的⑤。另外有一点值得注意的是,按照《〈民法典〉总则编司法解释》第19条第2款的规定,若有交易习惯可以据以认定即便存在重大误解,

---

① 例如,甲男误以为乙女对其有意,而去A商场花重金购买名贵项链意欲赠与乙女,结果发现只是自己的一厢情愿,此时甲男无法以这种“会错意”(动机错误)为“重大误解”而要求撤销和A商场的项链买卖合同。

② 有学者以“他要什么”和“为什么他要”这种简便说法予以区分,所谓动机探求的就是“为什么”(进行这个法律行为),参见黄立:《民法总则》,中国政法大学出版社2002年版,第305页。转引自李宇:《民法总则要义:规范释论与判解集注》,法律出版社2017年版,第551页。

③ 参见李宇:《民法总则要义:规范释论与判解集注》,法律出版社2017年版,第551—552页。

④ 实际上《〈民法典〉总则编司法解释》第19条第1款也提到了“对方当事人或者标的物的品种……产生错误认识”,从文字层面来看似乎已将此情况包括在内容错误当中。另外参见李宇:《民法总则要义:规范释论与判解集注》,法律出版社2017年版,第552—553页。

⑤ 参见刘某德与黄某根根雕茶几买卖合同纠纷案,四川省眉山市中级人民法院(2014)眉民终字第280号民事判决书。

行为人也无权请求撤销时,那么就不作为《民法典》第147条意义上的重大误解考虑。这尤其考虑到了一些典型风险交易中对重大当事人资格和物品性质误解的无视习惯,例如,古董交易、贵重玉石原石交易中的“买定离手”规则,因为这类交易中风险本就是其组成之一部分,若此时随意适用重大误解,则该类交易将全无存在之空间。但在此情况下,若行为相对人有意误导或者欺诈则属于另一问题,情况自然有所不同。

• 核心法条与关联法条

核心法条:《民法典》第147条　基于重大误解实施的民事法律行为,行为人有权请求人民法院或者仲裁机构予以撤销。

关联法条:最高人民法院《关于适用〈中华人民共和国民法典〉总则编若干问题的解释》第19条

最高人民法院《关于审理与企业改制相关的民事纠纷案件若干问题的规定》(2020年修正)第19、20条

最高人民法院《关于印发〈全国法院贯彻实施民法典工作会议纪要〉的通知》第2条

最高人民法院《关于印发〈第八次全国法院民事商事审判工作会议(民事部分)纪要〉的通知》第16条

典型案例

赵某圳诉芭莎珠宝(深圳)有限公司网络购物合同纠纷案①

案情简介:2019年1月14日,赵某圳在京东平台芭莎珠宝(深圳)有限公司(以下简称芭莎公司)经营的名称为“芭莎珠宝官方旗舰店”的店铺购买了名为“芭莎珠宝18K金钻石耳钉2018新品放大爱男女情侣时尚潮品百搭定制”一件,订单

① 广东省广州市中级人民法院民事调解书,(2019)粤01民终17265号[参见最高人民法院中国应用法学研究所编:《人民法院案例选》2020年第3辑(总第145辑),人民法院出版社2020年版,第3—12页];广州互联网法院民事判决书,(2019)粤0192民初9369号。

编号为85097887012。涉案商品原价1276元,赵某圳使用“满999减888”优惠券、其他优惠、京豆和红包后,实际支付338.7元,2019年1月19日,芭莎公司认为价格活动标错,不同意发货,并提出给予赵某圳5元的补偿。赵某圳不同意芭莎公司的方案,双方协商未果。芭莎公司至案件审理时未向赵某圳发货。

芭莎公司在京东平台启用了店铺折扣模式,店铺折扣设定为8.0折。店铺最低折扣管理界面提示“该折扣为店铺最低折扣,低于此折扣不能创建促销活动”。芭莎公司报名参加了京东平台“珠宝部1.14－15满999减888噱头券－全部商家承担－报sku”活动,促销范围为跨店铺促销。活动开始后,芭莎公司于2019年1月14日当天向京东客服询问,店铺设置了最低折扣,为何会出现低价订单。京东客服答复称是创建促销/优惠券的时候作的限制,不是顾客下单的限制。芭莎公司与京东客服的聊天记录显示,京东纠纷处理专员在处理部分订单纠纷时答复购买者称订单由于商家页面参数设置错误原因,判定为商家责任。

争议焦点:赵某圳诉请芭莎公司按要约承诺履行义务,芭莎公司则主张因为商铺价格标错而成立的合同属于因重大误解而可撤销的合同,请求撤销双方之间的买卖合同。因此,本案的争议焦点为:第一,涉案买卖合同能否被撤销。第二,芭莎公司承担何种民事责任。

裁判理由与结果:广州互联网法院于2019年6月28日作出(2019)粤0192民初9369号民事判决:(1)芭莎公司于本判决发生法律效力后10日内,向赵某圳履行京东电子商务平台订单85097887012的商品(涉案18K金钻石耳钉一对)交付义务;(2)驳回芭莎公司的全部反诉请求。案件本诉受理费50元、反诉受理费25元,合计75元,由芭莎公司负担。宣判后,芭莎公司提出上诉。广东省广州市中级人民法院于2019年10月8日作出民事调解书,调解结案。

法院认为,本案中,芭莎公司对于订立买卖合同的合同性质、销售何种商品、以何种价格销售商品、是否参加促销活动等认识均无错误,不构成买卖合同中的误解。芭莎公司以消费者购买商品时使用优惠而导致合同价格低于其成本价为由主张存在重大误解并请求撤销合同,不符合法律规定,法院不予支持。芭莎公司不应将其自身过错所造成的经营风险转移给消费者,损害消费者的权益。因法院认定芭莎公司主张撤销合同的理由不成立,且当事人双方签订的买卖合同意思表示真实、合法有效,故该合同对双方具有约束力。芭莎公司需要履行的义务为向赵某圳履行京东电子商务平台订单85097887012的商品(涉案18K金钻石耳钉一对)交付义务。

解题思路

《民法典》第147条并非请求权基础(Anspruchsgrundlage)条款,亦即并非主要规范,而是属于防御规范①。因此,《民法典》第147条需要结合《民法典》分编,尤其是合同编的相关规定来进行相应的适用。有关该条的典型案例解题,侧重的并非请求权基础的鉴定分析(Gutachten),而是结合分编具体的请求权基础分析着重介绍其作为防御规范的意义和作用。

一、请求权是否产生

赵某圳作为买受人可能具有根据《民法典》第595条、第598条要求出卖人芭莎公司交付并转移标的物(18K金钻石耳钉一对)所有权的请求权。

(一)买卖合同成立

按照《民法典》第595条的规定,在买卖合同中,双方意思表示一致表现为一方发出要约(Angebot),另一方对此要约予以承诺(Annahme)。本案虽然属于新兴的网络交易,但是卖家在淘宝平台的旗舰店中以明码标价之方式而供任何一顾客点击购买则构成一项要约,顾客一旦点击购买,意味着对此要约进行了承诺。在本案中,双方对于以要约承诺之方式订立了一项买卖合同并无异议。

而按照《民法典》第595条的规定,买受人有支付价款的义务,而且按照我国网络购物的习惯方式,只有在买受人点击购买并且支付价款的情况下,出卖人才有义务按照《民法典》第598条的规定交付标的物或者交付提取标的物的单证并且移转标的物所有权。在本案中,赵某圳在点击购买之后即支付了价款,因此完成了买受人的义务,可以主张标的物交付及移转所有权请求权。

(二)作为芭莎公司防御权之因重大误解而产生的撤销权

芭莎公司认为在订立该买卖合同当中,其进行法律行为时存在错误,因此可以

① 参见吴香香编:《民法典请求权基础检索手册》,中国法制出版社2021年版,第24页。

按照《民法典》第147条的规定，因基于重大误解实施了民事法律行为，而有权请求人民法院予以撤销（形成权）。因此，问题的关键在于，芭莎公司在订立该买卖合同当中是否存在错误，若存在则此种错误又是否构成《民法典》第147条意义上的重大误解。按照芭莎公司的陈述以及本案的证据，造成赵某圳低价购买到涉案商品的原因是芭莎公司错误理解京东平台的促销活动规则，从而导致价格上标明错误。而按照《〈民法典〉总则编司法解释》第19条的规定，行为人对行为的性质、对方当事人或者标的物的品种、质量、规格、价格、数量等产生错误认识，按照通常理解如果不发生该错误认识行为人就不会作出相应意思表示的，人民法院可以认定为《民法典》第147条规定的重大误解。另外，构成"重大误解"的错误一般来说是表意人所作出的意思表示中，内心效果意思与表示行为动作不一致，且表意人自己不知道这种不一致。在本案中，芭莎公司对这种错误显然是知情的，其所不知道的仅仅是对平台促销活动规则的理解。换言之，此种错误不构成所谓的意思内容错误，毋宁说是一种动机错误。而动机错误，除双方自愿约定或者属于行为人对当事人资格和物品性质的重大错误认识外，才构成《民法典》第147条意义上的重大误解。因此，本案中，芭莎公司对于订立买卖合同的合同性质、销售何种商品、以何种价格销售商品、是否参加促销活动等认识均无错误，不构成买卖合同中的重大误解，因而不享有《民法典》第147条所规定的基于重大误解所产生的撤销权。

（三）结论

综上所述，本案中的买卖合同并没有因重大误解而可被撤销。因此赵某圳针对芭莎公司交付以及移转买卖标的物所有权的请求权依然成立。

二、请求权是否消灭

本案不存在请求权消灭事由。

三、请求权是否可以执行

本案不存在阻碍请求权执行事由。

四、结论

芭莎公司应该根据赵某圳的请求而向其履行京东电子商务平台订单85097887012的商品（涉案18K金钻石耳钉一对）的交付及移转所有权义务。

知识拓展

由于使用了“重大误解”这一术语，学术界就《民法典》第147条所规定的“重大误解”是否应当考虑表意人的重大过失以及相对人的知情与否发生过争论。这些讨论大多出于基于“重大误解”之撤销权可能被滥用从而导致交易安全受威胁的考虑。但是，首先，从“错误”理论的原本来看，其所要解决的仅仅是表意人的意思与表示非有意不一致这种情形，是一种传统的意思自治主义立场。况且对误解的重大性（重要的错误）规定其实已经考虑到交易安全保护了。因此，表意人的过失不应该予以考虑，否则可能增加撤销权行使之困难，无法很好保护表意人的利益。其次，若加入相对人的知情因素很有可能使该规定与第三人欺诈之规定相混淆，而后者已经在《民法典》第149条予以规定了，实有多余之虞。最后，即便为了保护交易安全，也应当从信赖利益责任或者缔约过失责任的角度进行限制。也就是说，行为人固然可以基于“重大误解”撤销行为，但因此给相对人造成了信赖利益的损失或者因缔约过失导致相对人利益受损，仍然不免予承担相应的责任。因此，目前的构成要件其实足以维持保护表意人利益与维护交易安全之间的平衡了①。

延伸阅读

1. 黄薇主编：《中华人民共和国民法典总则编释义》，法律出版社2020年版。
2. 李宇：《民法总则要义：规范释论与判解集注》，法律出版社2017年版。
3. 翟远见：《重大误解的制度体系与规范适用》，载《比较法研究》2022年第4期。
4. 马强：《论决议行为适用意思表示瑕疵的规则——以公司决议中表决人意思瑕疵为考察重点》，载《华东政法大学学报》2021年第1期。
5. 杨代雄：《〈民法典〉第147条（重大误解）评注》，载《师大法学》2019年第2期。
6. 韩世远：《重大误解解释论纲》，载《中外法学》2017年第3期。

① 详细讨论参见李宇：《民法总则要义：规范释论与判解集注》，法律出版社2017年版，第545—548页。

24 以欺诈手段实施的民事法律行为的效力

——张某诉北京合力华通汽车服务有限公司买卖合同纠纷案

学理概要

民事法律行为的一方当事人以欺诈手段，即故意告知相对人虚假情况或者故意隐瞒真实情况，致使相对人陷入错误，且因错误实施了民事法律行为。因欺诈而作出的意思表示，称为意思瑕疵并不准确，因为严格而论，表示中并无错误存在，毋宁说，是表示人的意志决定自由在作出表示之前受到了侵害。因此，为保护受欺诈方的自由意志，民法典规定受害人有权向人民法院或者仲裁机构请求撤销该项民事法律行为。

• 核心法条

《民法典》第148条　一方以欺诈手段，使对方在违背真实意思的情况下实施的民事法律行为，受欺诈方有权请求人民法院或者仲裁机构予以撤销。

典型案例

张某诉北京合力华通汽车服务有限公司买卖合同纠纷案①

案情简介:2007 年 2 月 28 日,原告张某从被告北京合力华通汽车服务有限公司(以下简称合力华通公司)处购买上海通用雪佛兰景程轿车一辆,价格 138,000 元,双方签有《汽车销售合同》。该合同第 7 条约定:"……卖方保证买方所购车辆为新车,且符合卖方提供给买方的随车交付文件中所列的各项规格和指标……"合同签订当日,张某向合力华通公司交付了购车款 138,000 元,同时支付了车辆购置税 12,400 元、一条龙服务费 500 元、保险费 6060 元。同日,合力华通公司将雪佛兰景程轿车一辆交付张某,张某为该车办理了机动车登记手续。

2007 年 5 月 13 日,张某在将车辆送合力华通公司保养时,发现该车曾于 2007 年 1 月 17 日进行过维修,维修项目包括右前叶子板喷漆、右前门喷漆等,维修中更换底大边卡扣、油箱门及前叶子板灯总成。送修人系该公司业务员。合力华通公司称,对于车辆曾进行维修之事已在销售时明确告知张某,并据此予以较大幅度优惠,并提供了车辆维修记录及有张某签字的日期为 2007 年 2 月 28 日的车辆交接验收单一份,在车辆交接验收单备注一栏中注有"加 1/4 油,此车右侧有钣喷修复,按约定价格销售"。张某则表示车辆交接验收单中的签字确系其所签,但合力华通公司在销售时并未告知车辆曾有维修,其在签字时备注一栏中没有相关字样。

2007 年 7 月,张某起诉至法院,请求法院撤销《汽车销售合同》并判令合力华通公司赔偿购置税 12,400 元、服务费 500 元、保险费 6060 元。

争议焦点:合力华通公司是否实现履行了告知义务。

裁判理由与结果:根据双方签订的《汽车销售合同》约定,合力华通公司交付张某的车辆应为无维修记录的新车,现所售车辆在交付前实际上经过维修,应认定合力华通公司在售车时隐瞒了车辆存在的瑕疵,有欺诈行为,故法院判决支持原告诉请。

① 北京市第二中级人民法院,(2008)二中民终字第 00453 号。

解题思路

一、请求权基础

张某可能有权依据《民法典》第157条第2句第1分句向合力华通公司请求赔偿车辆购置税12,400元、服务费500元及保险费6060元。

二、请求权已产生

此项请求权成立的前提是,张某和合力华通公司之间的民事法律行为无效、被撤销或确定不发生效力、行为人因该行为取得财产以及财产可以且有必要返还。下面对上述构成要件进行逐一审查。

(一)《汽车销售合同》无效、被撤销或确定不发生效力

确认法律行为是否无效、被撤销或不发生效力,需要审查张某和合力华通公司之间是否存在一项有效的合同。而合同的有效是以合同的成立为基础的,据此,首先需要审查的是双方之间的买卖合同是否成立。本案中,张某和合力华通公司就以138,000元价款买卖雪佛兰景程轿车一辆达成合意,并签有《汽车销售合同》。因此,该汽车买卖合同成立。且依据《民法典》第143条规定,张某和合力华通公司皆属于具有完全民事行为能力的主体,双方意思表示真实,也无违反法律、行政法规的强制性规定或违反公序良俗。故该买卖合同自2007年2月28日起生效。问题是,已经生效的法律行为可能因为其他事由的发生而归于无效。本案并无明显证据证明存在其他恶意串通或双方虚伪表示的无效情形,亦无解除等事由发生,仅需考虑张某和合力华通公司之间是否存在买卖合同被撤销的情况。

1.撤销事由:欺诈

如果表意人是在由行为相对人所为的恶意欺诈的影响下发出其表示的,法律允许表意人撤销其表示。法律这样规定的理由是:在这些情形下表意人决定其意思的自由已不复存在,而自由地决定意思是私法自治的原则条件。[①] 关于欺诈这一撤销事由,《消费者权益保护法》并无规定,而是规定在《民法典》第148条中,该条

① 参见[德]卡尔·拉伦茨:《德国民法通论》(下),王晓晔等译,法律出版社2003年版,第542页。

规定："一方以欺诈手段，使对方在违背真实意思的情况下实施的民事法律行为，受欺诈方有权请求人民法院或者仲裁机构予以撤销。"据此，构成欺诈应当满足以下构成要件：

（1）客观要件：欺诈行为

根据《〈民法典〉总则编司法解释》第21条，欺诈是指故意告知虚假情况，或者负有告知义务的人故意隐瞒真实情况，致使当事人基于错误认识作出意思表示。

①积极欺诈

积极欺诈是以明确告知错误事实为欺骗手段的行为。存在明知虚假却告知为真、未知真假却保证为真以及虽未明确告知但足以引起或强化对方错误认识的情形时，都可推断为积极欺诈。[①] 本案中，合力华通公司并未对标的物轿车的性能、质量等方面作出明确的错误说明，或者从反面证实，其对张某所告知的都是对轿车的客观方面的真实情况。因此，不存在积极的欺诈行为。

②消极欺诈

消极欺诈，即沉默欺诈，是指以消极不作为的方式构成的行为。并非所有"隐瞒真实情况"的行为均构成欺诈，而是仅限于存在告知义务的情形。[②] 当事人并不负有一般性的告知义务，尤其是交易双方总是在某种程度上处于利益对立状态，此时，信息不对称往往反而是达成交易的条件。因此，在社会生活中，应当一定意义上允许利用他人的不知和错误的做法。[③] 我国学术界通说认为，根据法律明确规定、当事人约定或者交易习惯的要求，可以认为有这种告知义务时，单纯的沉默才可能构成欺诈。[④] 而当不存在法定、约定或者交易习惯时，则应当根据个案，基于诚实信用原则，对告知义务的存在与否进行补充性解释。我国的司法实践中，在判断一方当事人是否负有告知义务时，法院往往也是依次考察上述因素。

---

① 参见朱庆育：《民法总论》（第2版），北京大学出版社2016年版，第280页。

② 参见朱庆育：《民法总论》（第2版），北京大学出版社2016年版，第280页；史尚宽：《民法总论》，中国政法大学出版社2000年版，第424页。

③ 参见［日］我妻荣：《我妻荣民法讲义（Ⅰ）：新订民法总则》，于敏译，中国法制出版社2008年版，第289页。

④ 参见陈甦主编：《民法总则评注》（下册），法律出版社2017年版，第1070页。

A. 告知义务基础:规范层面

在规范层面,对于告知义务的范围,《民法典》对告知义务的要求较为一般,仅约束《民法典》第500条第2项要求的告知“与合同订立有关的重要事实”;《消费者权益保护法》对告知义务的范围要求显然更为严格。根据《消费者权益保护法》第8条第2款的规定可知,商品的价格、产地、生产者、用途、性能、规格、等级、主要成份、生产日期、有效期限、检验合格证明、使用方法说明书、售后服务,或者服务的内容、规格、费用等信息都属于法定的告知义务的范畴。同时,该法第20条第1款也对“商品或者服务的质量、性能、用途、有效期限等信息”规定了真实、全面的告知义务。本案中,汽车的维修记录并非《消费者权益保护法》第8条第2款以及第20条第1款规定明确列举的应告知的商品信息范畴,但似乎可以纳入条文所说商品的“性能”范畴。通过对条文的解释,喷漆、油箱门等维修并不会致使轿车性能有明显下降。因此,维修记录的信息显然无法包含在法定告知义务内,且本案也不存在当事人约定以及交易习惯要求的告知义务。除“商品或者服务的质量、性能、用途、有效期限”之外,对于“等”字内涵的具体展开,就需要借助学说和判例上普遍的认定告知义务的因素进行权衡,使告知义务在法解释学上进一步地展开。

B. 告知义务基础:学理层面

法律规定、当事人约定及交易习惯一般较为直观,能够为界定告知义务提供切实的指引。而依托诚实信用原则的判断则缺少明确的认定标准,很难为司法实务提供直接的引导。故在学说与立法例上,积累了比较丰富的观点导向。例如,梅迪库斯教授对此予以详细的分析,认为在绝大多数情况下,信息提供义务必须通过利益权衡予以确定。在进行利益权衡时,首先要看哪一方当事人能够更容易地获取信息;其次要考察有关信息对另一方当事人具有的重要程度;最后是对信息提供义务的期待应具有合理性。[①] 弗卢梅教授认为,应依据适用于某种公平的交易观点和具体的业务类型来决定,交易一方是否存在信息告知义务。[②] 布洛克斯教授认为,说明义务存在于存在或建立特别的信赖关系(如合伙关系)时,或者明显对相对方

---

① 参见[德]迪特尔·梅迪库斯:《德国民法总论》,邵建东译,法律出版社2013年版,第345—346页。

② 参见[德]维尔纳·弗卢梅:《法律行为论》,迟颖译,法律出版社2013年版,第645页。

有特殊意义且按照交易习惯可以期待该告知的情形时。[①] 拉伦茨教授则进一步指出，既要考虑行为当事人之间既存的关系的种类，同时取决于有关的行为本身。如果当事人之间业已存在某种信赖关系，那么说明义务就会更加广泛。[②] 立法例则往往采用要素列举的模式对先合同告知义务进行规定。例如，《欧洲合同法原则》第4－107条规定："法官在判断说明义务是否成立之时，应考虑该方当事人是否为专家、对方当事人能否获知该信息以及该信息对其意思表示的做出及其内容之影响程度、双方获取该信息各自所需的费用大小等因素。"

基于对各国学者观点的整理以及判决样本的分析，在判断当事人在缔约阶段是否负有告知义务时，可从信息获取可能性及成本大小、信息的重要程度、对合同一方的合理信赖等方面加以考量。

a. 相对方无获取路径或者获取成本较高

缔约双方的交易地位在很多时候是不平等的，主要表现在信息的不对称，即交易一方没有获取信息的途径或者获取信息的代价很大，而另一方却基于自身的交易地位尤其是占优势的专业知识，已经掌握或者能够轻易获得相关信息。在此种情形下，为了防止信息优势一方滥用其地位，其应当承担对交易相对方的告知义务，从而有效地分担交易风险。由此，应当考察本案中合同双方的交易地位以及各自获取信息的难度。合力华通公司属于市场交易中的经营者一方，既有作为汽车经销企业在销售流程中的主导地位，又对所售汽车的各方面信息有着较为深刻的了解；而张某作为消费者，在信息掌握上天然处于弱势地位。有关轿车维修过程和内容的信息是由合力华通公司全权负责的，因此，在订立合同时，只有合力华通公司知悉该车真实情况，而张某仅能在取得轿车占有且将车送去专业检验后才能发现该瑕疵，故合力华通公司有义务对难以获取该车维修记录的张某予以信息披露。

b. 信息重要程度

依据诚实信用原则，于对方明显具有重要意义，尤其是可能危及契约目的之实

① 参见［德］汉斯·布洛克斯：《德国民法总论》，张艳译，中国人民大学出版社2014年版，第189页。

② 参见［德］卡尔·拉伦茨：《德国民法通论》（下），王晓晔等译，法律出版社2003年版，第543页。

现甚至使其落空的情况，将强制当事人负担告知义务。[①] 可以根据该信息决定过程的重要性对告知义务的存在与否进行区分：应将对另一方当事人的决定具有重要意义甚至妨碍合同目的的情况进行告知；对于尽管不会妨碍合同目的，却仍具有重要意义的情况，结合个案作具体分析；对于一般的市场交易关系，仅在例外情况下予以告知。[②] 本案中，张某与合力华通公司订立车辆买卖合同的目的是购买一辆新车，此处应强调是无维修记录的新车。但事实上，案涉轿车存在维修记录也即曾有质量瑕疵，其经济价值明显下降且已不可修复为新车。因此，合力华通公司对轿车瑕疵的隐瞒将导致合同目的的落空，其应当对此负担告知义务。

c. 合理信赖

合力华通公司和张某分别属于受《消费者权益保护法》保护和规制的经营者和消费者，汽车经营者在专业知识上占据优势，而消费者通常没有经验，因而双方当事人之间存在特殊的信赖关系。告知义务在性质上属于先合同义务，系以诚信原则为基础，强调经营者与消费者之间利益状况的平衡，因此，经营者的告知义务不能被无止境地扩大化，而是应限于消费者的合理信赖，即只有经营者对消费者履行告知义务是消费者所能期待的，消费者的信赖才可被保护；若对构成事实的告知不属于经营者的负责范围，则不能将告知义务归于经营者。由上述内容可知，根据市场交易观念，张某作为处于弱势地位的消费者，其难以全面获取有关轿车质量的信息，只能基于合力华通公司对此的描述加以判断。故合力华通公司将汽车曾经存在瑕疵的事实告知消费者完全属于其负责范围，也即属于告知义务的范畴，张某具有足够且合理的信赖要求合力华通公司予以告知。据此，合力华通公司须承担对轿车维修记录的告知义务。

（2）主观要件：欺诈的故意

作为欺诈构成要件的故意指的是"二重故意"，即"欺骗相对人欲使其陷入错误的故意"以及"使相对人依这种错误作出意思表示的故意"。[③] 本案中，合力华通

---

① 参见朱庆育：《民法总论》（第 2 版），北京大学出版社 2016 年版，第 280 页。

② 参见尚连杰：《缔约过程中说明义务的动态体系论》，载《法学研究》2016 年第 3 期，第 106—108 页。

③ 参见［日］我妻荣：《我妻荣民法讲义（Ⅰ）：新订民法总则》，于敏译，中国法制出版社 2008 年版，第 288 页。

公司从未在与张某缔结合同之前或之时当面告知或者在提供的车辆交接验收单上备注车辆的维修记录，其希望张某产生该车为完全的新车的错误，从而使其基于该错误作出与合力华通公司订立买卖合同的行为；且根据合力华通公司的抗辩，案涉轿车属于低价优惠出售，但合力华通公司显然并未提前告知，因此张某不存在考虑低价出售是否会有欺诈可能的注意义务，合力华通公司的欺诈行为具有故意。

（3）因果关系

欺诈中的因果关系需要具备双重因果，即相对人因为欺诈而陷于错误，并且受欺诈人基于错误而作出意思表示。

①相对人因为欺诈而陷于错误

欺诈人故意告知虚假情况或故意隐瞒真实情况之行为，使受欺诈人对于事实的认识陷入错误。此等事实认识系受欺诈人据以形成意思表示的基础，属于动机错误。[①] 大多数情况下，经营者的欺诈会使消费者对汽车的重要特征或者其他影响汽车价值的情况产生错误判断。本案中，即使合力华通公司的欺诈行为并未对汽车质量和基本性能产生现实影响，但该车在市场价值上必然会受到影响有所降低，合力华通公司故意隐瞒案涉轿车经过维修的事实，并向张某提供了没有备注维修情况的车辆交接验收单，使张某陷入该车仍属于无维修记录的新车的错误，从而对车辆的真实价值判断有误。

②受欺诈人因错误而作出意思表示

受欺诈人陷入错误后，基于错误作出意思表示。这一因果关系的判断要点在于，若无该错误，受欺诈人根本不会或者不会在这一时间以这一内容发出意思表示。[②] 本案中，若合力华通公司告知了张某轿车曾经存在质量瑕疵且被维修过的事实，则根据张某在得知轿车的实况时的反应，其不会在最初和合力华通公司订立买卖合同，正是合力华通公司的欺诈行为，使张某的表意自由受到限制，即在当时情形下，她无从基于轿车存在维修记录的理由作出拒绝缔结合同的意思表示。因此，合力华通公司的欺诈行为和张某陷入错误并作出意思表示之间存在因果关系。

---

① 参见朱庆育：《民法总论》（第 2 版），北京大学出版社 2016 年版，第 280 页。
② 参见朱庆育：《民法总论》（第 2 版），北京大学出版社 2016 年版，第 281 页。

2. 在撤销期间内作出

撤销权人须于一定期间内行使撤销权,即除斥期间。《民法典》第 152 条第 1 款前半句规定:当事人自知道或者应当知道撤销事由之日起一年没有行使撤销权的,撤销权消灭。据此,欺诈的撤销期间为当事人自知道或者应当知道撤销事由之日起一年内。本案中,张某于 2007 年 5 月 13 日知道轿车有维修记录,即合力华通公司的欺诈行为的存在,因此其在向法院提出撤销买卖合同的请求的时候,未超过撤销权的除斥期间。

3. 须向人民法院或仲裁机构作出撤销表示

《民法典》第 148 条规定,行为人撤销表示,须向人民法院或者仲裁机构作出。本案中张某已经向人民法院提起诉讼,要求法院撤销其与合力华通公司之间的买卖合同。

结论:合力华通公司构成欺诈且张某实施了有效的撤销行为,故双方的买卖合同已被撤销。

(二)一方有过错

过错是指合同当事人对于民事法律行为无效、被撤销及确定不发生效力有过错,同时对该合同给对方造成的损失有过错。[①] 在案涉的欺诈场合中,合力华通公司故意欺骗张某,使张某基于错误认识与其签订合同,其对该合同因欺诈而可撤销,及张某为此支出的各项费用显然是明知的。

(三)财产损失

受损害方主张的"损害"主要是信赖利益,可区分为所受损害与所失利益。前者为因签订合同而合理支出的各种费用,后者为丧失与第三人另定合同的机会所产生的损失。[②] 本案中,张某为购买车辆而支出了车辆购置税 12,400 元、服务费 500 元及保险费 6060 元,其总和即买卖合同被撤销后张某所受的信赖利益损害。

(四)因果关系

当事人的缔约过错与合同无效、被撤销及确定不发生效力之间,合同无效、被

---

① 参见叶名怡:《〈民法典〉第 157 条(法律行为无效之法律后果)评注》,载《法学家》2022 年第 1 期。

② 参见韩世远:《合同法总论》(第 4 版),法律出版社 2018 年版,第 185—186 页。

撤销及确定不发生效力与相对人的损失之间皆存在因果关系。本案中,正是合力华通公司的欺诈导致合同可被撤销,也正是合同撤销,才导致张某的损失。

结论:张某对合力华通公司的损害赔偿请求权成立。

三、请求权未消灭

本案不存在请求权消灭的事由。

四、请求权可执行

本案不存在阻碍请求权行使的事由。

五、结论

张某有权依据《民法典》第157条第2句第1分句向合力华通公司请求赔偿车辆购置税12,400元、服务费500元及保险费6060元。

知识拓展

"过失欺诈"的可能

一、"故意"欺诈要件的缓和

主流观点认为,欺诈必须是行为人故意或者恶意,过失不构成欺诈。[①] 而近些年来,在存在信息提供义务的场合,出现了认为应缓和欺诈的主观"故意"要件,乃至承认"过失的欺诈"的观点。以法国法为例,原则上,信息提供义务仅作为欺罔行为的判断基准,而违反信息提供义务的沉默要构成诈欺,仍要求在认定沉默方负有信息提供义务的基础上,沉默方必须是"故意"违反该义务,并且相对方必须证明这一"故意"。[②] 然而,表意人从其他事实举证证明相对人存在故意十分困难,因此法国近来的学说提出,对于存在信息提供义务的情况,应该缓和

① 参见王利明:《民法总则研究》,中国人民大学出版社2012年版,第709页。

② 参见牟宪魁:《说明义务违反与沉默的民事诈欺构成——以"信息上的弱者"之保护为中心》,载《法律科学(西北政法学院学报)》2007年第4期。

诈欺的故意要件。有学者认为,说明义务的存在本身就与信息提供义务人的恶意相关联,因而从说明义务的存在要件本身,就足以推导出义务人的恶意。[①] 法国的判例上,也出现将对当事人负有说明义务而违反的情况推定为欺诈故意的判决。由此,法国判例上诈欺理论的扩张,已从广泛承认沉默欺诈的第一阶段,发展到了沉默欺诈中存在信息提供义务时,无须证明欺诈故意的第二阶段,一定程度上放宽了对当事人主观状态的要求,从正面肯定以信息提供义务违反为理由的合同撤销权。

在我国的司法实务中,相对人的主观故意要件仍然是法院认定欺诈的重要标准,但不可否认,缓和故意要件的实务裁判已经出现。在最高人民法院公报所刊载的案例中,就有法院以经营者"应知"存在提供单证的法定义务,但未提供单证而认定其为欺诈的例子。[②] 就此而言,法院所重视的并非行为人的主观样态是否构成欺诈的主观要件,而是直接从当事人利益衡量的角度来加以判断。例如,在本案的裁判实务中,法院认定汽车销售商并未告知车辆买受人该车存在瑕疵,因而构成欺诈,但法院并未对汽车销售商的主观样态作出任何的判断,即无论汽车经销商明知或应知该车存在瑕疵,只要违反瑕疵告知义务,即可构成欺诈。

二、欺诈中"违法性"要件的必要

学说上针对欺诈主观要件的分歧或许与欺诈其他要件的认定有关。如果把欺诈的主观要件从故意降低到过失,自然会存在"过分扩张欺诈制度"的担忧。故而部分学者认为,可以通过认定欺诈中行为"违法性"的存在来消灭特定法律行为的效力,即"缺乏违法性的欺罔行为不构成欺诈",由此,将违法性要件作为缓和故意要件的调节阀。违法性是指特定的欺诈行为"超越了社会观念所允许的限度",[③]在认定违法性存在与否之时,要针对行为的样态与客观基准之间的偏离程度作出判断。[④] 就此而言,"违法性"要件在欺诈的构成中是必要的,虽然

① 转引自牟宪魁:《说明义务违反与沉默的民事诈欺构成——以"信息上的弱者"之保护为中心》,载《法律科学(西北政法学院学报)》2007 年第 4 期。

② 参见张志强诉徐州苏宁电器有限公司侵犯消费者权益纠纷案,载《最高人民法院公报》2006 年第 10 期。

③ 参见韩世远:《合同法总论》(第 4 版),法律出版社 2018 年版,第 257 页。

④ 参见刘勇:《缔约过失与欺诈的制度竞合——以欺诈的"故意"要件为中心》,载《法学研究》2015 年第 5 期。

在我国多数学者的论著中，“违法性”要件并不被广泛承认，但我国司法实务中存在对欺诈行为“违法性”进行认定的情形，例如，有法院认为广告主违反了《广告法》的规定，进而径直认定其存在欺诈。[①]

三、欺诈和错误制度的关联

意思表示瑕疵包括“意思表示不真实”和“意思表示不自由”两部分。前者的核心是错误，而后者的核心是欺诈，两者泾渭分明，因欺诈而造成的动机错误不包含在错误制度的范围内，此即“错误二元论”。[②] 对于错误制度的涵摄范围，《民法典》第147条使用了“重大误解”的表达，此处的“误解”不仅包括表意人无过失的表示与意思不符（错误），也包括相对人对意思表示内容了解之错误（误解）。[③] 而近来“错误一元论”的观点逐渐得到有力的支持，所谓“错误一元论”，是指不再区分动机错误与表示错误，而是以统一的判断基准来看待错误对法律行为效力的影响。[④] 据此，表意人只需证明相对人引起了自己的错误即能通过重大误解撤销合同，而无须对相对人的主观样态进行举证，欺诈的适用情形可能会被错误制度所覆盖，欺诈制度就处于错误制度的延长线上，从而使两者得以相互补充并作为一个整体进行审视。由此，重大误解制度即可发挥规范过失违反信息提供义务的功能，实现对“过失欺诈”理论的功能替代。[⑤]

延伸阅读

1.［德］汉斯·布洛克斯：《德国民法总论》，张艳译，中国人民大学出版社2014年版。

2.［日］我妻荣：《我妻荣民法讲义（Ⅰ）：新订民法总则》，于敏译，中国法制出版社2008

---

① 参见王东诉东方肾脏病医院邮购药品赔偿纠纷案，四川省泸州市中级人民法院（2006）泸民终字第783号民事判决书，载《最高人民法院公报》2014年第8期。

② 参见刘勇：《“欺诈”的要件重构与立法课题——以民法典的编纂为背景》，载《东南大学学报（哲学社会科学版）》2016年第5期。

③ 参见梁慧星：《民法总论》（第5版），法律出版社2017年版，第184—185页。

④ 参见刘勇：《“欺诈”的要件重构与立法课题——以民法典的编纂为背景》，载《东南大学学报（哲学社会科学版）》2016年第5期。

⑤ 参见尚连杰：《缔约过失与欺诈的关系再造——以错误理论的功能介入为辅线》，载《法学家》2017年第4期。

年版。

3. 陈甦主编:《民法总则评注》,法律出版社 2017 年版。

4. 尚连杰:《缔约过程中说明义务的动态体系论》,载《法学研究》2016 年第 3 期。

5. 牟宪魁:《说明义务违反与沉默的民事诈欺构成——以“信息上的弱者”之保护为中心》,载《法律科学(西北政法学院学报)》2007 年第 4 期。

25 违反强制性规定及违背公序良俗的民事法律行为的效力

——新疆临钢资源投资股份有限公司与四川金核矿业有限公司合同纠纷上诉案

学理概要

在整个私法领域中，法律行为是实现私法自治的主要工具，①但当事人的意思自由不违反法律、行政法规的强制性规定，不得违背公序良俗，这一内容要求是法律行为有效的必备要件之一。《民法典》第 153 条的规定旨在维系社会共同体存在和发展所需之基本秩序。该条规定中的强制性规定通常被区分为效力性强制性规定与管理性强制性规定，民事法律行为违反前者才会导致相关的民事法律行为无效，违反后者，虽然会引起其他法律上的不利后果，但并不影响相关民事法律行为的效力，以避免民事主体的意思自由受到不当限制。

① 参见［德］卡尔·拉伦茨：《德国民法通论》（下册），王晓晔等译，法律出版社 2003 年版，第 426 页。

• **核心法条**

《民法典》第153条　违反法律、行政法规的强制性规定的民事法律行为无效。但是，该强制性规定不导致该民事法律行为无效的除外。

违背公序良俗的民事法律行为无效。

典型案例

新疆临钢资源投资股份有限公司与四川金核矿业有限公司合同纠纷上诉案[①]

案情简介：2011年10月10日，新疆临钢资源投资股份有限公司（甲方，以下简称临钢公司）与四川金核矿业有限公司（乙方，以下简称金核公司）签订《合作勘查开发协议》。该协议约定：甲乙双方依法共同设立项目公司，乙方以自身持有矿权出资，甲方以现金方式出资。其中该项目公司的股权分配为甲方占80%，乙方占20%，并约定标的矿权对应的矿山的后续普查、勘探等工作的费用均由甲方公司负责，而相关成果与风险均归项目公司所有。协议还约定，甲方补偿乙方3500万元，乙方以本协议规定之对价及本协议所规定的其他条款和条件将其持有的新疆塔什库尔干县乌如克铅多金属矿普查探矿权投入双方共同设立的项目公司。乙方向甲方保证和承诺：乙方于2008年12月30日取得的新疆塔什库尔干县乌如克铅多金属矿预查探矿权符合相关法律法规，并承诺该预查探矿权于2011年1月26日正常延续并升级为普查探矿权，乙方同时承诺取得的标的探矿权相关权利和国家许可齐全，权属清晰、完整，不存在矿权被相关行政管理机关吊销等不确定事项，矿权位置不在冰川保护区、自然保护区、风景区等可能影响矿山开发的区域范围内。甲方向乙方保证和承诺：甲方公司承诺该合作协议一经签订，就必须加快勘查标的矿权对应的矿山。同时，该标的矿权对应的矿山的后续普查、详查、勘探期间需要的所有资金也由甲方公司保证，而该矿勘探结束后产生的其他相关资金由全体股东按相关比例承担。双方约定合同中所作出的承诺应真实有效，不应存在被认定为

① 最高人民法院民事判决书，（2015）民二终字第167号。

不真实、不正确的情形,若一方严重违反协议导致另一方不能实现协议目的,守约方有权解除协议。临钢公司按约定将3500万元款项支付给金核公司并出资对该矿进行了勘查。2013年11月22日,临钢公司以合作勘查作业区位于新疆塔什库尔干野生动物自然保护区为由认为金核公司违约,通知解除合同,金核公司回函拒绝。双方协调未果,金核公司遂向新疆维吾尔自治区高级人民法院(以下简称一审法院)提起诉讼,请求法院确认临钢公司的解除合同行为无效,诉争协议应继续履行,金核公司无须退还临钢公司已经支付的矿权合作补偿价款3500万元。临钢公司在诉讼过程中提出反诉,认为金核公司存在违约行为,致使临钢公司无法实现订立合同的目的,请求法院解除双方诉争协议,并请求法院判决金核公司返还3500万元合作补偿款并赔偿相关损失。一审法院经审理认为,双方所订立的协议系双方真实意思表示,该协议不违反法律法规的效力性强制性规定,该协议合法有效。金核公司并无严重违约以致协议目的无法实现的行为,该涉案协议不存在应当解除的情形,因此一审法院对金核公司确认临钢公司解除案涉协议行为无效的诉求予以支持,对临钢公司要求解除案涉协议的反诉请求不予支持。临钢公司对判决不服,以金核公司违约致使合同目的无法实现为由提起上诉,主张解除协议并要求金核公司返还合作补偿款3500万元并赔偿相应损失,二审法院对此进行审理。

争议焦点:(1)临钢公司与金核公司签订的《合作勘查开发协议》应否解除;(2)临钢公司要求金核公司返还合作补偿价款并赔偿投入损失的请求能否成立。

裁判理由与结果:二审法院认为,案涉探矿权位于自然保护区区域内,《合作勘查开发协议》违反了《自然保护区条例》第26条关于禁止在自然保护区内进行砍伐、放牧、狩猎、捕捞、采药、开垦、烧荒、开矿、采石、挖沙等活动的禁止性规定,若认定协议有效并继续履行,将可能破坏自然生态环境,从而损害环境公共利益。故根据《合同法》第52条第4项、第5项(现《民法典》第153条第1款)之规定,《合作勘查开发协议》依法应属无效,由于无效合同不存在解除问题,故对临钢公司要求解除协议的请求不予支持。

此外,根据《合同法》第58条(现《民法典》第157条)的规定,合同无效或者被撤销后,因该合同取得的财产,应当予以返还;有过错的一方还应赔偿对方因此受到的损失,双方都有过错的,应当各自承担相应责任。由于临钢公司在合作前未对矿区位置进行调查了解便盲目投资,对协议的无效存在部分过错,故二审法院作出撤销一审判决、双方协议无效下金核公司应当返还临钢公司3500万元合作补偿价款以及赔偿临钢公司部分损失250万元的判决。

解题思路

本案是因违反法律、行政法规强制性规定而导致法律行为无效的典型案例。本案审理时,《民法典》及《民法总则》尚未颁布实施,与《民法典》第153条密切关联的是原《合同法》第52条第5项关于违反法律、行政法规的强制性规定的合同无效,以及最高人民法院《〈合同法〉司法解释(二)》(已失效)第14条关于"合同法第五十二条第(五)项规定的'强制性规定',是指效力性强制性规定"的规定。为与案例保持一致,下文分析也主要以当时的法律为基础展开。

一、上诉人临钢公司的请求权规范基础分析

临钢公司的请求权基础是根据《合同法》第94条第4项(现《民法典》第563条第1款第4项)规定主张解除双方协议,并结合《合同法》第97条(现《民法典》第566条第1款)的规定,在合同解除后向金核公司主张恢复原状及损害赔偿。

(一)临钢公司可否解除其与金核公司之间协议

临钢公司主张解除其与金核公司之间协议的,应当满足两个要件:其一,双方协议有效;其二,金核公司存在其他严重违约致使合同目的不能实现的事由。以下逐一分析。

1. 是否存在有效的协议

根据《合同法》第94条第4项(现《民法典》第563条第1款第4项)的规定,当事人一方迟延履行债务或者有其他违约行为致使不能实现合同目的的,当事人可以解除合同。从该条款可知,当事人解除合同的前提必须是双方间存在有效的协议,若无有效的协议存在,则无从讨论合同的解除问题。从本案案情可知,当事人双方签订的《合作勘查开发协议》中约定有合作对处于自然保护区内的矿区进行勘查、勘探,如双方间的合作开发协议内容得以履行,将对自然保护区的生态环境造成破坏。根据《合同法》第52条及《〈合同法〉司法解释(二)》第14条(以上内容体现于现《民法典》第153条第1款)的规定,违反法律、行政法规的效力性强制性规

定的合同无效,即合同内容违反的若是效力性强制性规定,应认定为无效;违反的是管理性强制性规定的,不影响合同的效力。如何判断一项强制性规定是否为效力性强制规定,学理上提出了规范性质说、规范对象说、规范重点说、规范目的说等不同学说,各学说侧重点不同但又相互关联,最核心的观点均在于,探求规范目的并在此基础进行利益衡量,其中,依规范目的,若强制性规定目的是保护国家利益或者社会公共利益而对行为内容禁止,为效力性强制规定,违反则行为无效。民事合同的有效直接关涉私法自治的价值实现以及市场交易安全,除为保护国家利益、社会公共利益等,不得轻易否认合同的效力。结合本案,双方明知合作项目位于自然保护区而签订《合作勘查开发协议》,协议内容违反了《自然保护区条例》第 26 条关于禁止在自然保护区内进行砍伐、放牧、狩猎、捕捞、采药、开垦、烧荒、开矿、采石、挖沙等活动的禁止性规定,若允许该协议有效并继续对保护区内的矿区进行勘探开采的话,必然会造成保护区内生态环境受到破坏,严重损害社会公共利益,可以认定《自然保护区条例》第 26 条属于效力性强制性规定,违反该条款的《合作勘查开发协议》应属无效协议。法律行为无效属于自始、确定、当然无效,无论当事人主张与否,法院得依职权来认定与依法处理。

2. 金核公司是否存在严重违约致使合同目的不能实现的事由

临钢公司以金核公司具有严重违约情形致使其合同目的无法实现为由行使解除权的,其前提是有效协议存在,但依据上文分析《合作勘查开发协议》因违反效力性强制性规定而无效,即自始不存在有效的协议,因协议履行严重违约而主张解除的权利也就无从谈起,即临钢公司解除该协议的主张无法得到法律的支持。

(二)临钢公司可否主张协议解除后的返还财产、赔偿损失请求权

依《合同法》第 97 条(现《民法典》第 566 条第 1 款)的规定,合同解除后,尚未履行的,终止履行;已经履行的,根据履行情况和合同性质,当事人可以要求恢复原状、采取其他补救措施,并有权要求赔偿损失。依据该规定,协议被解除后,权利人能够向对方主张的请求权,包括返还财产请求权、采取补救措施请求权以及损害赔偿请求权。由于在该案中合作协议属于无效协议,双方不存在有效的协议,临钢公司不存在解除合同的权利,其在合同被解除后的返还财产请求权以及赔偿损失的请求权自然也无从谈起。

从该案的实际审理来看,涉案双方合同因违反《自然保护区条例》的效力性强

制性规定被二审法院认定为无效。根据《合同法》第58条(现《民法典》第157条)规定,合同无效后,因该合同取得的财产应当予以返还,有过错的一方还应赔偿对方因此受到的损失,双方都有过错的,应当各自承担相应责任。考虑到本案中临钢公司对协议的无效本身也存有过错,故二审法院最终判决金核公司返还因该合同取得的款项外,对因合同无效所致临钢公司的损失承担部分赔偿。

知识拓展

强制性规定的性质认定

依据《民法典》第153条的规定,违反强制性规定而导致民事法律行为无效有一种例外,即当该强制性规定本身并不导致民事法律行为无效时,民事法律行为并不无效。这里实际上涉及对强制性规定的性质判断问题。对于该条所述的强制性规定,学理和司法实践中通常以效力性强制规定和管理性强制性规定进行性质区分,违反效力性强制性规定的法律行为无效,违反管理性强制性规定的法律行为通常有效。然而,如何区分某项强制性规定是效力性强制性规定还是管理性强制性规定是个实践难题。为明确二者的区分标准,2009年最高人民法院印发的《关于当前形势下审理民商事合同纠纷案件若干问题的指导意见》第16条规定,“人民法院应当综合法律法规的意旨,权衡相互冲突的权益,诸如权益的种类、交易安全以及其所规制的对象等,综合认定强制性规定的类型。如果强制性规范规制的是合同行为本身即只要该合同行为发生即绝对地损害国家利益或者社会公共利益的,人民法院应当认定合同无效。如果强制性规定规制的是当事人的‘市场准入’资格而非某种类型的合同行为,或者规制的是某种合同的履行行为而非某类合同行为,人民法院对于此类合同效力的认定,应当慎重把握,必要时应当征求相关立法部门的意见或者请示上级人民法院”。然而,该条规定体现的认定标准依旧语义模糊,具体表现在,若无债务履行,单纯通过债务合同之订立而绝对损害国家或社会公共利益的情形不太容易想象,缘何被认为损害程度高于合同履行所致后果,从而认为前者可被直接认定为无效,而后者却“应当慎重把握”?再者,对于市场准入资格,既然负有维护公共利益的职责的政府为市场准入制造门槛，违反门槛规定的行为为何不会损害社会公共利益？此时应如何区分其为效力性强制性规定还是管理性强制性规定，仍不无疑问。[①]

为进一步提供司法指引，2019 年最高人民法院发布的《九民纪要》第 30 条强调要在考量强制性规定所保护的法益类型、违法行为的法律后果以及交易安全保护等因素的基础上认定强制性规定的性质，在裁判文书中充分说明理由。并且，该条以类型化的方式对效力性强制规定和管理性强制规定进行具体列举，规定强制性规定涉及金融安全、市场秩序、国家宏观政策等公序良俗的、交易标的禁止买卖的（如禁止人体器官、毒品、枪支等买卖）、违反特许经营规定的（如场外配资合同）、交易方式严重违法的（如违反招投标等竞争性缔约方式订立的合同）、交易场所违法的（如在批准的交易场所之外进行期货交易）为效力性强制规定，而关于经营范围、交易时间、交易数量等行政管理的强制性规定，一般应当认定为管理性强制性规定。《九民纪要》对强制性规范区分的类型化列举，较之以往笼统模糊的规定有进步之处，对推进法律适用的统一具有促进作用。

对于强制性规定性质的认定，学界也给予较多的讨论，并形成“规范性质说”、“规范对象说”、“规范重心说”和“规范目的说”等不同学说。[②] 有学者结合德国法研究认为，应根据强制性规定的规范意旨，即法律禁令欲通过行为之禁止达到何种目的，将法律禁令分为内容禁令、实施禁令与纯粹秩序规定。内容禁令旨在禁止合意的内容或所追求的法律效果之实现，违反内容禁令的法律行为无效；法律禁令若不是针对行为内容，仅仅是禁止所实施行为本身，即为实施禁令。德国法上的实施禁令，一般也导致法律行为无效，但也存在无效之例外，特别是仅以一方当事人为规范对象的单方禁令，相对人与之实施的民事行为不因其违反禁令而无效。纯粹秩序规定，规制的对象是诸如时间、地点、方式等法律行为外部环境，违反之通常将招致公法上的不利后果，但所涉法律行为的效力却不受影响。[③] 不过，在该观点下，如何依据规范意旨认定某强制规定是内容禁令还是实施禁令，仍存困惑。对于违反时间、地点、方式等外部环境强制性规定之法律

① 参见朱庆育：《民法总论》（第 2 版），北京大学出版社 2016 年版，第 296 页。
② 参见杨代雄：《〈民法典〉第 153 条第 1 款评注》，载《法治研究》2020 年第 5 期。
③ 参见朱庆育：《民法总论》（第 2 版），北京大学出版社 2016 年版，第 297—300 页。

行为,效力是否都不受影响,也值得商榷。也有学者认为,应分别对管制法规的立法宗旨、对违法行为的社会伦理非难程度、对一般交易的影响、当事人间的信用、公正等进行仔细探讨等加以解决。①

强制性规定性质的辨识上,现有学说认知的侧重点虽有不同却互有关联,其中规范目的探究是核心,利益权衡是基准,而规范性质、规范对象等其他诸因素的考量乃实现规范目的的手段与途径。这也意味着,强行法规定是否属效力规定,必须综合各种因素方能探求并确定。② 通常情况下,可归结出以下具体认定规则:强制性规定针对的是民事法律行为内容的,违反之法律行为无效;若规定针对的是时间、地点、方式等法律行为外部环境条件的,原则上法律行为不能认定为无效,但法律对其有严格限制目的除外;针对交易资质限制的强制性规定,法律依特别严格标准限制经营资质的,违反之法律行为无效,而一般经营范围的违反并不导致法律行为无效;如果强制性规定之目的在于对一方当事人进行保护,不能一概判定民事法律行为无效,否则可能事与愿违;如果强制规定的目的主要在于规制一方当事人的行为以维护社会公共秩序,则违反该规定的民事法律行为是否无效,取决于该行为如果有效是否不利于此项法律目的之实现;如果强制性规定针对的是民事法律行为的后续履行中的其他行为,则后续行为违反该规定通常并不导致民事法律行为本身无效,如违反进口管理规定进口合同标的物用以交付。③

比较案例

何某平与丁某银确认合同无效纠纷再审复查与审判监督民事裁定书④

案情简介:原被告签订饭店转让协议,转让内容涉及饭店内所有财产、设施、饭

① 参见日我妻荣:《我妻荣民法讲义(Ⅰ):新订民法总则》,于敏译,中国法制出版社2008年版,第248页。

② 参见张驰:《对有效法律行为内容的法律要求论》,载《法学》2013年第10期。

③ 参见杨代雄:《〈民法典〉第153条第1款评注》,载《法治研究》2020年第5期。

④ 江苏省高级人民法院(2015)苏审二民申字第00020号。

店营业执照、卫生许可证。根据《个体工商户登记管理办法》(现已失效)、《餐饮服务许可管理办法》(现已失效)、《关于做好〈餐饮服务许可证〉启用及发放工作的通知》、《个体工商户条例》(现已失效)的规定,个体工商户营业执照与餐饮服务许可证不得转让。法院认为上述强制性规定属于管理性强制性规定因而不影响饭店转让协议的有效性,最终认定该转让合同有效。

延伸阅读

1. 朱庆育:《民法总论》,北京大学出版社 2016 年版。

2. 史尚宽:《民法总论》,中国政法大学出版社 2000 年版。

3. 杨代雄:《〈民法典〉第 153 条第 1 款评注》,载《法治研究》2020 年第 5 期。

4. 张驰:《对有效法律行为内容的法律要求论》,载《法学》2013 年第 10 期。

5. 谢鸿飞:《论法律行为生效的“适法规范”——公法对法律行为效力的影响及其限度》,载《中国社会科学》2007 年第 1 期。

26 恶意串通的民事法律行为的效力

——重庆拓洋投资有限公司与深圳五岳乾坤投资有限公司确认合同无效纠纷案

学理概要

恶意串通，是指行为人与相对人互相勾结，为牟取私利而实施的损害他人合法权益的民事法律行为。恶意串通不仅涉及双方当事人之间的利益关系，还涉及第三人权益，其直接目的是通过损害他人合法权益来实现自己的利益。为了最大限度实现对第三人合法权益的保护，民法典将恶意串通的民事法律行为的效力规定为无效。

- **核心法条**

《民法典》第 154 条　行为人与相对人恶意串通，损害他人合法权益的民事法律行为无效。

典型案例

重庆拓洋投资有限公司与深圳五岳乾坤投资有限公司确认合同无效纠纷案①

案情简介:2013年7月10日,重庆拓洋投资有限公司(以下简称重庆拓洋)与深圳五岳乾坤投资有限公司(以下简称五岳公司)、韩亚银行三方签订《委托贷款合同》,约定:重庆拓洋以委托贷款的方式通过贷款人韩亚银行向借款人五岳公司提供贷款5.568亿元,合同期限为合同签署之日起2年。该贷款已向五岳公司全额发放。

重庆拓洋还与五岳公司签订《股份质押借款合同》,没有落款日期,约定"借款人(出质人)为五岳公司,贷款人(质权人)为重庆拓洋"。就五岳公司向重庆拓洋借款事宜,五岳公司愿以其合法拥有的深华新公司5800万股股票作为质押物出质给重庆拓洋,为其对重庆拓洋的55,680万元债务提供担保。"本金大写伍亿伍仟陆佰捌拾万元整(￥55,680万元)。借款方式为:由重庆拓洋委托其指定的银行向五岳公司提供借款55,680万元。"另约定借款期限3年,合同签订之日起六个月内双方应办理质押登记手续,但一直未办理。

重庆拓洋依据《委托贷款合同》以企业借贷纠纷为由起诉五岳公司,法院于2015年6月29日立案,对五岳公司持有的深华新股票进行冻结。此案审理过程中五岳公司答辩称,其和重庆拓洋签订2年期委托贷款合同后,双方又签订了质押合同,约定五岳公司以其持有的股份提供质押担保,向重庆拓洋借款55,680万元,借款期限3年。

2013年7月,盛世泰富收购五岳公司共50.98%股权并支付了股权转让款6.615亿元。后盛世泰富为确认其股权提起仲裁,仲裁裁决确认盛世泰富于2013年7月15日取得五岳公司50.98%股权。在本仲裁案的庭审中,盛世泰富称其受让五岳公司股权后实际经营管理五岳公司。

2015年6月1日,李某与盛世泰富签订《借款合同》。出借人为李某,借款人

① (2018)最高法民终487号。

为盛世泰富,约定“李某同意向盛世泰富提供8亿元流动资金,根据盛世泰富的生产经营需要分批交付于盛世泰富或其指定的第三方”“借款期限为2年,从2015年6月1日起至2017年5月31日止”“盛世泰富同意由五岳公司以其持有的深华新公司3963万股股份向李某提供担保”。2015年6月9日,五岳公司与李某签订《质押合同》就担保上述借款的质押事宜进行了约定,其中特别约定,本合同的效力独立于双方签订的《借款合同》,即便《借款合同》无效,本合同仍独立有效,在盛世泰富对李某所负之给付义务的范围内,五岳公司仍以标的股权为质押,保证李某的优先受偿权。

李某出具的2015年6月30日至2016年8月17日的九张客户回单或转账凭证显示,李某自行或委托第三方向盛世泰富或其指定收款方提供了24,860.2万元,分别为深圳市嘉骏鸿翔投资有限公司(以下简称嘉骏鸿翔)转账给盛世泰富1500万元,李某转账给盛世泰富1000万元,嘉骏鸿翔转账给盛世泰富300万元,嘉骏鸿翔转账给盛世泰富2995万元,深圳市凯瑞祥实业投资有限公司转账给深圳市康普材料科技有限公司3253.6万元,深圳市凯瑞祥实业投资有限公司转账给深圳市恒盛华辉投资有限公司3253.6万元,深圳市广恒汇通投资有限公司(以下简称广恒汇通)转账给盛世泰富2558万元,深圳汇智瑞通投资有限公司转账给盛世泰富500万元、9500万元。上述转款凭证摘要部分注明往来或业务往来。上述汇款人或收款人均出具了代付款说明、代收款说明。

深华新公司《2015年第一季度报告》披露信息显示,截至2015年3月31日,五岳公司持有深华新公司共计17,636万股股票,其中已质押11,735万股,被司法冻结1938万股,仅余3963万股没有权利拘束。2015年6月15日深华新公司发布关于五岳公司股权质押的公告:五岳公司于2015年6月10日将其持有本公司的17,636万股中的3963万股限售流通股质押给李某并办理了登记。至此,五岳公司持有本公司限售条件流通股17,636万股,累计已质押15,698万股。

五岳公司财务报表显示其2014年度至2017年度营业收入均为0元且每年亏损;2017年6月23日,盛世泰富法定代表人由李某变更为蒋某,股东由李某(持股比例51%)、马某宁变更为蒋某、马某宁。嘉骏鸿翔法定代表人为李某,出资比例99%。广恒汇通法定代表人为马某宁,出资比例90%。

重庆拓洋起诉,请求确认李某和五岳公司签订的案涉《质押合同》无效并撤销相应质押登记,一审法院于2015年8月6日立案,2017年11月7日公开开庭审理,2017年11月23日判决驳回原告诉讼请求。

另查明,案涉质押的深华新公司3963万股股票在2015年6月李某与盛世泰富办理登记时股票价值63,764.67万元,2017年11月7日,李某在本案一审庭前会议提交答辩意见时股票价值跌至24,372.45万元。2017年12月,另案的法院执行裁定认定五岳公司已无可供执行的财产。

争议焦点:五岳公司与李某签订的《质押合同》的效力如何认定。

裁判理由与结果:二审法院认为,李某和五岳公司订立的《质押合同》,属于恶意串通、损害第三人重庆拓洋利益的合同。根据《合同法》第52条第2项(现《民法典》第154条)的规定,《质押合同》应当认定无效,遂判决撤销李某与五岳公司股权质押登记。

解题思路

本案中原告重庆拓洋主张李某和五岳公司订立《质押合同》并办理质押登记的行为构成恶意串通,应当认定无效。一审法院认为上述行为不属于恶意串通,而二审法院则持相反意见。可知,认定《质押合同》效力的关键在于判断上述行为是否构成《民法典》第154条规定的恶意串通。

所谓恶意串通,通常是指当事人为了谋取私利,相互勾结,采取不正当方式,共同实施损害他人利益的行为。《民法典》第154条规定的恶意串通旨在规制双方当事人通过意思表示恶意损害第三人利益的行为,其目的在于保护第三人利益。这与《民法典》第146条的虚假意思表示不同,后者主要规制意思表示不真实的情形。某个行为要构成恶意串通,应当满足以下四个要件:

主体要件,实施恶意串通行为的主体限于法律行为双方当事人,受损方为法律行为之外的第三人。《民法典》第154条规定的恶意串通仅指“真正的恶意串通”,即当事人以恶意串通订立法律行为的方式损害他人利益的情形,而不包括一方当事人与第三人恶意串通损害另一方当事人利益的“不真正恶意串通”。①

---

① 参见茅少伟:《论恶意串通》,载《中外法学》2017年第1期。

主观要件,必须基于恶意,即实施争议民事法律行为的双方明知行为会损害他人的合法权益,但仍为牟取自身非法利益而为之。恶意串通中的"恶意"可能是指知情,也可能是指侵害他人权益的故意。如果是知情,则可以被"串通"所吸收,因为"串通"要求更高、强调意思联络。如此,"恶意串通"即可被"串通"一词所取代。此外,串通此时仅能指真实的意思表示,而不能指虚假的意思表示。否则,"恶意串通"将无法与通谋虚伪表示相区分,此时无论其是否损害他人利益,作为通谋虚伪表示效力均为无效。换言之,串通若指虚假的意思表示,则恶意串通的规则可以被通谋虚伪表示所吸收,无单独存在之必要。《民法典》将通谋虚伪表示与恶意串通分别单独规定,可知,串通仅指真实的意思表示。然而,如果意思表示是真实的,则"串通"无意义,因为凡是真实的合同都必然是双方当事人"串通"为之。① 如此,可以得出这样的结论,若恶意串通中的"恶意"指"知情",则"恶意串通" = "串通" = 合同,这个结论显而易见是不成立的,那么有问题的就是前提假设。至此,可以得出结论:恶意串通中的"恶意"不指知情,而是指侵害他人权益的故意。相应地,串通强调的也并非恶意,而是争议行为双方必须基于共谋,拥有"共同的"意图。主观要件的认定是判定恶意串通行为过程中最关键也是最困难的环节。

客观要件,恶意串通表现为实施了一定形式的行为来达到损害他人合法私利益的目的。② 恶意串通客观行为要件往往与主观要件一并观察。

结果要件,恶意串通要求必须损害第三人利益。这一要件将恶意串通导致的民事法律行为无效,与违反法律、行政法规的强制性规定和违背公序良俗导致的民事法律行为无效区分开来。也有学者将恶意串通之法律行为无效规则作为违背公序良俗之法律行为无效规则的特殊情形,③即便如此,损害第三人私益也是恶意串通行为相较于违背公序良俗行为的"特殊"之处。

要认定李某和五岳公司订立《质押合同》并办理质押登记的行为构成恶意串通,则需要逐一认定上述四个要件。本案争议的《质押合同》为李某和五岳公司的双方法律行为,行为主体为法律行为双方当事人,起诉主张其债权受害的主体是双

---

① 参见茅少伟:《论恶意串通》,载《中外法学》2017 年第 1 期。

② 参见黄薇主编:《中华人民共和国民法典总则编释义》,法律出版社 2020 年版,第 409 页。

③ 参见朱广新:《恶意串通行为无效规定的体系地位与规范构造》,载《法学》2018 年第 7 期。

方法律行为之外的第三人，满足主体要件。恶意串通的认定中，客观行为要件可以与主观要件一并观察。接下来，需要重点分析的就是主观要件和结果要件。

一、李某和五岳公司订立《质押合同》并办理质押登记的行为是否为损害他人利益而恶意串通

首先，要判断五岳公司和李某签订《质押合同》是否出于损害重庆拓洋合法债权的目的。重庆拓洋和五岳公司为担保《委托贷款合同》中55,680万元债权的实现，签订《股份质押借款合同》，约定五岳公司以其合法拥有的深华新公司5800万股股票质押给重庆拓洋。在双方的企业借贷纠纷中，五岳公司也曾确认该事实。依据《股份质押借款合同》，五岳公司有义务为重庆拓洋办理质押登记，否则，依据《民法典》第443条“以基金份额、股权出质的，质权自办理出质登记时设立”的规定，未登记的股权质权未设立，本应是担保债权的重庆拓洋对五岳公司债权就会沦为无担保的普通债权。然而，至本案起诉时，五岳公司未能为重庆拓洋办理质押登记。深华新公司《2015年第一季度报告》披露信息显示，截至2015年3月31日，五岳公司持有的深华新公司股票仅余3963万股没有权利拘束。五岳公司作为上述股票持有人，明知其若将此3963万股股票质押给李某，将导致重庆拓洋的债权失去担保，但其仍在2015年6月9日与李某签订《质押合同》并办理了质押登记，不难认定五岳公司具有损害重庆拓洋债权的故意。

李某是否有损害重庆拓洋债权的故意呢？李某、盛世泰富和五岳公司之间具有关联关系，李某应当知道其签订《质押合同》并办理质押登记将损害重庆拓洋的债权。在2015年6月，与五岳公司签订《借款合同》和《质押合同》时，李某是盛世泰富的法定代表人及控股股东。此外，盛世泰富发起的股权纠纷仲裁裁决已经确认，盛世泰富自2013年7月15日成为五岳公司最大的股东，持有该公司50.98%的股权。在该仲裁庭审中，盛世泰富称其受让五岳公司股权后，在实际经营管理五岳公司。《借款合同》和《质押合同》订立时，盛世泰富已经受让了五岳公司超过半数的股权，并在实际经营管理五岳公司。因此，李某是盛世泰富的法定代表人和控股股东，而盛世泰富又是实际经营管理五岳公司的控股股东，由此可以认定李某、盛世泰富和五岳公司之间存在利益关联，且李某对五岳公司的经营情况、财产状况和负债情况应该是清楚的。也就是说，签订《借款合同》和《质押合同》之时，李某应当知道五岳公司对重庆拓洋负有债务，以及五岳公司将其持有的深华新公司5800万股股票质押给重庆拓洋且未办理股权质押登记的情况。根据深华新公司《2015年第一季度报告》的披露信息，李某也应当知道，签订《借款合同》和《质押合同》之前，五岳公司持有的深华新公司股票仅余3963万股没有权利拘束，一旦五岳公司为其办理股权质押登记，将无力再履行对重庆拓洋所负办理质押登记的义务，进而将导致重庆拓洋对五岳公司的债权沦为无担保的普通债权。李某明知如此仍与五岳公司签订《质押合同》并办理股权质押登记，具有损害他人债权的故意，可以认定其主观上"恶意"。

认定李某和五岳公司存在损害重庆拓洋合法债权的"恶意"之后，接下来需要解决的问题是，李某和五岳公司之间是否存在串通"共谋"。

首先，从合同的交易背景看，五岳公司和重庆拓洋签订《借款合同》后，约定由五岳公司将深华新公司股票作为担保但未办理登记，后五岳公司将仅剩的没有权利约束的深华新公司3963万股股票先行质押登记给李某。五岳公司的财务报表证明，该公司2014年度至2017年度营业收入均为0元且每年亏损，至2017年12月由另案法院执行裁定认定五岳公司已无可供执行的财产。2015年6月，五岳公司将持有的深华新公司3963万股股票质押登记给李某时，深华新公司3963万股股票价值63,764.67万元，价值未超过《借款合同》约定的预计总借款金额8亿元。可见，质押登记时该部分股票已经是五岳公司仅剩的没有权利约束的财产，股票质押登记后，五岳公司实际已没有任何有效的责任财产和偿债能力。虽然重庆拓洋提交的《股份质押借款合同》存在诸多瑕疵，但五岳公司已经确认，其和重庆拓洋在签订《借款合同》后又签订了《股份质押借款合同》，约定由五岳公司提供深华新公司股票作为担保，但双方未及时办理质押登记。这说明，五岳公司是将原本计划质押给重庆拓洋的深华新公司股票，另外质押给了李某并先行办理了登记。

其次，从合同的签订时间看，2013年7月，重庆拓洋不仅给五岳公司借款55,680万元，还向五岳公司支付了拟收购深华新公司5800万股股票的首付款13,920万元，说明双方当时合作关系良好。2015年6月29日，重庆拓洋基于《委托贷款合同》对五岳公司提起诉讼，证明双方合作关系破裂。2015年6月1日，五岳公司和李某签订《借款合同》，2015年6月9日，双方签订《质押合同》并于次日即办理了质押登记。这距离重庆拓洋针对五岳公司向法院提起诉讼仅仅20天左右的时间。李某和五岳公司的上述行为，导致重庆拓洋在诉讼中未能有效保全到五岳公司的财产，客观上达到了为五岳公司转移责任财产的目的。

再次，从合同的约定内容看，李某和五岳公司《质押合同》关于质押合同效力独立于借款合同效力的约定明显不符合常理。从法律上看，主合同无效，从合同亦无效，且主债务人和担保人通常属于利益共同体，担保人不顾主合同的情况，无限放大自身的担保责任，违背常理，有转移财产之嫌。

复次，从合同的履行情况看，李某和五岳公司之间借款关系的真实性难以认定。(1)借款金额方面，《借款合同》约定的拟借款金额是 8 亿元，但李某主张最后实际只出借 24,860.2 万元。实际借出金额远低于合同约定金额。从质押的深华新公司 3963 万股股票在不同时期的价值看，2015 年 6 月，《借款合同》订立时股票价值 63,764.67 万元，李某在 2017 年 11 月 7 日一审庭前会议提交答辩意见时的股票价值跌至 24,372.45 万元。可以合理推断，李某和五岳公司之间的拟借款金额和实际借款金额是与同期质押股票价值相对应的。(2)出借方式方面，李某主张的实际借款情况与通常的交易惯例不符。《借款合同》约定的借款期限是起止点固定的两年，从 2015 年 6 月 1 日至 2017 年 5 月 31 日，但从转款凭证看，9 笔借款从 2015 年 6 月 30 日至 2016 年 8 月 17 日之间陆陆续续发生，甚至部分转款是在约定的借款期限开始 1 年后才发生。而且，李某主张的 9 笔出借金额转款凭证摘要部分并未注明借款，而是只注明往来或业务往来，其金额也比较零散，这都与通常借款的交易模式不符。(3)关于资金来源方面，李某主张的出借资金中，仅有 1000 万元是其本人支付，其他资金均由案外主体支付。李某在没有任何书面合同，也没有约定利息的情况下，仅通过口头指令就调动其他公司法人的数亿元资金，不仅不符合公司财务管理制度，也不符合情理。案外公司出具的代收代付的书面证明，由于李某已经承认这些公司均与其存在关联，故在没有其他证据佐证的情况下，不足为信。(4)关于资金流向方面，从李某提供的付款凭证看，有两笔转款共计 6507.2 万元，未支付到盛世泰富的账户。且无论是盛世泰富还是五岳公司，从未有向李某偿还任何借款本息，李某也未曾向盛世泰富或五岳公司主张过权利，故李某仅提供转款凭证不足以证明支付的款项属于借款。

最后，从合同的订立主体看，李某和盛世泰富、五岳公司之间有密切联系，李某和五岳公司对其《质押合同》和办理股权质押登记将损害重庆拓洋债权应当知情，应知而为,有串通逃避债务之嫌。关于此点,前面讲李某"恶意"的部分已经详细论述,此处不赘。

综合上述分析,可以排除其他合理怀疑,认定五岳公司及其利益关联人李某为损害重庆拓洋的合法债权,逃避五岳公司对重庆拓洋所负债务,防止五岳公司仅剩的无权利约束的3963万股深华新公司股权被包括重庆拓洋在内的债权人强制执行,共谋实施了将上述股权质押给李某的行为,符合恶意串通的主观要件和客观要件。接下来,须要审视恶意串通民事法律行为的最后一个构成要件——结果要件。

二、李某和五岳公司订立《质押合同》并办理质押登记的行为是否损害了重庆拓洋的合法利益

深华新公司《2015年第一季度报告》显示,在《质押合同》签订之前,五岳公司持有的深华新公司股票,仅余3963万股没有权利拘束。《质押合同》签订和质押登记导致重庆拓洋的担保权利无法实现,其债权沦为无担保的普通债权,构成对重庆拓洋合法权益的损害。

此外,五岳公司2014年度至2017年度营业收入均为0元且每年亏损,另案法院的执行裁定确认至2017年12月五岳公司已无可供执行的财产。这意味着,五岳公司2014年之前拥有的责任财产,或亏损,或被附加了权利约束,难以用于偿还其对重庆拓洋的债务。在五岳公司将原本可以用于偿还重庆拓洋债务的3963万股深华新公司股票质押给李某后,五岳公司已无可供执行的财产,重庆拓洋对五岳公司的数亿债权尚不得实现,可以认定重庆拓洋的利益受损。

结论:由此可见,李某和五岳公司之间订立的《质押合同》导致重庆拓洋的利益受损,满足《民法典》第154条规定的恶意串通的结果要件,至此,恶意串通的四个构成要件均已满足。李某和五岳公司订立的《质押合同》,属于恶意串通、损害第三人重庆拓洋利益的合同。根据《民法典》第154条的规定(原《合同法》第52条第2项的规定),《质押合同》因构成恶意串通,损害他人合法权益而应当认定无效。李某和五岳公司基于无效的《质押合同》办理的质押登记,依法应予撤销。

第三人请求确认民事法律行为因恶意串通而无效,应由提出请求的第三人就恶意串通的构成要件承担举证证明责任。四个构成要件中,最关键、认定难度最大的当属主观要件——民事法律行为当事人主观上构成恶意串通。恶意串通中的

“恶意”指被请求确认无效的民事法律行为的当事人均有侵害第三人权益的故意，表现为明知或者应知其行为将损害第三人的合法权益而为之。“串通”指各当事人基于共谋实施该行为。对串通“共谋”的认定，可以从民事法律行为实施的背景、时间、内容、履行情况和当事人之间的关系等方面予以认定。

由于恶意串通反映出当事人的一种主观心态，而第三人以此为由请求确认民事法律行为无效，对当事人的利益影响较大，故法律上科以该第三人较一般民事诉讼高度盖然性的证明标准更高的举证证明义务。最高人民法院《关于适用〈中华人民共和国民事诉讼法〉的解释》第109条规定：“当事人对欺诈、胁迫、恶意串通事实的证明，以及对口头遗嘱或者赠与事实的证明，人民法院确信该待证事实存在的可能性能够排除合理怀疑的，应当认定该事实存在。”依此规定，请求确认民事法律行为无效的第三人应当承担足以排除合理怀疑的证明责任。

知识拓展

虚假意思表示与恶意串通

恶意串通作为民事法律行为无效的原因，是我国《民法典》的特色，在域外大陆法系立法中并不常见。有学者主张恶意串通的规则并无存在之必要，[①]因为其规则要规制的问题可以通过真意保留规则、侵权规则、公序良俗规则、无权处分规则等解决。[②] 特别是《民法典》第154条的恶意串通与第146条规定的虚假意思表示适用中可能出现重复、竞合，有学者建议统一规定，将恶意串通规则吸收进虚假意思表示规则。[③] 也有学者建议将《民法典》第154条的恶意串通规则进行限缩解释，回归到仅规制代理人与相对人恶意串通损害被代理人利益之行

① 参见冉克平：《“恶意串通”与“合法形式掩盖非法目的”在民法典总则中的构造——兼评〈民法总则〉之规定》，载《现代法学》2017年第4期。

② 参见朱庆育：《民法总论》（第2版），北京大学出版社2016年版，第262页。

③ 参见崔吉子：《恶意串通规则存废研究——兼评〈民法总则〉第154条与第146条》，载《中国社会科学院研究生院学报》2019年第6期。

为。[①] 面对上述争议，有必要厘清恶意串通和虚假意思表示之间的关系。

所谓虚假意思表示，又称通谋虚伪表示，是指双方当事人在做出意思表示时一致认为客观表示内容不应该发生效力，行为的双方当事人都欠缺约束意思。[②] 虚假意思表示与恶意串通之间并非泾渭分明，两者有所关联，均有表意人和受领人"通谋"的特征，法律后果上都属无效。当虚假意思表示损害了第三人的利益，就可能会产生虚假意思表示与恶意串通规则之间的竞合，此时当事人可以按照规范竞合理论任选其一作为请求权基础。[③]

但两者在以下方面有所区别，适用中应注意区分识别：其一，规范目的和对象不同。恶意串通规则旨在保护第三人利益，规范行为双方通过意思表示损害第三人利益；而虚假意思表示旨在规制意思表示不真实。其二，表示意思是否为真实意思不同。恶意串通的双方当事人所表达的都是内心真意，其真意就是损害第三人的利益；而虚假意思表示行为人与相对人所表示出的意思均非真意。其三，主观心理状态不同。恶意串通要求当事人的通谋必须基于恶意，即侵害他人权益的故意。而虚假意思表示则无须考虑行为人主观的心理状态，不以行为人主观恶意为必要。其四，结果上是否损害第三人利益不同。恶意串通要求结果上必须损害第三人利益，而虚假意思表示则不要求结果上损害他人利益。[④] 其五，法律行为无效的法理基础不同。虚假意思表示的法律行为之所以无效是当事人没有受拘束的意志；恶意串通的法律行为无效是因其损害他人权益的主观恶意，违背善良风俗。[⑤]

---

① 参见陆剑、易高翔：《我国民法上恶意串通理论与实践之评析——兼论〈民法总则〉第一百五十四条之解释适用》，载《政法学刊》2017 年第 6 期。

② 参见杨代雄：《恶意串通行为的立法取舍——以恶意串通、脱法行为与通谋虚伪表示的关系为视角》，载《比较法研究》2014 年第 4 期。

③ 参见李永军：《法律行为无效原因之规范适用》，载《华东政法大学学报》2017 年第 6 期。

④ 参见陆剑、易高翔：《我国民法上恶意串通理论与实践之评析——兼论〈民法总则〉第一百五十四条之解释适用》，载《政法学刊》2017 年第 6 期。

⑤ 参见韩世远：《虚假表示与恶意串通问题研究》，载《法律适用》2017 年第 17 期。韩世远教授认为恶意串通行为无效的法理基础需要分情况予以说明，在代理人场合，行为人为一方当事人与相对人恶意串通，损害被代理人合法权益，是因为对被代理人而言该行为不符合其真实意思。而在行为人为当事人场合，恶意串通行为无效是因为存在损害他人的主观恶意。但朱广新教授认为基于对代理行为性质的不同认知，代理人与相对人串通的场合，恶意串通行为之所以无效并非意思瑕疵，而是因为违背公序良俗。参见朱广新：《恶意串通行为无效规定的体系地位与规范构造》，载《法学》2018 年第 7 期。

基于以上区别,可赞同《民法典》未以虚假意思表示规则替代恶意串通规则。虚假意思表示之法律行为无效规则关注意思表示之不一致,须抽象出一般性的法律要件和效果,而无法全面关注到多样化的恶意串通,如投标人串通不加价的行为。另外,虚假意思表示关注双方行为,而恶意串通以第三人为目的,若以虚假意思表示规则吸收恶意串通规则,则后者将被简化为与第三人无涉的虚假行为,如此法律规范将过于抽象、一般,导致规范中的虚假行为与生活中的恶意串通差异过大。①

延伸阅读

1. 朱庆育:《民法总论》(第 2 版),北京大学出版社 2016 年版,第 260—263 页。
2. 黄薇主编:《中华人民共和国民法典总则编释义》,法律出版社 2020 年版,第 409—411 页。
3. 朱广新:《恶意串通行为无效规定的体系地位与规范构造》,载《法学》2018 年第 7 期。
4. 李永军:《法律行为无效原因之规范适用》,载《华东政法大学学报》2017 年第 6 期。
5. 陆剑、易高翔:《我国民法上恶意串通理论与实践之评析——兼论〈民法总则〉第一百五十四条之解释适用》,载《政法学刊》2017 年第 6 期。
6. 张平华:《恶意串通法律规范的合理性》,载《中国法学》2017 年第 4 期。
7. 崔吉子:《恶意串通规则存废研究——兼评〈民法总则〉第 154 条与第 146 条》,载《中国社会科学院研究生院学报》2019 年第 6 期。
8. 茅少伟:《论恶意串通》,载《中外法学》2017 年第 1 期。
9. 冉克平:《“恶意串通”与“合法形式掩盖非法目的”在民法典总则中的构造——兼评〈民法总则〉之规定》,载《现代法学》2017 年第 4 期。
10. 韩世远:《虚假表示与恶意串通问题研究》,载《法律适用》2017 年第 17 期。

① 参见张平华:《恶意串通法律规范的合理性》,载《中国法学》2017 年第 4 期。

第七章

代　理

27　代理的效力

——湖北金华实业有限公司与苏某水等商品房买卖合同纠纷案

学理概要

私法自治要求自己行为，也即作出意思表示的人是为自己而行为，所实施法律行为的后果（权利、义务）也应由他自己享有或承担。然而，实践中经常存在他人为本人实施民事法律行为的需求，例如，行为能力欠缺者不能自己行为，需要由其法定代理人代而为之；同样，团体组织不能亲自实施法律行为，必须借助其机关的代理方可参与法律往来。即便是完全行为能力人，亦因没有时间，或者因现代经济生活的复杂多样性，或者自身专业知识的缺乏性，不能事必躬亲。基于此,《民法典》规定:代理人在代理权限内,以被代理人名义实施的民事法律行为,产生的法律效果直接归属于被代理人。

• 核心法条

《民法典》第162条 代理人在代理权限内,以被代理人名义实施的民事法律行为,对被代理人发生效力。

典型案例

湖北金华实业有限公司与苏某水等商品房买卖合同纠纷案①

案情简介:2005年3月12日,湖北金华实业有限公司(以下简称金华公司)与皓羽公司签订一份《商品房保底包干销售合同》。合同约定:"甲方(金华公司)授权乙方(皓羽公司)为该项目独家全程销售代理(相关报纸广告等宣传材料上亦标明皓羽公司作为该楼盘'全程营销'的代理人的法律地位),代理范围包括项目营销策划、销售代理、广告宣传等;金华公司委托皓羽公司代理销售的商品房建筑面积除住宅两层、01-09号商铺外,其余全部属代理范围;为保证销售工作的正常进行,金华公司指定财务人员负责收取客户支付的房款并开具有效收据;该项目的《商品房买卖合同》以及文件均需由金华公司加盖公章后方能生效,其他任何单位和个人签订均属无效。"

2006年4月苏某水与皓羽公司销售人员签署了《商品房买卖合同》。合同约定:出卖人为金华公司,委托代理机构为皓羽公司,买受人为苏某水;买受人所购商品房为一层06号商铺。在该合同的出卖人签章处盖有"金华公司销售合同专用章",买受人签章处有苏某水的签字,皓羽公司未在该合同的委托代理机构签章处签章。苏某水除20,000元系现金支付外,其余购房款项通过皓羽公司报批安装在售楼部的POS机向皓羽公司支付,款项于2006年5月17日付清。皓羽公司向苏某水开具收款收据。

① 案例改编自湖北金华实业有限公司与苏金水等商品房买卖合同纠纷案,最高人民法院民事判决书,(2012)民抗字第24号,该案载《最高人民法院公报》2014年第1期。

皓羽公司与金华公司《商品房保底包干销售合同》于2006年6月20日解除。此后，皓羽公司销售人员退出售楼部。2006年10月31日，苏某水到售楼部要求办理交房手续时，金华公司以该公司并未与其签订合同，也未收到其购房款为由拒绝办理交房手续。其后不久，金华公司将06号商铺出售给第三人李某伟，商品房买卖合同亦于次日向当地房管局备案。

2007年4月7日，苏某水诉至法院请求解除与金华公司就06号商铺签署的《商品房买卖合同》并要求金华公司返还购房款。该请求可否得到支持？

争议焦点：皓羽公司向苏某水销售06号商铺行为的法律后果是否应归属于金华公司。

裁判理由与结果：本案皓羽公司销售行为的法律后果是否归属于金华公司取决于皓羽公司的销售行为是否构成有权代理。最高人民法院认为皓羽公司的销售行为已构成有权代理，金华公司再审中主张06号商铺不在皓羽公司授权销售的范围之内但皓羽公司予以否认，且金华公司未能举证予以证实，故就金华公司关于皓羽公司销售案涉商铺系越权行为对金华公司无约束力的主张，法院不予支持。判决维持原判，解除苏某水与金华公司签订的06号商铺《商品房买卖合同》，皓羽公司向苏某水销售06号商铺行为的法律后果应归属于金华公司。

解题思路

一、请求权基础的确定

苏某水想要解除合同，并请求返还购房款，可以考虑的是《民法典》第566条第1款的规定。依据该条规定，合同解除后，对于已经履行的部分，可以向对方请求恢复原状并赔偿损失。

关于解除后的“恢复原状”，学说上存在争议。一种观点认为恢复原状即“返还原物”，而价值形态的回复或者不当得利的返还应该属于“采取其他补救措施”的范畴。[①] 另一种观点则将“恢复原状义务”作了广义和狭义的区分，狭义上是指

① 参见冉克平：《民法上恢复原状的规范意义》，载《烟台大学学报（哲学社会科学版）》2016年第2期。

"有体物的返还";"所提供劳务的恢复原状""受领标的物为金钱时的恢复原状",属于"采取补救措施",相当于价值形态的恢复原状,在广义的恢复原状义务范畴内。[①] 可见,广义说并未将金钱返还排除在恢复原状的范围之外,恢复原状就是要返还因合同而取得的财产。[②] 事实上,尽管恢复原状和采取补救措施的适用上存有分歧,但苏某水主张的返还购房款,为《民法典》第 566 条第 1 款后半句意义上的清算返还范围所涵摄,不影响请求权基础的确定。

此外,虽然苏某水一并提出解除合同和返还购房款,但后者求偿的前提是合同已为解除,也即合同解除实为购房款返还请求权的一项要件,无须单独审查。

据此,苏某水可能依据《民法典》第 566 条第 1 款后半句请求金华公司返还购房款。

二、请求权已产生

上述请求权若要产生,须满足以下要件:(1)当事人之间存在一项有效的买卖合同;(2)该合同事后被解除;(3)请求权人已为给付。

(一)存在一项有效的买卖合同

苏某水和金华公司之间是否存在一项有效的买卖合同,须分别经过合同成立和合同生效二阶段审查。

1. 合同已成立

根据《民法典》第 471 条第 1 句和第 488 条第 1 句的规定可知,合同的成立需要具备要约和承诺两项要件并且两者的内容一致,也即双方当事人之间达成合意。因双方采用书面方式缔结合同,并且合同文本为金华公司一方提供,故可将金华公司视为要约人。

(1)金华公司的要约

依据《民法典》第 472 条的规定,"要约是希望与他人订立合同的意思表示,该意思表示应当符合下列条件:(一)内容具体确定;(二)表明经受要约人承诺,要约人即受该意思表示约束"。据此,要约是一项受法律约束的需受领的意思表示,以此区别于《民法典》第 473 条所规定的无约束力的要约邀请。

---

① 参见韩世远:《合同法总论》(第 4 版),法律出版社 2018 年版,第 675 页。

② 参见黄薇主编:《中华人民共和国民法典合同编释义》,法律出版社 2020 年版,第 241 页。

①要约由金华公司自己作出

《民法典》第 472 条意义上的要约，是一项需受领的，到达受要约人方可生效的意思表示。其旨在缔结一项合同。问题是，金华公司是否已经向苏某水做出案涉要约。很明显，本案中金华公司并未亲自参与和苏某水的合同磋商与合同缔结。《商品房认购合同》乃至最终的《商品房买卖合同》皆由苏某水和皓羽公司签署。对此，需要考虑的是，第三人皓羽公司是否作为金华公司的传达人或者代理人帮助金华公司发出要约。为此首先要区分皓羽公司究竟是传达人还是代理人。

②代理人和传达人的区别

传达人作出的是他人的意思表示，而代理人是以他人名义独立地作出了自己的意思表示。传达人仅仅是本人的工具（抑或称为“传声筒”或者“活话筒”），因此传达人即使无行为能力也能传达意思表示。相反，代理人无行为能力的，依据《民法典》第 20 条、第 21 条的规定，其单独实施的法律行为无效。个案中行为人作为代理人还是传达人出现，依据本人和行为人之间的内部关系便可确定，但为强化交易相对人的信赖保护，法律政策上的规范基点便落脚于行为人外部可识别的表示行为中。[①] 因此有决定意义的是，在交易相对人看来，行为人是否拥有自己的意思决定自由，或者受背后之人详细的预先作出的意思约束。

金华公司不仅明示授权皓羽公司为案涉商品房项目的独家全程销售代理，而且皓羽公司在实际的商铺销售活动中亦有一定程度的意思决定自由（选择缔约相对人、进行缔约磋商、签署合同以及受领价款等）。依交易相对人苏某水的视角，实际参与买卖合同磋商以及最终受领购房款的均为皓羽公司，皓羽公司并非单纯地转述金华公司的意思表示。即使在金华公司和皓羽公司之间的合同中约定《商品房买卖合同》均需由金华公司加盖公章后方能生效，但是否加盖公章仅为合同的生效要件，不影响皓羽公司作为代理人发出要约与买受人成立合同的自由。因此，皓羽公司不属于传达人。接下来仅需查明的是，皓羽公司是否作为金华公司的代理人作出要约。

① 参见[德]汉斯·布洛克斯、[德]沃尔夫·迪特里希·瓦尔克：《德国民法总论》（第 33 版），张艳译，中国人民大学出版社 2014 年版，第 219 页。

③要约通过皓羽公司有效的代理行为作出

《民法典》第 162 条规定:“代理人在代理权限内,以被代理人名义实施的民事法律行为,对被代理人发生效力。”所谓代理人实施的民事法律行为,对于合同这项法律行为而言,主要指的是发出要约抑或接受承诺等意思表示。为此,需要查明的是,代理各项构成要件是否得到满足。

A. 存在有效的代理行为

根据《民法典》第 162 条的规定,若要成立有权代理需要满足以下四项构成要件:行为的可代理性、代理人的意思表示、意思表示以被代理人的名义作出和有代理权且在代理权限内作出。接下来将进行逐项审查。

a. 行为的可代理性

原则上,除《民法典》第 161 条第 2 款的限制情形外,任何法律行为皆可代理。《民法典》第 161 条第 2 款规定的不得代理的情形,指的是“依照法律规定、当事人约定或者民事法律行为的性质,应当由本人亲自实施的民事法律行为”。所谓“依据民事法律行为的性质”不得代理,主要指的是具有高度人身性的法律行为,尤其体现于亲属法和继承法领域。①

本案中,皓羽公司实施的行为是代理金华公司与他人订立房屋买卖合同。此项合同订立并未为法律规定或当事人之间的约定所禁止,同时不存在高度的人身性从而需要本人亲自实施的情形,故案涉合同的缔结行为具有可代理性。

b. 代理人的意思表示

皓羽公司若为代理人,不仅需要具有一定的行为能力,而且对其作出的意思表示,应当有高度的自由决定空间。皓羽公司作为有效成立的法人公司,在商铺销售事项上具有相应的民事行为能力。至于后者,如前所述,被代理人金华公司并未亲自向苏某水发出和受领意思表示,与苏某水实际进行案涉《商品房买卖合同》洽谈过程的是皓羽公司,并且皓羽公司作出的是独立的意思表示,其对意思表示具有高度的自由决定空间。因此,代理人皓羽公司系自己作出意思表示。

【备注】严格意义上,此处还要就要约这项意思表示的主观要件(行为意思、表示意识和效果意思)和客观要件(表示行为)进行具体审查。因为案涉要约是通过

① 参见朱庆育:《民法总论》(第 2 版),北京大学出版社 2016 年版,第 333 页。

格式合同方式作出，不仅其内容具体特定（具备合同的必要之点），[①]而且一经承诺合同即告成立，故无须逐项审查。若待处理案件的主客观要件存疑，尚需对其做进一步审查。

c. 意思表示以被代理人的名义作出

代理的公开性要求代理人必须以被代理人的名义实施法律行为。《民法典》第162条确立了代理的公开性原则，目的在于公开代理关系，保护相对人，使相对人知道代理人是为被代理人而不是为自己实施法律行为，从而决定是否与之缔结法律行为。[②]“以被代理人的名义”包括代理人可以明示表示代理行为，也可以“依情形表明某项意思表示是以被代理人的名义作出”之可推断的默示方式作出代理行为。

本案在买卖合同中明确写明了出卖方为金华公司，委托代理机构为皓羽公司，因此代理人皓羽公司是通过明示的方式表明自己是在实施代理行为，苏某水明确知道皓羽公司是代理人而非本人。因此该要件亦已满足。

d. 有代理权且在代理权限内作出

关于代理权的性质，学说上有不同的观点。权利说认为代理权是一种权利。能力说认为代理权是民法上的权利，类似于权利能力或行为能力。[③]拉伦茨认为代理权不是一种权利，因为它的赋予并不是为了代理人而是为了被代理人；代理权也不是一种能力，它并不是可以进行法律行为的一般能力的一种，而是被代理人的法律能力在一定的交易或交易范围内的延伸。[④]还有一种观点为资格说（权力说），其认为代理权是一种法律上的资格或者权力，代理人可以据此以他人名义实施法

---

① 要约应具备足以使合同成立的最低限度的内容，也即应具备构成一个合同的必要之点（亦称为必要条款或常素）。而合同的必要之点主要为缔约主体、标的和数量三要素。此项见解源自原《〈合同法〉司法解释（二）》第1条的规定，虽该规定已无法律效力，但在《民法典》新的解释出台之前，此项规定早已为我国司法裁判所广为继受，具有《民法典》第10条意义上的习惯法的效力。此外，需要注意的是，国外多数说和国内新近观点认为，价金是有偿合同的必要之点。本书维持我国既有立场，三要素中仍以数量为必要条款，而非价格。原因在于如果欠缺价金条款，那么依照《民法典》第510条和第511条予以漏洞填补。但如果将价金视为必要之点，那么合同就不能成立，更没办法进行漏洞填补，因为欠缺合同的必要之点，合同终局性地不能成立，也就无所谓合同的漏洞填补。

② 参见杨代雄：《法律行为论》，北京大学出版社2021年版，第497页。

③ 参见朱庆育：《民法总论》（第2版），北京大学出版社2016年版，第337页。

④ 参见［德］卡尔·拉伦茨：《德国民法通论》（下册），王晓晔等译，法律出版社2003年版，第828页。

律行为，为他人创设法律行为上的规则，这是目前的通说。[①]

本案中要确定皓羽公司是否有代理权以及代理权的范围，首先要明确代理权从何而来。代理人和被代理人之间往往存在委托、雇佣合同等基础关系，代理权是从基础关系中直接发生，还是需要从一个与基础关系相独立的代理权授予行为中发生？

Ⅰ.基础关系与授权行为的分离原则（独立性）

代理权的授予通常存在基础关系，基础关系以委托合同、劳动合同等多种合同为主要表现形式。因此，在代理理论的发展过程中，一直认为授权行为和基础关系是不可分离的。[②③] 后来德国学者拉邦德在1866年提出，委托代理权的授予需要一区别于设立这种内部关系的行为的专门的行为，即授权行为，内部关系本身并不会产生委托代理权。这一观点被德国立法者采纳。[④] 我国《民法通则》（已废止）第65条第2款也采纳了代理权授予行为独立于基础法律关系的观点，认为授权行为仅是委托人单方意思表示。[⑤]《民法典》第165条延续了这一观点，委托合同为双方行为，授权行为为单方行为。

在承认授权行为独立性的情况下，授权行为与基础关系存在以下三种样态：(1)授权行为伴随基础法律关系；(2)有基础关系而无授权行为；(3)虽无任何基础关系，“孤立的”委托代理权也可能存在，并非所有代理权的授予都伴随基础关系。明确授权行为的独立性有以下意义：是否产生代理关系和代理后果要以授权行为为准，如果没有授权行为，即使有基础关系，也不能产生代理关系。[⑥]

Ⅱ.代理权授予行为的无因性

关于授权行为为无因性还是有因性，我国民法没有规定，理论上存在分歧。无因说认为当同时存在基础关系与授权行为时，即便作为内部关系的契约存在效力

---

① 参见杨代雄：《法律行为论》，北京大学出版社2021年版，第510页。

② 参见王利明：《论民法典代理制度中的授权行为》，载《甘肃政法大学学报》2020年第5期。

③ 罗马法将委任契约与代理关系混淆，认为代理系委任契约之外部关系，不认为其有独立的授权行为。1804年《法国民法典》、1811年《奥地利普通民法典》、1834年旧《荷兰民法典》均继承这种思想，详见梁慧星：《民法总论》（第5版），法律出版社2017年版，第236—237页。

④ 参见[德]卡尔·拉伦茨：《德国民法通论》（下册），王晓晔等译，法律出版社2003年版，第855页。

⑤ 参见冉克平：《代理授权行为无因性的反思与建构》，载《比较法研究》2014年第5期。

⑥ 参见王利明：《论民法典代理制度中的授权行为》，载《甘肃政法大学学报》2020年第5期。

瑕疵乃至无效，授权行为仍可有效。[①] 梅仲协先生即持此种观点，认为代理权之授予常有其处理事务之法律关系在，但代理权之授予，并不因基本的法律关系而受影响。[②] 王泽鉴先生也赞同该观点，认为除当事人有特别的意思表示外，应该肯定授权行为的无因性。肯定授权行为的无因性有助于保护交易安全，使第三人不必顾虑代理人的内部关系，并且也可以使代理人不会因为基本法律关系无效、被撤销等情形而自始欠缺代理权，承担无权代理的责任。[③]

而有因说则认为授权关系无法单独存在，必须依赖基础关系，基础关系出现无效、被撤销、不成立等情形，授权行为亦无效。有反对无因性的学者认为，无因性存在劣势，它所提供的不区分的保护会将恶意相对人也纳入保护范围中。而有因性对相对人保护较弱的缺陷可以通过表见代理制度的介入弥补。[④] 还有其他学者也对授权行为无因性提出了质疑，认为当基础关系无效致法律约束消失，被代理人通常不会愿意维持授权行为的有效性。并且在基础关系无效、授权行为仍然有效的情形中，被代理人难以约束代理人的行为，在被迫承受代理行为的法律后果后，无法通过基础关系向代理人主张损害赔偿，不利于保护被代理人。[⑤]

当然也有学者提出，对授权行为是否具有无因性的问题，应当区分内外部关系看待。[⑥] 在外部关系上，原则上承认无因性。并且授权行为的无因性是为了保护善意的第三人的利益，第三人若非善意，则不在此保护范围内。同时外部关系中授权行为的无因性可以督促被代理人在基础关系消灭后，及时采取通知等措施使第三人知晓代理人已不具有代理权，从而避免对自己所不期待的代理行为承担法律后果。而在本人和代理人的内部关系上，仍应当采取有因性，这样可以保障本人意思的实现。

还有一种观点认为，代理权授予行为是否采无因性，应当根据代理权授予方式的不同区别对待。梅迪库斯认为在外部代理权以及向外告知的内部代理权中，应

---

① 参见朱庆育：《民法总论》（第2版），北京大学出版社2016年版，第344页。

② 参见梅仲协：《民法要义》，中国政法大学出版社1998年版，第140页。

③ 参见王泽鉴：《债法原理》（第2版），北京大学出版社2013年版，第285页。

④ 参见殷秋实：《论代理权授予与基础行为的联系》，载《现代法学》2016年第1期。

⑤ 参见朱庆育：《民法总论》（第2版），北京大学出版社2016年版，第345页。

⑥ 参见王利明：《论民法典代理制度中的授权行为》，载《甘肃政法大学学报》2020年第5期。

当采授权行为无因说，而对于纯粹的内部代理权，《德国民法典》第 168 条第 1 句[①]明确规定了有因原则。对于通过授权行为的方式区分是否具有无因性，我国学者杨代雄认为对于外部授权行为应采无因性，而向外部公告的内部授权和未对外告知的内部授权应当采有因性。向外部公告的内部授权采有因性的原因是，在表见代理的构成要件中"善意"与否的证明责任由被代理人承担[②]的前提下，没必要采取无因性，表见代理足以保护交易安全。[③]

无因性和有因性在解释上的选择，应当看何者能够更好地平衡代理人和相对人的利益，维护交易安全。[④] 本书认为后两种观点相较于单纯的有因说和无因说更具有合理性，在保护相对人利益和交易安全的同时不会忽略对被代理人意志和利益的保护。当然无论采取哪种观点都不会影响本案的结果，本案中在代理人皓羽公司和苏某水订立合同时，皓羽公司与金华公司之间的《商品房保底包干销售合同》仍然有效，基础关系存在，只要存在授权行为且皓羽公司在代理权限内行为，即可成立有权代理。

Ⅲ. 代理权授予的方式

代理权授予为单方法律行为，基于意思表示授予，意思表示生效即产生代理权，无须代理人同意，因为代理权只是一种法律上的资格或者权力，没有使代理人负担义务。代理权的授予方式可以分为内部授权、内部授权的对外公告、外部授权。内部授权是指本人向代理人作出授予代理的意思表示。内部授权的外部公告是本人通过公告的方式宣布自己已授予代理人代理权。外部授权为本人向第三人表示授予代理人一个代理权。德国通说认为向不特定的第三人公告也构成外部授权。[⑤] 对此我国有学者持反对意见，其认为授权行为是指本人对代理人授予代理权的单方意思表示，一个人的言行向第三人表明他已授权给第三人，但实际上没有授权，构成外表授权，此为表见代理之代理权发生原因。[⑥]

---

① 参见陈卫佐译注：《德国民法典》（第 5 版），法律出版社 2020 年版，第 61 页。

② 民法典总则编司法解释第 28 条第 2 款规定，被代理人应当就相对人不符合"相对人不知道行为人行为时没有代理权，且无过失"承担举证责任。

③ 参见杨代雄：《法律行为论》，北京大学出版社 2021 年版，第 528 页。

④ 参见殷秋实：《论代理权授予与基础行为的联系》，载《现代法学》2016 年第 1 期。

⑤ 参见朱庆育：《民法总论》（第 2 版），北京大学出版社 2016 年版，第 340 页。

⑥ 参见梁慧星：《民法总论》（第 5 版），法律出版社 2017 年版，第 235—236 页。

但授权行为的目的在于让代理人和相对人知道代理人的代理权和权限范围，被代理人无论向谁作出意思表示，目的都在于授予确定的代理人代理权。向第三人外部授权，不会阻碍此目的的达成。在表示清楚的情况下可以使第三人明确知道代理人有代理权和权限范围，而且从一个一般理性人的角度出发，被代理人若是期待代理人代理行为的法律效果，必然会通过一定方式让代理人知道自己有代理权，毕竟代理人一般也不会在不知晓自己有代理权的情况下平白无故以被代理人的名义作出行为，即使这样做了，法律后果也是被代理人所期待的，将法律后果归属被代理人也无可厚非。而且，如果将外部授权认定为表见代理的情形，代理人将会面临被本人追偿的风险，不利于对代理人利益的保护。因此，应当认可外部授权可以作为授权行为的方式之一，成立有权代理。

本案中金华公司在相关报纸广告等宣传材料上标明皓羽公司作为该楼盘“全程营销”的代理人的法律地位。由于内部授权的外部公告和外部授权都会有一个公示行为，因此此处需要界定本案中的公示为内部授权的外部公示还是外部授权行为。内部授权的外部公示和外部授权行为的区别在于内部授权的外部公示中的通知行为仅是准法律行为中的事实通知，本身并不包含授予代理权的法效意思，授权人除公示外还要另外作出一个授予代理权的意思表示。① 而外部授权公示行为本身即授权的意思表示。本案中金华公司在广告等宣传之外并未向皓羽公司作出另外的授权行为，而其又在广告中标明皓羽公司作为该楼盘“全程营销”的代理人的法律地位，从意思表示的受领人不特定的第三人角度应当认定广告宣传行为是在进行外部授权。同时《民法典》第 139 条规定：“以公告方式作出的意思表示，公告发布时生效。”向不特定的第三人作出的外部授权为无须受领的意思表示，只要可以认为大众已知悉即有效。②

Ⅳ. 授权行为的形式

授权行为的形式自由，并未局限于书面形式。如果法律规定或者约定采用书面形式，根据《民法典》第 165 条的规定，授权委托书应当载明代理人的姓名或者名

① 参见朱庆育：《民法总论》（第 2 版），北京大学出版社 2016 年版，第 340 页。

② 参见［德］卡尔·拉伦茨：《德国民法通论》（下册），王晓晔等译，法律出版社 2003 年版，第 862 页。

称、代理事项、权限和期限，并由被代理人签名或者盖章。

本案中并不存在法定或者约定采取书面形式的情形，金华公司作出授权行为是通过报纸广告等宣传材料的方式。

B. 在代理权限内作出

在承认基础关系和授权行为分离原则的情况下，代理权的范围应当依据授权行为界定。但可能出现内部基础关系关于代理范围的约定和授权行为确定的代理人的行为范围不一样的情况。授权行为在内容上具有独立性，委托代理权的范围原则上也取决于委托授权内容，而不是内部关系所表明的关于目的的规定。① 当授权行为限定代理人“能为”的范围大于内部基础关系“许为”的范围时，即使代理行为违反了内部约定，只要在代理权范围内，并不影响代理行为的有效性。② 毕竟对于内部基础关系的约定第三人无法知晓，在内部限制未对外公告的情况下，不应当对抗善意第三人对外部授权范围的信赖。在内部基础关系上，被代理人可能有权以代理人违反了合同约定的义务为由请求其承担损害赔偿责任。③

本案中金华公司和皓羽公司在《商品房保底包干销售合同》中关于封盘期间、代理范围、收款期限的约定，仅为内部基础关系约定。金华公司并未在外部授权中对皓羽公司的代理权范围作出限制，因此皓羽公司在封盘期间卖出内部合同约定禁止售出的商铺的行为仍在代理权限范围内，皓羽公司的违约行为应当通过内部的包干销售合同解决。

综上所述，皓羽公司实施了有效的代理行为，其行为的法效果也即所发出的要约应当归属于金华公司。

（2）苏某水的承诺

很明显，苏某水作为购房人已明确作出了《民法典》第 479 条意义上的购买承诺。

---

① 参见[德]卡尔·拉伦茨：《德国民法通论》（下册），王晓晔等译，法律出版社 2003 年版，第 856 页。

② 参见朱庆育：《民法总论》（第 2 版），北京大学出版社 2016 年版，第 346 页。

③ 参见朱庆育：《民法总论》（第 2 版），北京大学出版社 2016 年版，第 346 页。

(3)格式合同条款未违反《民法典》第496条和第497条[①]的规定

《民法典》第496条第1款规定,"格式条款是当事人为了重复使用而预先拟定,并在订立合同时未与对方协商的条款"。某些行业在频繁、重复性的交易活动中为了简化交易合同的订立程序,通常会使用格式条款。格式条款虽然有便捷、节约交易成本等好处,但同时可能存在一方利用其优势地位制定不利于另一方的条款的情形,这种情况在消费者作为合同相对方时特别突出。[②] 因此有必要对格式条款进行审查。

《民法典》第496条第2款规定的是,格式条款提供方未履行提示或者说明义务,致使对方没有注意或者理解与其有重大利害关系的条款的,视为当事人双方就这些条款未达成合意。第497条规定的是格式条款无效的情形。本案中苏某水与金华公司的《商品房买卖合同》是通过格式合同的方式订立,但双方当事人并未对其中的条款是否存在《民法典》第496条第2款和第497条规定的情形产生争议,因此仅作简要审查,本案中的格式合同条款未违反《民法典》第496条和第497条的规定。

(4)书面合同的特殊成立条件

案涉合同采用合同书方式签订,根据《民法典》第490条第1款的规定可知,当事人采用合同书形式订立合同的,自当事人均签名、盖章或者按指印时合同成立。本案中在合同的出卖人签章处盖有"金华公司销售合同专用章",买受人签章处有苏某水的签字,皓羽公司未在该合同的委托代理机构签章处签章。根据前述分析可知,本案中皓羽公司的行为实为代理金华公司实施订立合同的行为,合同的当事人为苏某水和金华公司,并且双方已在买受人和出卖人签章处签字或盖章。至于皓羽公司未在委托代理机构处签章,由于其并非合同当事人,未签章并不影响合同的成立,因此苏某水和金华公司之间的合同成立。

2. 合同已生效

双方就案涉06号商铺所签订的《商品房买卖合同》,不违反《民法典》第143条

---

① 严格来说,《民法典》第497条属于格式条款无效的规定应当放在合同成立后审查,本案中由于双方当事人并未对格式条款产生争议,不需要进行详细审查,因此与《民法典》第496条放在同一处进行简要审查。

② 参见黄薇主编:《中华人民共和国民法典合同编释义》,法律出版社2020年版,第83页。

意义上的法律、行政法规的强制性规定，亦不违背公序良俗，此外缔约双方皆作出真实的意思表示。根据《民法典》第502条第1款的规定可知，依法成立的合同，自成立时生效。因此案涉《商品房买卖合同》亦已生效。

（二）合同已解除

1. 解除事由

《民法典》第562条和第563条分别规定了两种解除事由：意定解除和法定解除。很明显，本案并无有关意定解除的约定。为此，仅需审查是否存在法定解除即可。

（1）买卖合同的特别规定

案涉合同为买卖合同，因此首先可以考虑是否存在买卖合同章规定的法定解除权。《民法典》第597条、第610条、第632条、第633条、第634条第1款规定了买卖合同中几种特殊的法定解除权。但本案中显然不存在这些特别法意义上的法定解除权，该情形不满足。

（2）合同编通则的一般规定

法定解除的一般规定为《民法典》第563条。该条第1款就非继续性债务的法定解除，具体规定了四种情形：①因不可抗力致使不能实现合同目的；②一方预期违约；③当事人一方迟延履行主要债务，经催告后在合理期限内仍未履行；④当事人一方迟延履行债务或者有其他违约行为致使不能实现合同目的。很明显，本案不存在前两种情形，因本案亦不存在迟延履行的催告情形，故仅需审查是否满足第4种情形。

《民法典》第563条第1款第4种情形又包括两种类型：①当事人一方迟延履行债务致使不能实现合同目的；②因其他违约行为致使不能实现合同目的。本案中，苏某水到售楼部要求办理交房手续时，金华公司以该公司并未与其签订合同，也未收到其购房款为由拒绝办理交房手续。该情形显然不属于前一种，也即不存在当事人迟延履行债务的情形，但是否存在其他违约行为致使不能实现合同目的的情形，尚需做进一步判断。

（3）是否存在违约行为

致使合同目的不能实现的其他违约行为，主要指违反的义务对合同目的的实现十分重要，如果一方当事人不履行这种义务，将剥夺另一方当事人根据合同有权期待的利益，如当事人不能履行主要债务的行为。①

根据《民法典》第 598 条的规定，出卖人的主给付义务为交付标的物并移转其所有权。本案中，金华公司已将 06 号商铺出售给他人，商品房买卖合同亦于签订次日向当地房管局备案。金华公司因“一房二卖”，从而无法向苏某水履行移转房屋所有权的义务，因此存在违约行为。

2. 解除合同的意思表示（解除权的行使）

解除权为形成权，该权利的行使方式规定在《民法典》第 565 条第 1 款，也即当事人一方依法主张解除合同需要通知对方，合同自通知到达对方时发生解除的效果。

根据《民法典》第 565 条第 2 款的规定，当事人一方未通知对方，直接以提起诉讼或者申请仲裁的方式依法主张解除合同，人民法院或者仲裁机构确认该主张的，合同自起诉状副本或者仲裁申请书副本送达对方时解除。如果人民法院或仲裁机构确认解除权人享有解除权，则解除权人提起诉讼或申请仲裁是解除权人意思表示的一种表达方式。②

根据本案现有证据虽无法查明，苏某水是否已经向金华公司做出解除合同的通知，但其诉请法院解除案涉合同的主张表明，在其享有实体法上的解除权时，向法院诉请解除合同的方式即向对方做出解除合同的意思表示。因此，该项要件实已满足。

3. 期间未过

《民法典》第 564 条第 2 款规定了解除权行使的除斥期间，也即“法律没有规定或者当事人没有约定解除权行使期限，自解除权人知道或者应当知道解除事由之日起一年内不行使，或者经对方催告后在合理期限内不行使的，该权利消灭”。

2006 年 10 月 31 日，苏某水请求金华公司履行合同被拒，并且其后不久金华公司便将案涉 06 号商铺转卖给其他人，并向当地房管局备案。2007 年 4 月 7 日，苏某水向法院提起诉讼请求解除合同。据此，苏某水在 2006 年 10 月 31 日至 2007 年 4 月 7 日至少应当知道解除事由的发生，并且该期间长度短于 1 年，尚在除斥期间

---

① 参见黄薇主编：《中华人民共和国民法典合同编释义》，法律出版社 2020 年版，第 228 页。

② 参见黄薇主编：《中华人民共和国民法典合同编释义》，法律出版社 2020 年版，第 238 页。

内。因此,苏某水是在时效期间内行使解除权。

据此,案涉《商品房买卖合同》已因苏某水解除权的行使而生解除的法效果。

(三)请求权人已为给付

苏某水若要向合同相对人请求返还购房款,首先他得向金华公司履行了合同,交付了购房款。案件事实表明:苏某水将购房款支付给代理人皓羽公司,虽然在金华公司和皓羽公司的合同中载明由金华公司指定财务人员负责收取客户支付的房款并开具有效收据,进而皓羽公司没有收取购房款的代理权。但由于此项限制,仅出现在双方的基础关系中,金华公司并未在外部授权中予以明确提及,故皓羽公司的行为并未超越代理权限,仍属有权代理。因此,向皓羽公司支付购房款的法效果归属于金华公司,因此苏某水已经履行了合同。

综上所述,苏某水对金华公司的购房款返还请求权已经产生。

三、请求权未消灭

本案中不存在消灭请求权的情形。

四、请求权可行使

本案中亦不存在阻碍请求权行使的情形。

五、结论

苏某水有权依据《民法典》第 566 条第 1 款后半句请求金华公司返还购房款。

知识拓展

一、基础关系终止为委托代理权消灭的原因之一

虽然在分离原则之下,委托代理权和基础关系存在法律上的分离,但两者并非毫无关联,基础关系的结束将导致委托代理权的消灭。[①] 委托代理权原则上因授权期间届满、撤销授权、授权目的到达、授权被撤回、被代理人破产、基础关系终止或代理人死亡而消灭。我国《民法典》第 173 条亦对此做了一般规定:“有下列情形之一的,委托代理终止:(一)代理期限届满或者代理事务完成;(二)被代

① 参见[德]汉斯 · 布洛克斯、[德]沃尔夫 · 迪特里希 · 瓦尔克:《德国民法总论》(第 33 版),张艳译,中国人民大学出版社 2014 年版,第 232 页。

理人取消委托或者代理人辞去委托;(三)代理人丧失民事行为能力;(四)代理人或者被代理人死亡;(五)作为代理人或者被代理人的法人、非法人组织终止。"

《民法典》第173条第2项所谓的"取消委托"应当解释为既包括被代理人撤回授权,也包括被代理人解除委托合同。[①] 当被代理人解除委托合同,基础关系终止时,委托代理权也终止。代理权授予行为对于基础关系是有因还是无因,应当区分内外部关系看待。在本人和代理人的内部关系上,应当采取有因性。基础关系是代理人负担义务,为本人从事代理行为法律上的原因,当存在基础关系且其内部授权行为就代理权的有无及范围有明确表示时,代理权的发生和存续应当以基础关系定其有无及范围。[②] 因此即便是在基础关系存续过程中,本人原则上也可以任意撤回代理权,原因在于为本人处理事务的代理,应当容许本人事后考量决定是否继续由代理人为其处理事务,以符合其情事发展的需要。[③] 并且意定代理权通常基于信赖关系,若本人对代理人的信赖丧失,则应当允许其撤回代理权。而若因为撤回代理权给代理人造成了损害,被代理人是否要提供补偿,要看基础关系的规定。

但在外部关系上,原则上承认代理权授予行为无因性。相对人不一定知悉本人与代理人基础关系的内容及范围以及其他足以影响其效力之事由,出于保护与代理行为有关之交易安全,并不适合使基础关系的效力影响代理行为的效力。[④] 授权行为的无因性是为了保护善意的第三人的利益,若第三人存在明知授权行为之意思表示存在瑕疵、代理人无代理权或其代理权被撤回等情形,则并非善意,不在此保护范围内。基于外部关系的无因性,只要代理人实施的代理行为在代理权范围内,即使违反了基础关系,该代理行为仍然有效,当然相对人为恶意的情形排除在外。至于本人由此受到的损害,可以通过基础关系解决。

因此,当基础关系终止时,在内部关系上,委托代理权随之终止,但在外部关

---

① 参见杨代雄:《法律行为论》,北京大学出版社2021年版,第537页。

② 参见黄茂荣:《债法通则之一:债之概念与债务契约》,厦门大学出版社2014年版,第238页。

③ 参见黄茂荣:《债法通则之一:债之概念与债务契约》,厦门大学出版社2014年版,第244页。

④ 参见黄茂荣:《债法通则之一:债之概念与债务契约》,厦门大学出版社2014年版,第238页。

系上，除非第三人明知，否则代理权继续有效。

二、代理公开性的例外

代理人实施代理行为原则上应以被代理人的名义，此即代理的公开性，但存在一个例外是效力及于行为人自身的行为（das Geschäft für den，den es angeht）。该情形适用于日常生活中即刻完成支付的无信贷风险的现金交易（如买报纸、超市购物）。行为人虽未向第三人说明，其为自己还是为他人行为，公开性未予遵守，但对此类日常生活中即刻就完成的现金交易行为，第三人根本不在意谁是合同相对人，如甲帮乙在丙超市购买一瓶洗发水，然后付款带走洗发水，此类交易通常在合同订立时就已履行完毕。以该方式实施法律行为虽未显名，但隐藏的本人将依代理规则直接承受代理行为的法律效果。①

三、冒名行为和替名行为

与以被代理人名义实施的代理行为不同，冒名行为和替名行为是行为人将本人的姓名作为自己的姓名使用，对于这两种行为是否要适用代理规则，应当区分看待。

冒名行为涉及身份的冒用，是指对于行为相对人而言，与真正的姓名所有人缔结交易很重要，相对人看重行为人的身份，但他受到了欺骗，善意地相信与之缔约的是姓名所有人，此时善意相对人需要获得保护。对于真正的姓名所有人来说，此时存在一个“他人实施的法律行为”（Fremdgeschäft）。② 若其对于姓名被冒用不知情，事实上并未实际介入交易中，同样值得保护，除非其在一开始追认或者事后追认，因为他也可从中享有权利和履行义务。此时的利益状况和无权代理类似，应当类推适用《民法典》第 171 条第 2 款的规定，由行为人独自负责。

替名行为则只涉及姓名的冒用，行为人虽然用了本人的名义来实施法律行为，但对相对人而言，其针对的是行为人所实施的法律行为，至于行为人的姓名

---

① 参见朱庆育：《民法总论》（第 2 版），北京大学出版社 2016 年版，第 336 页。

② 参见[德]汉斯·布洛克斯、[德]沃尔夫·迪特里希·瓦尔克：《德国民法总论》（第 33 版），张艳译，中国人民大学出版社 2014 年版，第 222 页。

为何对他而言并不重要。相对人只是与来者缔约，则法律行为的效力在行为人和相对人之间发生，与真正的姓名所有人无关。①

延伸阅读

1. [德]汉斯·布洛克斯、[德]沃尔夫·迪特里希·瓦尔克：《德国民法总论》(第33版)，张艳译，中国人民大学出版社2014年版。
2. 朱庆育：《民法总论》(第2版)，北京大学出版社2016年版。
3. 杨代雄：《法律行为论》，北京大学出版社2021年版。
4. [德]卡尔·拉伦茨：《德国民法通论》(下册)，王晓晔等译，法律出版社2003年版。
5. 王泽鉴：《债法原理》(第2版)，北京大学出版社2013年版。
6. 黄茂荣：《债法通则之一：债之概念与债务契约》，厦门大学出版社2014年版。
7. [德]迪特尔·梅迪库斯：《德国民法总论》，邵建东译，法律出版社2013年版。
8. 王利明：《论民法典代理制度中的授权行为》，载《甘肃政法大学学报》2020年第5期。
9. 冉克平：《代理授权行为无因性的反思与建构》，载《比较法研究》2014年第5期。

① 参见朱庆育：《民法总论》(第2版)，北京大学出版社2016年版，第337页。

28 代理人责任

——林某光、翁某房屋买卖合同纠纷案

学理概要

代理人不履行或不完全履行职责，造成被代理人损害的，应依据基础关系向被代理人承担责任。代理人和相对人恶意串通，代理行为无效，因此给被代理人造成损失的，代理人和相对人应承担连带赔偿责任。

• 核心法条

《民法典》第164条　代理人不履行或者不完全履行职责，造成被代理人损害的，应当承担民事责任。

代理人和相对人恶意串通，损害被代理人合法权益的，代理人和相对人应当承担连带责任。

典型案例

林某光、翁某房屋买卖合同纠纷案[①]

案情简介:2014年10月14日,肖某华取得讼争房屋产权。2014年12月17日,肖某华作为委托人向翁某出具委托书,内容为:受托人翁某作为委托人的全权代理人,并以委托人的名义为委托人办理讼争房产如下事宜:(1)代为办理上述房产的申请还款手续、抵押注销受理单、保单、结清证明,打印余额证明,领取注销完结的产权证等相关材料。(2)待上述房产解押后,代为办理上述房产产权出售转让、交易过户、领取交易税单、网上签约、缴税等相关事宜。(3)代为签订上述房产的买卖合同并代收全额售房款。(4)代为办理、领取上述房产《国有土地使用权证》及其过户等相关手续……委托期限自委托之日起至2015年12月17日为止。

2015年2月9日,翁某以肖某华代理人身份与强某荣舅舅林某光签订《房地产买卖契约》,约定肖某华将讼争房产以500,000元人民币价格转让给林某光。2015年5月22日,林某光将讼争房产以人民币430,000元价格转让给沈某。

2016年1月8日,强某荣诉肖某华、沈某民间借贷纠纷一案立案。法院审理查明,2014年12月18日,强某荣与肖某华、沈某签订《借款合同》一份,约定肖某华向强某荣借款3,000,000元,借款期限2014年12月18日至2015年2月17日,借款月利率为4%,沈某为该债务承担连带保证责任。2016年8月22日,法院判决肖某华偿还强某荣借款本金3,000,000元及利息。该判决已生效。

现肖某华起诉,请求判令翁某、林某光连带赔偿肖某华经济损失1,865,900元及其利息损失355,300元。

受法院委托,2017年7月25日,评估机构出具《房地产估价报告》,评估结果为讼争房产在2015年2月9日时点市场价值为1,865,900元。诉讼中,林某光、翁某、强某荣均认可林某光、翁某是在强某荣指示下实施讼争房屋转让行为。翁某表示未收到林某光的购房款500,000元。

---

① (2018)闽01民终4304号。

争议焦点:《房地产买卖契约》效力。

裁判理由与结果:二审法院认为,翁某与林某光签订《房地产买卖契约》属于恶意串通行为,该合同无效。因讼争房屋无法返还,林某光应折价补偿。根据《民法总则》(现已失效)第164条的规定,翁某应对上述补偿费用及利息承担连带赔偿责任,遂判决支持原告诉请。

解题思路

《民法典》第164条沿袭了原《民法总则》第164条。本案发生于《民法典》颁布之前,应适用原《民法总则》第164条,但其分析结论仍然适用《民法典》第164条。

一、请求权是否产生

肖某华可能根据原《民法总则》第164条第2款享有要求林某光、翁某承担连带赔偿责任的请求权。

(一)肖某华是否有权要求林某光和翁某承担连带赔偿责任

根据原《民法总则》第164条第2款的规定,代理人与相对人恶意串通,损害被代理人合法权益的,被代理人可以主张代理人与相对人承担连带责任。

1. 翁某作为肖某华代理人与林某光签订《房地产买卖契约》

肖某华向翁某出具委托书,授予其出售房屋的代理权。肖某华为完全民事行为能力人,授权行为意思表示真实,授权行为未存在违法或违背公序良俗之处。虽其授权出于为借款提供担保之目的,但此动机不影响法律行为效力。肖某华授权行为生效,翁某享有出售房屋的代理权,并以肖某华代理人身份与林某光签订《房地产买卖契约》。

2. 翁某与林某光构成恶意串通

关于恶意串通构成要件,现行研究主要围绕《民法典》第154条(即原《民法总则》第154条)解释展开。一般认为,原《民法总则》第164条之“恶意串通”与第154条中的“恶意串通”含义相同。

探讨原《民法总则》第154条“恶意串通”的构成要件,须先明确其体系定位。

关于原《民法总则》第154条体系定位及其法理基础,存在不同观点。第一种观点主张,恶意串通包含代理人与相对人恶意串通行为、合同双方当事人恶意串通损害他人合法权益行为两种情形。代理人与相对人恶意串通行为无效,系因被代理人存在意思瑕疵;双方当事人恶意串通法律行为无效,系因存在损害他人合法权益的主观恶意。[①] 显然,这两种情形下无效的法理基础不同,将其统一纳入恶意串通无效规则中,反而会导致恶意串通内涵的模糊性。而且,就第一种情形而言,代理人与相对人恶意串通显然非依被代理人特定指示行事,意思表示应取决于被代理人,不无疑问。即使此时得援引被代理人意思瑕疵为代理行为的意思瑕疵,也应是构成欺诈或重大误解,而非虚伪意思表示,不能导致法律行为无效。

第二种观点主张,恶意串通属于违背善良风俗行为的特别规定。[②] 相比之下,第二种观点受到越来越多学者支持。法律行为无效事由,可分为三种类型:行为主体能力、虚伪意思表示、行为内容。恶意串通行为无效与行为主体能力无关。原《民法总则》第146条确立虚伪意思表示规则后,对于双方通谋为虚伪意思表示之行为,虚伪意思表示规则足可规制,无须再依据公序良俗规则检视其效力,故恶意串通应以真实意思表示为前提。由此,恶意串通只能是针对行为内容的无效事由。又因其非对强制性规定的转介性条款,将其定位为违背公序良俗的特别情形更合理。

在明确恶意串通体系定位之基础上,恶意串通的构成要件得以明晰。“恶意串通”可进一步区分为“恶意”与“串通”。所谓恶意,不少学者主张除明知将损害他人合法利益之外,还应具备损害他人利益之目的。[③] 亦有学者主张以观念主义为原则,以意思主义为例外。观念主义只要求行为人明知,意思主义则要求行为人除明知外,还具有损害他人的共同故意。此原则加例外的设定,目的在于扩大恶意串通案件类型范围、使“法律规范弹性化”。[④] 原《民法总则》第154条为善良风俗的特

---

① 参见韩世远:《虚假表示与恶意串通问题研究》,载《法律适用》2017年第17期。

② 参见李宇:《新桃换旧符:民法总则上的恶意串通行为无效规范》,载《学术月刊》2017年第12期;朱广新:《恶意串通行为无效规定的体系地位与规范构造》,载《法学》2018年第7期。

③ 参见陈甦主编:《民法总则评注》(下册),法律出版社2017年版,第1098页;朱广新:《恶意串通行为无效规定的体系地位与规范构造》,载《法学》2018年第7期;韩世远:《虚假表示与恶意串通问题研究》,载《法律适用》2017年第17期。

④ 参见张平华:《恶意串通法律规范的合理性》,载《中国法学》2017年第4期。

别条款,其规范范围之外的违背公序良俗行为仍可通过原《民法总则》第153条加以规制,无须通过扩大恶意串通案件类型范围以保障法律规范弹性化。为防止恶意串通规则被滥用,对原《民法总则》第154条做更严格解释或更可取。因此,恶意串通应以具有损害他人利益目的为必要。

串通,一种观点认为须以意思联络为必要,如有学者认为“串通是指在恶意损害他人权益方面,行为人与相对人在主观意思与客观行为上相互配合、彼此勾结”。[①] 另一种观点则认为无须存在意思联系,如有学者认为“所谓串通,是指行为人与相对人对于对方的意图是明了的,至于其是否进行了明示的沟通、讨论、策划,在所不问”[②]。如双方无意思联络,损害他人利益意图尚停留在动机阶段,非法律行为组成部分,不会导致法律行为违反公序良俗。故恶意串通应以双方意思联络为必要。

基于上述分析,恶意串通应指双方以损害他人利益为目的,彼此进行意思联络,故意实施可能损害他人利益的法律行为。本案中,林某光、翁某虽在强某荣指示下实施讼争房屋转让行为,但双方并非强某荣的代理人或意思传达人,讼争房屋买卖当事人仍为林某光、翁某,双方通过强某荣实现了意思联络。转让房屋价格与其估值相差一百多万,双方明知此将损害被代理人肖某华权益,仍为此房屋转让行为,存在以损害被代理人利益来实现自己利益的意图。综上所述,翁某与林某光存在恶意串通。

3. 翁某与林某光恶意串通之行为损害肖某华合法权益

翁某与林某光恶意串通将讼争房屋以低价转让给林某光,造成肖某华财产损失,损害了肖某华合法权益。

4. 结论:肖某华有权要求翁某和林某光承担连带赔偿责任。

(二)翁某和林某光应承担的连带赔偿责任范围

1.《房地产买卖契约》无效

确定翁某和林某光应承担的连带赔偿责任范围,需以《房地产买卖契约》效力认定为前提。

---

① 朱广新:《恶意串通行为无效规定的体系地位与规范构造》,载《法学》2018年第7期。

② 张新宝:《〈中华人民共和国民法总则〉释义》,中国人民大学出版社2017年版,第323页。

(1)根据案情,《房地产买卖契约》已成立。

(2)翁某、林某光恶意串通导致《房地产买卖契约》无效。

原《民法总则》第164条第2款仅规定代理人与相对人恶意串通的责任承担,未明确该情形下代理行为的效力。对代理人与相对人恶意串通行为的效力,学界存在两种观点。第一种观点认为,代理人与相对人恶意串通行为效力应适用或类推适用无权代理规则规制。① 第二种观点认为,代理人与相对人恶意串通行为在原《民法总则》第154条涵盖范围之内,应属无效。②

恶意串通之代理行为是否应依据原《民法总则》第154条规定而无效,可从两方面予以分析,一为文义,二为规范目的。文义上,原《民法总则》第154条中恶意串通的主体为"行为人与相对人"。对此有学者认为,原《民法总则》第154条仅限于法律行为双方当事人之间适用,其规范中的受损方亦仅指法律行为之外的第三方。代理人非法律行为当事人,利益受损的被代理人亦非法律行为之外第三人,故原《民法总则》第154条不适用于代理人与相对人恶意串通行为。③ 然而,原《民法总则》多处运用行为人表述,其内涵并不一致。例如,原《民法总则》第171条、第172条中所称行为人应指无权代理人,第147条中因重大误解享有撤销权的"行为人"应仅指被代理人。因此,仅依据文义不能明确原《民法总则》第154条的规范对象是否包含代理人与相对人恶意串通,该条中"行为人"具体所指应结合具体法律规范目的确定。

那么,就规范目的而言,原《民法总则》第164条是否属于原《民法总则》第154条的特别条款?如果是,则意味着代理人与相对人恶意串通违背公序良俗。比较法上,德国通说认为,恶意串通之代理行为属于违背善良风俗中诱使违约之案例类型,该行为无效。④ 诱使他人违约之所以是违反善良风俗的无效法律行为,是因为

① 参见茅少伟:《民法典的规则供给与规范配置:基于〈民法总则〉的观察与批评》,载《中外法学》2018年第1期;张平华:《恶意串通法律规范的合理性》,载《中国法学》2017年第4期;吴香香:《滥用代理权所订契约之效力》,载王洪亮等主编:《中德私法研究(15):民商合一与分立》,北京大学出版社2017年版,第251页。

② 参见李宇:《民法总则要义:规范释论与判解集注》,法律出版社2017年版,第778页。

③ 参见吴香香:《滥用代理权所订契约之效力》,载王洪亮等主编:《中德私法研究(15):民商合一与分立》,北京大学出版社2017年版,第249页。

④ 参见朱庆育:《民法总论》,北京大学出版社2013年版,第342—343页。

其明显有悖于法律交易中的忠诚性要求,以致第三人若援引合同的相对约束力,将表现为一种为自己利益过度利用法律制度的、滥用性的行为。① 恶意串通之代理行为,亦侵犯了法律交易中的忠诚性。若允许恶意串通之代理行为中的相对人利用代理制度主张合同效果对本人的约束力,亦将构成对法律制度的滥用。在过度侵害法律交往忠诚性这一点上,恶意串通之代理行为和法律行为当事人之间恶意串通相同。原《民法总则》第 154 条规定恶意串通损害他人利益的行为无效,恶意串通之代理行为亦应遵循同样判断标准,归于无效。原《民法总则》第154 条与原《合同法》第 52 条第 2 项规定内容相同。涉及合同效力判断,应优先适用原《合同法》第 52 条第 2 项的规定。依据该规定,翁某与林某光恶意串通行为无效。

2. 翁某、林某光须赔偿肖某华因《房地产买卖契约》无效遭受的损失

关于原《民法总则》第 164 条第 2 款中连带责任性质,一种观点认为系共同侵权行为,二者应承担连带责任。② 另一种观点认为存在请求权竞合,被代理人可根据原《侵权责任法》第 8 条主张侵权责任或根据原《合同法》第 59 条主张返还责任。如果被代理人在原《合同法》层面主张损害赔偿,只能分别主张代理人承担违约责任、相对人承担缔约过失责任。③

原《民法总则》第 164 条第 2 款规定的代理人与相对人承担连带责任,应仅指赔偿责任,非返还责任。在合同无效情形下,依据原《合同法》第 58 条的规定,有过错的一方应当赔偿对方因此遭受的损失。对于该赔偿责任性质,有的认为是缔约过失责任,④有的认为是侵权责任。⑤ 导致合同无效的原因有多种,应视具体情形分别适用缔约过失责任、侵权行为损害赔偿责任等。代理人与相对人恶意串通订立的合同之所以无效,非因代理人或相对人违反先合同义务,而是因行为违反善良风俗,此时赔偿责任性质应为侵权责任。侵权责任以填补损害为目的。讼争房屋在过户当日即 2015 年 2 月 9 日的市场价值为 1,865,900 元。林某光未实际支付购

---

① 参见[德]迪特尔·梅迪库斯:《德国民法总论》,邵建东译,法律出版社 2013 年版,第 530 页。
② 参见李宇:《民法总则要义:规范释论与判解集注》,法律出版社 2017 年版,第 777 页。
③ 参见陈甦主编:《民法总则评注》(下册),法律出版社 2017 年版,第 1164 页。
④ 参见韩世远:《合同法总论》,法律出版社 2018 年版,第 322 页。
⑤ 参见李宇:《民法总则要义:规范释论与判解集注》,法律出版社 2017 年版,第 740 页。

房款，其应以1,865,900元为准折价补偿，并按照中国人民银行同期贷款利率自2015年2月9日起计算利息。翁某依据原《民法总则》第164条对此赔偿承担连带责任。

3. 小结：林某光与翁某承担连带赔偿责任的范围是房屋过户当日市场价值即1,865,900元。

（三）结论：林某光、翁某须就讼争房屋市场价值1,865,900元的损失承担连带赔偿责任。

二、请求权是否消灭

本案不存在请求权消灭事由。

三、请求权是否可以执行

本案不存在阻碍请求权执行的事由。

四、结论

肖某华可以根据原《民法总则》第164条第2款要求林某光、翁某就讼争房屋市场价值1,865,900元的损失承担连带赔偿责任。

知识拓展

违反代理人职责之代理行为效力

一、代理人职责内容

关于《民法典》第164条第1款，即原《民法总则》第164条第1款规定的代理人职责来源，存在不同观点。一种观点认为，该职责源自代理基础关系。[①] 另一种观点则主张代理人义务包括法定义务和基础关系义务。[②]

① 参见胡东海：《论职责违反型代理权滥用——以〈民法总则〉第164条第1款的解释为中心》，载《环球法律评论》2019年第2期。

② 参见谢鸿飞：《代理部分立法的基本理念和基本制度》，载《华东政法大学学报》2016年第5期。

代理人的义务，源于代理人特定法律地位带来的风险。代理的产生，意在扩大本人意思自治范畴，但本人风险亦因此增加。为此，法律须对代理权的行使施加一定限制，防止代理人利用信息优势损害本人利益。但关于代理人义务规范的体系安排则属于法律技术问题。采纳区分论的法律体系多将代理人义务置于基础关系规范中。例如，《日本民法典》第644条明确规定："受托人，负有按委托之本旨，以善良管理人之注意而处理委托事务之义务。"我国代理法律体系继受德国区分论，代理人义务应当属于代理基础关系拘束范围。基础关系中的代理人义务，可源于约定亦可源于法定。《民法典》虽未明确规定受托人善良管理人之注意义务，但第929条规定了受托人对委托人的损失赔偿责任，对本条中"受托人的过错"的解释，已包含对受托人义务的界定。《民法典》第922条至第924条亦为受托人注意义务的具体体现。故《民法典》第164条规定的代理人职责源于代理基础关系，包括法定义务和约定义务。法定义务应包含注意义务和忠实义务。至于其注意义务之程度要求，依各种具体债之关系而不等。

二、违反代理人职责之代理行为效力

对于违反代理人职责之代理行为效力，《民法典》第164条第1款（原《民法总则》第164条第1款）未提供判断依据。有学者主张代理人违反职责构成代理权滥用。[①] 反对观点则认为，代理权滥用纯属学理概念。[②] 此外，关于代理权滥用构成要件、效果、类型等也存在诸多争议。

代理权滥用制度源于德国法，"指代理人未注意其基于内部关系所生代理权范围的界限"。[③] 基于区分论，代理人违反义务，原则上仅依内部关系承担责任。但在相对人对代理人违反义务明知的情形下，仍维持代理行为效力，由被代理人承担代理人违反义务的全部风险，有失公平。代理权滥用制度目的是限制代理权相对于内部基础关系的独立性。依此目的，其构成要件有二：代理人享有代理权而违反内部义务、相对人明知或代理权滥用具有显见性。是否产生损害被代

① 参见胡东海：《论职责违反型代理权滥用——以〈民法总则〉第164条第1款的解释为中心》，载《环球法律评论》2019年第2期。

② 参见李宇：《民法总则要义：规范释论与判解集注》，法律出版社2017年版，第779页。

③ 参见王泽鉴：《民法总则》，北京大学出版社2009年版，第438页。

理人利益的行为结果,不应属于代理权滥用构成要件。双方代理、自己代理涉及代理人与被代理人利益冲突问题,而非代理人滥用代理权风险在被代理人和相对人之间的分配,不属于代理权滥用。恶意串通之代理行为,属于公序良俗评价范畴,亦非代理权滥用范围。

至于代理权滥用的效果,德国学说上存在两种观点。一种观点主张代理人仍为有权代理,但基于诚信原则,可类推适用无权代理规则,由被代理人决定是否追认。另一种观点则主张突破代理权独立性,适用无权代理规则。① 日本学说上有心理保留说、表见代理说、违反权利滥用和诚信原则说三种思路,其中心理保留说基础最为薄弱,因为代理人存在真实效果意思。②《日本民法典》于2017年新增第107条,将代理人滥用代理权所作代理行为视为无代理权人所作之行为。我国有学者主张无权代理说,③亦有学者主张准用无权代理说。④ 无权代理制度系建立在代理权与基础关系分离基础上的,代理权滥用却以基础关系影响代理权为途径,二者本逆向而行,代理权滥用产生无权代理效果,逻辑上存在不洽之处。因此,类推无权代理之主张更合理。依此主张,从规范目的出发,代理人滥用代理权而相对人对此明知或代理行为对其显而易见的,代理人构成无权代理。只要我国继续采用代理权与基础关系区分论,便会出现代理权滥用问题,代理权滥用规则即有存在必要,而非纯属学理概念。

延伸阅读

1. [德]维尔纳・弗卢梅:《法律行为论》,迟颖译,法律出版社2013年版。
2. [日]近江幸治:《民法讲义(Ⅰ):民法总则》,渠涛等译,北京大学出版社2015年版。

---

① 参见吴香香:《滥用代理权所订契约之效力》,载王洪亮等主编:《中德私法研究(15):民商合一与分立》,北京大学出版社2017年版,第244—245页。

② 参见[日]近江幸治:《民法讲义(Ⅰ):民法总则》,渠涛等译,北京大学出版社2015年版,第232—235页。

③ 参见胡东海:《论职责违反型代理权滥用》,载《环球法律评论》2019年第2期;吴香香:《滥用代理权所订契约之效力》,载王洪亮等主编:《中德私法研究(15):民商合一与分立》,北京大学出版社2017年版,第245页;汪渊智、赵搏:《论代理权行使的法定限制》,载《南海法学》2017年第1期。

④ 参见谢鸿飞:《代理部分立法的基本理念和基本制度》,载《华东政法大学学报》2016年第5期。

3. 李宇:《民法总则要义:规范释论与判解集注》,法律出版社 2017 年版。
4. 吴香香:《滥用代理权所订契约之效力》,载王洪亮等主编:《中德私法研究(15):民商合一与分立》,北京大学出版社 2017 年版。
5. 朱广新:《恶意串通行为无效规定的体系地位与规范构造》,载《法学》2018 年第 7 期。

29 无权代理

——高能投资有限公司、峰联国际投资有限公司、沈阳(国际)会展中心有限公司、付某伟居间合同纠纷案

学理概要

无权代理,即行为人没有代理权而实施代理行为。无权代理包括狭义无权代理与表见代理。前者即通常所称的无权代理。此处讨论狭义无权代理。经本人追认,无权代理人实施的法律行为效果由本人承担;未经本人追认,无权代理人实施的法律行为对本人不发生效力。为均衡保护相对人利益,相对人可催告本人予以追认;本人追认之前,善意相对人有撤销权;本人未追认,善意相对人有权请求行为人履行债务或承担赔偿损失。

- **相关法条**

《民法典》第171条　行为人没有代理权、超越代理权或者代理权终止后,仍然实施代理行为,未经被代理人追认的,对被代理人不发生效力。

相对人可以催告被代理人自收到通知之日起三十

日内予以追认。被代理人未作表示的,视为拒绝追认。行为人实施的行为被追认前,善意相对人有撤销的权利。撤销应当以通知的方式作出。

行为人实施的行为未被追认的,善意相对人有权请求行为人履行债务或者就其受到的损害请求行为人赔偿。但是,赔偿的范围不得超过被代理人追认时相对人所能获得的利益。

相对人知道或者应当知道行为人无权代理的,相对人和行为人按照各自的过错承担责任。

最高人民法院《关于适用〈中华人民共和国民法典〉总则编若干问题的解释》第 27 条 无权代理行为未被追认,相对人请求行为人履行债务或者赔偿损失的,由行为人就相对人知道或者应当知道行为人无权代理承担举证责任。行为人不能证明的,人民法院依法支持相对人的相应诉讼请求;行为人能够证明的,人民法院应当按照各自的过错认定行为人与相对人的责任。

典型案例

高能投资有限公司、峰联国际投资有限公司、沈阳(国际)会展中心有限公司、付某伟居间合同纠纷案①

案情简介:2009 年 12 月 21 日,峰联国际投资有限公司(以下简称峰联公司)作为甲方、高能投资有限公司(以下简称高能公司)作为乙方签订居间合同,约定:甲方有意转让其持有的沈阳(国际)会展中心有限公司(以下简称会展中心)即项目公司全部或者部分股权,继而转让会展中心地块(以下简称项目)开发建设权,甲方委托乙方提供居间和顾问服务。第 1 条"甲方欲转让的标的物及价格":甲方持有的项目公司的全部股权或者部分股权。继而达到项目开发建设权的全部或者部分转让……第 3 条"甲方义务":一旦受让意向方与甲方签订项目公司股权转让合同,并实际支付转让款项后,甲方即应承担向乙方支付服务费的义务。第 4 条"居间服务费":(1)居间服务费的标准:甲方转让了项目公司的全部或部分股权,即应向乙

① (2011)民四终字第 38 号。

方支付基本服务费1600万元。如转让价格即楼面地价高于地上建筑面积1160元/平方米,甲方还应向乙方支付风险提成费,即高于地上建筑面积1160元/平方米的部分的80%;(2)居间服务费的支付办法:甲方与受让意向方签订转让合同,并实际支付相应转让款项(如有定金则包括定金),居间费按该转让合同签订的具体价格和付款进度同比例、同时间、同地点支付……第8条"受让意向方":本合同所称受让意向方为珠海华发实业股份有限公司(以下简称华发公司)及其关联公司……在该合同尾部,甲方峰联公司处未加盖公司印章,法定代表人或委托代理人处由付某伟签字;会展中心处未加盖会展中心公章,法定代表人或委托代理人处由付某伟签字;乙方高能公司处加盖了高能公司印章,并有法定代表人签字。付某伟并非峰联公司或会展中心法定代表人。

2009年12月30日,华发公司竞得项目,并与会展中心合资设立华纳公司、华耀公司,华纳公司与华耀公司于2010年3月8日取得了该地块土地使用证。会展中心于2010年4月6日预付给高能公司"服务费"1550万元。

2010年7月,高能公司起诉,请求判令峰联公司、会展中心、付某伟立即支付给高能公司居间报酬85,435,584.32元及逾期支付报酬期间利息。庭审中,峰联公司确认付某伟签署《居间合同》没有得到其的授权,但对付某伟代表其签订《居间合同》的行为予以追认。此追认距起诉之日已有一个多月。

争议焦点:(1)《居间合同》当事人及合同效力的认定;(2)峰联公司、会展中心、付某伟是否存在违约行为。

裁判理由与结果:《居间合同》委托方为峰联公司,居间事项系为峰联公司与华发公司之间达成会展中心全部或部分股权转让合同提供媒介服务,高能公司未完成其居间工作,无权主张报酬。判决维持原判,驳回诉请。

解题思路

《民法典》第171条第1款、第2款源于原《合同法》第48条,但将"以被代理人名义订立合同"改为"实施代理行为"。第3款、第4款为新增。本案发生于《民法典》颁布之前,应适用原《合同法》第48条,但其分析结论仍然适用于《民法典》第171条第1款、第2款。

一、高能公司与峰联公司是否存在有效居间合同

付某伟并非峰联公司的法定代表人,其签订案涉居间合同这一行为的效力须依据代理规则予以认定。原《合同法》第 48 条规定:行为人没有代理权、超越代理权或者代理权终止后以被代理人名义订立的合同,未经被代理人追认,对被代理人不发生效力,由行为人承担责任。相对人可以催告被代理人在一个月内予以追认。被代理人未作表示的,视为拒绝追认。合同被追认之前,善意相对人有撤销的权利。撤销应当以通知的方式作出。据此,分析付某伟签订居间合同行为的性质和效力,须依如下逻辑展开:付某伟是否构成无权代理。如构成无权代理,则峰联公司是否对其行为予以有效追认。

(一)付某伟是否构成无权代理

无权代理的构成要件为:(1)行为人以他人名义实施法律行为并欲将法律效果归属于他人;(2)行为人无代理权;(3)行为人行为不构成表见代理。付某伟在居间合同尾部甲方峰联公司委托代理人处签字,表明其系为峰联公司实施签订合同这一法律行为。峰联公司确认付某伟未获得其授权签订该居间合同。高能公司未主张付某伟行为构成表见代理,现有案件事实未证明高能公司有合理理由相信付某伟有代理权。故付某伟满足无权代理构成要件,构成无权代理。

(二)峰联公司是否追认付某伟无权代理行为

无权代理行为经被代理人追认,对被代理人发生效力。有效的追认须满足三项条件:有追认行为、在追认期限内、无权代理行为未被撤销。

1. 峰联公司是否有追认行为

追认,为有相对人的意思表示。最高人民法院《〈合同法〉司法解释(二)》(已失效)第 11 条曾规定,追认的意思表示自到达相对人时生效。但通说认为,对话方式作出的意思表示应采了解主义。《民法典》第 137 条明确规定,以对话方式作出的意思表示,相对人知道其内容时生效;以非对话方式作出的意思表示,到达相对人时生效。《民法典》实施后,应适用《民法典》第 137 条规定。

关于追认是否为要式行为,存在一定争议。有观点认为,如被追认的法律行为需要特定形式,原则上追认也需要相应的形式,除非可以认定该追认不采取该形式

不会导致该形式所应发挥的功能落空。[①] 但追认之效果仅在于补正代理权缺失，无权代理人所为法律行为仍须满足其他生效要件方为有效，包括形式要件。因此，追认的形式自由不会导致被追认的法律行为的形式要求功能落空。《民法典》与原《合同法》都未规定追认为要式行为。因此，追认并非要式行为。

本案中，峰联公司庭审中明确表示对付某伟的行为予以追认，该意思表示已生效。

2. 峰联公司追认是否超出期限

无权代理行为于被代理人追认之前，处于效力待定状态。追认与否取决于被代理人，若被代理人迟迟不予追认，合同效力将一直无法确定，这对相对人极为不利。故法律赋予交易相对人以催告权，使其可以推动合同效力尽快确定。

根据原《合同法》第 48 条的规定，本人未追认前，相对人可催告本人追认。无论交易相对人善意与否，皆可进行催告，但催告只能向被代理人作出。对于该条第 2 款第 1 句“相对人可以催告被代理人在一个月内予以追认”，存在两种不同理解。一种观点认为该期限为固定期限，即相对人催告后，被代理人追认期限只能是 1 个月。另一种观点认为，相对人可以自己确定期限，若相对人未自定期限，则追认期限为 1 个月。关于相对人自定期限的限制，有观点主张可长于或短于 1 个月，但应属合理期间。[②] 亦有观点主张应不少于 1 个月。[③] 其理由在于，如相对人给予被代理人更长的期间，对被代理人和相对人并无不利，应允许存在意思自治空间。但是，将催告后的追认期限界定为固定期间不会限制当事人的意思自治。相对人若不急于确定法律关系状态，不进行催告即可，此为其选择自由。而作为准法律行为，催告的法律效果系法定而非意定，催告人只需表达催告之意即可。依此，此处“1 个月”宜解释为固定期间。被代理人于追认期限内未作表示，视为拒绝追认。这不是一种(默示的)意思表示，而是法定的缄默(缄默代替表示)。[④]

---

① 参见纪海龙:《〈合同法〉第 48 条(无权代理规则)评注》，载《法学家》2017 年第 4 期。

② 参见纪海龙:《〈合同法〉第 48 条(无权代理规则)评注》，载《法学家》2017 年第 4 期；韩世远：《合同法总论》，法律出版社 2018 年版，第 298 页；方新军:《无权代理的类型区分和法律责任——〈民法总则〉第 171 条评释》，载《法治现代化研究》2017 年第 2 期。

③ 参见李宇:《民法总则要义：规范释论与判解集注》，法律出版社 2017 年版，第 811 页。

④ 参见[德]卡尔·拉伦茨:《德国民法通论》(下)，王晓晔等译，法律出版社 2004 年版，第 875 页。

本案中，高能公司主张峰联公司自起诉之日起一个多月后才追认已经超出追认期限，应视为拒绝。高能公司起诉是否可视为催告？这里的催告表示了一种意思，即希望对方立即作出表示，否则将导致法律所规定的催告和忽视催告的法律后果。[①] 解释上，应准用意思表示解释规则，要求从本人的视角出发解释催告的表示。高能公司在起诉时将峰联公司与付某伟作为共同被告，系要求峰联公司承担付某伟所为法律行为的后果，并无要求峰联公司对付某伟无权代理行为进行追认之意思，不能视为催告，因此峰联公司自起诉之日起一个多月后予以追认，并未超出追认期限，该追认应为有效。

追认具有溯及既往的效力，即无权代理人所为法律行为之效果自始由被代理人承担。如该法律行为存在其他效力瑕疵，如意思表示错误、欺诈、违背公序良俗等，则应分别依其他效力规则判断，追认仅具有补正代理权缺失之效果。峰联公司已对付某伟行为作出有效追认，付某伟的代理权缺失得到补正，其签订的居间合同中的权利义务应由峰联公司承担。

3. 无权代理行为是否被撤销

根据原《合同法》第 48 条第 2 款的规定，合同被追认之前，善意相对人有撤销的权利。此撤销权，实为撤回其意思表示。因为被代理人追认合同之前，合同尚未生效，无撤销余地。对此处“善意”的界定有两种观点。一种观点认为，此处的善意系指相对人不知且不应知行为人无代理权。理由在于，相对人自愿进入该特定法律行为，本不应出尔反尔，法律赋予其撤销权已属慷慨，不必在撤销权要件上再施慷慨。[②] 另一种观点认为，此处善意仅指不知，即使是因过失而不知亦属于善意范畴。[③]

若将因过失而不知排除于善意范畴之外，则意味着科以相对人审慎注意义务。但被代理人在追认合同之前，对相对人的意思表示并不存在须保护的信赖，而相对人不知行为人无权代理的，不能视为其自愿进入该特定法律行为，故从利益衡量角

---

① 参见［德］卡尔·拉伦茨：《德国民法通论》（下），王晓晔等译，法律出版社 2004 年版，第 711 页。

② 参见纪海龙：《〈合同法〉第 48 条（无权代理规则）评注》，载《法学家》2017 年第 4 期。

③ 参见梁慧星：《民法总论》，法律出版社 2021 年版，第 249 页；李宇：《民法总则要义：规范释论与判解集注》，法律出版社 2017 年版，第 811 页。

度赋予相对人撤销权更为适当。如相对人缔结合同时知道行为人无代理权,则其应承担该合同效力不确定的风险,此为自甘冒险之后果。故此处“善意”应界定为不知,即使因过失而不知,仍属善意。

本案查明事实未表明高能公司知道付某伟无代理权,其应属于善意相对人,在峰联公司追认之前有撤销权,但高能公司并未作出撤销之意思表示。

4. 结论:付某伟无权代理行为已经峰联公司追认,高能公司与峰联公司之间存在有效的居间合同。高能公司起诉请求峰联公司、会展中心、付某伟支付居间报酬及利息,但会展中心仅仅是居间事项涉及的项目公司,并非居间合同的相对方,而付某伟作为代理人亦非合同主体,故该居间合同的主体是峰联公司。

二、峰联公司是否应向高能公司支付居间报酬

根据原《合同法》第 426 条的规定,居间人在促成合同成立后方享有对委托人的报酬请求权。本案《居间合同》第 1 条“甲方欲转让的标的物及价格”第 1 项约定,峰联公司欲转让的标的物为“甲方持有的项目公司的全部股权或者部分股权。继而达到项目开发建设权的全部或者部分转让”。根据合同语句表述,峰联公司欲转让的标的物为其所持有的会展中心的“全部股权或部分股权”,这是“继而达到项目开发建设权的全部或部分转让”的前提条件,所以居间合同约定的居间事项为股权转让。高能公司并未促成峰联公司与华发公司之间达成转让会展中心全部或者部分股权的合同,没有完成居间合同约定的事务,无权要求峰联公司根据《居间合同》第 4 条的约定向其支付报酬。

原《合同法》第 426 条被《民法典》第 963 条所承继,本案若适用《民法典》进行分析,分析结论一致。

三、结论

峰联公司与高能公司之间存在有效的居间合同,但高能公司未完成其与峰联公司之间居间合同约定事务,无权要求峰联公司依据居间合同约定支付报酬。

知识拓展

《民法典》第171条第3款、第4款承继原《民法总则》第171条第3款、第4款，相对于原《合同法》第48条则系新增。关于这两款规定在解释论上争议颇多，主要涉及以下方面。

一、《民法典》第171条第3款的规范含义

《民法典》第171条第3款规定了无权代理人对相对人的责任。但关于其责任构成要件以及责任范围均存在不同观点。

（一）责任构成要件

1. 无权代理人的归责要件。通说认为本款规定了无权代理人的无过错责任。① 但亦有学者主张应对其进行限缩解释，如果无权代理人确因过失（轻过失、重过失）而不知代理权欠缺，那么有承担信赖利益赔偿责任的余地，如果无权代理人既不知代理权欠缺，又无任何过失，即便是信赖利益赔偿责任，亦无须承担。②

2. "善意"的认定。关于《民法典》第171条第3款中的"善意"，一种观点认为，应指不知或因过失不知。在具体论证上，有学者认为，与无权代理责任相比，表见代理未必能提供更大程度的保护，无正当理由改变对相对人的注意义务标准。③ 亦有学者认为，纵然对无权代理和表见代理情形下的善意都采纳不知其无过失的界定标准，无权代理下的"善意"实际上也更容易成立。④ 另一种观点则认为，相对人的善意应指"不知且非因重大过失而不知"，以界分表见代理与狭义无权代理，在意思自治与信赖保护原则之间取得良性平衡。⑤

此处"善意"的界定，涉及无权代理人与相对人之间的风险分配，须较《民法典》第171条第2款中的"善意"采取更严格的界定标准。同时，其涉及与表见代

---

① 参见张家勇：《论无权代理人赔偿责任的双层结构》，载《中国法学》2019年第3期。

② 参见王浩：《论无权代理人的责任——对〈民法总则〉第171条的一种解读》，载《华东政法大学学报》2017年第6期。

③ 参见夏昊晗：《无权代理中相对人善意的判断标准》，载《法学》2018年第6期。

④ 参见张家勇：《论无权代理人赔偿责任的双层结构》，载《中国法学》2019年第3期。

⑤ 参见冉克平：《狭义无权代理人责任释论》，载《现代法学》2020年第2期；迟颖：《〈民法总则〉无权代理法律责任体系研究》，载《清华法学》2017年第3期。

理中善意要件的协调。如上所述,有观点认为,由于无权代理人依然要承担履行责任,因此表见代理为相对人提供的保护并不会比无权代理人赔偿责任更加强大。但现实中被代理人和无权代理人的履行能力状况对比存在各种可能。即使无权代理人能够实际履行,对相对人而言与被代理人的履行仍不能完全等同。例如,与知名企业之间的合作所带来的不仅是合同履行利益,还会获得企业声誉方面的提升。相对人是自己利益的最佳维护者,其通过缔约行为已表明了其对合同主体的选择,法律保护相对人的缔约期待便是对其最佳的保护。在此意义上,表见代理比无权代理所能提供的保护更加强大。因此,无权代理人的赔偿责任中相对人善意应为不知且无重大过失。

(二)无权代理人责任范围

《民法典》第 171 条第 3 款一方面将履行债务与损害赔偿并列,另一方面又对该损害赔偿责任采用学理上限制信赖利益赔偿的规范措辞,导致解释上出现争议。针对无权代理人的责任范围,第一种观点认为,第 3 款将履行债务与损害赔偿相提并论,此损害赔偿当然是指履行利益赔偿。① 有学者进一步提出,此处赔偿范围虽然是履行利益,但不得超过被代理人追认时相对人所能获得的利益。② 第二种观点认为,第 3 款"但书"是指不超过履行利益的限制规则,由此可反推"损害赔偿"仅指信赖利益赔偿。③ 第三种观点认为,第 3 款原则上应为履行利益的赔偿,仅相对人得依具体情况,改依信赖利益主张损害赔偿,且受履行利益限制。④ 第四种观点认为,对本款进行目的性限缩,行为人知道无权代理事实的,善意相对人有权请求其履行债务或赔偿履行利益损失,行为人不知道无权代理事实的,赔偿范围不得超过被代理人追认时相对人所能获得的利益。⑤

① 参见李宇:《民法总则要义:规范释论与判解集注》,法律出版社 2017 年版,第 813 页;冉克平:《狭义无权代理人责任释论》,载《现代法学》2020 年第 2 期。

② 参见张家勇:《论无权代理人赔偿责任的双层结构》,载《中国法学》2019 年第 3 期。

③ 参见李适时主编:《中华人民共和国民法总则释义》,法律出版社 2017 年版,第 536—537 页;殷秋实:《论无权代理人的赔偿责任》,载《法律适用》2016 年第 1 期。

④ 参见张家勇:《论无权代理人赔偿责任的双层结构》,载《中国法学》2019 年第 3 期;韩世远:《合同法总论》,法律出版社 2018 年版,第 307 页。

⑤ 参见方新军:《无权代理的类型区分和法律责任——〈民法总则〉第 171 条评释》,载《法治现代化研究》2017 年第 2 期。

二、《民法典》第171条第4款的规范含义

《民法典》第171条第4款之规定,在比较法上几乎无相似立法例。[①] 对于其规范含义,亦存在不同观点。第一种观点认为,本款属于无权代理人和相对人之间损失分担的规定。但在具体分担规则上,存在不同解释。[②] 第二种观点认为,应将其解释为代理人和相对人对被代理人承担责任的规定。若将其理解为无权代理人和相对人之间损失分担的规定,将和第3款自相矛盾。[③]

延伸阅读

1. 尹田:《民法典总则之理论与立法研究》,法律出版社2018年版。
2. 陈自强:《代理权与经理权之间——民商合一与民商分立》,北京大学出版社2008年版。
3. 韩世远:《合同法总论》,法律出版社2018年版。
4. 张家勇:《论无权代理人赔偿责任的双层结构》,载《中国法学》2019年第3期。
5. 方新军:《无权代理的类型区分和法律责任——〈民法总则〉第171条评释》,载《法治现代化研究》2017年第2期。
6. 纪海龙:《〈合同法〉第48条(无权代理规则)评注》,载《法学家》2017年第4期。
7. 冉克平:《狭义无权代理人责任释论》,载《现代法学》2020年第2期。

---

① 参见方新军:《无权代理的类型区分和法律责任——〈民法总则〉第171条评释》,载《法治现代化研究》2017年第2期。

② 参见方新军:《无权代理的类型区分和法律责任——〈民法总则〉第171条评释》,载《法治现代化研究》2017年第2期;张家勇:《论无权代理人赔偿责任的双层结构》,载《中国法学》2019年第3期。

③ 参见李宇:《民法总则要义:规范释论与判解集注》,法律出版社2017年版,第816页。

30 表见代理

——李某勇与中国农业银行股份有限公司重庆云阳支行储蓄存款合同纠纷案

学理概要

表见代理，是指行为人没有代理权，仍以被代理人名义实施法律行为，相对人有理由相信其有代理权的，代理行为有效。表见代理系基于保障交易安全思想，对善意相对人的合理信赖提供保护。其本质仍为无权代理。被代理人承受代理行为效果后，如有损失，有权要求代理人承担违约或侵权责任。

• 核心法条

《民法典》第 172 条　行为人没有代理权、超越代理权或者代理权终止后，仍然实施代理行为，相对人有理由相信行为人有代理权的，代理行为有效。

最高人民法院《关于适用〈中华人民共和国民法典〉总则编若干问题的解释》第 28 条　同时符合下列条件的，人民法院可以认定为民法典第一百七十二条规定的相对人有理由相信行为人有代理权：（一）存在代理权的外观;(二)相对人不知道行为人行为时没有代理权,且无过失。

因是否构成表见代理发生争议的,相对人应当就无权代理符合前款第一项规定的条件承担举证责任;被代理人应当就相对人不符合前款第二项规定的条件承担举证责任。

典型案例

李某勇与中国农业银行股份有限公司重庆云阳支行储蓄存款合同纠纷案[①]

案情简介:谭某力系中国农业银行重庆云阳支行(以下简称农行云阳支行)工作人员,2009年1月从农行云阳支行云江大道分理处调任寨坝分理处客户经理。谭某力、唐某生、刘某、刘某毅共谋以高额利息揽储名义,利用假存单骗取资金。1月14日,钟某明对李某勇称农行云阳支行存款有高额利息回报,月利率5.5%。当天下午李某勇前往云阳,途中经钟某明介绍认识刘某。1月15日,刘某、刘某毅等人带李某勇到谭某力原农行云阳支行云江大道分理处办公室,向李某勇介绍谭某力是行长,谭某力将事先准备好的承诺书交给李某勇。承诺书载明"我行客户李某勇在我行存入三个月定期存款1000万元整。我行特此作出如下承诺:在三个月内本笔存款不抵押、不查询、不提前支取,并保证存款到期时由我行负责凭李某勇的存单和本承诺书原件兑付该笔1000万元整的存款。特此承诺。中国农业银行云阳支行,二〇〇九年一月十五日"。李某勇看后,谭某力在承诺书上签名,刘某毅加盖私刻的"中国农业银行云阳支行"印章。

后来,谭某力、刘某毅、唐某生将事先仿制的银行存单装入信封内,由谭某力将信封递给银行柜员程某,并对程某说马上来转笔款,程某办完这笔业务后将信封递出来给谭某力。随后,刘某带李某勇到程某的营业窗口。李某勇将身份证和银行卡递给程某。程某依据谭某力指示,从李某勇银行卡上支取1000万元转存到谭某力提供的任某鸣银行卡户上,将取款凭条交李某勇签字,将户名为任某鸣的银行卡

① (2013)民提字第95号。

存款凭条交谭某力签字后,将取款业务回单及李某勇的银行卡、身份证递交给了李某勇,将户名为任某鸣的银行卡1000万元的存款回单、银行卡及之前谭某力交给程某存放的信封一并递给谭某力。谭某力将信封递给李某勇。刘某按5.5%月息转165万元到李某勇的银行卡。

存款期限即将到期,李某勇要取款,谭某力告诉李某勇存单里没有钱。李某勇与唐某生联系,得知被骗。李某勇同意唐某生延期一个月,并收取延期利息10万元。2009年12月2日,李某勇起诉,请求判令农行云阳支行履行储蓄存款合同,兑付到期存单1000万元,并按年利率1.71%支付从2009年1月15日起至本金付清之日止的利息。

争议焦点:(1)李某勇与农行云阳支行之间是否成立储蓄存款合同;(2)农行云阳支行是否应对李某勇的1000万元款项承担兑付义务。

裁判理由与结果:第一,李某勇非善意无过错,谭某力的行为不构成表见代理。李某勇向谭某力作出的存款意思表示不能视为向农行云阳支行作出的意思表示。农行云阳支行并未向李某勇出具储蓄存单。程某递交给谭某力信封的行为不能认定为履行职务行为进而推定农行云阳支行与李某勇之间已经成立了1000万元的定期储蓄合同关系。第二,李某勇所持存单系伪造,该存单所涉1000万元款项未向农行云阳支行交存,双方未成立储蓄存款合同。判决驳回李某勇诉讼请求。

解题思路

一、李某勇与农行云阳支行之间是否成立储蓄存款合同

(一)李某勇是否通过程某与农行云阳支行签订储蓄存款合同

农行云阳支行以程某作为银行柜员,令其处理柜台存储业务,根据交易惯例可以认为农行云阳支行已授予程某代理银行与他人订立储蓄存款合同的代理权。但李某勇在银行柜台并未对程某明确表示要存款,且对谭某力作出的转款到其他银行卡的表意没有异议,并进行了相应的操作,其将银行卡和身份证递给程某的行为不能认为系发出存款意思表示。故李某勇未对作为农行云阳支行代理人的程某发出存款要约。

（二）李某勇是否通过谭某力与农行云阳支行签订储蓄存款合同

李某勇对谭某力作出了存款意思表示，谭某力以农行云阳支行代理人身份出具承诺书予以承诺。关键在于，谭某力代理农行云阳支行与李某勇签订储蓄存款合同的行为是否对农行云阳支行发生效力。

1. 谭某力的行为是否构成无权代理

谭某力虽为寨坝分理处客户经理，但并未以客户经理身份接受李某勇存款意思表示，故无须讨论谭某力作为客户经理的权限。谭某力自称为农行云阳支行行长，但其并非农行云阳支行行长，故属于无权代理。

2. 谭某力的行为是否构成表见代理

本案发生在《民法典》颁布之前，关于谭某力的行为是否构成表见代理应依据原《合同法》第 49 条予以判断。原《合同法》第 49 条为《民法典》第 171 条所承继，故关于原《合同法》第 49 条之分析亦适用于《民法典》第 171 条。依据原《合同法》第 49 条的规定，依次检讨表见代理构成要件。

首先，无权代理。无权代理包括自始无代理权、超越代理权或代理权终止三种情形。谭某力从未担任农行云阳支行行长，系自始无代理权。

其次，代理权外观。此为表见代理客观要件。权利外观是指权利状态存在的表象，可以通过明示、推断的行为或单纯容忍产生。因有权利外观，相对人产生信赖。是否存在权利外观，一般适用和意思表示的确定与解释同样的标准，并以“相关的交易领域的平均水平参加人的理解可能性”作为解释的设想对象。①《德国民法典》第 171 条、第 172 条限定表见代理存在于外部授权或向第三人出示授权书情形。我国亦有学者主张表见代理中权利外观构成须有代理权证书或授权证明。②但是否存在权利外观，是一个解释问题，本人外部授权或授权书系影响解释的有力因素，非必备因素。我国虽然通说主张表见代理系权利外观责任，但实定法未规定须具备本人授权证明或代理权证书，解释上以此为前提尚无依据。无论是否存在授权书或授权证明，代理权外观的认定关键在于，一系列可见事实相互验证，使观察者认为代理权存在。这些事实表达的意思大多应当是无须复杂的分析，可自然

---

① 参见［德］C. W. 卡纳里斯：《德国商法》，杨继译，法律出版社 2006 年版，第 147 页。

② 参见李宇：《民法总则要义：规范释论与判解集注》，法律出版社 2017 年版，第 822 页。

地被人领会的。① 谭某力以行长身份出现在农行云阳支行云江大道分理处办公室这一特定环境内，向李某勇出具承诺书并加盖农行云阳支行公章，承诺书与公章虽系伪造，但未经专业鉴定无法辨识，这一系列事实造成了谭某力具有代理权这一虚假的事实状态。

最后，相对人之合理信赖。此为表见代理主观要件。保护相对人合理信赖是表见代理制度之要义。对合理信赖界定可结合文义解释和体系解释展开。2009 年最高人民法院《关于当前形势下审理民商事合同纠纷案件若干问题的指导意见》（以下简称《审理合同纠纷指导意见》）第 13 条指出，“相对人有理由相信行为人有代理权”的判断标准是“善意且无过失”。《民法典》颁布后，最高人民法院出台了《〈民法典〉总则编司法解释》，其中第 28 条延续了《审理合同纠纷指导意见》中的立场，明确规定“相对人有理由相信行为人有代理权”这一要件应包含代理权外观、相对人不知道行为人行为时没有代理权且无过失。

在具体案件中，须结合具体案情综合判断是否符合“不知且无过失”标准。《审理合同纠纷指导意见》第 14 条指出，“人民法院在判断合同相对人主观上是否属于善意且无过失时，应当结合合同缔结与履行过程中的各种因素综合判断合同相对人是否尽到合理注意义务，此外还要考虑合同的缔结时间、以谁的名义签字、是否盖有相关印章及印章真伪、标的物的交付方式与地点、购买的材料、租赁的器材、所借款项的用途、建筑单位是否知道项目经理的行为、是否参与合同履行等各种因素，作出综合分析判断”。此处“合理注意义务”应属不真正义务，因相对人未尽合理注意，并不影响他人利益，仅自己承担无法主张表见代理的不利后果。

本案中，李某勇在以下方面存在未尽合理注意义务的过失。第一，对谭某力行长的身份未经核实即轻信。李某勇是经刚认识的刘某等陌生人介绍认识“行长”谭某力，谭某力接待李某勇时并未在农行云阳支行办公地点，而是在农行云阳支行云江大道分理处的办公室，作为“行长”的谭某力亲自带李某勇到柜台办理“存款”业务，李某勇因为疏忽，对谭某力作为“行长”不符合常规的做法未产生怀疑。第二，李某勇对存款过程中存在的诸多不合常规操作未产生怀疑。谭某力交给李某勇的承诺书载明，农行云阳支行在三个月存款期内承诺对款项“不抵押、不查询、不提前

① 参见[法]雅克·盖斯旦等：《法国民法总论》，陈鹏等译，法律出版社 2004 年版，第 797 页。

支取”。上述承诺内容均为李某勇作为存款所有权人可以行使的权利,放弃权利的承诺应当由权利人作出。但“农行云阳支行”却对此作出承诺。李某勇应当注意到承诺书内容的不合常理之处。李某勇作为储户应当知道在银行柜台办理业务时,需向柜员表明业务办理事项,却未在柜台交易时作出存款的意思表示。李某勇作为办理过银行存款业务的储户,应当知道存款应当填写存款凭条,存单应当由柜员直接交付储户。李某勇没有填写存款凭条,存单又是放在信封中从银行柜台递出,李某勇因疏忽轻信而未向柜台工作人员核实。第三,李某勇主观上具有违规追求高额利息的故意。钟某明承诺给李某勇每月 5.5% 的高息,换算成年息为 66%,李某勇对如此高的利息未产生怀疑,亦未向农行云阳支行核实。综合以上因素,李某勇并无合理理由相信谭某力有代理权。

综上所述,谭某力代农行云阳支行签订储蓄存款合同的行为并不构成表见代理。

3. 农行云阳支行是否对谭某力的无权代理行为进行追认?本案农行云阳支行未对谭某力的无权代理行为进行追认,谭某力的行为不能依据原《合同法》第 48 条的规定生效。

(三)小结

李某勇与农行云阳支行之间不存在存款储蓄合同。

二、农行云阳支行是否应对李某勇的 1000 万元款项承担兑付义务

李某勇与农行云阳支行之间不存在存款储蓄合同,李某勇所持存单系伪造,该存单所涉 1000 万元款项并未向农行云阳支行交存,故李某勇无权要求农行云阳支行兑付到期存单 1000 万元及支付利息。

知识拓展

一、本人可归责性要件之争

原《合同法》制定过程中,就表见代理责任是否应包含本人过错要件曾存在激烈争议。最终原《合同法》第 49 条仅规定“相对人有理由相信行为人有代理权”这一要件,并为原《民法总则》第 171 条以及《民法典》第 171 条所延续。近年来,越来越多的学者主张引入德国法上本人“可归责性”理论,试图在本人无过

错与过错两端之间寻找本人与相对人的利益平衡点。然而关于如何界定可归责性远未达成共识。国内学者多主张表见代理系权利外观责任。权利外观责任，系与意思自治相独立的责任，其保护的是法律行为之外的信赖。然信赖本身不足以说明对其进行保护的正当性。德国法上关于积极信赖保护的归责原则有诱因说、过错说、风险说三种。[①] 我国学者论述本人可归责性时多未脱离这三种原则范围。其中过错说近年已渐式微，诱因说亦少有人主张，风险说则受到了不少学者支持。[②] 依据风险说，本人的可归责性在于本人风险范围内的因素造成了代理权外观。但是，如何界定风险并不清晰。据此而言，“风险规则原则与具体情形中的结论之间仍存在较为遥远的逻辑距离”[③]。

另有学者主张本人可归责性具有程度之分，归责性应当包含所有可作为归责基础的事由，归责性程度系各归责原则确定的归责性程度叠加，其从弱到强呈现“关联性—危险的引起或强化—过错”的顺序。同时认为，相对人信赖亦具有程度之维。通过比较权衡相对人信赖合理性程度与本人归责性程度，从而在冲突的利益中选择应保护的一方。[④] 权衡说试图实现更精细的价值权衡，但其未指出不同归责原则代表的价值以及每种价值应考虑的关键性因素，导致其所主张的比较权衡缺乏明确的规则，极易损害法律安定性。再者，其主张归责性很大而信赖合理性较弱时，或者归责性较小而信赖合理性程度很高时，均可能构成表见代理，这与表见代理保护交易安全之法理不尽相符。如本人归责性小、信赖合理性较强，则静的交易安全保护与动的交易安全保护必要性皆强。相反，本人可归责性大，静的交易安全保护必要性越弱，信赖合理性较弱，动的交易安全保护必要性亦越弱。此时若认为成立表见代理，将使表见代理成为本人的民事责任而非对交易安全的特别保护规则，有违表见代理制度的基础法理。

---

① 参见冉克平:《表见代理本人归责性要件的反思与重构》，载《法律科学(西北政法大学学报)》2016 年第 1 期。

② 参见杨代雄:《表见代理的特别构成要件》，载《法学》2013 年第 2 期;朱虎:《表见代理中的被代理人可归责性》，载《法学研究》2017 年第 2 期。

③ 朱虎:《表见代理中的被代理人可归责性》，载《法学研究》2017 年第 2 期。

④ 参见叶金强:《表见代理构成中的本人归责性要件:方法论角度的再思考》，载《法律科学(西北政法大学学报)》2010 年第 5 期。

基于上述学说之不足，有学者主张借鉴德国代理权通知、日本代理权证明制度，类推适用意思表示瑕疵规则来认定本人可归责性。[①]《德国民法典》第 171 条规定："以特别方法通知第三人或以公告方法，表示授予代理权于他人者，于前一情形，对于特定之第三人，于后一情形，对于任何第三人，应负授权责任。未以同一表示方式撤回其代理权前，代理权仍有效存续。"第 172 条规定："授权人交付授权书于代理人，且代理人向第三人提示该授权书者，与以特别方法通知其授权者有同一效力。于授权书返还授权人或经宣告无效前，代理权仍有效存续。"在这两种情形下，表见代理责任认定都与代理权通知相关。但这一规则与《民法典》第 172 条相去甚远。《民法典》第 172 条并未将代理权通知作为表见代理构成要件之一，能否以德国法方案来解释《民法典》第 172 条不无疑问。

鉴于本人可归责性认定上的困难，有学者主张借鉴法国法上的表见代理理论，将本人与外观实施之间的关联性，纳入相对人合理信赖因素予以考量。[②] 但由于信赖本身同样面临过于弹性而难以界定的问题，因此将本人可归责性问题纳入信赖范畴，对本人可归责性的界定恐怕并无实质性助益。

二、表见代理效力

如果构成表见代理，相对人是否有权选择主张表见代理或无权代理。德国通说认为，第三人无此选择权。我国台湾地区通说认为相对人有此选择权。例如，黄立教授认为，代理人并非表见代理制度的保护对象，因而第三人若未主张表见代理，代理人不得为此主张，要求被代理人负表见代理之责。[③] 日本学界对此亦存在争议，但司法判例认为相对人有选择权。[④] 大陆学者中持肯定、否定说者各有之，理由与域外见解也大多相同。否定说认为，表见代理终为无权代理，令被代理人负授权之责已是对相对人的特别保护，没有理由再赋予相对人选择

---

① 参见王浩：《表见代理中的本人可归责性问题研究》，载《华东政法大学学报》2014 年第 3 期。

② 参见冉克平：《表见代理本人归责性要件的反思与重构》，载《法律科学（西北政法大学学报）》2016 年第 1 期。

③ 黄立：《民法总则》（修订 4 版），2005 年自版发行，第 402 页。转引自朱庆育：《民法总论》，北京大学出版社 2013 年版，第 362 页。

④ 参见［日］山本敬三：《民法讲义（Ⅰ）：总则》，北京大学出版社 2012 年版，第 293 页。

自由,使其获得比有权代理情形下更优越的法律地位。[①] 肯定说认为,如采取否定说将导致相对人无法撤回意思表示、无权代理人受到表见代理规则保护这一系列不妥当后果。还有学者认为,相对人放弃表见代理的请求,改为主张无权代理责任,即表明其放弃了信赖利益,法律应当尊重其选择,况且该选择没有损害本人利益。[②]

肯定说的理由值得商榷。首先,本质上,表见代理中相对人是因为相信本人具有效果意思而为代理行为,使本人承担代理行为效果足以保护其信赖,赋予相对人选择权反而可能引发相对人的投机行为。其次,使相对人无法撤回意思表示、无权代理人受到表见代理规则保护亦非不当后果。在构成表见代理的情形下,使相对人有权撤回其意思表示将破坏原有的利益均衡结构。就代理人角度而言,对相对人承担无权代理责任与对本人承担赔偿损失责任相比,孰优孰劣,因具体案情而异,不能一概认为后者优于前者。再者,否定相对人的选择权不影响其选择自由。在纠纷发生后,相对人可自行决定依据表见代理或无权代理规则提出诉请,其享有实质上的选择自由。[③] 若相对人依表见代理规则提出诉请却无法证明其主张,则由代理人承担无权代理责任。综上所述,否定相对人选择权更符合利益均衡之要求。

延伸阅读

1. [德]维尔纳·弗卢梅:《法律行为论》,迟颖译,法律出版社 2013 年版。
2. [德]C. W. 卡纳里斯:《德国商法》,杨继译,法律出版社 2006 年版。
3. 朱庆育:《民法总论》,北京大学出版社 2013 年版。
4. 杨芳:《〈合同法〉第 49 条(表见代理规则)评注》,载《法学家》2017 年第 6 期。

---

① 参见朱庆育:《民法总论》,北京大学出版社 2013 年版,第 361—362 页。
② 参见王利明:《民法总则研究》,中国人民大学出版社 2018 年版,第 683 页。
③ 参见朱庆育:《民法总论》,北京大学出版社 2013 年版,第 362 页。

第八章

民事责任

31 正当防卫

——吴某故意伤害附带民事诉讼纠纷案

学理概要

当权利人遭到他人不法侵害或者权利不能实现时，法律应当加以保护。权利人可以诉诸公权力，由司法机关依据法定程序排除侵害或者实现权利，此为公力救济；当权利人在情况危急之际，无法请求国家干涉时，法律例外允许其在必要的范围内进行自力救济。在民法上，自力救济分为自卫行为与自助行为，其中自卫行为分为正当防卫与紧急避险。

正当防卫是指行为人为使自己或者他人免于遭受现时的不法侵害所为之防卫行为，在不超过必要程度的范围内，行为人不负损害赔偿责任。就构成要件而言,其包括:(1)正当防卫必须针对第三人的不法侵害行为实施,该侵害行为的对象不限于正当防卫人本人,也包括第三人,该侵害行为所侵害的客体为本人和第三人的民事权益;(2)不法侵害行为须正在发生,此为正当防卫的时间要求;(3)须针对不法侵害人本人实施,而不能扩及其他人;(4)防卫行为须在必要限度内,符合比例原则之要求。

• 核心法条

《民法典》第 181 条　因正当防卫造成损害的,不承担民事责任。

正当防卫超过必要的限度,造成不应有的损害的,正当防卫人应当承担适当的民事责任。

典型案例

吴某故意伤害附带民事诉讼纠纷案①

案情简介:孙某、李某曾是 A 饭店职工。某日二人与张某密谋,计划将与几人有嫌隙的尹某带到旅馆关押两天,并扬言要在尹某身上留下记号。某日凌晨 3 时许,三人强行破门进入 A 饭店员工宿舍。孙某直接走到尹某床头,李某站在尹某室友吴某床边,张某站在宿舍门口。孙某掀开尹某被子欲将其强行带走,遭拒绝后,便殴打尹某并扯开其睡衣致其胸部裸露。吴某下床劝阻,孙某转身殴打吴某,一把扯开吴某的睡衣致其胸部裸露,后又踢打吴某。吴某顺手从床头柜上摸起一把刃长 14.5 厘米、宽 2 厘米的水果刀将孙某的左上臂划伤并试图逼退孙某。孙某边后退边踢打吴某,李某则从桌上拿起一把长 11 厘米,宽 6.5 厘米,重 550 克的铁挂锁欲砸吴某,吴某即持刀刺向李某,李某当即倒地。吴某见李某倒地,惊悚片刻后跑出宿舍给饭店经理拨打电话。公安机关于当日凌晨 4 时 30 分在案发地点将吴某抓获归案。经鉴定,李某左胸部有 2.7 厘米的刺创口,因急性失血性休克死亡。

本案检察机关认为:被告人吴某因琐事故意伤害公民身体健康,且致人死亡,

① 摘自《最高人民法院公报》2004 年第 11 期。

其行为已构成故意伤害罪。被害人李某虽与孙某一同进入宿舍，但未对尹某、吴某实施伤害行为，其拿锁欲击打吴某是为了制止孙某和吴某之间的争斗；且吴某当时有多种求助的选择，而李某等人的行为也没有达到严重危及吴某等人人身安全的程度，危害后果尚未产生，故吴某持刀扎死李某的行为不属于正当防卫。

本案附带民事诉讼原告人李某某（李某父）、张某某（李某母）诉称：被告人吴某的行为致其儿子死亡，应当赔偿丧葬费、赡养费、死亡赔偿金等共计人民币181,080元。

争议焦点：公民对深夜非法闯入住地，暴力伤害其本人和他人者采取防卫行为，造成不法侵害人死亡的，是否应承担民事责任。

裁判理由与结果：北京市海淀区人民法院认为，吴某持刀刺伤李某的行为是对严重危及人身安全的暴力行为实施防卫，无论从防卫人、防卫目的还是从防卫对象、防卫时间看，吴某的防卫行为都是正当的，没有超过必要的限度，据此判决被告人吴某无罪，且不承担民事赔偿责任。一审宣判后，北京市海淀区人民检察院提出抗诉，附带民事原告人李某某、张某某也以原判认定的主要事实不清、吴某的行为不属于正当防卫为由提出上诉，请求改判吴某承担刑事责任和民事赔偿责任。二审审理期间，北京市人民检察院第一分院认为北京市海淀区人民检察院的抗诉不当，决定撤回抗诉。北京市第一中级人民法院查明的事实与一审相同，经审查认为本案事实清楚，证据确凿，一审根据本案事实、证据作出的宣告吴某无罪并且其不承担民事赔偿责任的刑事附带民事判决，适用法律正确、审判程序合法，应当维持。据此，北京市第一中级人民法院裁定驳回李某某、张某某的上诉，维持原审附带民事部分判决；准许北京市人民检察院第一分院撤回抗诉。

解题思路

本案中，李某已经死亡，现李某的父母李某某、张某某请求吴某承担民事赔偿责任，是否存在相应的请求权基础。通常而言，直接受害人为侵权请求权人，但在被侵权人死亡时，其近亲属得根据《民法典》第1181条第1款第1句请求侵权人承担侵权责任。本案中，李某已死亡，因此应予检视的是死者李某父母李某某、张某某对吴某的侵权请求权。李某某、张某某对吴某的请求权基础可能是吴某的过错侵权责任(《民法典》第1181条第1款第1句结合第1165条第1款)。但本案情形涉及加害人吴某正当防卫情形的判断。《民法典》第181条第1款规定之正当防卫可阻却防卫行为违法性,为防御规范。①

相关法条:《民法典》第1181条第1款第1句:“被侵权人死亡的,其近亲属有权请求侵权人承担侵权责任。”《民法典》第1165条第1款:“行为人因过错侵害他人民事权益造成损害的,应当承担侵权责任。”

一、请求权是否产生

李某父母李某某、张某某可能可以根据《民法典》第1165条第1款结合第1181条第1款第1句的规定请求吴某承担侵权责任。

该请求权成立须满足下列要件:受害人的损害事实既已发生(李某已死亡)且请求权人是受害人李某的近亲属;存在吴某的加害行为;吴某的行为与损害事实间具有因果关系;吴某的行为具有不法性;②吴某具有过错;吴某具有责任能力,不存在其他免责事由。下文逐一检视之。

(一)受害人死亡与近亲属关系

须审查受害人死亡的损害事实是否既已发生且请求权人是否是受害人的近亲属。本案中,受害人李某因急性失血性休克死亡,存在损害事实。请求权人李某某、张某某是受害人李某的父母。此处近亲属的范围应当适用民法(实体法)上的规定。根据《民法典》第1045条第2款的规定,配偶、父母、子女、兄弟姐妹、祖父母、外祖父母、孙子女、外孙子女为近亲属。因此李某某、张某某是李某的近亲属。该项要件满足。

---

① 参见吴香香:《请求权基础:方法、体系与实例》,北京大学出版社2021年版,第112页。

② 我国《民法典》第1165条未正面规定违法性要件,有民法学者认为在强化对受害人救济的责任法语境下,违法性要件功能弱化,侵权责任中的损害或者过错要件可以吸收违法性判断。参见王利明:《我国〈侵权责任法〉采纳了违法性要件吗?》,载《中外法学》2012年第1期。本案例分析将行为不法性作为独立的检视要件。正当防卫要求针对“不法侵害”进行防卫,可作为不法性阻却事由。田土城和杨婧指出,“在侵权责任构成要件问题上,应当透过现象看本质,《侵权责任法》第六条虽然没有明确规定‘违法性’要件,但是其运用了让侵权人承担侵权责任的方式对其行为做出否定性评价,这一方式在客观上既不是由于该行为违反了实定法,也不是因为它违反了公序良俗,而是因为侵害了他人的民事权益,侵害民事权益本身就是违法,因此,‘违法性’要件存在于条文之中,是承担侵权责任的要素之一”。参见田土城、杨婧:《过错与违法性关系辨析》,载《国家检察官学院学报》2012年第3期。

（二）加害行为

本案中，吴某持刀刺伤李某，存在加害行为，该项要件满足。

（三）因果关系

须审查吴某的行为与损害事实间是否具有因果关系。此处应检视侵权责任成立的因果关系，分为条件性（Äquivalenz）与相当性（Adäquanz）两个层次。一为条件性，即若无此行为即无此结果。本案中，若无吴某持刀刺伤李某的行为，李某就不会受伤，也就不会因急性失血性休克而死亡[必要条件理论（conditio sine qua non）]，条件性满足。因此，吴某的加害行为与李某的死亡间具有事实上的因果关系。二为相当性，即基于一个处在行为人地位的最优的观察者（ein optimaler Beobachter）所可能认识到的情况，判断原因是否为相当的，即判断是否通常有此行为即有此结果，而非难得一有、极为罕见、依据事物通常的发展不可能发生的情形，目的在于排除因果关系较远的事件。① 吴某持一把刃长 14.5cm、宽 2cm 的水果刀刺向李某胸部致其失血死亡，并非“难得一有、极为罕见、依据事物通常的发展不可能发生的情形”，因此，相当性满足。吴某的加害行为与李某的死亡间具有的事实上因果关系可上升为法律上的因果关系。该项要件满足。

（四）违法性

侵害他人权益的行为原则上可推定为具有违法性（Rechtswidrigkeit），但法律规定了某些可阻却加害行为违法性的事由（Rechtfertigungsgrund），如正当防卫、紧急避险、不可抗力、第三人过错、受害人同意与自愿承受危险等。② 若加害行为的违法可能性被阻却，则该行为是一个客观合法行为。若不存在违法性阻却事由，则加害行为就具有了完整意义上的客观违法性，构成客观违法行为。③ 对此，本案中应予讨论的焦点问题是吴某的行为是否构成正当防卫而阻却其违法性。正当防卫是

① 参见朱岩：《当代德国侵权法上因果关系理论和实务中的主要问题》，载《法学家》2004 年第 6 期。

② 本书对侵权责任的认定采取四要件，将“正当防卫”“紧急避险”视为违法性阻却事由，可阻却侵权责任构成要件。但应注意，违法性阻却事由并不等于免责事由，阻却了违法性也不当然意味着不需要承担责任，如公平责任的例外。日本学者吉村良一认为，从否定违法性的立场来看，这些事由不是违法阻却事由，而仅仅是正当化事由或者称为侵权行为责任阻却事由。参见[日]吉村良一：《日本侵权行为法》，张挺译，中国人民大学出版社 2013 年版，第 42 页。

③ 参见陈裕琨：《分析法学对行为概念的重建》，载《法学研究》2003 年第 3 期。

法律所规定的一种公民自我决定权的具体实现方式,系指行为人对于现时的不法侵害,为保护自己或者他人的权利,而在必要限度内所为的防卫行为。其主客观构成要件共有三组:须存在客观上发生现时不法侵害(gegenwärtiger rechtswidriger Angriff)的防卫情状(Notwehrlage);行为人须实施不逾越必要限度的防卫行为(Notwehrhandlung);行为人主观上须有防卫意思(Verteidigungswille)。

1. 防卫情状

(1)不法侵害行为(rechtswidriger Angriff)

防卫所针对之行为必须是"人"所做出之积极"不法行为"(作为),对正当行使权利的行为不得进行防卫,对不具有必须自卫紧迫性的消极行为(不作为)亦不得进行防卫。防卫所针对之行为必须是人类行为,因为动物或非生命物体不具有行为的质量,没有行为的意愿。[①] 本案中,李某等三人计划将尹某强行带到旅馆关押,孙某更要在尹某身上留下记号,三人均有非法拘禁或强奸尹某的犯罪意图。案发当日深夜,李某等三人深夜强行进入女工宿舍,严重侵犯了住宿人的合法权利。孙某掀开尹某被子,要强行带离尹某,并殴打尹某;在吴某上前劝阻时,孙某又转身殴打、踢踹吴某,并将吴某睡衣扯开,致吴某上身裸露。当孙某被吴某持刀逼退后,李某又举起长11厘米、宽6.5厘米、重550克的铁锁欲砸吴某。对李某的行为,不应解释为是为了制止孙某与吴某之间的争斗。在进入女工宿舍后,主要由孙某实施对尹某、吴某人身权利的侵害和侮辱行为,李某和张某围立一边,虽未对吴某实施揪扯、殴打,但李某是遵照事前的密谋,与孙某、张某一起于夜深人静之时闯入女工宿舍的,其行为足以使吴某因感到孤立无援而产生极大的心理恐慌。因此,李某在举铁锁欲砸吴某之前,并非纯粹的旁观者,而是参与孙某不法侵害的共同侵害人,其举铁锁欲砸吴某的行为,更非劝架行为,而是对吴某的继续加害,其既有侵害吴某的故意,亦有侵害他人的客观行为。李某的行为不具备违法性阻却事由,属于不法侵害行为。

(2)侵害的现时性(Gegenwärtigkeit)

正当防卫所针对之不法侵害行为,须已经着手并且正在持续,具有现时性。[②]

---

① 参见朱庆育:《民法总论》,北京大学出版社2013年版。

② vgl. Brox/Walker, Allgemeiner Teil des BGB, 34. Aufl., 2010, Rn. 694.

具体来说,在行为人采取防卫行为的时刻,若侵害行为尚未发生或者侵害行为已经结束,则现时侵害并不存在,行为人没有必要通过实施自卫行为进行私力救济,而应求诸公力救济。在防卫行为与侵害行为之间,必须具有"紧密的时间关联"(enger zeitlicher Zusammenhang),若防卫行为过早或过晚,以致其与侵害行为间存在明显的时间间隔,则构成防卫不适时,或称"防卫时间上过当",包括"过早的时间上过当"或"过晚的时间上过当"两种情形。本案中,吴某阻止孙某殴打、侮辱尹某的行为,目的显然是避免尹某继续遭受不法侵害。吴某在自己遭受孙某的殴打及侮辱后,情急间顺手从床头柜摸到一把水果刀刺伤孙某,逼迫孙某后退,显然是为了保护自身免受进一步的侵害。由此可见,李某在举铁锁欲砸吴某之前,吴某已经具有明确的防卫认识和防卫目的,在吴某持刀正在逼退孙某时,孙某并无明确放弃不法侵害的意思表示,围观的李某、张某也未主动离开女工宿舍,因此,吴某持刀逼退孙某的过程仍属于正当防卫进行中,防卫对象仍然是孙某、李某等三人。此时,李某举铁锁欲砸吴某,针对的是正在防卫过程中的吴某,其目的是制止吴某的正当防卫行为,并非制止不法侵害行为。李某举铁锁欲砸吴某,是其先行侵害行为的继续,危害了吴某的生命安全与身体健康。吴某举刀反击,从击退孙某至刺伤李某,始终针对的是正在进行的现时不法侵害,其防卫行为与侵害行为间存在紧密的时间关联,防卫适时。

2. 防卫行为

(1)为防卫自己或他人的合法权利

行为人为正当防卫,一般须为防卫自己或他人的生命、身体、自由、财产权。对于侵害名誉、肖像、姓名的行为,则宜采用公力救济,而不应适用正当防卫。保护他人权利,亦可成立正当防卫,且此处之"他人"并不限于行为人之亲友。本案中,侵害人孙某进屋后即对尹某进行殴打、撕扯,后又对吴某殴打、撕扯,李某在旁围观,直至举锁欲砸向正在实施防卫行为的吴某,其行为对吴某及第三人尹某的人身安全造成威胁。因此,吴某用刀刺伤李某的行为是为防卫自己或他人的合法权利。

(2)未逾越必要限度

存在疑问的是,吴某用刀刺伤李某致死的行为是否逾越了正当防卫的必要限度。此处必要限度的衡量标准是防卫行为可避免的损害与防卫行为对侵害人所导致的损害在客观上的相当性。[①] 如前所述,正当防卫是行为人面对不法侵害的自卫行为,其目的是遏制或减小不法侵害行为的侵害后果,因此防卫行为应受到必要性限制,不得随意扩大对侵害人的损害。所谓“逾越必要限度”的过当防卫行为,是指被侵害人在面临不法侵害时采取的防卫行为不符合必要性(Erforderlichkeit)的要求,即其在适当的、多种可供选择的防卫手段中,未选择对侵害人损害最小的防卫方式。德国刑法理论的通说认为,必要性包括两层含义:第一,针对侵害行为的防卫行为必须是有用的(die Eignung);第二,在同时存在多种防御可能性时,要选择最为温和且不与自身损害的直接危险相联系的防卫行为。本案中,吴某于夜深人静之时和孤立无援之地遭受了孙某等人的殴打和欺辱,身心处于极大的屈辱和恐慌中。此时,一直围观的李某又举起铁锁向其砸来。面对这种情况,吴某使用手中的刀子进行防卫。毫无疑问,吴某的防卫行为针对李某用铁锁砸向自己的行为是有用的。存在疑问的是,吴某的行为是否是同时存在的多种防御可能性中最为温和的一种防御方式,如果不是,是否因此可认定其行为逾越了必要的防卫限度?如果采用客观事后标准进行判断,吴某用刀刺向使用锁头进行侵害的李某,似乎并不是对李某损害最小的防卫方式,但因此认定吴某的防卫逾越了必要限度又未免过于苛刻。吴某于深夜时刻、孤立无援之地与舍友一起遭受了一名异性的殴打、欺辱以及两名异性的围观,身心正处于极大的屈辱和恐慌中。此时,李某又举起铁锁向其砸来。面对这种情况,要求吴某放弃其用刀刺伤李某而慎重选择更温和的防卫方式,相当于要求她在最终确定侵害的危险程度前,冒着防卫不足受到更严重损害的风险,这没有考虑到侵害发生的时间、地点和具体侵害的情节等客观因素。因此,防卫行为必要性的判断应当以一个理性第三人处于被侵害人的情境中在侵害发生时客观上可认识的所有事实作为基础。[②] 本案中,吴某使用手中的刀子对李某进行防卫,未逾越必要限度。

需要补充说明的是,根据德国法相关理论,并非每个必要的防卫行为都是应当的,正当防卫行为还应当符合“应当性”(Gebotenheit)标准,即正当防卫行为受到“社会道德限制”。例如,远方的路人 B 正在盗窃 A 果园里的苹果而其处于 A 的射

---

① 参见李宇:《民法总则要义:规范释论与判解集注》,法律出版社 2017 年版,第 867 页。

② vgl. Wessels/Beulke, StGB AT, Rn. 337.

击范围之内,射击是 A 唯一可以保护自己财产权的方式时,但当防卫行为所保护的法益(A 对苹果所拥有的财产权)和所损害的法益(B 的生命健康权)在价值上“极端失衡”(krasses Missverhältnis)时,即使 A 向 B 射击的防卫行为具备必要性,也是违法的,因为其不符合“应当性”标准,违背基本的社会道德认知。①

3. 防卫意思

防卫意思即防卫人为防卫行为是为了防卫自己或者他人权利的意思,这要求防卫人必须知道自己或者第三人之法益正遭受侵害,即具备进行正当防卫的防卫情状,而且主观上基于防卫的目的而做出防卫行为。如果客观上符合正当防卫情状,却缺乏防卫人的“防卫意思”,则构成“偶然防卫”,不可阻却防卫行为的违法性。本案中,吴某显然主观上知道自己和尹某的合法权利正遭受孙某等人的不法侵害,且出于制止李某将锁头砸向自己等不法侵害、保护自己的意思而用刀刺向李某,具备防卫意思。

综上所述,吴某的行为构成正当防卫,构成违法性阻却事由。据此,可认定吴某的防卫行为阻却其加害行为的违法性。

(五)过错

至于吴某是否具有故意或重大过失(行为人过错)②则因第四项要件不满足而不必再检视。需要补充说明的是,所谓“故意”(Vorsatz)为“构成要件故意”,即行为人对客观不法的构成要件有所认知,决意实现法律所规定构成要件的主观心态,包括认识要素与意愿要素两个方面。过失(Fahrlässigkeit),是指行为人对侵害他人民事权益的结果的发生,应当注意或者能够注意却未注意的一种心理状态。在完成客观违法性要件认定后,应对主观有责性(Verschulden)要件进行认定。若加害行为客观违法的同时又违反了由主观法律秩序所确定的法律义务,则可认定实施加害行为的法律主体具有法律上的过错,即责任构成要件中的主观有责性要件得以认定。有学者认为,我国法上侵权责任的各种免责事由,本质上都是加害人没有过错的情形,阻却违法事由的概念意味出现了法定的免责事由之后,就表明行为不

① 参见石家慧:《德国刑法中的正当防卫制度》,载《中国应用法学》2018 年第 6 期。

② 德国法学家耶林将罗马法上的 injuria(违法)概念一分为二,提出了主观不法与客观不法的观念。客观不法就是违法性,即违反法律规范且无法律认可的事由,而主观不法就是过错,即行为人故意或过失致人损害的态度。

具有违法性,即违法性阻却事由也可阻却过错。[①]

本案中,吴某刺伤李某的行为构成加害行为,而该行为因构成正当防卫而不具有违法性,故李某的父母李某某、张某某对吴某的民事侵权赔偿请求权不成立。

二、请求权是否消灭

请求权未成立,不必再检视权利消灭抗辩。

三、请求权是否可以执行

请求权未成立,不必再检视权利阻止抗辩(抗辩权)。

四、结论

李某某、张某某对吴某的民事侵权赔偿请求权不成立,不可根据《民法典》第1181条第1款第1句结合第1165条第1款的规定请求吴某承担侵权赔偿责任。

延伸阅读

1. 周友军:《民法典中的违法阻却事由立法研究》,载《四川大学学报(哲学社会科学版)》2018年第5期。
2. 杨立新:《民法总则规定民事责任的必要性及内容调整》,载《法学论坛》2017年第1期。
3. 王骏:《违法性判断必须一元吗?——以刑民实体关系为视角》,载《法学家》2013年第5期。
4. 张明楷:《正当防卫的原理及其运用——对二元论的批判性考察》,载《环球法律评论》2018年第2期。
5. 张平华:《民法典侵权责任编应处理好的三对关系》,载《财经法学》2018年第6期。

① 参见王利明:《我国〈侵权责任法〉采纳了违法性要件吗?》,载《中外法学》2012年第1期。

32 紧急避险

——田某诉青龙公司紧急避险损害赔偿纠纷案

学理概要

紧急避险也是民法上自卫行为的重要类型，但我国民事法律没有对紧急避险进行具体定义，要把握《民法典》第182条中“紧急避险”的含义，必须求助于《刑法》第21条的规定。紧急避险系指行为人为避免本人或者他人生命、身体、自由或者财产上的急迫危险所为之行为，该行为通过攻击他人法益以转嫁风险，在必要程度内，不负赔偿责任或者减轻责任。

与正当防卫的核心思想不同的是，如果说正当防卫是基于以合法对不法（Recht gegen Unrecht），那么紧急避险就是以合法对合法（Recht gegen Recht），必然涉及利害冲突而须做出利益衡量（Güterabwägung），最终两害相权取其轻。紧急避险行为一般可阻却违法性，不对损害负赔偿义务。我国立法根据不同的危险来源，即险情是由他人引起或自然原因引起情况，分别作出规范；德国立法则根据避险行为针对的对象，将紧急避险细分为防御型紧急避险（《德国民法典》第228

条）和攻击型紧急避险（《德国民法典》第904条）。

- **核心法条**

《民法典》第182条　因紧急避险造成损害的，由引起险情发生的人承担民事责任。

危险由自然原因引起的，紧急避险人不承担民事责任，可以给予适当补偿。

紧急避险采取措施不当或者超过必要的限度，造成不应有的损害的，紧急避险人应当承担适当的民事责任。

典型案例

田某诉青龙公司紧急避险损害赔偿纠纷案①

案情简介：本案原告田某承包的A村的四个鱼池位于被告青龙公司的墙外。被告青龙公司是一家缝纫制品企业，其车间存有大批布匹、衣料。某年1月6日夜接近24时，被告生产车间因电路短路而发生火灾，该市公安消防总队×区中队（以下简称消防队）在1月7日凌晨0时1分接到报警后，于0时31分赶到火灾现场进行扑救，因救火车所带水量不够，即用其中一辆消防车将水管直接送入相邻的原告田某承包的四个鱼池的北数第二个鱼池中破冰取水，至火被扑灭，从该鱼池取水持续40分钟，取水量约25立方米。同年3月，天气逐渐转暖，冰层融化，田某在该鱼池中饲养的10万尾鲤鱼苗全部死亡，浮到水面上，造成经济损失。而未抽水的其他3个鱼池没有大量死鱼现象。原告曾多次找有关单位及被告，均未得到解决。×区水产养殖服务中心技术人员李某证实：在一般条件下，鲤鱼苗成活率在80%以上，根据本地区的一般饲养条件，鲤鱼苗每亩产量在1500千克，每千克销售价格在6元左右。

争议焦点：本案中，消防队为了青龙公司的利益而采取避险行为，造成第三人田某利益损害，田某得向谁请求何种赔偿？

---

① 改编自北京市第二中级人民法院民事判决书，（2004）二中民终字第3145号。

裁判理由与结果：本案一审法院认为，被告青龙公司因电路短路失火，消防队采取紧急避险行为为被告救火，从原告田某的鱼池中破冰取水，造成原告鱼池中饲养的鲤鱼苗死亡的事实清楚，证据充分。对因此给原告造成的经济损失被告作为受益人应当承担赔偿责任。被告青龙公司辩解原告的鱼死亡是因为鱼生病等，未能提供相关证据。法院不予采信。原告要求被告赔偿损失60,000元，请求赔偿额过高，法院根据当地在一般饲养条件下鲤鱼苗的产量及销售价格，酌情确定。最终，一审法院判决被告青龙公司赔偿原告田某经济损失45,000元，于判决生效之日起10日内付清。被告青龙公司提起上诉，本案二审法院经审理后判决驳回上诉，维持原判。

解题思路

我国《民法典》规定之紧急避险分为人的原因引起的和自然原因引起的，前者是指因为行为人引发了险情，进而产生的紧急避险。本案可予以检视的是：(1)田某对消防队的赔偿请求权；(2)田某对青龙公司的赔偿请求权。田某对消防队的赔偿请求权基础可能为消防队的避险过当行为。若田某得为此赔偿请求，则须其请求权成立、未消灭且可执行。田某对青龙公司的赔偿请求权基础可能为青龙公司的非真正侵权责任。[①] 本案涉及紧急避险情形的判断。《民法典》第182条规定因紧急避险造成损害的，由引起险情发生的人承担民事责任，即将民事责任分配给了引起险情发生之人，也可阻却避险行为违法性，也为防御规范。[②] 下文的请求权基础探寻顺序为：第一，田某对消防队基于避险过当之赔偿请求权；第二，田某对青龙公司的赔偿请求权。

问题1：田某对消防队基于避险过当之赔偿请求权

一、请求权是否产生

田某可能可以根据《民法典》第1165条第1款结合第182条第3款的规定请

① 参见张谷：《论〈侵权责任法〉上的非真正侵权责任》，载《暨南学报（哲学社会科学版）》2010年第3期。

② 参见吴香香：《请求权基础：方法、体系与实例》，北京大学出版社2021年版，第112页。

求消防队基于避险行为过当而承担赔偿责任。

判断这项请求权是否成立须考察：田某是否存在损害事实；消防队是否做出损害田某利益之行为；消防队之行为与田某的损害事实间是否具有因果关系；消防队之行为是否具有违法性，此处须考察违法性阻却事由，即判断消防队之行为是否成立紧急避险，如若答案是肯定的，那么需要进一步判断其在避险中是否采取了不当措施或者超过必要的限度且造成了不应有的损害，而使其避险行为复具有不法性；消防队是否有过错。下文逐一判断之。

（一）损害事实

本案中，田某在鱼池中饲养的鲤鱼苗全部死亡，造成经济损失，存在损害事实。

（二）损害行为

消防队从田某承包的鱼池中破冰取水灭火，对田某而言存在加害行为。

（三）因果关系

此处须检视因果关系的条件性与相当性两个层次。第一，条件性检测，即在所有其他事态维持不变的假设下，若无此行为即无此结果。本案中，若无消防队从田某承包的鱼池中破冰取水灭火的行为，田某在鱼池中饲养的鲤鱼苗就不会全部死亡。本案中，青龙公司称消防队破冰取水灭火与鱼死亡无因果关系，认为导致鱼死亡的原因有多种，甚至怀疑破冰取水灭火前鱼已经死亡，但未能对其抗辩承担相应的举证责任。事实上，在一般条件下，鲤鱼苗成活率在80%以上，田某承包的鱼池中仅有破冰取水鱼池中的鱼全部死亡，其他3个鱼池无此现象。因此，田某在被破冰取水的鱼池中饲养的鲤鱼苗全部死亡与破冰取水灭火行为具有一定的关联性。因此，条件性满足。消防队的加害行为与田某的损害事实间具有事实上的因果关系。第二，相当性检测。此处应从一个处在行为人地位的“最优的观察者”所可能认识到的情况出发，判断是否通常有此行为即有此结果，而非难得一有、极为罕见、依据事物通常的发展不可能发生的情形。本案中，消防队从田某的鱼池取水持续40分钟，取水量约25立方米，而该鱼池中有大量鱼苗，在此情况下，鱼苗发生大量死亡，并非“难得一有、极为罕见、依据事物通常的发展不可能发生的情形”，因此，相当性满足。消防队的加害行为与田某的损害事实间具有的事实上因果关系可上升为法律上的因果关系。

(四)违法性

通常而言,对于侵害他人权益的行为原则上可推定其具有违法性,但若加害行为的违法可能性被阻却,则该行为是一个客观合法行为。对此,本案中应予讨论的焦点问题是消防队破冰取水灭火的行为是否构成紧急避险而其违法性被阻却。此处应注意紧急避险与正当防卫的差别。就紧急避险行为,从性质上讲,有学者视其为违法性阻却事由,有学者视其为责任阻却事由。[①] 与指向违法行为的防卫行为不同,避险行为指向他人的合法利益,无疑会使第三人直接蒙受损失。但在两个合法权益发生冲突而只能二者留存其一的情境下,法律允许为了保全较大的利益而牺牲较小的合法利益。从主观方面看,行为人的避险行为造成的损害后果是为了保全更大的合法权益而不得已导致;从客观上说,行为人的避险行为虽然造成了一定的损害,但却保全了更大的利益,整体上不具有社会危害性而阻却违法。

我国《民法典》第182条规定了紧急避险可阻却加害行为之违法性。紧急避险,是指为避免自己或者他人人身或者财产上的急迫危险,而在必要限度内做出损害他人利益的行为。其主客观构成要件共有三组:须客观上存在避险情状;行为人须实施不逾越必要限度的避险行为;行为人须主观上出于避险意思。

1. 避险情状

紧急避险所谓的"危险"是一种在具体情况下发生危险的可能性,危险的来源可以是人的行为,也可以来自自然。此危险须具有现时(gegenwärtig)性,即对法益存在迫在眼前的危害。此外,还有一种未涵盖于"现时"危险的"持续性危险"(Dauergefahr),这类危险对法益损害的威胁持续存在,但无法确定该危险究竟何时会转化为实际损害。此类持续性危险也可被认定为"急迫"的危险,因为判断急迫危险的决定性标准不是损害是否立即发生,而是立刻采取避险行为的必要性。如果行为人可以确定,危险在持续存续的时间内一定会发生损害,只有立刻采取避险行为才能避免危险升级为对法益的实际损害,则有立刻采取避险行为的必要。[②] 本案中,青龙公司车间存有大批布匹、衣料,火灾发生后,其生产车间的库存布料很可

---

① 参见刘明祥:《论紧急避险的性质》,载《法学研究》1997年第4期。

② 参见隗佳:《责任阻却性紧急避险的厘清与适用——以受虐妇女杀夫案为视角》,载《法学家》2020年第1期。

能在瞬间被大火吞噬,化为灰烬,如果不及时将火扑灭,其生产车间的财产损失将更加严重,故危险具有急迫性。此外,还须检测危险针对的对象是否适格。行为人须为避免自己或他人人身或财产上的危险而做出避险行为。可以通过紧急避险手段保护的权利,不宜太过宽泛,一般限于财产,以及生命、健康、身体、自由等人身权利,而不及于姓名、名誉等精神性人格权。① 本案中,消防队破冰取水救火是为了避免他人(青龙公司)财产上的巨大损失而做出的,危险针对的对象适格。

2. 避险行为

要求避险行为人应采取"未逾越必要限度"的避险行为。消防队避险行为不当或者超过必要的限度,造成不应有的损害的,田某还可基于《民法典》第 182 条第 3 款的规定请求消防队承担赔偿责任。此处必要限度可包括三层含义:第一,针对危险的避险行为必须是有用的;第二,在同时存在多种避险可能性时,要选择最为温和的避险行为;第三,避险行为客观上须通过利益衡量。有用性要求避险行为对于法益保护而言是有效手段,如果避险行为根本无法排除危险以保护法益,则不是正当的避险行为。本案中,消防队破冰取水可有效扑灭火情,具备有用性。必要性要求避险行为是有效手段中的最小法益侵害手段,即避险行为是在所有能排除危险的手段中,对他人法益而言最为温和、侵害最小的手段。本案中,消防队在火灾发生后及时到达火场,但因火势凶猛,救火车所带水量不够,为了避免火势蔓延给青龙公司造成更大的财产损失,消防队不得不紧急将水管直接送入相邻的原告田某承包的四个鱼池中的一个鱼池中破冰取水。存在疑问的是,消防队采取的破冰取水的行为是对田某法益而言最为温和、侵害最小的手段吗?根据《消防法》第 45 条的规定,消防救援机构在统一组织和指挥火灾现场扑救时,火灾现场总指挥有权根据扑救火灾的需要,决定使用各种水源。由于当时附近没有其他水源,而原告的鱼池与被告厂房只有一墙之隔,如果不采取破冰取水的措施,就无法第一时间获得灭火水源,不足以使青龙公司的合法权益避免现实的正在遭受的急迫危险。消防队选择仅从一个鱼池中破冰取水灭火,已经是为有效保全青龙公司合法权益而对田

① 参见李宇:《民法总则要义:规范释论与判解集注》,法律出版社 2017 年版,第 868 页。也有观点认为,只要属于法益即有保护的必要,不应自始限缩法益的保护种类,而应将法益保护取舍后置于利益衡量检验环节。

某财产权益侵害最小的手段，具备必要性。最后，还须进行利益衡量，此处须考量衡平性与相当性。避险行为须通过衡平性检测，即比较其所保全之利益与所牺牲之利益大小。我国立法未像德国区分“攻击型避险”与“防御型避险”而对利益衡量做出不同要求。① 利益衡量过程中所持的立场为：在为维护更高价值的利益时，牺牲较低价值利益的行为是合法的。② 衡平性检测中的量化公式为：人格利益 > 财产利益，当避险行为所保全之利益（A）－所牺牲之利益（B）>0 时，则该避险行为可视为符合衡平性要求。③ 但需要注意的是，生命是人的最高人格利益，且生命与生命之间不存在“质”与“量”之可量化关系，因此原则上不得以牺牲生命利益作为避险理由。牺牲生命之避险行为，即使为拯救更多生命，亦无法通过衡平性检测。本案中，所涉二者皆为财产利益，可进行量化比较，消防队破冰取水灭火行为所拯救的青龙公司的财产利益显然大于田某鱼池中鱼苗死亡所涉财产利益的损失，符合衡平性要求。相当性要求避险行为本身是正当、正义的。如果避险行为本身不正当，那么即使所保全之利益远大于所牺牲之利益，仍无法阻却该行为之违法性。本案中，消防队破冰取水灭火行为并未违反社会公序良俗、社会公共道德等基础性价值，符合相当性要求。

3. 避险意思

主张紧急避险以阻却违法的避险人还应当在主观上具备避险意思，即其主观上须为了保护自己或者他人之生命、身体、自由或者财产利益的意思，进而做出避险行为。更确切地说，行为人须认识到正面临一个急迫危险，并出自“救助意图”做出一个具有有用性的最小侵害避险行为。本案中，消防队显然主观上希望避免青龙公司的财产损失而选择破冰取水救火，具备避险意思。

消防队破冰取水救火的行为构成紧急避险，且不存在《民法典》第 182 条第 3 款意义上之不当或者超过必要限度的避险行为，构成违法性阻却事由，可认定消防队的避险行为阻却其加害行为的违法性。

---

① 《德国民法典》第 228 条与第 904 条将紧急避险区分为防御型紧急避险和攻击型紧急避险，前者系针对引起危险的物加以损坏或摧毁；后者系对与引发危险无关的无辜第三者实施避险行为。

② 参见劳东燕：《法益衡量原理的教义学检讨》，载《中外法学》2016 年第 2 期。

③ 参见［日］西田典之：《日本刑法总论》，王昭武、刘明祥译，法律出版社 2013 年版，第 113 页。

（五）过错

至于消防队是否具有过错则因第四项要件不满足而不必再检视。

二、请求权是否消灭

请求权未成立，不必再检视权利消灭抗辩。

三、请求权是否可以执行

请求权未成立，不必再检视权利阻止抗辩（抗辩权）。

四、结论

田某不得根据《民法典》第 1165 条第 1 款的规定请求消防队承担侵权责任。消防队之行为成立紧急避险，且其避险行为并非过当，故无须根据《民法典》第 182 条第 3 款的规定承担赔偿责任。

问题 2：田某对青龙公司的赔偿请求权

一、请求权是否产生

根据《民法典》第 182 条第 1 款的规定，因紧急避险造成损害的，由引起险情发生的人承担民事责任。据此，田某可能可以对青龙公司请求赔偿，前提是：本案中须存在紧急避险行为；该紧急避险须造成损害事实；避险行为与损害事实间具有因果关系；青龙公司须为引起险情发生之人。前文已检视，消防队破冰取水灭火的行为构成紧急避险，其避险行为造成鱼苗死亡的损害事实，且避险行为与损害事实间具有因果关系。

学理上，根据危险是否来自被侵害的权益享有者（或者避险方法的不同），紧急避险可分为“防御型紧急避险”和“进攻型紧急避险”，前者损害引发危险之人或其财产，后者损害危险物权利人或引发危险之人以外的无辜第三人的法益，二者分别适用不同的受害人损失分配规则。[①] 我国立法未对二者进行区分，而是根据引发险情的原因确定紧急避险造成的损失分配规则，即人为原因引发险情的受益人承担避险行为造成的全部损失，自然原因引发险情的受益人仅须“适当地补偿”避险行为造成的损失。本案中，明确青龙公司是否为险情引发者可确定其责任范围。值

① 参见王轶：《作为债之独立类型的法定补偿义务》，载《法学研究》2014 年第 2 期。

得讨论的是,是否可以根据电路短路失火认定是由青龙公司引发险情。《消防法》第16条规定:“机关、团体、企业、事业单位应当履行下列消防安全职责:……(四)组织防火检查,及时消除火灾隐患……”本案火灾由电路短路引起,而电路短路是青龙公司疏于检查,未及时消除火灾隐患,消防措施不到位引起的,而非自然原因(如果青龙公司欲抗辩短路系自然原因引起,其应承担相应的举证责任)。因此,青龙公司在本案中是避险行为的受益人,亦是引起险情发生之人。根据《民法典》第182条第1款的规定,因紧急避险造成损害的,由引起险情发生的人承担民事责任。

二、请求权是否消灭

本案不存在请求权消灭事由。

三、请求权是否可以执行

本案不存在阻碍请求权执行的事由。

四、结论

田某可以根据《民法典》第182条第1款的规定要求青龙公司就消防队破冰取水灭火行为造成的全部经济损失承担赔偿责任。

延伸阅读

1. 张谷:《论〈侵权责任法〉上的非真正侵权责任》,载《暨南学报(哲学社会科学版)》2010年第3期。
2. 刘明祥:《论紧急避险的性质》,载《法学研究》1997年第4期。
3. 隗佳:《责任阻却性紧急避险的厘清与适用——以受虐妇女杀夫案为视角》,载《法学家》2020年第1期。
4. 王轶:《作为债之独立类型的法定补偿义务》,载《法学研究》2014年第2期。
5. 刘作翔:《紧急避险:解决权利冲突的制度设计及刑民案例》,载《河北法学》2014年第1期。
6. 周友军:《民法典中的违法阻却事由立法研究》,载《四川大学学报(哲学社会科学版)》2018年第5期。

33 因保护他人民事权益受损时的责任承担与补偿办法

——宋某、刘某见义勇为人受害责任纠纷案

学理概要

见义勇为行为，是指不负有法定职责、法定义务或者约定义务的自然人，为保护国家利益、社会公共利益或者他人的人身、财产安全免遭侵害或者免受损失，冒着较大的人身和财产风险挺身而出制止正在发生的违法犯罪或者抢险、救灾、救人，表现事迹突出的行为。

见义勇为行为符合无因管理的最基本要件要求，在许多大陆法系国家民法中，见义勇为均位列无因管理范畴之中。[①] 如果见义勇为者在防止被救助者民事权益受侵害过程中遭受损害，在救助者和被救助者之间的无因管理法律关系之外还会产生救助者和侵权人之间的侵权法律关系。

《民法典》第 183 条明确规定因见义勇为等情形

① 参见章程：《见义勇为的民事责任——日本法的状况及其对我国法的启示》，载《华东政法大学学报》2014 年第 4 期。

使自己受到人身或者财产损害的，被保护对象可以适当补偿。见义勇为行为人可以向侵权人追究其侵权责任，要求赔偿，而如果没有侵权人或者不能确定侵权人，又或者知道侵权人，但是其根本无力赔偿的，受益人应当予以适当补偿。从文义解释出发，受益的被保护对象对见义勇为者所受损害承担补充性的适当补偿义务，该义务只发生在“没有侵权人、侵权人逃逸或者无力承担民事责任，受害人请求补偿”的情况下。此时，见义勇为者陷入了对其善意行为所致损害的风险之中，基于公平原则，受益人须给予适当补偿。此种适当补偿义务不同于侵权损害赔偿责任，因此不要求被救助人存在过错，但其补偿仅限于救助者在见义勇为行为中所直接遭受的人身或者财产损害。[1]

• **核心法条**

《民法典》第183条　因保护他人民事权益使自己受到损害的，由侵权人承担民事责任，受益人可以给予适当补偿。没有侵权人、侵权人逃逸或者无力承担民事责任，受害人请求补偿的，受益人应当给予适当补偿。

典型案例

宋某、刘某见义勇为人受害责任纠纷案[2]

案情简介：2018年5月2日，刘某的雇员李某在刘某家干活时被机器轧住手指，刘某的邻居听到李某呼喊救命时找到宋某。宋某前去抢救，在抢救过程中刘某家中的传送带突然跳起，将宋某的左手臂轧伤。宋某于当日在哈尔滨市阿城区人民医院住院治疗，被诊断为桡骨左开放性骨折粉碎性、左前臂压伤，于2018年5月7日出院，住院5天，又于当日在哈尔滨市第五医院住院治疗，被诊断为左桡骨开放性骨折，于2018年6月14日出院，住院38天。刘某为宋某支付两次住院治疗费用共计56,527.93元。2018年6月18日，宋某在王玉林西医内科诊所治疗，由刘某

① 参见王雷：《见义勇为行为中受益人补偿义务的体系效应》，载《华东政法大学学报》2014年第4期。

② (2019)黑01民终7014号。

为其支付治疗费3675元。2018年10月21日,刘某为宋某在王玉林西医内科诊所支付药费1500元。2019年4月25日,经一审法院委托哈尔滨工业大学医院司法鉴定中心对宋某伤情进行鉴定,鉴定意见为:(1)被鉴定人宋某左桡骨骨折内固定术后,内固定在位,待内固定物取出医疗终结期满复查后再行评定伤残;(2)支持伤后误工期365日;(3)支持伤后护理期120日,其中住院期间2人护理,出院后1人护理;(4)支持二次手术取出内固定物费用,匡算约需1万元或按实际合理发生额度计算。宋某认为,其与刘某间的纠纷为帮工与被帮工人的纠纷,刘某没有尽到对设备及时维修,保障安全生产的管理责任,导致宋某受伤的结果,故提起诉讼请求刘某赔偿全部经济损失,包括医疗费179.50元、误工费30,926元、护理费26,834.69元、住院伙食补助费4300元、二次手术取内固定物10,000元、交通费1000元、法鉴费2730元,总计75,970.19元。

争议焦点:本案中,宋某因保护他人民事权益而遭受损失时得向谁请求何种救济。

裁判理由与结果:本案一审法院认为,宋某的行为符合见义勇为的基本特征,该案件中没有侵权行为人,刘某作为雇主,其雇员获救减少了刘某的损失。损害补偿价值目标是结果公平,宋某的损害应由刘某适当分担,同时刘某作为被救者李某的雇主及致害机器的所有人,对宋某的损害具有垫付义务。考虑宋某亦可以通过其他途径即农村医疗保险等社会保险、社会救助和国家奖励受到保护,再结合双方的经济状况、受益人的受益范围、受益人于损害的发生有无过错,酌定宋某的财产性损失由刘某补偿50%为宜。宋某认为一审法院认定刘某仅补偿各项损失50%的比例不适用本案,因其目前医治并未结束,无经济能力继续治疗,刘某作为受益人应当承担更多的赔偿责任,提起上诉。二审法院对一审法院认定的事实予以确认,认为宋某与刘某之间不构成帮工与被帮工关系,判决驳回上诉,维持原判。

解题思路

本案应首先厘清宋某与刘某之间是否存在义务帮工关系。民法中的义务帮工是指帮工人自愿、短期、不以追求报酬为目的无偿为被帮工人提供劳务或者服务,且被帮工人没有明确拒绝而发生的一种社会关系。首先,帮工关系的认定以被帮工人对帮工人的指挥为判断标准。如果某种行为形式上构成无偿帮助关系,但是具体的帮助行为却不受被帮工人的指挥,则不能认定为帮工关系。其次,帮工关系的认定应判断帮工活动是否具有明显的劳务性,这要求帮工人为被帮工人提供劳务并完成一定的工作任务或提供一定的劳动成果,即要求帮工人以活劳动的形式为被帮工人提供某种特殊使用价值的劳动,而由用工方为其提供工作环境和工作条件。[①] 本案中,宋某救助李某的行为系自发抢救,并非受刘某之指示完成刘某所要求的工作,不属于提供劳务的范畴,因此宋某与刘某之间不构成帮工与被帮工的关系,宋某的行为亦不属于义务帮工行为。接下来,本案可予以检视的是宋某是否可以根据《民法典》第 183 条第 2 句[②]的规定要求刘某承担损害补偿责任。

一、请求权是否成立

宋某可能可以根据《民法典》第 183 条第 2 句的规定要求刘某承担损害补偿责任。

该损害补偿请求权之成立须满足下列要件:行为人实施了见义勇为行为;见义勇为行为人须因实施该行为而遭受人身和财产损害;见义勇为行为人遭受的损害与实施见义勇为行为有因果关系。

(一)见义勇为行为

须审查行为人是否实施了见义勇为行为。民法语境下的见义勇为行为,是指自然人没有法定或者约定的义务,为保护国家利益、社会公共利益,或者他人人身、财产安全,在紧急情况下实施的防止、制止不法侵害或者抢险救灾的危难救助行为。[③] 本案中宋某的行为构成见义勇为,结合《民法典》第 183 条的规定,应满足以下构成要件:

(1)见义勇为行为人不负有法定职责、法定义务或者约定义务。如果见义勇为行为人在实施保护他人合法权益、国家利益或者社会公共利益的行为时,负有法定

① 参见魏建国、刘文祥:《劳务性不明显的帮忙行为不宜认定为义务帮工——河南南阳中院判决刘建成诉时顺志人身损害赔偿案》,载《人民法院报》2012 年 5 月 24 日,第 6 版。

② 有观点认为此条款为参引规范,可参引无因管理规则,也有观点认为本条款为独立请求权基础。参见吴香香编:《民法典请求权基础检索手册》,中国法制出版社 2021 年版。本书将其作为独立请求权基础处理。

③ 参见王雷:《见义勇为行为中的民法学问题研究》,载《法学家》2012 年第 5 期。

的或者约定的义务,则不属于见义勇为行为。典型的例子如消防员挺身进入火场的灭火行为系其法定职责,即不能视为见义勇为行为。本案中宋某只是被刘某的邻居呼唤而来的第三人,宋某本可置身事外,其解救李某的行为完全系自愿自发,其本身并无解救刘某雇员李某的法定职责、法定义务或者约定义务。

(2)见义勇为行为人实施见义勇为行为是为了保护他人的合法权益、国家利益或者社会公共利益。此为见义勇为的主观要件,即见义勇为行为并非行为人为保护自己的合法权益而实施,而要求行为人的意志是保护他人的民事权益,此处的民事权益并无重大性的要求。本案中,宋某的抢救行为正是为了解救于危险之中的李某,即保护第三人李某的生命健康权,此一行为还间接导致李某的雇主刘某免受财产损失。

(3)见义勇为行为须针对侵害他人合法权益的侵害行为或者他人处于危难的危险事实而实施。见义勇为行为只能对侵害他人财产、人身的正在进行的侵害行为进行制止,或者对正处于危难中的人予以救助,此为见义勇为行为存在的基础。见义勇为一般具有一定程度的对抗性,大多数发生在紧急情况下,[①]如果侵害他人财产、人身的行为和危难事实尚未发生,或者已经结束,则无实施见义勇为行为的必要。本案中,李某在刘某家干活时被机器轧住手指,刘某的邻居听到李某呼喊救命时找到宋某,宋某立刻前去抢救,其抢救行为正是针对第三人李某处于危难的危险事实而实施的,符合见义勇为行为存在的客观基础。

(4)见义勇为行为须为客观上使受益人少受或免受损害的行为。见义勇为行为旨在保障受益人的民事权益,即防止或减少受益人的财产、人身的损害。有学者认为,如果当事人的行为在客观上没有产生防止或减少受益人受到损害的结果,甚至增加了损害,就不能构成见义勇为,不产生因见义勇为受害的特别请求权。[②] 本案中,根据一审中的事实可以看出,宋某的救助行为使李某获救,李某作为刘某雇员获救也减少了刘某的经济损失,因此该救助行为属于客观上使受益人刘某少受损害的行为。

---

① 参见王竹:《见义勇为人受损受益人补偿责任论——以〈民法总则〉第 183 条为中心》,载《法学论坛》2018 年第 1 期。

② 参见杨立新、贾一曦:《〈民法总则〉之因见义勇为受害的特别请求权》,载《国家检察官学院学报》2017 年第 3 期。

综上所述,宋某的行为符合见义勇为行为的构成要件。

(二)损害后果

须审查见义勇为行为人是否因实施该行为而遭受人身和财产损害。见义勇为行为人所受到的损害,包括人身损害与财产损害。如果见义勇为行为人实施见义勇为行为却没有实际造成损害后果,则不足以成立因见义勇为受害的损害补偿请求权。本案中,宋某因实施救助行为被刘某家中突然跳起的传送带轧伤左手臂,造成其左桡骨开放性骨折,花费医疗费若干,可谓遭受了人身与财产损害。第二项要件满足。

(三)因果关系

须审查见义勇为行为人遭受的损害是否与实施见义勇为行为存在因果关系,此处须检视因果关系的条件性与相当性两个层次。

(1)条件性:在所有其他事态维持不变的假设下,若无此行为即无此结果。本案中,宋某若未实施救助李某的见义勇为行为,就不会被刘某家中突然跳起的传送带轧伤左手臂,造成人身、财产损失。因此,条件性满足。宋某遭受的损害与其实施见义勇为行为间具有事实上的因果关系。

(2)相当性:此处应从一个处在行为人地位的"最优的观察者"所可能认识到的情况出发,判断是否通常有此行为即有此结果,而非难得一有、极为罕见、依据事物通常的发展不可能发生的情形。本案中,李某在刘某家干活时被机器轧住手指,处于危险之中,宋某前去救助。此时,刘某家中的机器轧住李某手指显然已经不处于正常运转之中,此时该机器发生零部件突然跳起等进一步事故危险造成他人损害并非"难得一有、极为罕见、依据事物通常的发展不可能发生的情形",因此,相当性满足。宋某遭受的损害与其实施见义勇为行为间具有的事实上因果关系可上升为法律上的因果关系。

因此,因果关系要件满足。本案中也不存在其他权利阻却抗辩,故请求权成立。但仍须进一步明确宋某根据《民法典》第 183 条第 2 句的规定要求刘某承担损害补偿责任的范围。

对见义勇为人所受损害的民法救济大陆法系主要通过适用无因管理来处理,例如德国法上对见义勇为行为人的损害即适用《德国民法典》第 683 条关于无因管理(Geschäftsführung ohne Auftrag)费用的规定。[①] 我国则确立了见义勇为行为人的特别补偿请求权。根据《民法典》第 183 条第 1 句的规定,因保护他人民事权益使自己受到损害的,由侵权人承担民事责任,受益人可以给予适当补偿。根据《民法典》第 183 条第 2 句的规定,没有侵权人、侵权人逃逸或者无力承担民事责任,受害人请求补偿的,受益人应当给予适当补偿。因此,见义勇为受益人的损害补偿责任为补充性的特别责任,[②]即在侵权人对见义勇为行为人所受损害承担民事责任的同时,受益人可以对该损害承担适当的补偿责任,在没有侵权人、侵权人逃逸或者无力承担民事责任时,受益人则应当对该损害承担适当的补偿责任。至于该补偿责任的性质,学界存在不同认知。有学者认为为保护他人而见义勇为,可构成无因管理,因此《民法典》第 183 条与关于无因管理的规定构成竞合,当事人可择一主张权利,管理人因管理行为而使自己遭受损失的,有权将这些损失作为管理费用向受益人请求支付。[③] 有学者虽认可见义勇为人制止侵害的行为属于无因管理,但表示其具有特殊性,应以专门规范对其调整从而使其剥离出一般的无因管理制度。[④] 也有学者认为受益人的补偿责任是由受益人和救助者均无过错情况下的公平责任产生。[⑤] 见义勇为行为在性质上是否构成无因管理,可决定见义勇为人对受益人损害补偿请求权的范围。如果适用一般的无因管理制度,见义勇为人可能就其为管理和服务而支出的必要费用以及在管理、服务中受到的财产和人身损害获得全额赔偿;如果适用独立的见义勇为人受损受益人补偿责任则有可能导致见义勇为人仅能获得适当的补偿而无法获得全面保护。[⑥]

《民法典》中第 121 条是关于无因管理的规定,即"没有法定的或者约定的义务,为避免他人利益受损失而进行管理的人,有权请求受益人偿还由此支出的必要费用"。见义勇为与无因管理有许多共同之处,例如,行为人都是未负法定或约定

---

① 《德国民法典》第 683 条规定:"事务管理的承担符合本人的利益和本人真实或可推知的意思的,管理人可以像受委托人一样,请求偿还其费用。"

② 参见杨立新、贾一曦:《〈民法总则〉之因见义勇为受害的特别请求权》,载《国家检察官学院学报》2017 年第 3 期。

③ 参见李宇:《民法总则要义:规范释论与判解集注》,法律出版社 2017 年版,第 870 页。

④ 参见杨立新:《侵权责任法》,法律出版社 2010 年版,第 157、163 页。

⑤ 参见马俊驹、余延满:《民法原论》,法律出版社 2010 年版,第 1000 页。

⑥ 参见高圣平主编:《〈中华人民共和国侵权责任法〉立法争点、立法例及经典案例》,北京大学出版社 2010 年版,第 299—300 页。

义务的人;行为人都是为维护他人的利益而不是自身利益实施必要的行为。与见义勇为行为"为了保护他人民事权益"而有可能"使自己受到损害"相比较,无因管理行为是为了"避免他人利益受损失"而有可能"支出必要费用",二者只是以"必要费用"和"受到损害"两种不同的方式表述了费用和损失。在认定上,如果主要是费用支出问题,那么一般可认定为管理行为,若无法定或约定义务,则可适用无因管理制度,由受益人偿还支出的必要费用;如果主要是损失补偿问题,那么一般可认定为见义勇为行为,若无法定或约定义务,则可按照《民法典》第 183 条的规定处理。①

本案中,李某因机器故障而陷入危险,此种危险进一步造成了见义勇为人宋某的损害(损失补偿问题)。刘某作为李某的雇主,李某的获救减少了刘某的损失。刘某作为被救者李某的雇主及致害机器的所有人,应承担本案中的损害补偿责任。因损害过程中并无侵权人存在,因此受益人即李某的雇主刘某"应该"而非"可以"承担适当补偿责任。

实践中存在争议的是究竟何为"适当"的补偿。一般来说,受益人的适当补偿责任应当根据其受益范围和受益人的实际负担能力,结合因见义勇为受害的人的实际损失确定。司法实践中会考虑的主要因素包括受益人的经济状况、受益人本地生活标准、对见义勇为行为的激励等。本案中,一方面可考量的因素为宋某的损害可以通过其他途径即农村医疗保险等社会保险、社会救助和国家奖励受到保护;另一方面可结合宋某与刘某双方的经济状况、受益人的受益范围、受益人对损害发生的过错程度,确定刘某对宋某的财产性损失补偿范围。一般而言,司法实务的立场基本都是补偿额在半数左右。至于见义勇为人的精神损害抚慰金补偿尚未在目前的司法实践中获得普遍认可,有学者认为此应当在补偿金中予以体现。② 本案中,对宋某的伤情尚未进行伤残评定,其可待伤残等级确定后,另行向刘某主张权利。二审法院指出,宋某亦可依据《黑龙江省见义勇为人员奖励和保护规定》的规定,依法申报并申请获得政府奖励和补助。

---

① 参见王竹:《见义勇为人受损受益人补偿责任论——以〈民法总则〉第 183 条为中心》,载《法学论坛》2018 年第 1 期。

② 参见王竹:《见义勇为人受损受益人补偿责任论——以〈民法总则〉第 183 条为中心》,载《法学论坛》2018 年第 1 期。

据此,宋某根据《民法典》第 183 条第 2 句的规定要求刘某承担损害补偿责任的请求权成立。

二、请求权是否消灭

本案不存在请求权消灭事由。

三、请求权是否可以执行

本案不存在阻碍请求权行使的事由。

四、结论

宋某可以根据《民法典》第 183 条第 2 句的规定要求刘某就其见义勇为行为遭受的损害承担补偿责任。

延伸阅读

1. 王竹:《见义勇为人受损受益人补偿责任论——以〈民法总则〉第 183 条为中心》,载《法学论坛》2018 年第 1 期。
2. 杨立新、贾一曦:《〈民法总则〉之因见义勇为受害的特别请求权》,载《国家检察官学院学报》2017 年第 3 期。
3. 王雷:《见义勇为行为中的民法学问题研究》,载《法学家》2012 年第 5 期。
4. 章程:《见义勇为的民事责任——日本法的状况及其对我国法的启示》,载《华东政法大学学报》2014 年第 4 期。
5. 王福友:《论见义勇为的侵权法调整》,载《北方法学》2015 年第 1 期。
6. 严桂珍:《见义勇为中加害人、受益人承担赔偿责任的法律依据探析——兼评〈见义勇为人员奖励和保障条例(草案公开征求意见稿)〉第 22 条》,载《政治与法律》2017 年第 12 期。
7. 肖新喜:《我国〈民法总则〉中见义勇为条款与无因管理条款适用关系的教义学分析》,载《政治与法律》2020 年第 6 期。

34 紧急救助人不承担民事责任

——张某某与李某、陈某某、李某某机动车交通事故责任纠纷案

学理概要

紧急救助行为系指无约定或者法定救助义务的自然人,在他人的人身面临重大危险时实施的救助行为。一般情形下,紧急救助行为可纳入无因管理制度进行调整。《民法典》区分见义勇为(第 183 条)与紧急救助行为(第 184 条),单独规定“好人法”,明确规定救助人不承担“重大过失”责任。

自愿紧急救助行为免责规则在比较法上可类比英美法系“好撒马利亚人”的责任豁免规则。“好撒马利亚人”的称谓系借鉴好撒马利亚人寓言,在英美法上指善意救助处于危难中的陌生人的好心人,其核心内容一方面否定了一般救助义务,另一方面承认了对救助人责任的豁免。

我国《民法典》引入自愿紧急救助行为免责规则,其立法意旨在于以法律的形式向社会明示对紧急救助行为人的免责规则,正面引导人们践行“见义勇为”的精神,保护救助者的基本权益。自愿实施紧急救助行

为的免责规则包括四个构成要件:(1)救助人实施救助行为系出于自愿;(2)受助人须处于紧急状态;(3)救助人实施救助行为;(4)救助人的救助行为与受助人的损害之间具有因果关系。

• 核心法条

《民法典》第184条　因自愿实施紧急救助行为造成受助人损害的,救助人不承担民事责任。

典型案例

张某某与李某、陈某某、李某某机动车交通事故责任纠纷案①

案情简介:张某某之子张某(系未成年人)驾驶无号牌两轮摩托车由A县滨江水库往滨江集镇方向行驶,20时许,行驶至滨江避风塘路段时,车辆侧翻,造成摩托车驾驶人张某受伤以及"蓝天"牌摩托车受损的交通事故。事发后,跟随其后同行驾驶无号牌两轮摩托车的被告李某(13岁)见状后,立刻将张某扶至其驾驶的无号牌两轮摩托车往滨江集镇方向行驶(李某驾驶,张某坐在后座),准备到滨江卫生院就医,车辆行驶中途发生侧翻,造成张某送医院抢救无效死亡、李某受伤以及摩托车受损。事故发生后,A县公安局交通巡逻警察大队对张某驾驶无号牌两轮摩托车发生的第一次交通事故作出道路交通事故认定书,认为当事人张某违反《道路交通安全法》有关规定,存在无证驾驶未经登记的机动车上道行驶以及操作不当的交通违法行为,其交通违法行为是导致此次交通事故发生的唯一原因,张某承担此次事故的全部责任。对李某驾驶无号牌两轮摩托车搭载张某发生的第二次交通事故作出道路交通事故认定书,认为当事人李某违反《道路交通安全法》有关规定,存在无证驾驶未经登记的机动车上道行驶、不按规定载人以及操作不当的交通违法行为,其交通违法行为是导致此次交通事故发生的唯一原因,李某承担此次事故的全部责任,张某不承担责任。经查明,事故发生当日,李某之父李某某在停放摩托车

① 案情改编简化自(2018)渝0242民初4469号民事判决书。

时没有取走车钥匙，李某便驾驶该摩托车计划与张某一起前往滨江水库方向接人，李某驾车前饮用过两杯啤酒。事故发生后，市公安局物证鉴定中心对两辆摩托车的车辆传动、行驶、转向、制动系统及照明装置的安全技术性能分别进行了检验鉴定，检验结果显示两辆摩托车在事故前传动、行驶、转向、制动系统及前照灯的性能均有效。法医学尸体检验鉴定书的鉴定意见为：张某系颅脑损伤及腹部闭合性损伤死亡。张某之父张某某提起民事诉讼，诉请人民法院判令被告李某、其父李某某、其母陈某某承担侵权责任，连带赔偿原告（张某交通死亡）本案所涉全部死亡赔偿金、丧葬费、精神抚慰金、交通费。诉讼过程中，原告方明确了是基于第二次交通事故起诉。

争议焦点：本案中，张某父亲张某某请求李某与李某父母承担连带侵权责任，是否存在相应的请求权基础、李某可否因主张救助保护他人民事权益而免于承担责任。

裁判理由与结果：因第二次交通事故只承担一半的损失，李某承担50%的责任，因李某是未成年人，属限制民事行为能力人，李某的父母李某某、陈某某对李某未尽到监护职责，也未举示证据证明李某有自己的财产，故李某的侵权责任应由李某某、陈某某承担。

解题思路

本案中，张某已经死亡，现张某的父亲张某某请求李某及其父母承担民事赔偿责任，是否存在相应的请求权基础？李某系未成年人，属限制行为能力人。关于非完全行为能力人致害的侵权责任，《民法典》第1188条规定：“无民事行为能力人、限制民事行为能力人造成他人损害的，由监护人承担侵权责任。监护人尽到监护职责的，可以减轻其侵权责任。有财产的无民事行为能力人、限制民事行为能力人造成他人损害的，从本人财产中支付赔偿费用；不足部分，由监护人赔偿。”本案应予检视的请求权基础是：（1）张某某对李某的过错责任请求权；（2）张某某对李某某、陈某某的监护人过错推定请求权。

问题1:张某某对李某的过错责任请求权

一、请求权是否产生

张某某可不可以根据《民法典》第1181条第1款第1句结合第1165条第1款的规定请求李某承担基于过错的损害赔偿责任?

该请求权成立须满足下列要件:受害人死亡的损害事实既已发生且请求权人是受害人的近亲属;存在李某的加害行为;李某的行为与损害事实间具有因果关系;李某的行为具有不法性;李某具有过错。

(一)受害人死亡与请求权人的近亲属关系

本案中,受害人张某因颅脑损伤及腹部闭合性损伤死亡,存在损害事实。本案请求权人张某某是受害人张某的父亲。此处近亲属的范围应当适用民法(实体法)上的规定。根据《民法典》第1045条第2款的规定,配偶、父母、子女、兄弟姐妹、祖父母、外祖父母、孙子女、外孙子女为近亲属。因此张某某是张某的近亲属。该项要件满足。

(二)加害行为

须检视行为人李某的加害行为。本案中,李某驾驶无号牌两轮摩托车搭载已经受伤的张某,车辆行驶中途发生侧翻,存在加害行为,该项要件满足。

(三)因果关系

须判断李某的行为与损害事实间是否具有因果关系,此处应检视侵权责任成立因果关系之条件性与相当性。所谓条件性,即若无此行为即无此结果。本案中,若无李某驾驶无号牌两轮摩托车搭载张某并发生侧翻的行为,张某就不会二次受伤,也就不会因颅脑损伤及腹部闭合性损伤而死亡。虽然张某在第一次交通事故中已经受伤,但张某在第一次交通事故中并未立即死亡,在第二次交通事故后仍有生命体征,至医院抢救无效死亡。因此,第二次交通事故必然加剧对张某的人身损害,条件性满足。因此,李某的加害行为与张某的死亡间具有事实上的因果关系。所谓相当性,即从一个处在行为人地位的最优的观察者所可能认识到的情况出发,判断原因是否就后果为相当的,即判断是否通常有此行为即有此结果,而非难得一有、极为罕见、依据事物通常的发展不可能发生的情形,即将因果关系较远的事件排除。[①] 本案中,李某系未成年人,饮酒后驾驶无号牌两轮摩托车搭载已经受伤的张某疾驰在公路上并发生侧翻,导致张某因颅脑损伤及腹部闭合性损伤而死亡,并非"难得一有、极为罕见、依据事物通常的发展不可能发生的情形",因此,相当性满足。李某的加害行为与张某的死亡间具有的事实上因果关系可上升为法律上的因果关系。该项要件满足。

(四)违法性

须审查李某的行为是否具有违法性。侵害他人合法权益的行为原则上可推定具有违法性,除非出现法律规定的违法性阻却事由。有学者指出,《民法典》第 184 条规定的"好人条款"具有两重含义:第一层含义为,自愿紧急救助他人,履行谨慎救助义务,造成受助人损害的,属于有合法理由地损害受助人合法权益,阻却行为之不法性,不承担民事责任;第二层含义为,自愿紧急救助他人,不履行谨慎救助义务,造成受助人损害的,不能阻却救助行为之不法性,属于非法侵犯受助人合法权益,但可宽恕其民事责任。[②] 也有观点将紧急救助行为视为无因管理,指出适法的无因管理具有阻却违法的效力,而不适法的无因管理不具有阻却违法的效力。[③] 本案中显然不存在正当防卫、紧急避险等违法性阻却情形,需要判断的是,李某之行为是否构成可以阻却不法或至少可免除责任的紧急救助行为。

紧急救助行为的构成要件有三:第一,紧急救助行为人不负有救助义务;第二,被救助人处于急迫的危难状态;第三,救助者救助的目的是保护被救助者的合法人身或者财产权益。逐一审查之。

1. 紧急救助行为人不负有救助义务。救助人实施紧急救助的行为,系行为人的自愿行为,而非负有救助义务的行为。救助义务可分为道德义务与法律义务。法律义务衍生之救助义务是基于合同约定或者法律规定,不履行此种救助义务构成不作为侵权,为法律所禁止。我国法律上并不认可一般救助义务,即普通人的一般救助义务并不产生于陌生人之间,仅当救助者与被救助者间存在特殊法律关系、

---

① 参见朱岩:《当代德国侵权法上因果关系理论和实务中的主要问题》,载《法学家》2004 年第 6 期。Brox/Walker, Allgemeines Schuldrecht, München 2009, S. 331.

② 参见陈山:《〈民法总则〉之"好人条款"的刑法问题冷思考》,载《民主与法制》2017 年第 15 期。

③ 参见王泽鉴:《债法原理》(第 2 版),北京大学出版社 2013 年版,第 312—313 页;王利明:《债法总则研究》,中国人民大学出版社 2015 年版,第 516 页。

合同关系、自愿承担或者先行为义务之时，如监护人与被监护人、导游与游客、医生与患者、船员与乘客等特殊关系，才会产生法律上的救助义务。[①] 道德义务所衍生之救助义务不对行为人产生强制，其作为只是行为人品格高尚之印证。本案中，李某与死者张某仅是同行伙伴关系，张某驾驶不当发生交通事故导致自己受伤，并不产生李某对其在法律上的救助义务。该项构成要件满足。

2. 被救助人处于急迫的危难状态。被救助人必须处于急迫的、重大的、常人难以自我克服的危难状态，即救助人若不立刻实施救助，被救助人的人身权利将遭受重大损害。无论被救助人因自身原因而陷于此种急迫危难状态，还是因第三人或自然原因而陷入，都可以适用关于紧急救助的规定。但应当注意的是，此处具体急迫危难应依据社会一般观念进行客观判定，即因救助人陷入错误而假想的急迫危难状态并不适用紧急救助的规定。[②] 本案中，张某遭遇第一次交通事故后身体受伤，其人身权利确实处于十分危险的紧急状态，需要及时送院救治，可认定被救助人处于急迫的危难状态，该项构成要件满足。

3. 救助者救助的目的是保护被救助者的合法人身权益。救助者主观上应当是出于善意，救助的目的是保护被救助者的合法人身权益。为了区分紧急救助与无因管理制度，此处应限定救助人救助行为的对象只能是自然人的人身权利，如果是为了维护国家利益、社会公共利益或者被救助个人的财产利益，则适用无因管理制度。本案中，李某驾驶无号牌两轮摩托车搭载已经受伤的张某前往医院的行为，正是主观上出于善意保护张某人身权益的行为。该项构成要件满足。

4. 研析：救助人不承担责任的限定条件。如果仅根据《民法典》第 184 条的严格文义解释，李某的行为已经满足三个构成要件而可被认定为紧急救助行为。《民法典》为了鼓励见义勇为行为，删除了紧急救助人重大过失的担责情形，可以探讨的是，救助人不承担责任是否可通过对《民法典》第 184 条的体系解释而设定额外的限定条件。本案法院指出，好意救助也应当负有对受助人的人身和财产进行谨慎保护和注意的义务，本案中李某作为未成年人本身救助能力有限，明知自己既饮

---

① 参见关涛：《救助他人行为的私法构造》，载《法学》2017 年第 9 期。

② 参见房绍坤、张玉东：《论紧急救助情形下救助人不承担责任的条件——以〈民法总则〉第 184 条为分析对象》，载《比较法研究》2018 年第 6 期。

了酒又没有驾驶摩托车的资质仍然超载受助人前往医院，不仅违反了道路交通安全法的相关规定，还造成了严重的损害后果，未能达到救人于危难之中的目的，其违法救助行为也非社会主义核心价值观所倡导，其不能仅仅因为主观好意就当然免责，但考虑李某毕竟是出于好意施救的目的，可减轻其侵权责任。笔者认为，本案法院的观点值得赞同，并非救助人自愿实施救助行为都可以阻却救助行为的违法性。因为即使在紧急的危难状态下，救助人仍负有与紧急危难情形相适应的合理注意义务，避免受救助人遭受不应有的损害，如果救助人在救助行为中违反了合理的注意义务，并造成受救助人损害扩大的时候，其行为就具备了违法性，有可能成立侵权责任。① 本案中，李某系未成年人驾驶无号牌两轮摩托车出行已属违法，加之饮酒驾车更使其丧失救助他人的实际能力，在张某受伤后，李某的救助行为应当是立刻呼叫救护车并原地等待或者拦停路过车辆寻求帮助，而非超越自身能力实施不适法的救助行为。

因李某对张某的救助行为不适法，因此不能发生违法阻却效力，也不能根据《民法典》第 184 条的规定免除其全部责任。李某侵害张某人身权益的加害行为已具有完整的客观违法性，构成客观违法行为。

（五）过错

须检视李某是否具有过错。过错系行为人应当且能够预见行为具有加害他人的危险，却未尽必要的谨慎注意义务（Sorgfaltspflicht），丧失其应有的预见性。本案救助者李某虽出于善意，其救助目的也是保护被救助者的合法人身权益，但其作为 13 岁的限制民事行为能力人应当也有能力预见自己作为未成年人酒后驾驶无号牌两轮摩托车且搭载另一受伤乘客很有可能引发交通事故，却因未尽必要的注意义务而丧失其预见性，明显具有过错（重大过失）。该项要件满足。本案不存在权利阻却抗辩，张某某对李某的过错责任请求权成立。

李某的施救行为虽有过错，不构成适法的紧急救助行为，但其毕竟出于善意，以保护被救助者张某的合法人身权益为目的，因此可减轻其侵权责任。此处，须进一步检视赔偿责任范围。如同本案法院认定，本案是多因一果致人损害的机动车

---

① 参见房绍坤、张玉东：《论紧急救助情形下救助人不承担责任的条件》，载《比较法研究》2018 年第 6 期。

交通事故责任纠纷。《民法典》第1172条规定:“二人以上分别实施侵权行为造成同一损害,能够确定责任大小的,各自承担相应的责任;难以确定责任大小的,平均承担责任。”本案两次机动车交通事故均为单方事故,两次事故相互影响,又各自独立,无法区分两次事故对于损害后果的原因力大小,故两次事故应当平均承担责任。鉴于原告张某某明确是基于第二次事故起诉,故原告的全部损失只能计算50%。[①]

因此本案中张某某的请求权范围为其全部损失的50%的基础上酌情减轻李某的侵权责任。本案中,法院又将李某的侵权责任范围减轻50%。最终确定张某某对李某过错侵权赔偿的请求权范围为其全部损失的25%。该笔赔偿费用应从李某本人的财产中支付。不足部分,由其监护人赔偿(《民法典》第1188条第2款)。

二、请求权是否消灭

本案不存在请求权消灭事由。

三、请求权是否可以执行

本案不存在阻碍请求权行使的事由。

四、结论

张某某可以根据《民法典》第1181条第1款第1句结合第1165条第1款的规定请求李某承担基于过错的损害赔偿责任。

问题2:张某某对李某某、陈某某的监护人过错推定请求权

一、请求权是否成立

张某某可能可以根据《民法典》第1181条第1款第1句结合第1165条第1款的规定要求李某某、陈某某承担侵权责任。

监护人责任是指监护人对被监护人致他人损害的事实,基于监护关系之确凿依法对受害人承担的民事责任。监护人责任源于被监护人的侵害事实而非监护人自己的直接加害行为,属于特殊侵权责任,其责任构成、责任形态以及减轻或免除

① 参见(2018)渝0242民初4469号民事判决书。

责任的事由须以明确的法律规范以及监护关系来确定。[①] 有学者认为监护人责任是无过错责任，因为《民法典》第 1188 条第 1 款要求监护人承担责任无须其主观上存在过错，即使监护人尽到了监护职责，被监护人造成了损害，监护人也应承担责任；[②]也有学者认为监护人承担责任是以未尽监护责任为前提的，而未尽监护责任为有过失，因此我国侵权法上的监护人责任的归责原则是过错推定原则。[③] 本书采用监护人责任是过错推定责任的观点。

该请求权若要成立须满足下列要件：

第一，被监护人不法侵害他人。问题 1 中通过张某某对李某的过错侵权责任请求权分析已说明了本案被监护人李某酒后驾驶无牌摩托车搭载张某翻车的行为与张某的死亡间存在因果关系，且具有不法性与过错，构成侵权行为，该项要件满足。

第二，监护人无法证明已经尽到监护职责。需要进一步判断的是，李某的监护人李某某、陈某某是否尽到监护职责。监护人因其身份上特殊性而身负监护职责，负有管教未成年人和无行为能力、限制行为能力的成年人的义务，有责任通过教育、管理等方式减少或者避免被监护人侵权行为的发生。因此未尽其责导致被监护人致人损害的，监护人应当对损害后果承担责任。[④] 本案中，对李某父母是否尽到监护职责的判断，应以正常的理性监护人在同等情形下应尽的注意为依据。[⑤] 李某系未成年人，其饮酒后驾驶无号牌两轮摩托车行为有过错，虽未受到其监护人李某某、陈某某直接的不当指示，但该摩托车既然为李某某所有，李某某自有妥善保管和上牌义务。李某某在停放摩托车时没有取走车钥匙，导致其子李某有机会独自驾驶该摩托车，是李某某疏忽管理。李某系未成年人，毫无交通安全意识，饮酒后仍坚持驾车，可谓李某某、陈某某平日疏于安全教育。据此，可认定李某父母李

① 参见孙玉红：《我国监护人责任规范的反思与再解读》，载《法律科学（西北政法大学学报）》2016 年第 1 期。

② 参见王利明等：《侵权责任法疑难问题研究》，中国法制出版社 2012 年版，第 279 页。

③ 参见杨立新：《侵权责任法》，法律出版社 2012 年版，第 229 页。

④ 参见全国人大常委会法制工作委员会民法室编：《〈中华人民共和国侵权责任法〉条文说明、立法理由及相关规定》，北京大学出版社 2010 年版，第 126 页。

⑤ 参见吴香香：《玻璃娃娃案——以未成年人的责任能力为考察重点》，载张双根等主编：《中德私法研究》（总第 10 卷），北京大学出版社 2014 年版。

某某、陈某某未尽到监护责任,该项要件满足。据此,请求权成立。

就请求权的范围而言,我国民法在构建监护人责任时将其归入“为他人行为负责”的类型之中。[①]《民法典》第1188条规定:“无民事行为能力人、限制民事行为能力人造成他人损害的,由监护人承担侵权责任。监护人尽到监护职责的,可以减轻其侵权责任。有财产的无民事行为能力人、限制民事行为能力人造成他人损害的,从本人财产中支付赔偿费用;不足部分,由监护人赔偿。”也就是说,若被监护人有独立财产且足以负担侵权损失费用,则由其独立承担责任;若被监护人的财产不足以弥补受害人损失,则由监护人承担补充责任;若被监护人没有独立财产支付自己行为所致的侵权损害后果,则由其监护人承担独立责任。可见,我国侵权法上,监护人承担独立赔偿责任的决定性前提是被监护人无独立的个人财产,而非监护人有过错。有观点对此解释为:我国法上监护人无报酬请求权,在监护当中没有任何利益。既然监护人“为他人行为负责”且于监护中又无任何利益,在被监护人有财产时仍然让其承担全部责任,便显不公。“有无财产”的标准是公平责任的适用标准。[②]

二、请求权是否消灭

本案不存在请求权消灭事由。

三、请求权是否可以执行

本案不存在阻碍请求权行使的事由。

四、结论

张某某可以根据《民法典》第1181条第1款第1句结合第1165条第1款的规定要求李某某、陈某某承担侵权责任。本案中张某某对李某过错侵权赔偿的请求权范围为其全部损失的25%,由其监护人李某某、陈某某承担侵权责任(《民法典》第1188条第1款)。该笔赔偿费用可从李某本人的财产中支付,不足部分,由其监护人李某某、陈某某赔偿(《民法典》第1188条第2款)。

---

① 参见薛军:《走出监护人“补充责任”的误区——论〈侵权责任法〉第32条第2款的理解与适用》,载《华东政法大学学报》2010年第3期。

② 参见陈帮锋:《论监护人责任:〈侵权责任法〉第32条的破解》,载《中外法学》2011年第1期。

延伸阅读

1. 关涛:《救助他人行为的私法构造》,载《法学》2017 年第 9 期。
2. 房绍坤、张玉东:《论紧急救助情形下救助人不承担责任的条件》,载《比较法研究》2018 年第 6 期。
3. 王道发:《论中国式"好人法"面临的困境及其解决路径——兼论〈民法总则〉第 184 条的理解与适用》,载《法律科学》2018 年第 1 期。
4. 景光强:《〈民法总则〉中"好人免责条款"的评析与适用》,载《法律适用》2018 年第 11 期。
5. 朱广新:《论未成年人致人损害的赔偿责任》,载《法商研究》2020 年第 1 期。
6. 薛军:《走出监护人"补充责任"的误区——论〈侵权责任法〉第 32 条第 2 款的理解与适用》,载《华东政法大学学报》2010 年第 3 期。
7. 金可可、胡坚明:《不完全行为能力人侵权责任构成之检讨》,载《法学研究》2012 年第 5 期。

35 侵害英烈等的姓名、肖像、名誉、荣誉的民事责任

——杭州市西湖区人民检察院诉瞿某名誉权纠纷案

学理概要

行为人通过侮辱、诽谤或者其他方式侵害英雄烈士等的姓名、肖像、名誉、荣誉，不仅伤害其遗属的感情，也将同时损害社会公共利益，造成恶劣的社会影响，应当承担民事责任。在诉讼主体方面，除英雄烈士等的近亲属有权请求加害人承担民事责任之外，检察机关可以在英雄烈士没有近亲属或者近亲属不提起诉讼的情况下，依法对侵害英雄烈士的姓名、肖像、名誉、荣誉，损害社会公共利益的行为向人民法院提起诉讼。

• 核心法条

《民法典》第185条　侵害英雄烈士等的姓名、肖像、名誉、荣誉，损害社会公共利益的，应当承担民事责任。

典型案例

杭州市西湖区人民检察院诉瞿某名誉权纠纷案①

案情简介：被告瞿某经营一家淘宝网络店铺，该网店销售1款商品名为“搞笑幽默泡妞口号饭店酒吧咖啡馆宣传海报装饰画复古牛皮纸墙贴”的贴画，其中“桔色AA186”贴画印有黄继光舍身堵机枪口的宣传形象，并以较大字体、显著颜色配文“为了妹子，哥愿意往火坑跳！”。2019年9月10日，杭州市西湖区居民王某自该网店购买了5张贴画，其中1张即上述印有黄继光宣传形象及配文的贴画。王某收到贴画后，以被告侵害黄继光的名誉并伤害其爱国情感为由向杭州市西湖区检察院举报。

9月25日，检察院发布公告，通知黄继光近亲属提起民事诉讼。10月14日，黄继光侄子黄某军向检察院出具声明一份，表示黄继光已无近亲属在世，并表明其不对侵权人提起民事诉讼，希望检察院提起公益诉讼。黄继光纪念馆在该声明中加盖了公章。

公告期满后，无任何近亲属提起诉讼。检察院遂向法院提起民事公益诉讼。

争议焦点：被告瞿某是否实施了侵害英雄烈士名誉权的行为以及应承担何种法律责任。

裁判理由与结果：生效判决认为，被告瞿某的行为对英雄烈士名誉造成贬损，且主观上属明知，构成对黄继光名誉权的侵害。同时，被告行为造成恶劣的社会影响，损害社会公共利益，应当承担相应的民事法律责任。英雄烈士没有近亲属或者近亲属不提起诉讼的，检察机关有权依法对侵害英雄烈士名誉、损害社会公共利益的行为向法院提起诉讼。根据我国《民法总则》（已失效）第185条，《英雄烈士保护法》第22条、第25条第2款、第26条，《侵权责任法》（已失效）第2条、第15条，最高人民法院、最高人民检察院《关于检察公益诉讼案件适用法律若干问题的解释》（现已修正）第4条、第7条、第13条，以及《民事诉讼法》第55条（现第58条），最高人民法院《关于互联网法院审理案件若干问题的规定》第2条之规定，判决：

---

① 详见(2019)浙0192民初9763号民事判决书。

(1)被告立即停止侵害黄继光名誉权的行为,即销毁库存、不得再继续销售案涉贴画;(2)被告于本判决生效之日起十日内,在国家级媒体公开赔礼道歉、消除影响(公告刊登的媒体及内容需经法院审核)。逾期不履行,将由法院在国家级媒体刊登判决书的主要内容,所需费用由被告承担。

解 题 思 路

《民法典》第 185 条沿袭原《民法总则》第 185 条。本案发生于《民法典》颁布之前,应适用原《民法总则》第 185 条,但其分析结论仍然适用于《民法典》第 185 条。本案系最高人民法院发布的大力弘扬社会主义核心价值观十大典型民事案例之一,在全国范围内首开向互联网法院提起英烈名誉保护民事公益诉讼的先河,具有法律适用上的典型性。

一、请求权是否产生

检察院可能可以根据原《民法总则》第 185 条的规定享有要求被告瞿某承担民事责任的请求权。

(一)被告瞿某是否应当承担民事责任

1. 黄继光属于英雄烈士

原《民法总则》第 185 条保护的对象限定为"英雄烈士等"。黄继光生前系中国人民志愿军某部通讯员,在抗美援朝战争中为了战斗的胜利,毅然用胸膛堵住疯狂扫射的敌机枪眼,壮烈牺牲。中国人民志愿军追授黄继光烈士为特等功臣,并授予"特级战斗英雄"称号。毫无疑问,黄继光属于原《民法总则》第 185 条规定的受保护主体。

2. 被告实施的行为导致黄继光的人格利益被侵害

原《民法总则》第 185 条适用于侵害英雄烈士的姓名、肖像、名誉、荣誉的情形。除此四种以外的人格利益,不在原《民法总则》第 185 条的保护范围之内。① 第一,名誉是对民事主体的品德、声望、才能、信用等的社会评价,任何组织或者个人不得

① 参见李宇:《民法总则要义:规范释论与判解集注》,法律出版社 2017 年版,第 873 页。

以侮辱、诽谤等方式侵害他人的名誉权(《民法典》第1024条)。本案中,被告瞿某通过网络平台销售对黄继光形象进行亵渎的贴画,并以较大字体、显著颜色配文"为了妹子,哥愿意往火坑跳!",虽然未使用侮辱性的语言,但歪曲"黄继光堵枪眼"这一英雄人物为国献身的事迹及其历史地位,从而明显降低黄继光的英勇形象和精神价值,构成对其个人名誉的侵害。第二,肖像是通过影像、雕塑、绘画等方式在一定载体上所反映的特定自然人可以被识别的外部形象(《民法典》第1018条)。依据最高人民法院观点,只要能够呈现自然人的外部形象,并且可以使他人清楚识别出该外部特征属于某个特定的自然人,那么这种外部形象就属于肖像。[①]鉴于贴画图像部分经查系公开宣传的英雄烈士黄继光舍身堵枪眼的场景,被告瞿某的行为亦对黄继光的肖像造成侵害。但是,被告瞿某通过网络平台销售的贴画并未涉及黄继光的姓名,也未非法剥夺黄继光的荣誉称号或诋毁、贬损其荣誉,不构成对其姓名、荣誉的侵害。综上所述,被告实施的行为导致黄继光的人格利益被侵害,应当适用原《民法总则》第185条予以调整。

3.被告主观上具有过错

被告瞿某作为中华人民共和国公民,应当崇尚、铭记、学习、捍卫英雄烈士,不得侮辱、诽谤英雄烈士的名誉。其通过网络平台销售对英雄烈士形象进行亵渎的贴画,显属明知。尤其是被告瞿某多年从事网店销售活动,应当知道图片一经发布即可能被不特定人群查看,商品一经上线便可能扩散到全国各地,但其仍然在网络平台发布、销售贬损英雄烈士名誉的贴画,具有主观过错。

4.被告行为损害了社会公共利益

黄继光的事迹及其精神已经获得全民族的广泛认同,是中华民族共同记忆的一部分,是中华民族精神的内核之一,也是社会主义核心价值观的重要内容。而民族的共同记忆、民族精神乃至社会主义核心价值观,无论是从我国的历史来看,还是从现行法上来看,都已经是社会公共利益的一部分。[②] 被告瞿某在网络上发布、销售侮辱和诋毁"黄继光"的贴画,其行为足以使不特定的社会公众浏览并进行传

---

① 参见最高人民法院民法典贯彻实施工作领导小组主编:《中华人民共和国民法典人格权编理解与适用》,人民法院出版社2020年版,第237页。

② 参见黄薇主编:《中华人民共和国民法典释义及适用指南》(上册),中国民主法制出版社2020年版,第610页。

播和购买,其影响范围通过互联网媒介已经扩散。其行为已经超出了文学艺术创作的自由,不仅侵害了英雄烈士的名誉人格权益,也在一定范围和程度上伤害了英雄烈士事迹及精神所体现的社会公众的民族和历史情感,造成了恶劣的社会影响,构成对社会公共利益的侵害。

5. 结论:被告瞿某应当承担民事责任。

(二)检察院是否为提起诉讼的适格主体

1. 黄继光近亲属的原告主体资格

最高人民法院《关于审理名誉权案件若干问题的解答》(2020 年失效)第 5 条曾对侵害死者名誉诉讼的原告范围作出解答:"死者名誉受到损害的,其近亲属有权向人民法院起诉。近亲属包括:配偶、父母、子女、兄弟姐妹、祖父母、外祖父母、孙子女、外孙子女。"最高人民法院《关于确定民事侵权精神损害赔偿责任若干问题的解释》(2020 年修正)第 3 条亦有类似规定:"死者的姓名、肖像、名誉、荣誉、隐私、遗体、遗骨等受到侵害,其近亲属向人民法院提起诉讼请求精神损害赔偿的,人民法院应当依法予以支持。"2018 年《英雄烈士保护法》第 25 条第 1 款规定:"对侵害英雄烈士的姓名、肖像、名誉、荣誉的行为,英雄烈士的近亲属可以依法向人民法院提起诉讼。"可见,死者人格利益保护的请求权人为死者的近亲属。黄继光近亲属尚在世的,按照上述司法解释,该近亲属等同于一般民事主体的受害人,有权对被告瞿某提起民事诉讼。

2. 检察院的原告主体资格

检察院依据原《民法总则》第 185 条要求被告瞿某承担民事责任,取决于特别法的授权。2018 年《英雄烈士保护法》第 25 条第 2 款规定:"英雄烈士没有近亲属或者近亲属不提起诉讼的,检察机关依法对侵害英雄烈士的姓名、肖像、名誉、荣誉,损害社会公共利益的行为向人民法院提起诉讼。"最高人民法院、最高人民检察院《关于检察公益诉讼案件适用法律若干问题的解释》(法释〔2018〕6 号)第 13 条规定:"人民检察院在履行职责中发现破坏生态环境和资源保护、食品药品安全领域侵害众多消费者合法权益等损害社会公共利益的行为,拟提起公益诉讼的,应当依法公告,公告期间为三十日。公告期满,法律规定的机关和有关组织不提起诉讼的，人民检察院可以向人民法院提起诉讼。”①由此可见，检察院要求被告瞿某承担民事责任需具备两大前提：第一，黄继光不存在近亲属或近亲属不提起诉讼；第二，必须依法经过30日公告。本案中，检察院在收到举报后依法发布公告，通知黄继光近亲属提起民事诉讼。之后，黄继光侄子黄某军向检察院出具声明表示黄继光已无近亲属在世，希望检察院提起公益诉讼；公告期满后，也无任何近亲属提起诉讼。故检察院对被告瞿某提起公益诉讼于法有据，也符合法定的条件与程序。

3. 结论：检察院有权提起诉讼，要求被告瞿某承担民事责任。

（三）被告瞿某应承担民事责任的类型与范围

原《民法总则》第185条并未明确规定侵害英烈人格进而损害社会公共利益的行为应该如何承担责任。因此，本案应依据原《侵权责任法》第15条规定确定侵权责任的承担方式。② 其中，由于起诉时被告瞿某的行为正在进行，故应立即停止其侵害行为；由于被告瞿某的行为主要侵害黄继光的名誉，故应当承担赔礼道歉、消除影响、恢复名誉的民事责任，具体适用根据侵害行为所造成的影响和名誉受损的后果来决定。

二、请求权是否消灭

本案不存在请求权消灭事由。

三、请求权是否可以执行

本案不存在阻碍请求权执行的事由。

四、结论

杭州市西湖区人民检察院可以根据原《民法总则》第185条的规定要求被告瞿某承担停止侵害、赔礼道歉、消除影响的民事责任。

---

① 该司法解释于2020年修正，修正后第13条第2款规定：“公告期满，法律规定的机关和有关组织、英雄烈士等的近亲属不提起诉讼的，人民检察院可以向人民法院提起诉讼。”第3款规定：“人民检察院办理侵害英雄烈士等的姓名、肖像、名誉、荣誉的民事公益诉讼案件，也可以直接征询英雄烈士等的近亲属的意见。”

② 原《侵权责任法》第15条第1款规定：“承担侵权责任的方式主要有：（一）停止侵害；（二）排除妨碍；（三）消除危险；（四）返还财产；（五）恢复原状；（六）赔偿损失；（七）赔礼道歉；（八）消除影响、恢复名誉。”《民法典》第179条第1款规定：“承担民事责任的方式主要有：（一）停止侵害；（二）排除妨碍；（三）消除危险；（四）返还财产；（五）恢复原状；（六）修理、重作、更换；（七）继续履行；（八）赔偿损失；（九）支付违约金；（十）消除影响、恢复名誉；（十一）赔礼道歉。”

知识拓展

英雄烈士等相关人格利益的保护

一、保护对象的认定

依据全国人民代表大会常务委员会法制工作委员会的说明,《民法典》第185条保护的对象"英雄烈士等",包括为了人民利益英勇斗争而牺牲,堪为楷模的人,还包括在保卫国家和国家建设中做出巨大贡献、建立卓越功勋,已经故去的人。[①] 此处存在两大争议问题:第一,"英雄烈士"究竟分属于两个不同概念,抑或同一概念。第二,"等"字内涵如何理解。

对于第一个问题,有不同观点。一种观点认为,英雄和烈士是两类主体,"英雄"范围较广且并非法律概念,而"烈士"则可依据《烈士褒扬条例》[②]及《军人抚恤优待条例》[③]等行政法规予以认定。[④] 由此可见,英雄也可能是活着的英雄。另一种观点则认为,"英雄"仅为"烈士"的修饰词,[⑤]不仅实务中大多数判决中的

---

① 参见黄薇主编:《中华人民共和国民法典释义及适用指南》(上册),中国民主法制出版社2020年版,第608页。

② 《烈士褒扬条例》(2019年第二次修订)第8条规定:"公民牺牲符合下列情形之一的,评定为烈士:(一)在依法查处违法犯罪行为、执行国家安全工作任务、执行反恐怖任务和处置突发事件中牺牲的;(二)抢险救灾或者其他为了抢救、保护国家财产、集体财产、公民生命财产牺牲的;(三)在执行外交任务或者国家派遣的对外援助、维持国际和平任务中牺牲的;(四)在执行武器装备科研试验任务中牺牲的;(五)其他牺牲情节特别突出,堪为楷模的。现役军人牺牲,预备役人员、民兵、民工以及其他人员因参战、参加军事演习和军事训练、执行军事勤务牺牲应当评定烈士的,依照《军人抚恤优待条例》的有关规定评定。"

③ 《军人抚恤优待条例》(2019年修订)第8条规定:"现役军人死亡,符合下列情形之一的,批准为烈士:(一)对敌作战死亡,或者对敌作战负伤在医疗终结前因伤死亡的;(二)因执行任务遭敌人或者犯罪分子杀害,或者被俘、被捕后不屈遭敌人杀害或者被折磨致死的;(三)为抢救和保护国家财产、人民生命财产或者执行反恐怖任务和处置突发事件死亡的;(四)因执行军事演习、战备航行飞行、空降和导弹发射训练、试航试飞任务以及参加武器装备科研试验死亡的;(五)在执行外交任务或者国家派遣的对外援助、维持国际和平任务中牺牲的;(六)其他死难情节特别突出,堪为楷模的。现役军人在执行对敌作战、边海防执勤或者抢险救灾任务中失踪,经法定程序宣告死亡的,按照烈士对待。批准烈士,属于因战死亡的,由军队团级以上单位政治机关批准;属于非因战死亡的,由军队军级以上单位政治机关批准;属于本条第一款第六项规定情形的,由中国人民解放军总政治部批准。"

④ 参见李宇:《民法总则要义:规范释论与判解集注》,法律出版社2017年版,第873页。

⑤ 参见戴明镜、董津函:《英烈认定问题的若干思考》,载《中国检察官》2022年第9期。

保护对象系经国务院民政部门审查评定的“烈士”，[①]且从《英雄烈士保护法》的文义解释出发，第 25 条第 1 款所述“英雄烈士的近亲属可以依法向人民法院提起诉讼”本身已排除了英雄烈士自行提起诉讼的情形，意即默认“英雄烈士”已去世，如果其还在世，则无须采用该款维护自身利益，自可转而依据原《侵权责任法》提起诉讼。[②] 对此问题，本文支持前一种观点。若采后一种观点，无疑可避免对“英雄”认定的泛化。但是，从更为契合《英雄烈士保护法》制定目的、更能传承弘扬英雄烈士精神与爱国主义精神主旨的角度出发，将英雄与烈士作为并列概念加以理解，并以社会成员通常观念认定之，更有利于保护其民事利益，进而更有利于保护社会公共利益。只不过，为避免“英雄”认定被泛化进而随意适用《民法典》第 185 条，在实践中也应当将“英雄”限缩解释为已经身故的英雄。[③]在世的英雄不受本条规范，可适用《民法典》人格权编相关规定主张其权利。

对第二个问题，“等”字作为兜底，其指向人员不明。但依据同类解释规则，“等”字应当是与英雄、烈士类似的人，是全社会的共同追求与精神标杆。由此，未被相关机构评定或者认定为英雄、烈士，但同样为保护中华民族整体利益、社会公共利益、国家利益，或为社会主义建设作出巨大成就、贡献的人员，[④]也属于《民法典》第 185 条所规范保护的对象。

二、英雄烈士人格利益保护的双重进路

英雄烈士人格利益的保护，本质上即死者利益的保护。《民法典》第 994 条为死者提供民事主体人格权延伸保护，死者的姓名、肖像、名誉、荣誉、隐私、遗体等受到侵害的，其配偶、子女、父母有权依法请求行为人承担民事责任；死者没有配偶、子女且父母已经死亡的，其他近亲属有权依法请求行为人承担民事责任。单纯就对英雄烈士个人人格利益的侵权来说，其救济的途径是民法上的普通侵

---

① 参见袁明扬、陈林林：《〈民法典〉“英烈条款”的司法适用及完善——基于 52 份英烈人格保护判决的分析》，载《法律适用》2022 年第 6 期。

② 参见刘颖：《〈民法总则〉中英雄烈士条款的解释论研究》，载《法律科学（西北政法大学学报）》2018 年第 2 期。

③ 参见刘颖：《〈民法总则〉中英雄烈士条款的解释论研究》，载《法律科学（西北政法大学学报）》2018 年第 2 期。

④ 参见中国审判理论研究会民事审判理论专业委员会编著：《民法典总则编条文理解与司法适用》，法律出版社 2020 年版，第 360 页。

权之诉。因此,英雄烈士的近亲属尚在世的,自可依据《民法典》第 994 条的规定请求加害人承担民事责任。此外,依据最高人民法院《关于确定民事侵权精神损害赔偿责任若干问题的解释》(2020 年修正)第 3 条之规定,死者的姓名、肖像、名誉、荣誉、隐私、遗体、遗骨等受到侵害,其近亲属还可起诉请求精神损害赔偿。

同时,英雄烈士人格利益的保护具有特殊性。英雄烈士一部分人格利益因为受到人们的尊崇与认可,而在社会发展的过程中逐渐转化为一种民族精神与价值导向,而另一部分涉及私人领域的人格利益,仍存在于英烈本身。从内容构成上看,在英雄烈士名誉、荣誉之上附有两种法益:一是作为英雄烈士个人人格权益及其近亲属的追思利益的私法益;二是附着于英雄烈士名誉、荣誉之上的公共利益即国家客观文化法益。侵害英雄烈士的人格利益本身与侵害社会公共利益密切相连,当侵权对象指向背后的公共利益即国家客观文化法益,此时就需要特别保护。所谓特别保护并不是特殊化,而是按照国家权益属性和内容进行分类保护而已,其实现方式是公益诉讼。① 这也是原《民法总则》及《民法典》中特别规定"英烈条款"以及"损害社会公共利益"的意义所在。

在适用上,英烈保护的私益诉讼规则和公益诉讼规则具有如下差异:第一,请求权人存在差异。《民法典》第 994 条将死者利益救济的请求权主体限定为死者的配偶、子女和父母;没有配偶、子女和父母的,才涉及兄弟姐妹等其他近亲属。依据最高人民法院、最高人民检察院《关于检察公益诉讼案件适用法律若干问题的解释》(2020 年修正)第 13 条第 2 款、第 3 款规定,英雄烈士近亲属于公告期满不提起诉讼的,检察院可以向人民法院提起诉讼;检察院也可以直接征询英雄烈士近亲属的意见。第二,保护客体不一致。从《英雄烈士保护法》第 25 条及《民法典》第 185 条来看,我国英雄烈士人格保护制度的客体仅包括英雄烈士的姓名、肖像、名誉、荣誉。但依据《民法典》第 994 条保护的死者利益除上述四种之外,还包括死者的隐私、遗体等。可见,英雄烈士人格利益保护的范围明显小于死者利益保护的范围。英雄烈士的隐私、遗体等受侵害的,权利人仍可通过最

① 参见杨清望:《国家客观文化法益的法理分析及其法律保护——以英雄烈士权益保护为切入点》,载《法制与社会发展》2022 年第 4 期。

高人民法院《关于确定民事侵权精神损害赔偿责任若干问题的解释》(2020 年修正)相关规定及《民法典》第 994 条进行救济,但应注意二者在请求权主体及权益保护范围上的不一致。

延伸阅读

1. 王利明:《人格权法》(第 2 版),中国人民大学出版社 2016 年版。
2. 李宇:《民法总则要义:规范释论与判解集注》,法律出版社 2017 年版。
3. 黄忠顺:《英烈权益诉讼中的诉讼实施权配置问题研究——兼论保护英雄烈士人格利益的路径选择》,载《西南政法大学学报》2018 年第 4 期。
4. 朱晓峰:《论一般人格权条款与具体人格权条款的规范适用关系》,载《比较法研究》2021 年第 3 期。

第九章

时　效

36　普通诉讼时效、最长权利保护期间

——黄某安、广西旭日航空实业股份有限公司等民间借贷纠纷案

学理概要

诉讼时效，在表述德国和台湾地区相应制度时往往称为消灭时效，是指权利人怠于行使权利持续至法定期间届满，罹于时效的请求权人即应承受不利益的法律制度。

• 核心法条

《民法典》第188条　向人民法院请求保护民事权利的诉讼时效期间为三年。法律另有规定的，依照

其规定。

诉讼时效期间自权利人知道或者应当知道权利受到损害以及义务人之日起计算。法律另有规定的，依照其规定。但是，自权利受到损害之日起超过二十年的，人民法院不予保护，有特殊情况的，人民法院可以根据权利人的申请决定延长。

典型案例

黄某安、广西旭日航空实业股份有限公司等民间借贷纠纷案[①]

案情简介：2015年12月2日，广西旭日工程有限公司（以下简称旭日公司）、广西来华工程项目管理有限公司（以下简称来华公司）、广西来宾旭航教育投资有限公司（以下简称旭航教育公司）共同与黄某安签订《借款协议》，约定三公司向黄某安借款1600万元，借款期限十天，从2015年12月2日至2015年12月11日。同日，黄某安汇款1600万元到《借款协议》指定的收款账户，三公司向黄某安出具借据。但三公司一直未能将借款归还给黄某安。2016年9月15日，广西旭日航空实业股份有限公司（以下简称旭日航空公司）、广西蓝天航空职业学院（以下简称蓝天学院）、洪某旭、广西旭日昇贸易有限公司（以下简称旭日昇公司）、广西旭航工程有限公司（以下简称旭航公司）等五方作为甲方与黄某安作为乙方签订《债务代偿协议书》，约定："一、甲方同意，如广西旭日工程有限公司等各债务人未归还乙方全部债务的，就未能偿还部分（含本金、利息、迟延履行期间债务利息、律师费、诉讼费等）由甲方偿还。二、甲方的债务加入行为不免除原各债务人的还款责任。"

2016年10月，黄某安向法院起诉，要求旭日公司、来华公司、旭航教育公司偿还拖欠黄某安的债务。案件审理过程中，各方达成调解，柳州市鱼峰区法院作出（2016）桂0203民初3822号民事调解书，确认三被告于2016年10月30日前向黄某安付清借款本金和利息。

民事调解书生效后，旭日公司、来华公司、旭航教育公司未履行调解书确定的义务，黄某安向法院申请强制执行，由于没有可供执行的财产，柳州市鱼峰区法院

① （2021）最高法民再346号。

于2017年4月22日作出(2016)桂0203执2080号之五执行裁定,终结执行程序。

黄某安多次催促旭日航空公司等五方根据《债务代偿协议书》的约定履行承诺的代偿义务,旭日航空公司等五方拒不履行,黄某安遂于2019年10月29日向法院(广西南宁中级人民法院)起诉。一审被告主张《债务代偿协议书》性质上属于保证担保,担保期间已经过,且本案属于重复起诉。一审法院不予认可被告抗辩,认定本案诉讼时效期间应从2017年4月22日起算,至黄某安起诉时尚未经过诉讼时效,判决旭日航空公司等五方共同向黄某安偿还借款本金1600万元及相应借款利息。

黄某安和旭日航空公司、蓝天学院不服一审判决,提起上诉。旭日航空公司、蓝天学院上诉中主张本案超过诉讼时效,其不应承担本案责任。二审法院(广西高级人民法院)在本案是否属于重复诉讼以及《债务代偿协议书》的性质认定上,与一审法院一致。但在诉讼时效的问题上,二审法院认为应当从2016年9月15日开始起算诉讼时效,黄某安于2019年10月29日起诉本案已超过诉讼时效,遂判决撤销一审判决。黄某安不服二审判决,提出再审申请。

争议焦点:本案应否支持诉讼时效抗辩以及诉讼时效期间是否届满。

裁判理由与结果:再审法院(最高人民法院)认为二审判决在旭日航空公司、蓝天学院一审未提诉讼时效情况下支持其诉讼时效抗辩适用法律错误。一审法院自终结本次执行裁定之日起算诉讼时效符合本案实际,黄某安于2019年10月29日提起本案诉讼并未超过诉讼时效。遂撤销二审判决,维持一审判决。

解题思路

一、本案黄某安请求旭日航空公司等五方依约履行代偿义务是否适用诉讼时效。

1. 属于诉讼时效的适用范围

本案是否适用诉讼时效,须要先明确黄某安的请求是否属于诉讼时效的适用对象。最高人民法院《关于审理民事案件适用诉讼时效制度若干问题的规定》(以下简称《诉讼时效司法解释》)第1条规定:“当事人可以对债权请求权提出诉讼时效抗辩，但对下列债权请求权提出诉讼时效抗辩的，人民法院不予支持：（一）支付存款本金及利息请求权；（二）兑付国债、金融债券以及向不特定对象发行的企业债券本息请求权；（三）基于投资关系产生的缴付出资请求权；（四）其他依法不适用诉讼时效规定的债权请求权。”本案黄某安请求旭日航空公司等履行代偿义务，是基于双方《债务代偿协议书》，属于债权请求权，而且不属于《诉讼时效司法解释》第 1 条规定的及其他法定不适用诉讼时效制度的情形，应当适用诉讼时效。

2. 排除适用保证期间

本案一审中，被告抗辩称本案适用保证期间，且起诉时保证期间已经过。若上述抗辩成立，则黄某安对旭日航空公司等之债权失权，诉讼时效之适用前提不复存在。但上述抗辩若要成立，前提是《债务代偿协议书》在当事人之间成立了保证担保法律关系。《民法典》基于督促债权人及时行权以及保护保证人的考量，在保证债务诉讼时效之外，也规定了适用于所有保证债务的保证期间制度。[①] 保证期间的适用必须以当事人之间存在保证法律关系为前提。

本案中的《债务代偿协议》成立保证法律关系还是债务加入存在争议，旭日航空公司等五方主张该协议为保证法律关系，若其主张成立，本案须适用保证期间规则。《民法典》第 681 条规定，保证合同是为保障债权的实现，保证人和债权人约定，当债务人不履行到期债务或者发生当事人约定的情形时，保证人履行债务或者承担责任的合同。债务加入，也称并存的债务承担，是指第三人与债务人约定加入债务，或者第三人向债权人表示愿意加入债务，作为新债务人和原债务人一起向债权人负有连带债务。[②] 保证与债务加入均有担保债权实现的功能，但两者有区别：其一，保证相比债务加入更具有独立性。保证债务虽然是从债务，但保证人和债权人之间有主债之外的债权债务关系，而债务加入只有债权人和债务人之间的一个法律关系，并无主从法律关系。其二，保证人受保证期间的保护，而债务加入人不享有保证期间的保护。其三，一般保证人享有先诉抗辩权，而债务加入人与原债务人并无偿债顺序上的先后。其四，保证人在承担保证责任后，享有对主债务人的追

---

① 参见黄薇主编：《中华人民共和国民法典解读 · 合同编》（上册），中国法制出版社 2020 年版，第 716 页。

② 参见王利明：《论“存疑推定为保证”——以债务加入与保证的区分为中心》，载《华东政法大学学报》2021 年第 3 期。

偿权,而债务加入人承担债务后未必享有追偿权。在对当事人之间的协议成立保证还是债务加入有疑义时,应当以措辞文义优先进行解释。① 最高人民法院《关于适用〈中华人民共和国民法典〉有关担保制度的解释》第 36 条第 2 款规定,第三人向债权人提供的承诺文件,具有加入债务或者与债务人共同承担债务等意思表示的,人民法院应当认定为债务加入。依此规定,案涉协议约定“甲方的债务加入行为不免除原各债务人的还款责任”,明确有“债务加入”的意思表示,没有约定保证期间、保证方式、保证人对债务人的追偿等可以体现保证意思的内容,应当认定为债务加入而非保证。既然当事人之间没有成立保证关系,则无须考虑保证期间的适用,也就不存在因保证期间经过导致债权人请求旭日航空公司等五方履行“保证”债务的权利丧失的问题,只需考量旭日航空公司等五方作为加入债务人是否提出有效的诉讼时效抗辩以及诉讼时效期间是否届满的问题。

二、本案再审被申请人是否有效援引诉讼时效抗辩

本案旭日航空公司、蓝天学院上诉中提出诉讼时效抗辩,二审法院支持其抗辩,但再审法院不予认可。诉讼时效遵从职权禁用规则,当事人未主张时效事项的情形下,法院不得主动依职权适用诉讼时效,此为《民法典》第 193 条确认。《诉讼时效司法解释》第 2 条规定,当事人未提出诉讼时效抗辩,人民法院不应对诉讼时效问题进行释明。因此,诉讼时效抗辩必须由当事人提出。

然而,即便旭日航空公司和蓝天学院主张诉讼时效经过,也不必然产生法律效力,诉讼时效抗辩必须在特定的程序中提出,否则属于无效抗辩。《诉讼时效司法解释》第 3 条第 1 款规定:“当事人在一审期间未提出诉讼时效抗辩,在二审期间提出的,人民法院不予支持,但其基于新的证据能够证明对方当事人的请求权已过诉讼时效期间的情形除外。”本案中旭日航空公司、蓝天学院在一审期间并未提出诉讼时效抗辩,仅主张保证期间经过。诉讼时效期间与保证期间是不同的期间,当事人主张保证期间经过抗辩不能视为发起诉讼时效届满抗辩。另外,两者并不相互排斥,保证期间抗辩的提起并不妨碍当事人同时主张诉讼时效抗辩,而本案一审中旭日航空公司、蓝天学院提出保证期间经过之抗辩,却自始至终并未提出诉讼时效

① 参见刘保玉、梁远高:《民法典中债务加入与保证的区分及其规则适用》,载《山东大学学报(哲学社会科学版)》2021 年第 4 期。

经过之抗辩，符合《诉讼时效司法解释》第 3 条第 1 款规定的“当事人在一审期间未提出诉讼时效抗辩，在二审期间提出的”情形。

接下来，需要考察本案是否存在基于新的证据能够证明黄某安的请求权已过诉讼时效期间的情形，若有此情形，则旭日航空公司和蓝天学院得依据《诉讼时效司法解释》第 3 条第 1 款的但书条款在二审中提出诉讼时效抗辩。所谓“新的证据”，依据最高人民法院《关于适用〈中华人民共和国民事诉讼法〉的解释》（以下简称《民诉法解释》）第 388 条第 1 款的规定，有下列三种情况：在原审庭审结束前已经存在，因客观原因于庭审结束后才发现的；在原审庭审结束前已经发现，但因客观原因无法取得或者在规定的期限内不能提供的；在原审庭审结束后形成，无法据此另行提起诉讼的。可见，“新的证据”的认定必须是基于客观原因而导致一审时证据没有发现、无法获得或者没有形成，而旭日航空公司和蓝天学院因自身故意或重大过失导致未能在一审中提交或主张并不在其中。[①] 本案中旭日航空公司和蓝天学院未能在一审中提出诉讼时效抗辩并非客观原因导致其无法发现或获得诉讼时效相关证据，而是因为其对案涉法律关系的认识错误，属于主观原因所致，并非《民诉法解释》第 388 条规定的“新证据”，不适用《诉讼时效司法解释》第 3 条第 1 款的但书条款。因此，旭日航空公司和蓝天学院因主观认识错误导致未在一审中提出诉讼时效抗辩，仅在二审中提出，属于无效的诉讼时效抗辩，法院不应予以支持。

三、假设旭日航空公司和蓝天学院提出有效的诉讼时效抗辩，本案诉讼时效期间是否已经届满

至前述问题的解答，本案结论已显而易见，但仍有一个问题值得探究，即若本案被告一审中即提出诉讼时效抗辩，案件结论又当如何？案涉债权的诉讼时效期间是否经过？要解决上述问题，首先要明确本案诉讼时效的起算点。

本案的一审、二审法院对于诉讼时效的起算点存在争议：一审法院认为本案应当从柳州市鱼峰区人民法院于 2017 年 4 月 22 日作出执行裁定，确认原债务人无可供执行的财产之日起计算；而二审法院认为本案应当从 2016 年 9 月 15 日当事

① 参见杨巍：《论援引诉讼时效抗辩权的三种场合》，载《法学评论》2018 年第 6 期。

人签订《债务代偿协议书》开始起算诉讼时效。要解决这一问题，就要明确诉讼时效起算的条件。《民法典》第188条第2款规定，诉讼时效期间自权利人知道或者应当知道权利受到损害以及义务人之日起计算。据此，诉讼时效期间的起算取决于权利人知道或应当知道两个事实：权利受到损害与有明确的义务人。知道，指权利人已了解到权利受到损害及义务人的事实。应当知道，指一个理性人在同样情况下能够知道其权利受到损害及义务人的事实。①

就债权而言，只要债务人不履行到期债务就构成对债权的损害。②“权利受到损害”有些情形指的是二次性的救济，有些情形指的是请求权产生之时。③ 前者的情况下，权利人的请求权是救济性请求权，诉讼时效自权利人知道或者应当知道义务人违反义务的次日起算。④ 后者的情况下，权利人的请求权是作为本权的请求权，诉讼时效自请求权产生之日起算。⑤ 本案中债权人黄某安的请求权是作为本权的请求权，应当自其请求权产生之日，也即其知道或应当知道债务履行期届满而自身债权未圆满实现之日起算。前文案例分析已论证黄某安和旭日航空公司、蓝天学院等五方之间基于《债务代偿协议》成立了债务加入法律关系。债务加入人只作为债务的新增债务人，与债权人之间并不成立另外的债权债务关系。因此，本案中只有一个债务关系即黄某安与旭日公司、来华公司、旭航教育公司签订的《借款协议》所约定的债务关系。《民法典》第552条规定，第三人与债务人约定加入债务并通知债权人，或者第三人向债权人表示愿意加入债务，债权人未在合理期限内明确拒绝的，债权人可以请求第三人在其愿意承担的债务范围内和债务人承担连带债务。依此规定，新加入案涉债务的旭日航空公司、蓝天学院等五方与《借款协议》的原债务人向债权人黄某安承担连带债务，该债务于2015年12月11日到期。债权人黄某安知道债权受到损害之日为债务履行期届满而债权未受清偿的2015年12

① 参见崔建远等编：《民法总论》（第3版），清华大学出版社2019年版，第280页。

② 参见房绍坤：《论诉讼时效期间的起算》，载《法学论坛》2017年第4期。

③ 参见周江洪：《诉讼时效期间及其起算与延长——〈民法总则〉第188条评释》，载《法治研究》2017年第3期。

④ 参见谢怀栻：《民法总则讲要》，北京大学出版社2007年版，第204页。

⑤ 参见朱庆育：《民法总论》（第2版），北京大学出版社2016年版，第561页。请求权有两种：一种是作为原权的请求权，如契约之债中的给付请求权、近亲属之间的抚养费请求权。另一种是作为救济权的请求权，当基础性权利遭到不法侵害或有遭受不法侵害之虞时，发生救济性请求权比如返还原物的物权请求权，侵权或者违约而产生的损害赔偿请求权。

月11日，彼时债权人也早已知晓其债权的明确义务人即与之签订《借款协议》的旭日公司等三方。因此，2015年12月11日，诉讼时效已经起算，如果没有中止、中断、延长等事由，债权的诉讼时效将在2018年12月11日届满。

然而，本案中，确因债权人诉讼和申请执行等因素导致诉讼时效两次中断。《民法典》第195条规定："有下列情形之一的，诉讼时效中断，从中断、有关程序终结时起，诉讼时效期间重新计算：(一)权利人向义务人提出履行请求；(二)义务人同意履行义务；(三)权利人提起诉讼或者申请仲裁；(四)与提起诉讼或者申请仲裁具有同等效力的其他情形。"《诉讼时效司法解释》第11条规定："下列事项之一，人民法院应当认定与提起诉讼具有同等诉讼时效中断的效力：(一)申请支付令；(二)申请破产、申报破产债权；(三)为主张权利而申请宣告义务人失踪或死亡；(四)申请诉前财产保全、诉前临时禁令等诉前措施；(五)申请强制执行；(六)申请追加当事人或者被通知参加诉讼；(七)在诉讼中主张抵销；(八)其他与提起诉讼具有同等诉讼时效中断效力的事项。"依上述规定，该债务的诉讼时效在2016年10月黄某安对原债务人发起诉讼时第一次中断，调解书生效后重新起算，后黄某安以调解书为依据向法院申请强制执行，诉讼时效第二次中断，至执行程序终结之日即2017年4月22日重新起算。又根据《诉讼时效司法解释》第15条第2款"对于连带债务人中的一人发生诉讼时效中断效力的事由，应当认定对其他连带债务人也发生诉讼时效中断的效力"之规定，上述中断事由对于作为连带债务人的旭日航空公司、蓝天学院等也发生诉讼时效中断的效力，直至2017年4月22日诉讼时效重新起算。

值得注意的是，从本案债权人和债务加入人的约定来看，本案的债务加入可以解释为附条件的债务加入。《债务代偿协议》明确约定"一、甲方同意，如广西旭日工程有限公司等各债务人未归还乙方全部债务的，就未能偿还部分(含本金、利息、迟延履行期间债务利息、律师费、诉讼费等)由甲方偿还。二、甲方的债务加入行为不免除原各债务人的还款责任"。依此约定，旭日航空公司、蓝天学院等五方加入债务的前提条件是明确原债务人未能偿还黄某安的部分，其仅仅就此部分债务承担连带责任。2017年4月22日，柳州市鱼峰区人民法院裁定终结本次执行程序，原债务人"未能偿还部分"基本确定，所附条件成就，旭日航空公司、蓝天学院等五方才需依据《债务代偿协议书》的约定承担向债权人黄某安还款的责任。一旦条件成就,附条件债务加入即生效,其诉讼时效依然从所加入债务的履行期届满而债权未得清偿起算。

二审法院认为应当从2016年9月15日签订《债务代偿协议书》时起算诉讼时效,或基于以下理由:彼时旭日航空公司等五方签署《债务代偿协议》加入债务后处于与债务人相同的地位,才符合《民法典》第188条第2款规定的"权利人知道义务人"的条件。债务加入在加入债务人与原债务人之间形成连带债务,债权人知道连带债务人中的一部分即可视为"权利人知道义务人",而无须知道全部连带债务人。否则,至少会产生两个问题:其一,债务加入只存在一个债权债务关系,却有分别针对原债务人的债务到期未履行之日和针对新债务人的债务加入之日两个诉讼时效起算点,有违债务加入之基本逻辑。其二,新加入债务人的诉讼时效起算点晚于原债务人的诉讼时效起算点,可能产生原债务人的诉讼时效已经届满,而新加入债务人的诉讼时效尚未届满的情况,导致法律适用结果的冲突。因此,二审法院以签署债务加入协议时起算本案诉讼时效并不恰当。

故本案债权人对旭日航空公司、蓝天学院的诉讼时效自2017年4月22日开始起算。认定了本案诉讼时效的起算点,接下来需要明确诉讼时效期间,方可确认本案诉讼时效抗辩有效提出的情况下,本案债权的诉讼时效期间是否届满。

本案债务关系发生之时,原《民法通则》关于诉讼时效的规定还有效,依据原《民法通则》的相关规定,本案债权保护的诉讼时效期间原本为两年。但在该两年诉讼时效期间届满之前,《民法总则》于2017年10月1日实施。2018年7月实施的最高人民法院《关于适用〈中华人民共和国民法总则〉诉讼时效制度若干问题的解释》(已失效)第2条规定:"民法总则施行之日,诉讼时效期间尚未满民法通则规定的二年或者一年,当事人主张适用民法总则关于三年诉讼时效期间规定的,人民法院应予支持。"就本案而言,原《民法总则》于2017年10月1日施行时,诉讼时效期间尚未满二年,黄某安主张适用三年诉讼时效期间应予支持。综上所述,本案债权保护的诉讼时效自2017年4月21日起算,至2020年4月21日届满,债权人黄某安于2019年10月29日起诉,并未超过诉讼时效。因此,即便旭日航空公司、蓝天学院等在本案一审中提出了诉讼时效抗辩,也因债权保护的诉讼时效期间尚未届满而不应予以支持。

知识拓展

一、诉讼时效的适用范围

并非所有的民事权利都可适用诉讼时效规制，诉讼时效仅适用于要求他人作为或不作为的请求权，不适用于支配权、形成权和抗辩权。① 即便是请求权，也并非全部可以适用诉讼时效。基于请求权产生的基础法律关系，可以对债权请求权、物上请求权、人格权请求权和亲属权请求权等逐一考察是否适用诉讼时效。

债权请求权是诉讼时效最为典型的适用对象。然而，有一些债权请求权基于社会公共利益或者交易安全等政策考量，法律明确规定不适用诉讼时效，比如，《诉讼时效司法解释》第1条但书条款所列之“支付存款本金及利息请求权、兑付国债、金融债券以及向不特定对象发行的企业债券本息请求权”等情形以及请求支付抚养费的请求权等。

因物权遭受侵害而请求侵害人返还原物、排除妨碍、消除危险的物权请求权不适用诉讼时效，否则将导致物权关系不稳定，有违物权的绝对权属性。《民法典》第196条第1项、第2项规定，请求停止侵害、排除妨碍、消除危险以及不动产物权和登记的动产物权的权利人请求返还财产的请求权不适用诉讼时效。同属于绝对权的人格权亦同，为保证人格权的完满，排除妨碍、消除危险、消除影响等人格权请求权不适用诉讼时效。《民法典》第995条规定：“人格权受到侵害的，受害人有权依照本法和其他法律的规定请求行为人承担民事责任。受害人的停止侵害、排除妨碍、消除危险、消除影响、恢复名誉、赔礼道歉请求权，不适用诉讼时效的规定。”除物权和人格权外，因侵害知识产权等支配权以及相邻关系而产生的救济权，权利人依据法定要件可行使停止侵害、排除妨碍、消除危险之权利的，不适用诉讼时效。② 请求恢复亲子关系等亲属权请求权具有强烈的身份和伦理属性，不适用诉讼时效。

---

① 参见朱庆育：《民法总论》（第2版），北京大学出版社2016年版，第536页。

② 参见杨巍：《〈民法典〉第196条（不适用诉讼时效的请求权）评注》，载《南大法学》2022年第2期。

还应注意几个特殊情况：因侵犯物权、人身权、亲属权等产生的损害赔偿请求权并非物权请求权、人格权请求权等支配权请求权，亦非亲属权请求权，而属于债权请求权，适用诉讼时效。另外，《民法典》第196条第3项规定，请求支付抚养费、赡养费或者扶养费的请求权不适用诉讼时效。这三种类型的请求权属于债权请求权，原本应属诉讼时效制度的适用范围，但《民法典》将其作为例外不适用诉讼时效的规定，是为了强调"家"在社会秩序中的关键作用。① 此外，法律、司法解释还规定了其他不适用诉讼时效的请求权，比如，《第八次全国法院民事商事审判工作会议（民事部分）纪要》第24条规定，如果受让人行使该请求权时已经合法占有标的物，不适用诉讼时效；反之则适用。理由在于：其一，交付不动产与协助登记之履行出现分离时不适用诉讼时效有利于物尽其用；其二，交付包含移转所有权的意思；其三，保护已合法占有不动产的受让人的物权期待权。②

二、诉讼时效和保证期间

本案债务人因在一审期间仅主张保证期间经过而未提出诉讼时效期间经过，导致未有效援引诉讼时效抗辩，因而有必要明晰两个期间的关系。诉讼时效期间是权利人在期间届满之前不行使权利，则期间届满后义务人可以拒绝履行给付义务的法定期间。③ 保证期间，又称保证责任期间，是债权人得主张保证人承担保证责任的期间。④ 保证期间和诉讼时效期间是两种不同的期间。其一，两者适用前提不同。保证期间的适用前提是当事人之间存在保证法律关系，而诉讼时效的适用则不以保证关系的存在为前提。保证债权债务关系中，债权人的债权既受到诉讼时效期间的约束，也受到保证期间的约束。其二，两者制度目的不同。虽然两者均属于对请求权的期限限制，有督促债权人积极行使权利的目的，但保证期间侧重于保护保证人的权益，而诉讼时效旨在维护法律关系的稳定。其三，两者性质不同。保证期间是意定期间、除斥期间，可以由当事人约定，不发生中止、中断和延长；而诉讼时效是法定期间、可变期间，由法律规定，因法

① 参见王轶：《民法总则之期间立法研究》，载《法学家》2016年第5期。

② 参见杜万华主编：《〈第八次全国法院民事商事审判工作会议（民事部分）纪要〉理解与适用》，人民法院出版社2017年版，第400—401页。

③ 参见黄薇主编：《中华人民共和国民法典总则编释义》，法律出版社2020年版，第501页。

④ 参见王轶：《民法总则之期间立法研究》，载《法学家》2016年第5期。

定事由可以中止、中断和延长。其四,两者效力不同。保证期间经过导致保证责任本身的消灭,保证人不再承担保证责任;而诉讼时效期间届满导致义务人抗辩权产生、权利人胜诉权消灭,但实体债务仍然存在,成为自然债务。其五,两者手段不同,保证期间通过决定债权人和保证人之间是否发生现实的债权债务关系,来间接地限制债权人对保证人的债权请求权;而诉讼时效则直接限制权利人请求权的行使。[①] 其六,两者起算时间不同。保证期间从债权人对债务人的请求权产生时起算;而诉讼时效从权利人知道或者应当知道权利被侵害时起算。因存在上述区别,可知保证期间经过之抗辩并不等于诉讼时效期间届满之抗辩,亦不影响后者之提出。

延伸阅读

1. 朱庆育:《民法总论》(第 2 版),北京大学出版社 2016 年版,第 534—560 页。
2. 黄薇主编:《中华人民共和国民法典总则编释义》,法律出版社 2020 年版,第 449—504 页。
3. 房绍坤:《论诉讼时效期间的起算》,载《法学论坛》2017 年第 4 期。
4. 周江洪:《诉讼时效期间及其起算与延长——〈民法总则〉第 188 条评释》,载《法治研究》2017 年第 3 期。
5. 杨巍:《论援引诉讼时效抗辩权的三种场合》,载《法学评论》2018 年第 6 期。
6. 王轶:《民法总则之期间立法研究》,载《法学家》2016 年第 5 期。
7. 崔建远等编著:《民法总论》(第 3 版),清华大学出版社 2019 年版,第 271—297 页。
8. 杨巍:《〈民法典〉第 196 条(不适用诉讼时效的请求权)评注》,载《南大法学》2022 年第 2 期。

① 参见王轶:《民法总则之期间立法研究》,载《法学家》2016 年第 5 期。

后　记

《民法典总则编案例研习》系浙江省普通本科高校“十四五”首批新工科、新医科、新农科、新文科重点建设教材，由陈永强、刘斌主编并统稿，撰稿人分别为（以撰写案例的先后为序）：

韩新磊　中国计量大学法学院讲师，法学博士（撰写第一章，第1,2,3,4号案例）

徐楠轩　中国计量大学法学院副教授（副主编，撰写第二章，第5,6,7号案例）

刘　斌　中国计量大学法学院副教授，法学博士（主编，撰写第三章，第8,9,11,12号案例）

严　城　浙江财经大学法学院讲师，法学博士（副主编，撰写第三章，第10号案例；第六章，第24号案例；第七章，第27号案例）

吕　璐　中国计量大学法学院讲师，法学博士（撰写第四章，第13号案例；第八章，第35号案例）

倪龙燕　浙江理工大学法政学院讲师，法学博士（副主编，撰写第五章，第14,15,17号案例）

王晓芬　中国计量大学法学院讲师，法学博士（撰写第五章，第16号案例；第六章，第21,25号案例）

陈永强　中国计量大学法学院教授，法学博士（撰写第五章，第18号案例）

陈美帆　中国计量大学研究生（参与撰写第五章，第18号案例）

雷巍巍　中国计量大学法学院讲师，法学博士（撰写第六章，第19,22,23号案例）

姚　敏　中国计量大学法学院讲师，法学博士（撰写第六章，第20,26号案例；第九章，第36号案例）

陈爱碧　中国计量大学法学院讲师，法学博士（撰写第七章，第28，29，30号案例）

杨　非　中国计量大学法学院讲师，法学博士（撰写第八章，第31，32，33，34号案例）